「ヘブリディーズ諸島旅日記」の行路

（イェール版『サミュエル・ジョンソン全集Ⅸ』所載の地図をもとに地名とルートを書き改めたものである）

中央大学人文科学研究所
翻訳叢書
2

ヘブリディーズ
諸島旅日記

ジェイムズ・ボズウェル

「S.ジョンソン研究」チーム
諏訪部仁　市川泰男
江藤秀一　芝垣　茂
稲村善二　福島　治
訳

**The Journal of a Tour to the Hebrides
with
Samuel Johnson, LL. D.**

中央大学出版部

エドモンド・マローン氏への献辞

親愛なる貴下

歴史物であろうと伝記物であろうと、すべての物語において最も重要なのはその信憑性でありま す。私は今までずっとこのことを固く信じてきましたので、前著(1)をその真実性の最良の審判者に献じました。それがパオリ将軍のことであるのは言うまでもありません。将軍は、不首尾に終わったとはいえ祖国の自由を守るために全力を尽くした後、現在は英国を名誉ある亡命の地と定め、長年にわたって国王の気遣いと心からの敬意を受けてきました。将軍が私に示してくださいました常に変わらぬご厚意への深い感謝の念を表明せずには、その雷名を挙げることはできません。

ジョンソン博士の友人たちは、本書の最も価値ある部分を成している数多くの会話が正確に語られているかどうかを内的証拠から最もよく判断することができます。それゆえ、私は本書において世間に提示されている描写の正しさをこの方々に訴えたいと思います。

貴下はジョンソン博士と親しく付き合ってこられた友人の一人として、この訴えを受ける資格をお持ちです。貴下はご親切にもこの『旅日記』の草稿を精読する労を取ってくださいましたので、本書の厳密な正確さを請合うことができます。我々が深く哀悼しております友人と貴下との文学的結び付きは、彼の労作の一つをさらに完全にしようと企てられた成果であります。さらに、人々の期待を裏切ることは決してないと私が確信している著作であるシェイクスピア全集を編纂することによって、貴下は彼の友人としてのもう一つの資格を得ております。しかしながら、本書の巻頭に貴名を掲げたいと思うさらにいっそう強力な動機が私にはあるのです。それは貴下との交友という名誉と幸福を私が享受していることを世に知らしめる機会を与えてくれますし、このようにして心からの敬意を公に証明する機会ともなるのですから。

一七八五年九月二十日　ロンドンにて

我が親愛なる貴下の忠実にして従順なる僕　ジェイムズ・ボズウェル

第三版への序言

本書の先の二つの版は好評を博したので、多くの部数を発行することができました。それに励まされて、私は自分で気付いた幾つかの過ちおよび友人たちの好意や敵対者たちの厳しい吟味が指摘した幾つかの過ちを訂正し、この版をできる限り完全なものにしようと努めました。少数の注を付け加えましたが、その主たる目的は間違いを正し中傷を論破することであります。

批評誌および私の著作がきっかけとなった多数の書物の中に見られる非難に対して私は何ら答えませんでした。すべての作品はそれ自体の価値によって立ち、あるいは倒れるべきものなのですから。しかしながら、私の『旅日記』の「弁護」を出版し、その厚意に加えるに丁重なるお便りの中で氏名を知らせてくだされたある紳士に感謝の念を表明する機会を逸するわけにはまいりません。

つまらぬ意見に格別な注意を払うのは時間の浪費でありましょう。その多くはおそらく私の同国人にふさわしくない狭量な愛国的怒りが生み出したものであり、また浅薄なあるいは嫉妬深い難癖屋どもが刊行物で執拗に流布させてきた意見です。彼らが世間に納得させようと努めてきたことは、ジョンソン博士の前に持ち出されたあらゆる話題に対して博士が発揮した旺盛な知力と鋭い判断力の様々な実例を、私がこのように記録することで博士の人となりが貶められてしまったということです。しかしながら、私が言葉を交わした鑑識力と知識を備えたすべての人々の意見では、ジョンソン博士の人となりはむしろ大いに高められたのであります。私は敢えて予言したいのです。時の過ぎ行きによって博士が「先人」になってしまったとき、また博士の心の卓越した力を今日証言できる人々がすべてこの世を去ってしまったとき、私の著名な旅の同伴者の対話の才能と即妙な表現のこのような見本がさらにいっそう貴重になるであろう、と。そして、以下の『旅日記』と博士の友人たちが保持しているそれ以外の逸話と書簡類、さらには長年にわたってこの上なく高い評価を得てきており、英語が話されあるいは理解される限り読まれ賞賛されるであろうあの比類のない作品群を除いては、この偉大にして善良なる人物のいかなる他の記録も後世に残らないであろう、と。

一七八六年八月十五日　ロンドンにて

ジェイムズ・ボズウェル

目　次

エドモンド・マローン氏への献辞
第三版への序言
前書き　ジョンソン博士の人となり。博士のスコットランド到着。
八月十五日　サー・W・フォーブズ。法の慣行。移民。ビーティー博士とヒューム氏。ロバートソン博士。バーク氏の多様にして異常なる才能。能力に関する疑問。ホイットフィールドとウェズレー。政党への意見。悲劇役者としてのギャリックに対するジョンソン博士の意見。　16
八月十六日　オグデンの『祈り』。格言的著作。エジンバラ見物。スウィフトの作品の特徴。悪霊と魔法。モンボドー卿とオランウータン。　27
八月十七日　詩と辞書編纂。懐疑論。永遠なる必然への論駁。ヘイルズ卿の『人間の望みの空しさ』への批判。マクローリン氏。著作権に対するスコットランドの判事たちの判決。　36
八月十八日　ヘブリディーズ諸島への旅立ち。著者の自己紹介。グラスゴーの商業。自殺。インチ・

キース島。国会の知識。貴族の影響力。大衆の騒動。セント・アンドルーズ到着。 41
八月十九日 ワトソン博士。文学とパトロン制。著述と会話の比較。風習の変化。両国合同。金銭の価値。セント・アンドルーズとジョン・ノックス。世間からの引退。教授たちとの食事。悲哀と満足に関する疑問。作文法への意見。ジョンソン博士の方法。記憶の頼りなさ。 49
八月二十日 祈りの効果。日曜日の遵守。ショー教授。化体説。著作権。ジョンソン博士に関するタイヤーズ氏の発言。モントローズ到着。 60
八月二十一日 樹木の欠如。ローレンス・カーク。モンボドーでの食事。移民。ホメロス。伝記と歴史の比較。学問の衰退。その諸原因。主教への昇進。ウォーバートン。ラウス。丁重さの価値。モンボドー卿に対するジョンソン博士の感情。アバディーン到着。 66
八月二十二日 トマス・ゴードン教授。公的教育と私的教育。サー・アレクサンダー・ゴードン。アバディーンの商業。スコットランドにおける殺人の時効。三位一体の神秘。キリストの贖罪。旧い友情の大切さ。 79
八月二十三日 ジョンソン博士アバディーンの名誉市民となる。サー・アレクサンダー・ゴードン宅での食事。ウォーバートンの毒舌の威力。彼の『恩寵の教義』。ロックの詩。フィンガル。 87
八月二十四日 ゴールドスミスとグレアム。スレーンズ城。子供の教育。ブラー・オブ・バカン。限嗣相続。貴族の重要性。サー・ジョシュア・レノルズ。エロル伯爵。 91

目　次

八月二十五日　親類と良好な関係を持つ利点。インド帰りの大金持ち。従属の封建制。ストリッケンでの食事。田舎紳士の生活。文学クラブ。　100
八月二十六日　モンボドー卿。財産の効用と重要性。エルギン。マクベスの荒野。フォレス。　105
八月二十七日　レオニダス。ポール・ホワイトヘッド。デリック。原罪の起源。コーダーの牧師館。教理の受諾の正当性。家族の礼拝。　111
八月二十八日　フォート・ジョージ。サー・アドルファス・オートン。ウォーバートンとラウスの争い。サー・アイア・クート宅での食事。アラブと英国の兵士の比較。演劇。ギャリック氏、シバー夫人、プリチャード夫人、クライブ夫人。インバネス。　117
八月二十九日　マクベスの城。旅行記の著者たちの不正確さ。造語。ジョンソン博士の辞書。　125
八月三十日　馬に乗るジョンソン博士。ハイランドの小屋。フォート・オーガスタス。トラポード司令官。　128
八月三十一日　アノッホ。移民。ゴールドスミス。詩人と兵士の比較。水夫の生活。アノッホの宿の主人の娘。　133
九月一日　グレンシール。マックラー族。筆者によって荒野にしばらく放っておかれたことへのジョンソン博士の怒り。グレネルグのお粗末な宿。　139
九月二日　ジョンソン博士が怒りをおさめる。スカイ島。アーミデル。　147

九月三日　モンゴメリー大佐、現エグリントン伯爵。　150
九月四日　かつてのハイランドへの熱狂。　151
九月五日　サー・ジェイムズ・マクドナルドの墓碑銘と母への最後の手紙。ジョンソン博士のスカイ島へのラテン語の頌詩。アイザック・ホーキンズ・ブラウン。　152
九月六日　コリハタハン。ハイランド的歓待と陽気さ。ジョンソン博士のスレイル夫人へのラテン語の頌詩。　160
九月七日　天候次第という不安な状態。田舎に住む人々の状態。マクファーソン博士の『スコットランドの古代遺物論』。第二の視覚。　162
九月八日　尊師ドナルド・マクイーン氏。マルコム・マクラウド氏。ラーセイ島への出航。フィンガル。ホメロス。ラーセイの優雅で陽気なもてなし。　165
九月九日　ラーセイの一族の古さ。不信心を直す方法。　173
九月十日　ラーセイ島の調査。ベントリー。マレット。フック。マルバラー伯爵夫人。　175
九月十一日　相続される司法権。島の生活。マクラウド領主。　184
九月十二日　ポートリーへの出航。ジョンソン博士死を語る。エリバンク卿のジョンソン博士と筆者への手紙。ジョンソン博士の返事。馬でキングズバラへ。フローラ・マクドナルド。　187
九月十三日　ジェイムズ二世の孫の苦難と逃走。ダンベガン到着。　196

九月十四日　女性の貞節の重要性。カダガン博士。著者の自説を補強するのに当人の実践が必要であるか否か。機嫌のよさは習得可能。　224
九月十五日　サー・ジョージ・マッケンジー。バーク氏の機智、知識そして雄弁。　228
九月十六日　ジョンソン博士の遺伝的な憂鬱症。様々な技術に対する博士の詳細な知識。筆者の熱心な追及に対する弁明。ジョンソン博士の想像上のハーレム。一夫多妻制。　231
九月十七日　狡猾。邪悪であるにはかなりの才能が必要であるか。女神アナイティスの神殿。家族の肖像画。昔のイングランドの歴史家が記録を参照しなかったこと。ペナント氏の旅行記への批判。　236
九月十八日　ハイランドの族長の昔の住居。国民の系図としての言語。マック島の領主。　242
九月十九日　妻の選択。女性は男性よりも上手《うわて》である。セント・キルダ島のレディー・グレンジ。野蛮人の詩。フランスの文学者。ボクシングの懸賞試合。フランスとイングランドの兵士。決闘。　247
九月二十日　ロンドンの風習の変化。怠惰への非難。土地所有と商業の利益の比較。感謝考。　252
九月二十一日　ダンベガンの描写。ロバット卿のピラミッド。馬でウリニッシへ。フィプスの北極への航海。　255
九月二十二日　ウリニッシの地下の家と大洞穴。スウィフトのオレリー卿。友人によって書かれたものであっても美点同様欠点も伝記の正当な題材である。手紙の凝った結び。臨終を迎えるまで怒りを保持することは許されるか。文学者の伝記執筆への意見。フィンガルの信憑《しんぴょう》性が否定され嘲笑される。　259

九月二十三日　フィンガルに関するさらなる考察。著名人でも不慣れな形で公の場に出ると狼狽する。ギャリック。モンターギュウ夫人のシェイクスピア論。有名人はロンドンで監視されている。一五五〇年から一六五〇年までのスコットランド人の学識。両国合同までスコットランドでは文化的生活がほとんど知られていなかった。水夫の生活。造船所で働いたピョートル大帝の愚かさ。タリスカー到着。長老派教会牧師の学識不足。　266

九月二十四日　フランス人の狩猟。ヤング・コル。バーチ博士。パーシー博士。ヘイルズ卿。歴史書の公平さ。牧師にホイッグ主義は似合わない。　278

九月二十五日　すべての島は牢獄。スカイ島の小屋。コリハタハン再訪。強い仲間意識が度を越す。　281

九月二十六日　昨夜の暴飲に対する翌朝の反省。老キングズバラのジャコバイトの歌。レディー・マーガレット・マクドナルドがスカイ島で崇拝されている。同じ事に対する違った時代の違った見方。自己欺瞞。　285

九月二十七日　ジョンソン博士のスカイ島における人気。博士のハイランド女性との上機嫌ないちゃ

つきぶり。 289
九月二十八日　昔のアイルランドの家系の誇り。ジョンソン博士、脱穀と屋根葺きを語る。労賃を上げるのは危険である。オスティグ到着。マクファーソン博士のラテン語の詩。 291
九月二十九日　尊師マクファーソン氏。シェンストン。ハモンド。サー・チャールズ・ハンベリー・ウィリアムズ。 298
九月三十日　バーク氏はどこでも第一人者。下院で頭角を現すには人並みの才能があればよい。ヤング博士。ドッドリッジ博士。ハノーヴァー家の即位以来の不信心な著作の増加。ジョンソン博士の変化する印象。我々の勉強の跡が詳細に記録されるべきである。 301
十月一日　ジョンソン博士は彼の辞書にあるすべての単語を知っているわけではない。著者への攻撃は著者自身にとって有益である。アーミデル再訪。 305
十月二日　ウェールズの名家の古い仕来り。ドイツの宮廷。ゴールドスミスの話し好き。移民。セント・キルダ島民の奇妙な話。 308
十月三日　エピクトーテスの死出の航海。マル島への出航。嵐。風に流されコル島へ。 312
十月四日　ジョンソン博士のテンプルでの生活ぶり。博士の奇妙な乗馬姿。船酔いとは。バーネットの『現代史』。献辞と歴史書の食い違い。 319
十月五日　どんなことでも口に出していればいつかは実現する。尊師ヘクター・マクリーン氏。ベー

ル。ライプニッツとクラーク。コル島概観。島の生活。ブレカッハ到着。ジョンソン博士の嘲りの威力。 321
十月六日　相続される司法権。小屋の中の幸せに関する哲学者たちの意見の考察。領主への忠告。 329
十月七日　書物は幽閉状態における最良の慰め。 332
十月八日　ジョンソン博士のにせの兄弟。愚かしい行為に自分の名前が使われても打つ手なし。レディー・シドニー・ボークレア。カートの『オーモンド公爵伝』。ヤング・コルの小箱。偉大なモントローズの手紙。コル島の現状。 333
十月九日　ジョンソン博士の様々な本への貪欲さ。ハイランドの口碑の信じ難さ。ジョンソン博士の感情の細やかさ。 341
十月十日　借地人の領主への依存。 344
十月十一日　ロンドンと北京の比較。前者に対するジョンソン博士の高い評価。 345
十月十二日　マクスウィーン氏宅に戻る。宗教に関すること以外の迷信。粗野な振舞いへのジョンソン博士の嫌悪感。博士の奇妙な習慣。 346
十月十三日　せわしなく動くことが必ずしも急ぐことにはならない。「からす麦」はスコットランド人だけの食物ではない。 349

十月十四日　マル島到着。アディソンの『イタリアの印象』。アディソンはイタリア文学にあまり精通していない。フランス人は文学を取り入れる技に長けている。彼らの『記録集』。ラシーヌ。コルネール。モリエール。フェネロン。ヴォルテール。ボッシュエ。マシロン。ブールダール。ヴァージルの地獄の入口の描写を印刷所になぞらえる。　350
十月十五日　アース語の詩。音楽を知る危うさ。常に死に備えて事を処理する適正さ。若い人々に宗教と文学的達成を厳しいものだと言いすぎてはいけない。我々の行く先々での歓迎ぶり。　357
十月十六日　マクリーン嬢。マル島の記述。ヘブリディーズにおけるオークの杖の価値。アルバ島のマカーリー氏宅への到着。マクラウド大尉。第二の視覚。婚姻料と「イングランド区」。エクイティ裁判所で地所の売買が無効にされる理由。　362
十月十七日　インチケネス島到着。サー・アラン・マクリーンと娘たち。日曜日には宗教書以外は読むべからず。キャンベル博士。ハイランダー姿のジョンソン博士。飲酒考。ジョンソン博士のインチケネス島に関するラテン語詩。　368
十月十八日　ヤング・コルの種々の美点。商業での成功には並外れた才能は不要である。ソランダー博士。バーク氏。ジョンソン博士の豪胆と沈着。コル島とタヒチ島の奇妙な風習。ヤング・コルへのさらなる賛辞。フランス人は外国で騙《だま》されやすい。　374
十月十九日　ヤング・コルの死。ジョンソン博士は確証がなければ容易には信じない。「不信心者の信じやすさ」。マル島の沿岸。尼僧島。過去の情景が回想では楽しくなる。イーコルムキム島上陸。378
十月二十日　イーコルムキル島の遺跡の概要。厳粛な敬神の場の影響力。この上ない封建制の権威。マル島に戻る。383
十月二十一日　パルトニー。ピット。ウォルポール。ウィルクス氏。イングランドとユダヤの歴史の比較。スコットランドは石と水とわずかの土からできている。『トルコのスパイ』。ロッホブイへのわびしい移動。領主の描写。387
十月二十二日　ジョンソン博士に異様な朝食が提案され拒否される。ロッホブイの戦闘用の鞍。オーバンへの航行。391
十月二十三日　ゴールドスミスの『旅人』。ポープとカウリーの比較。アーチボルド・アーガイル公爵。インヴェラリー到着。ジョンソン博士ウイスキーを少し飲み、その理由を語る。筆者からギャリック氏への手紙。ギャリック氏の返事。394
十月二十四日　オグデンの『祈り』の適例。ハーヴェイの『瞑想』。ジョンソン博士の「プリンに寄せる瞑想」。田舎の隣人。筆者のインヴェラリー城訪問。エアシャーの貴族たちの影響力への邪まな抵抗。402
十月二十五日　ジョンソン博士アーガイル公爵に紹介さる。閣下の館の壮麗さ。筆者気まずい情況で

目　　次

平静を保つ。「宙ぶらりん」のアーチボルド・キャンベル閣下。老タウンゼンド卿。贅沢に関する問題。性格のよさの証拠。よき信条と悪しき実践。 408
十月二十六日　ヒュームの『ダグラス』の一節とユーベナルの一節の比較。スコットランドにおける礼拝所の放置。サー・ジェイムズ・コクーン宅への到着。 414
十月二十七日　ジョンソン博士のアーガイル公爵への手紙。閣下の返書。ローモンド湖。ジョンソン博士の服装観。礼拝の形式の考察。スモレット氏宅への到着。 418
十月二十八日　スモレットの碑文。ジョンソン博士の驚異的な記憶力。旅行中の博士の敏活さ。グラスゴー到着。 422
十月二十九日　グラスゴー見物。教授たちのジョンソン博士への慇懃さ。 424
十月三十日　ルードゥン伯爵邸での食事。同伯爵の性格。トリーズバンク到着。 427
十月三十一日　キャプリントンのサー・ジョン・カニンガム。 428
十一月一日　慈善の施し方。ダンドナルド城。エグリントン伯爵夫人。アレクサンダー・エグリントン伯爵。 429
十一月二日　アフレック到着。アフレック卿の性格。彼のジョンソン博士観。 431
十一月三日　ジョンソン博士のハイランドに対する感情。ソールズベリーのハリス氏。 434
十一月四日　アフレック。角のない牛。心の平静はどこまで達成できるか。 435

十一月五日　ジョンソン博士のイングランドの聖職者に対する深い敬意。　438

十一月六日　アフレック卿とジョンソン博士の衝突。　439

十一月七日　ジョンソン博士の不変の敬神。博士の長老派の礼拝への嫌悪感。　441

十一月八日　ハミルトン到着。　441

十一月九日　ハミルトン公爵の館。エジンバラ到着。　442

十一月十日　エリバンク卿。政治的信条の違いは対立によって増大する。エジンバラ城。フィンガル。イングランド人の軽信ぶりはスコットランド人に劣らず。第二の視覚。友人としてのギャリックとフットの比較。モラビア人の伝道団とメソジスト。　442

十一月十一日　歴史は元来口承である。ロバートソン博士の心の広さ。反抗は人間にとって生来のもの。　450

十一月十二日以後　十一月十二日から十一月二十一日までのジョンソン博士の行動の要約。マンスフィールド卿。リチャードソン氏。イングランドの判事の私生活。ロバートソン博士とブレア博士に対するジョンソン博士の高い評価。ブレア博士から筆者への手紙。将校たちはしばしば自分の職務にかかわることに無知である。聾唖学校。スコットランドの高地人とイングランドの水夫。著作者への攻撃は彼らを利する。ロスリン城とホーソンデン。サー・ジョン・ダルリンプルの回顧録のジョンソン博士のパロディー。クランストン到着。ジョンソン博士のロンドンへの出発。ヘイルズ卿とデムスター氏の筆者への手紙。ラーセイ島の領主の筆者への手紙。筆者の返事。ジョンソン博士の『西方諸島の旅』における間違いを認める広告。博士のラーセイ島領主への手紙。サー・ウィリアム・フォーブズの筆者への手紙。結語。 452

訳者あとがき

索　引

ジェイムズ・ボズウェル『ヘブリディーズ諸島旅日記』

前書き　ジョンソン博士の人となり。博士のスコットランド到着。

ジョンソン博士は、私に博士と一緒にヘブリディーズ諸島を訪ねたいという希望を長年にわたり抱かせてきた。私たちはマーチンの『スコットランド西方諸島記』を読んで、慣れ親しんできた生活とは全くと言ってよいほど違ったものをそこで考察することになるだろうと強く感じていた。本土にこれほど近い所で、素朴と未開、そして時と所を遠く隔てたあらゆる状況を観察したいという気持ちが自然に湧き上がっていた。ジョンソン博士はその『スコットランド西方諸島の旅』の中で、「どうしてヘブリディーズ諸島を訪ねる気になったのか、よく思い出せない」と言っているが、一七六三年夏、私に語ったところでは、幼い頃に父からマーチンの『スコットランド西方諸島記』を渡され、それが大変面白かったということだった。私たちはある程度の不便や困難、それに多少の危険を伴うことは覚悟していたが、それらのことが各人の想像力の中で誇張されていると私たちは思った。一七六四年、フェルネーにいたとき、私はこの計画をヴォルテールに話した。彼はまるで私が北極へでも行くのだと話したかのように私を見て「私にお伴しろというのではないでしょうな」と言った。「いいえ、先生。」「ならば、大いに行かれるがよい。」この好奇心をそそる旅がそんな心配で潰《つぶ》れることはないとは思ったが、ジョンソン博士にロンドン生活の幸福をしばし放棄するよう説得することはできない相談ではないかと思った。ロンドンの生活は十分な知的興味をもって楽しめる人には、それより窮屈な所での生活はどこであっても味気ない退屈なものに思われがちだ。ジョンソン博士は哲人として威厳ある高い地位にあって、賢人の中では知力に、学者の中では学識に抜きん出ており、機知が閃《ひらめ》くとこれを人々の心に鮮やかに映し出す光を放つ。それゆえ、博士がその高堂から降りることを潔しとしないのではないかと私は思っていた。

ジョンソン博士が私の旅への期待を長い間裏切ってきたので私は諦めかけていたが、一七七三年春、博士はこの年のスコットランドの旅について並々ならぬ決意を語ったので、ついに本気になったと私は思った。ひとたび博士を首都から進水させれば、後は順風満帆に進んで行くことを私は知っていた。ロンドンには、博士の船出に手を貸してくれる我らの共通の友人たちがいた。特に、その魅力が博士の心を捉えて離さぬスレイル夫人には大変お世話になり、「私が風を送りましょう」「それは有難い」ということになった。また、私たちは博士の関心を引き寄せるため、マクドナルドとマクラウド両族長から招待状を受け取った。さらに私はこれを強化するため、エリバンク卿とウィリアム・ロバートソン博士、そしてビーティー博士に手紙を書いた。

この件で私はロバートソン博士への手紙に次のように認《したた》めた。

「友人サミュエル・ジョンソン氏は健康状態もよく気力も充実しており、今年は本気でスコットランドを訪ねる決意を固めたものと存じます。しかしながら、博士の関心を引き寄せる力が強ければ強いほどよろしいかと存じます。それゆえ、ジョンソン氏が御地で喜んで貴台にお会いなさることは承知致しておりますが、そのうえになお、ご返書にて持ち前の説得力をもってこの計画についてのご意見を述べられ、博士の心を動かすようお力添えを賜われば、計画はさらに前進するものと存じます。」

私の手紙への返事はまさに願っていたとおりであった。米国史家の手際のよさと説得力をもってこう記されていた。

「この前お会いした折、貴下は私たちの長年の期待に応えてジョンソン氏を説得され、スコットランド旅行実現の希望を与えてくださいました。夏の法廷の終わる頃、博士にエジンバラでしばらく過ごしていただいた後、高地地方《ハイランド》を訪ねるよう手筈が整えられれば、きっと博士はこの国の多くの場所で自然の雄大な景観に満足なさるものと信じております。当地で博士にお目にかかる人たちの中には博士を尊敬する人も多く、博士から尊敬に値すると思われる人もいるはずです。博士がこのことを確かめられることを願っています。博士はときどき我々スコットランド人に対して冗談を飛ばされますが、悪意の中傷と、『頭に注ぐ最上の油(2)のように頭を侵さぬ正しい人の戒め』とを我々が区別できることを、博士ならお分かりになることでしょう。何卒博士によろしくお伝えください。併せて、拙宅でお目にかかれれば幸いである旨をお伝えください。」

私はビーティー博士にはこう書いた。「この手紙の用件は、サミュエル・ジョンソン氏が今年こそスコットランドを訪問されるのは間違いないとお伝えすることです。この貴重な機会を確実に手中に収めるために、博士の心を動かすあらゆる方策を取ることができればと願っております。私はすぐロンドンを発たねばなりませんが、その前にこの哲人へ私も知る貴台のお考えをしかるべき熱意を込めて読んで差し上げられますよう、早々にお返事くださされたくお願い申し上げます。博士は昨年と変わらず貴台のことを熱を込めて話しておられます。私たちは八月と九月にできるだけ広くスコットランドを見るつもりです。マーシャル・カレッジ(3)をお訪ねするのもそう先のことではありません。博士は特に西方諸島を幾つか訪ねたいと望んでおられます。」

ビーティー博士はさらに親切にも「お出ましになられた《フィプセ・ウエニト》」。しかも、「返事無用《ニル・ミヒ・レスクリバス》」の権利を敢えて放棄してエジンバラから次のように伝えてきた。

「四月二十日付の温かい嬉しいお便りは、一週間ほど前私の発ちましたアバディーンを経て、昨日当地にて拝受いたしました。私は本日ロンドンへ発ちます。一週間か十日後に、ジョンソン氏と貴下へのご挨拶をさせていただければ光栄に存じます。その際、お話の件を強力に推し進めるべく全力を尽くす所存です。目下取り込み中で、一、二時間のうちに出立するつもりですので、今はその件は控えます。」

ビーティー博士は約束を違えず、楽しい目標で北国の旅を有利な形勢にしてくれた。だが実際には、ジョンソン氏は『詩人伝』の中でグレーが「詩人、賢人、善人」と認めたと語っている人物(4)から聞く話ならばすべてが大好きだったのである。

エリバンク卿はしばらくの間私の手紙に返事をよこさなかった。そのわけは、スカイ島に行ったとき明らかになる。その際、私とジョンソン氏に宛てたエリバンク卿からの手紙と併せて私の手紙も載せることになる。私が自分の考えを述べるときに私信を添えるのは、私の考えそのもののためではなく、他の人が語った貴重な言葉を理解する手掛かりにするためであるとご理解いただきたい。

幸いチェインバーズ判事（現在のサー・ロバート）が東インド諸島へ出発する前にニューカッスルの親戚に別れの挨拶に行くところだったので、その町までジョンソン博士を案内してくれた。そこからはオックスフォード大学ユニバーシティ・カレッジのスコット氏（現在の下院議員スコット博士）がエジンバラまで同道してくれた。このような幸先のよい護衛船を得て博士は我が故郷へ向かったのだ。ただし、これは比喩なので、実際に船で行ったと思われても困るので、駅馬車の旅であったことを申し添えておきたい。しかも、その馬車の速さは博士の大きな喜びの一つだったのである。

ジョンソン博士の特質は、その宗教、道徳、政治、文学、いや風采や態度に至るまで、誰よりも広く知られていると思うが、ここで博士の人物を点描してみるのも無駄ではあるまい。そこで、次の事柄を読者諸賢に思い起こしてもらいたい。博士はイングランド高教会派で君主制主義者でもあり、誠実で熱心なキリスト教徒であったので、そのことに異議が出ると黙ってはいなかった。社会秩序への敬意とあらゆる秩序の「根源」への深い尊敬の双方から、敬虔と美徳の義務を維持するという点では、固い信念と不変の精神を持っていた。鑑識眼は正確、否、むしろ厳格であった。気質は気難しくて立腹しやすく、性急で短気ではあったが、極めて人間的で慈善心に富んでいた。その頭脳は様々な学識と莫大な知識を集積し、これを豊かにして適切な表現を用いて独特な明快さと力強さで伝えた。博士はすぐれた論理的頭脳を極めて豊かな想像力と結合させ、議論においては尋常ならざる強みを発揮した。判断力は臨機応変、緻密にして大胆であった。また、弁論術の諸派の中で雄弁を振るって第一級の雄弁家ともなりえたが、座談のときにしかこれを楽しむことはなかった。というのは博士自身も認めているように、ときには相手に勝つために弁じたからである。その良心は誤りをわざわざ記してそれをいつまでも放置することを許さなかった。自己の優越を自覚していた。賞賛されればそれを大いに喜んだ。自尊心が高くてそれを求めることはなかった。お世辞には幾分弱いところがあった。博士の心は心象《イメージ》が溢れていたので、一生を詩人として通すこともできたかもしれない。詩が大変すぐれているだけに、寡作なのが惜しまれるが、その文体は散文のそれよりも易しいとしばしば言われてきた。これには思い違いがある。文体が易しいのではなく、韻文の荘重さによりふさわしいのである。ダンスでは優雅に踊るのに、普通に歩く場合ではその動作は無様《ぶざま》になるようなものだ。生まれつき憂鬱症があり、その暗雲は空想の輝きを曇らせ、思考過程全体に陰影を投じていた。しかし態度は重々しく、畏敬の念を起こさせながらも、必要かつ適切とみれば、しばしば冗談や洒落を飛ばして楽しんだ。迷信を信じやすかったが、騙されやすくはなかった。想像力が怪異なものと神秘なものを信じる方に向かわせようとすると、博士の強靭な理性がその証拠を油断なく調べさせた。大きな声でゆっくりと慎重に話したことは、疑いもなく重厚な発言にさらに重みを加えた。ペンブルック卿はかつてウィルトンで、多少の真実を込めて冗談めかしに、「ジョンソン博士の言うことは、独善的な話し方がなければ、さほど驚くほどのものではない」と私に語ったことがある。しかしそれが真実なのは、限られた場合でのことである。「メサイア」はカンタベリー寺院のオルガンで奏でられた方が、並の楽器で弾くときより崇高である。だが、実につまらぬ音楽でも、あの荘重な媒介物を通して耳に伝えられると壮大なものに思えてくる。したがって、ジョンソン博士の言ったことを読むときには、その話し方も併せて考えて欲しい。しかし注目すべきは、概して話そのものがすばらしいこと、そして平凡な作曲家のときもあるが、たいがいはヘンデルのような大作曲家であったことである。体格はよく、がっしりとして巨漢と言ってよいが、太りすぎて身動きが不自由になっていた。生まれながらに古代彫像のような顔立ちをしていたが、「国王に触ってもらえば」治せるとかつて考えられていた例の病気「瘰癧《るいれき》」の痕があって幾分醜くなっていた。ジョンソン博士は今や六十四歳で、耳も少し遠くなっていた。視力は以前から多少弱かったが、精神の働きはそれらの器官の欠陥を補って余りあるほど強力で、知覚は稀に見るほど鋭く正確であった。頭と、ときには身体が痙攣《けいれん》したように震えた。あの「舞踏病」と呼ばれる病気と同じ類いの痙攣で、発作的な収縮(5)にしばしば悩まされたようだ。同色の無地の揃いの服を着て、茶色のアルパカを巻いたボタン、灰色がかったふさふさとした大きな鬘《ウイッグ》、無地のシャツ、黒い毛糸の長靴下、そして靴には銀の止め金が付いていた。この旅行中は長靴を履き、ゆったりとした大きな茶色の生地の外套を着ていたが、それには自分の作った二つ折判の二巻の辞典が楽に入りそうなポケットが付いている。手には大きなイングランド製の樫の杖を携えていた。ここまで細かく記したからといってお咎めなさるな。かくも偉大な人物にかかわる事柄はすべて観察に値するものだ。アダム・スミス博士がグラスゴー大学の修辞学講義(6)で、ミルトンが止め金の代わりに靴紐を付けているのを知って愉快だと話したことを私は覚えている。この杖を出したのは、ヘラクレスに棍棒を持たせたただけのこと。読者諸賢はやがてこの杖から芽が出て、見事な冗談が飛び出してくることがお分かりになろう。

以上が、博士がかつてこの世にあるときには、私が深い尊敬と敬愛を抱いていたし、全能の神の御心によってあの世に召された今となっては粛然たる思いで追憶しているあの驚嘆すべき人間の「人となりと姿(7)」を記した完全ならざる点描である。ここにこの日記の主人公を紹介することは、読者諸賢に喜んでもらえるであろうし、それを読むうちにこの人物にかなり近づいていただけるだろうと確信している。

博士のスコットランドに対する偏見は文壇に登場するとほぼ同時に披瀝された。その詩『ロンドン』には次のような強烈な一節がある。

袖の下も受け取らずに誰がアイルランドの地へ行くだろうか
ストランドの通りをスコットランドの厳に代えるだろうか
この地では突然運命によって流される人はなく
飢えを免れれば老いそして朽ちる

事実は、博士は古代ギリシア人やローマ人と同様、自国民以外をすべて夷狄《いてき》と見なして憚《はばか》らなかったのである。アイルランドやスコットランドのみならず、スペイン、イタリア、フランスもこの詩の中で攻撃されている。特にスコットランド人への偏見があるとすれば、それはスコットランド人の存在が博士にとってより目障りであったからであり、イングランドでのスコットランド人の成功が実際の功績のしかるべき割合をやや越えていると博士が思ったからである。博士はまた、心の広いスコットランド人は誰しも否定しないと私には思われるあの民族意識を、スコットランド人に認めないわけにはいかなかったからだ。こういう言い方が許されるなら、博士は本質的にジョン・ブルであり、極めて無愛想だが生粋のイングランド人であった。大理石の岩盤の下には普通の粘土層があった。旨いものは飽くことなく好み、あのユーモアという特質を豊かに備えており、それによって他のあらゆる性質に円滑さと光沢が与えられている。

私は自分が全くの世界市民であると自負している。オランダ、ドイツ、スイス、イタリア、コルシカ、フランスと巡る旅行で、自国を離れたという気がしたことは一度もなく、「すべての血族、言語、国民、国家」を心から愛している。今は亡き博識と理知の知人クロスビー氏が、イングランド人はスコットランド人よりすぐれた生き物で、太陽に恵まれ気質もおおらかで穏やかだと言ったことに私は賛同する。しかしスコットランドに対するひどい軽蔑を露《あらわ》にされると、私はそのイングランド人に調子を合わせながらも、はっきり言って、彼らを子供扱いするのである。したがって、ジョンソン博士でさえも同じように扱わざるをえないことがときにはあるのだ。

とはいえ、博士はスコットランド行きを敢行し、偏見もかなり薄れて、手厚いもてなしに深く感謝しつつ上機嫌で帰国した。そのことは、博士のかの著作『スコットランド西方諸島の旅』からも明らかである。ところが、全くもって驚いたことには、この本が多くの我が同胞から誤解され、恨みさえ買うことになったのだ。

博士がチェインバーズとスコットを道連れにするためしばらく旅の出発を遅らせたので、八月十一日に閉会する民事控訴院は博士がエジンバラ入りする前に休みに入っていた。

一七七三年八月十四日、土曜日、夜も遅くなって、私は博士がキャノンゲート通りのとば口にあるボイズ亭に着いたという知らせを受け取って、すぐに駆けつけた。博士は心を込めて私を抱きしめ、私の方は今まさにスコットランドで博士を迎えることができたと思うと喜びに堪えなかった。スコットが我らがソクラテスに対して親しみのある態度と敬愛の情を見せたので、私はすぐに彼と打ち解けた。スコット氏によれば、私がここに来る前のことだが、運悪く博士はスコットランド人の「きれい好き」の悪い見本に出くわしてしまったという。ジョンソン氏は当時酒を断っていた。博士がレモネードをもっと甘くして欲しいと望んだところ、給仕は脂ぎった指で角砂糖をつまんで入れたのだ。博士はこれに憤然として、そのレモネードを窓から投げ捨てたのである。スコット氏は博士が給仕をなぐり倒すのではないかと不安になったという。ジョンソン氏の話では、パリのさる婦人宅でも同じような目に遭ったことがあるという。光栄にも博士は我が家に泊まることになった。スコット氏の泊まる部屋がなかったのは甚だ残念だった。ジョンソン氏と私は腕を組んでハイ・ストリートを上って行き、ジェイムズ館《コート》の我が家まで歩いた。暗い夜であった。博士がエジンバラの夜に漂う悪臭に襲われるのを防ぐすべが私にはなかった。現治世の初め、政界に功績のあった今は亡き準男爵が「夜、エジンバラの通りを歩くのは極めて危険であり、悪臭が甚だしい」と言ったのを聞いたことがある。この危険は、行政官たちの尽力で窓から汚水投棄を禁ずる市の条例が施行されたためかなり少なくなってはいるものの、建物の階数も多く、各階に様々な家族が住む古い町の家屋構造であることや、蓋をした下水溝が全くないことから、悪臭はなお続いている。愛国的なスコットランド人なら、このとき、ジョンソン氏に五感の一つをなくして欲しいと願ったことだろう。ゆっくり進んで行くと、博士は私の耳もとで、「暗闇でも君たちの臭いがするね」と不満げにささやいた。しかし博士は広々とした通りと、その両側に聳え立つ建物が堂々としていることは認めたのである。

妻は博士のためにお茶の用意を既に調えていた。博士が時を選ばず、とりわけ夜遅くまで起きているときは茶を楽しむことがよく知られている。そういえば、博士はジョナス・ハンウェイ氏に反論し茶を飲む習慣を立派に擁護したのだから、東インド会社から相当な報酬を受けてもおかしくはないだろう。博士は自己の特異な習慣に当家の主婦が大変気を遣っているのを見て、かなり安心したようだ。そして、博士ほどその気になれば礼儀正しい人はなく、妻への態度は誠に丁重で気持ちのよいものであった。まもなく博士の会話が妻の心を捉え、その外貌などを忘れさせてしまった。

エジンバラを出発してから数日というもの、私は詳細な日誌をきちんとつけてはいなかったが、幸いなことに、スコットランドの初日の晩から私の記した「博士の言行録」の断片をかなり保存している。

これより少し前、殺人犯の裁判があった。この中で裁判官は、スコットランドやヨーロッパの他の数ヶ国が採用している民法における時効の原則に従って、犯行から二十年経過すれば法廷で時効の申し立てができることを認めた。ジョンソン博士は最初はこれに賛成しなかったが、分かっている犯罪を二十年も起訴を怠れば、時効も一理あると考えた。ただし、殺人が二十年間露顕しなければ、刑罰を免れるという点は認めようとしなかった。昔の決闘による裁判の話になった。博士はそれが一般に思われているほど馬鹿げたものではないと考えた。「なぜなら（と、博士は述べた）、これは、一方が肯定し他方が否定したため問題が平衡状態にあるような場合に限り許されていたし、神が正しい者に味方して仲裁すると考える人もいたのだ。ところが、決闘では正しい者が不正な者より分があるとは限らないということが判明し、そのため、社会は現在の裁判方法を確立し、正しい者に有利な立場を与えたのだ。」

妻が座をはずしてから、私たちは長時間にわたり雑談し、午前二時近くまで起きていた。妻はこの賢人にあらん限りの敬意を表するため、どうしても自分の寝室を博士に譲り、別の部屋に移りたいと言った。妻が私を夫として受け入れてくれたあの大きな恩義を受けて以来、私は妻の施した数限りない恩恵の一つとして、このことに感謝の念をもって触れないわけにはいかない。

八月十五日　日曜日

スコット氏が朝食に来たところで、私の友人で今はピットスライゴのサー・ウィリアム・フォーブズをジョンソン博士とスコット氏に紹介した。この人には語り尽くせぬ長所がある。銀行家として卓越した手腕と勤勉さを持ち合わせ、私のよき友人でありよきクリスチャンであった。このうえ言うこともないと思うが、かつて彼が危篤に陥ったとき、世人はその大きな不幸を憂えて固唾《かたず》をのんで見守ったことはここに記してもよかろう。彼の家には安否を気遣う問い合わせが昼夜を問わず殺到した。彼が回復するや、「賛美の頌歌《オード》」は同胞者の心の底から湧き上がる大合唱となった。

ジョンソン氏は当時生後四ヶ月ほどであった私の娘ヴェロニカ(8)が気に入った。娘は博士の言うことに耳を傾けている様子だった。娘は博士の仕草が自分を喜ばせてくれるためのものと思ったらしく、その動作が止むと手足をばたばたさせ、赤ん坊らしい声を上げてもう一度して欲しいと博士に合図のようなものを送った。娘は博士に抱きしめて欲しかったのだろう。これこそ博士の容貌が怖くないという、子供の純真な性質が示す証拠だった。私は娘が博士になついてくれたのでますます娘をいとおしく思い、彼女に五百ポンドの遺産を追加すると断言したのである。

弁護士業の話になった。正直な弁護士なら不当であると確信している訴訟は決して引受けるべきではないと思う、とサー・ウィリアム・フォーブズが言った。「君（と、ジョンソン氏が述べた）、弁護士は依頼人から意見を求められぬ限り、引受ける訴訟の当否を云々する必要はない。ただし、求められたら正直に言わなくてはならない。訴訟の当否は判事の決めることだ。君、考えてみたまえ、裁判所の目的が何かを。誰もが訴訟を裁くように任命された人から公正な裁きを受けるためだ。弁護士は嘘と分かっていることを言うべきではないし、贋《にせ》の証書と分かっているものを提出すべきではない。しかし、陪審員や判事の領域を侵して証拠の効果はどのようなものであるか、つまり法的論証の結果が何であるかを判定すべきではない。自分で自分の訴訟を申し立てるのにふさわしい人はめったにいないから、弁護士とは調査と経験によって証拠を整え、法が定めたことを争点にできる技術と能力を獲得した階層にほかならない。弁護士は、依頼人が可能なら自分自身で公正に行うかもしれないことをすべて依頼人に代ってやってあげるべきだ。弁護士が優れた注意力、知識、技術、そして説得力で相手を凌駕するとしたら、それこそ弁護士に与えられた強みだ。両者いずれの側にも常に多少の優位さがあるとすれば、それを偶然ではなく才能に委ねる方がよい。仮に弁護士が訴訟を正当なものと確信しない限り引受けるべきではないとすると、人は請求権を審理してもらえなくなる。ところが、これを裁判所で審理してみれば、極めて妥当な要求だと分かるかもしれない。」これは健全で実際的な方針であって、あまりに純粋すぎる良心の咎めを合理的に抑制したものだ。

当時は、移民が広く話題になっていた。ジョンソン博士は移民を人間の幸福に有害なものとして遺憾に思っていた。「というのは（と、博士は言った）、移民は人を分散させることになるから、国の防備を弱めてしまい快適な生活が損なわれてしまう。過疎になると住人は何とか間に合わせの生活はするが、物もろくにない状況では苦しい遣り繰りに追われる。鍛冶屋が十マイルも離れていれば釘や止め釘は使わずに済ませ、仕立屋が遠ければ自分で適当に継ぎ接ぎをすることになる。人口が集中していればこそ利便性が高まるのだ。」

サー・ウィリアム・フォーブズ、スコット氏、そして私はイングランド国教会の礼拝に出席するため、スミス財務裁判所主席判事の創建した教会へジョンソン氏と連れ立った。主席牧師カー氏は次の言葉から説教に入った。「主の治め給うゆえに、地上の民よ喜ばん。」ジョンソン氏がこの説教を傾聴しなかったと思うと残念だ。カー氏の声が低くて博士には聞き取れなかったのだ。カー氏の説教選集は彼の没後サー・ウィリアム・フォーブズによって出版され、世人はその類いない価値を認めた。マンスフィールド卿もこの説教集はすばらしいと断言したと私は確信している。

ここで私はオード財務裁判所主席判事から、我が家で翌日食事をする約束を取り付けた。私がジョンソン氏を判事に引き合わせたところ、判事は博士に礼儀正しく、「先生とお付き合いする栄誉に浴しておりませんでしたが、それを望んでおりますので拙宅においでいただきたいと思います。明日、ご接待いたします」と述べた。この立派なイングランド人判事はスコットランドでもその名を長く留めるであろう。というのも、彼はここに瀟洒《しょうしゃ》な住宅を構え、そこで豪勢に暮らしていたからである。

彼自身の十分な財産に報酬も加わって、彼は手厚く盛大にもてなしをすることができたのである。私たちスコットランド人の中から財務裁判所主席判事が出れば幸運であるかもしれないし、現在は有徳の士がその地位を占めているが、私の意見では、ツイード川の南部出身の立派な紳士が公職を幾つか占めるのは、私たちもイングランドで昇進の恩恵を蒙むるので、スコットランド全般にとってよりよいことである。そういう相互交流によって慣習は有益な形で混ざり合うだろうし、我々の合同もより完璧なものになるだろう。オード財務裁判所主席判事は衝突する利害関係と強烈な党派が溢れている狭い国において、私たち全員と良好な関係にあった。私は彼の意見が私自身のものと同じであることを十分に承知していたが、彼はダグラス訴訟がスコットランドにおける生得権の神聖なる保証を根底から揺るがした実に危機的な時期に超然とした態度を保ったのだ。もしそれが合同以前に生じていたなら、英国の上院へ上告できずに、この名誉と財産の偉大な砦は完全に崩壊していたことであろう。

私たちが帰宅すると、ジョンソン博士は私の蔵書を見たがった。博士は私が大いに啓発され高く評価していたオグデンの祈りに関する説教集を取り出し、それを持って部屋へ退いた。博士は部屋に長くいることはなく、まもなく居間にいる私たちの所へ戻ってきた。私はロバート・アーバスノット氏を博士に紹介した。彼は高名なアーバスノット医師の親戚で、文人であり風流人でもあった。私たちは先の紹介状に対して彼に感謝しなければならなかった。というのも、その紹介状のお陰でセント・アンドルーズで心地よい接待を受けることができたわけであり、ジョンソン博士は『スコットランド西方諸島の旅』の中でその接待を「ある姿なき友人」のお陰であると述べている。

ジョンソン氏はビーティー博士に関して次のように述べた。「君、彼は真理を知っているかのように、そして自分自身の力を自覚しているかのように著作を行っている。尊敬の念をもって敵を扱うのは、敵をそんな資格などないのに優位な立場に立たせることになる。大部分の人たちは論点を判断することができず、性格から印象を受ける。そのために、君が敵に立派な性格を認めるならば、彼らは、君は彼と意見が違うにもかかわらず、君が間違っているかもしれないと考えるだろう。君、君の敵を敬って扱うのは、戦《いくさ》で攻撃に手加減を加えるようなものだ。そしてヒュームに関してだが、あの男は自惚《うぬぼ》れが強くて、皆は長い間だまされているのだと言ったり、自分は誰よりもよく物が見える賢い男であると言ったりしているのだ。そして彼は人間の幸福に必要だと考えられている原理原則に敢えて異議を唱えるほど良心の呵責を持ち合わせていない男であるが、彼のことを笑う人がいたら彼は驚くだろうか。彼自身が思っているとおりの大人物であるなら、このようなことすべてをもってしても彼を傷つけることはできない。それは岩に向かって豆をぶつけるようなものだ。」博士はヒューム氏の頭と心の双方に関して「あまりに乱暴すぎること」(9)を付け加えたが、それは伏せておこう。言葉の暴力は私に言わせればキリスト教の教義にふさわしくない。そのうえ、私はいつもヒューム氏とは仲良くやってきた。もっとも、彼と親しくするのが正しいことであるかどうか分からない、とヒューム氏には率直に言ってはいるのだが。「でも（と、私は言った）、あなたはあなたの著作物よりもはるかに立派です。」ヒューム氏は陽気で親切で教えられることも多く、貧乏人には慈悲深く、私は彼と大いに心地よい時間を過ごしてきた。私は彼について愉快で興味深い思い出の記を幾つか残しており、特に彼が余命いくばくもないことを自ら知ったときのことは忘れられない。それらはいずれ公にすることになろう。とはいうものの、私はアダム・スミス博士が賞賛するほどには彼を高く賞賛することはないだろう。スミス博士は出版業者のストラーン氏宛ての手紙（友人宛ての私信ではなく、すべての形式を整えて公刊される手紙[10]）の中で「概して、私はいつも彼のことを生前も歿後も、おそらく生来弱い者である人間の中では最も賢明で美徳を持つ人の理想に近かったと見なしている」と述べている。スミス博士にはこう考えてもらおう。ヒューム氏は健康、気力、良友、そして十分かつ増大する財産に恵まれてはいなかっただろうか。そしてまた、絶えることのない名声の喜びを持たなかっただろうか。しかし、ある学識ある友人が私に述べたように、「彼は自らの美徳の完璧さを立証するためにどのような試練を受けたのだろうか。彼は大きな逆境の場をかつて経験したことがあるのだろうか。」私は旧知の倫理学の教授が届けてくれたこの条《くだり》を読んだとき、「げに我は我がすべての師に優りて知恵多し[11]」と詩篇作者と共に大声で叫ばないわけにはいかなかった。

八月十五日　日曜日

私たちが話している間にウィリアム・ロバートソン博士からの次のような短い手紙が私の所に届いた。

拝啓

私は毎日ジョンソン博士のご到着に関する貴殿からの便りをお待ちしております。博士の動静についてどのようなことをご存知でしょうか。私はご挨拶できることを待ち望んでおります。この手紙をカレッジにて書いておりますが、ここにはこの紙切れしかありません。

敬具

日曜日　　　　　　　　　　　　　　　　　　ウィリアム・ロバートソン

私はロバートソン博士がこのようにジョンソン博士との面会を望んでいることを知って嬉しかった。私は博士が到着したと大喜びで伝え、ロバートソン博士にできるだけ早くお出でくださいとお願いした。

サー・ウィリアム・フォーブズ、スコット氏、アーバスノット氏、それにもう一人の紳士が私たちと正餐を共にした。「さあジョンソン博士（と、私は言った）、スコットランドの子牛肉はおいしくないと一般に考えられていますが、ここにあります肉はきっと先生に気に入っていただけると思っております。」しかし博士をへこますことはできなかった。ジョンソン、「ねえ君、私は一般に考えられていることこそ真実であると思う。君たちの子牛肉はおいしいかもしれない。しかし、それは通説の例外にすぎないのだ。その反証ではなくてね。」

ロバートソン博士は当時のエジンバラの習慣に従って午前の祈りと午後の祈りの合間に正餐をとっていた。それは現在よりも遅かったので、私たちが彼と同伴する喜びを得たのは、彼が食事を終えて私たちの所へやって来てワインを飲んだときのことである。そして活気に満ちた会話が始まったが、そのほぼ完全な記録は次のとおりである。

私たちはバーク氏について話した。ジョンソン博士、「バークは多様な知識、心象の蓄え、豊かな言葉を持っています。」ロバートソン、「彼には機知もあります。」ジョンソン、「そうではありませんよ、彼はその点では成功していない。野卑だし思いつきですよ。私はバークが一度たりともうまい冗談を言ったことがないと常々言ってきたものです。(12) 私がバークに対して最も羨ましいと思っていることは、彼の終始一貫している点です。彼は決していわゆる凡庸ではありません。しぶしぶ話し始めることなど決してないし、さっさと話を打ち切ることもありません。」ボズウェル、「そのうえに彼は人の話を聞くことができます。」ジョンソン、「いや、その点では得意とは言えないよ。彼はとてもおしゃべりなので、誰かがテーブルのこちら側で話していても向こうの端の方の誰かに話しかけたりしかねないんだ。バークはね、君、そういう男だから、君が通りで牛の群に足止めされたとき彼と初めて出会って、牛を避けるためにほんの五分間道端へ寄ったとしても、彼は滔々《とうとう》と君に話しかけ、別れるときには、この男は尋常ならざる奴だと君はつぶやくことになるだろう。まあ、君は私と末永く付き合うかもしれないが、尋常ならざる点などは何も見つけることはなかろうよ。」ジョンソン博士が言うには、バークは法曹界を目指していたが、それを追求する十分な資金か勤勉さがなかったのだと思っているとのことだった。人がある方面に打ち込んで、別の方面に打ち込まないのはなぜなのかが理解できない、と博士は言った。ロバートソンが、判断力の方が多い人もいれば、想像力の方が多い人もいる、と言った。ジョンソン、「違いますよ、知性の差というだけのことですよ。知性に優れた人は別の方向にその頭脳を向けるかもしれないが、偶然にもある学問分野の成功を目にし、そこで抜きん出たいという望みを抱くかもしれません。私はサー・アイザック・ニュートンが詩歌に打ち込んでいたら、きっと立派な叙事詩を作ったことだろうと思います。私は悲劇的な詩にも法律にも同じくらい打ち込むことができますね。」ボズウェル、「でも先生、先生は法律ではなく悲劇的な詩に精力を注がれましたね。」ジョンソン、「というのはね、君、法律を勉強する金がなかったんだよ。君ね、活力のある人は西の方でも東の方でもどんどん歩いて行くことができる。たまたまその方向に顔が向いていればね。」ボズウェル、「しかし、先生、それは丘を上り下りするようなものです。人は誰でも生まれつき、そのどちらか一方が上手にできるのでしょう。ウサギは前脚が短いことから最も上手に丘を駆け上がり、犬は駆け下りるのがうまい。」ジョンソン、「違うよ、君、それは機械的な力によるものだよ。君が心を機械のようにできれば、そのように主張できるだろう。万力のような心があり、がっちり捕まえる。記憶力がよいのだ。やすりのような心もある。そういう心の人は議論家だ、論客だ。かみそりのような心もあり、そういう心の人は辛辣だ。」私たちはホワイトフィールドの話をした。博士は彼とは同じカレッジにいて、彼が他の人たちよりも立派になり始める前から彼のことは知っていたと（微笑みながら）述べ、また、ホワイトフィールドは心からの善意を示すが、策略と見栄の入り混じったものを持っていると博士は信じていると言った。一方、ウェズリーは宗教のことしか考えなかった、(13)とも言った。ロバートソンは、ホワイトフィールドが生まれつき口が達者で、それを鍛えれば偉大なことを為し得ただろう、と述べた。ジョンソン、「もちろんです、彼は能力の極みに達しており、彼自身そのことに気付いていたと思います。彼は人並みに教育の恩恵を受けましたが、大衆向きの弁舌を追い求めることにしたのです。」ボズウェル、「彼は人の感情に多大な影響を及ぼしました。」ジョンソン、「そうかね、君、私はそうは思わないね。彼は情に訴えるような心象《イメージ》を次々と描写することはできなかった。彼は大声で叫んで印象付けたんだ。そこにはまたハンマーのような心があったんだ。」ジョンソン博士はこのとき、著名な政治家である私たちの友人(14)があらゆる場合にある特定の人たちに肩入れするという方針だがそれは間違っている、と述べた。「私は人がある政党に肩入れするのは正しいということは分かる（と、博士は述べた）、つまりその人はホイッグか、さもなくばトーリーであり、それらの党の一方が概して最良であると考えているということだ。そして、その勢力を優位にするためには、その党をまるごと支持しなければならない、個々の点においては間違っているかもしれないがね。その人は原則の束を受け入れるが、その束にはもちろん朽ちた枝木があるにはある。しかし、もう一方の束ほど多くはない。そしてその枝木はうまく選り分けることができない。しかし、全般的な方針もなしに、(今日は正しいかもしれないが、明日は間違っているかもしれない)一人の男またはある党の人たちに肩入れすることには賛成できない。[15]」

ジョンソン博士は私たちにクックについて話した。クックはヘシオドスを翻訳し、博士がその出版の予約申し込みをずっとしていたプラウトゥスの翻訳で二十年間も生計を立てていたのだった。またクックは、博士が言うところでは、フットをあるクラブに「こちらは最近兄殺しのために鎖で縛り首になった紳士の甥です」と風変わりな形で紹介した。

夕方、私はジョンソン氏[16]に私の親友の弁護士ウィリアム・ネアン氏と同郷の隣人サンドラムのハミルトン氏の二人を紹介し、その両人が私たちと食事を共にした。そこでの出来事については、ジョンソン博士が通説に反する意見——悲劇の演技に対する侮蔑——を披露したことを除いては何ら書き留めていない。博士曰く、「悲劇の中ではどの俳優の演技もまずい。そういう感情や情感と呼ばれるようなものの兆候を抑えるのが人間の務めだ。」博士は『トム・ジョーンズ』におけるフィールディングの意見とは真っ向から対立する意見を持っていた。フィールディングはパートリッジ[17]の口を借りてギャリックについて次のように言っていた。「もちろん、私だって彼と同じようにうまく演ずることができる。もし幽霊を見たら、きっとのこと私も彼がやったのと全く同じ表情をして、同じように振舞っただろう。」ところが、私が博士に「先生、もし先生が幽霊をご覧になれば、ギャリック氏と同じようにギクリとしませんか」と尋ねたところ、博士はこう応じた、「そんなことはしたくないね。

もし私がそんなことをすれば、幽霊の方をギクリとさせてしまうだろうよ。」

八月十六日　月曜日

ウィリアム・ロバートソン博士が朝食にやって来た。私たちは祈りに関してオグデンの『説教集』のことを話した。ジョンソン博士曰く、「神が祈りを聞かれることに反論するために用いられる論拠が、神が善に報い悪を罰することへの反論にも同じように役立つでしょう。前者の場合も後者の場合も、神は決意したと宣告しているのです。」博士は昨夜ヘイルズ卿の『スコットランド史所見』(18)に目を通した。ロバートソン博士と私は、ヘイルズ卿がもっと大事なことを書かなかったのは残念なことだ、と述べた。卿は当時はまだ『スコットランド年代記』を出版していなかったのだ。ジョンソン曰く、「私は大いに尊敬していたある婦人の家をかつて訪問したことを覚えているんだがね。部屋にはとてもたくさんの人がいた。彼らが帰ったとき、私はこの婦人に『私たちは何と愚かなおしゃべりをしたことでしょう』と言ったんだ。『そうですね（と、彼女は言った）、でも、彼らがおしゃべりをしている間、あなたは何もおっしゃいませんでしたわ。』私はこの小言に驚いた。罪のないことなら何でもやる人の方が、何もしない人よりもどれだけよいというのだろうか。おまけに私は逸話が好きだ。人間は物語を除いてはすべてを警句のように書くようになるだろうし、準備、関連、例証など、大きな本を生み出しているすべての技にうんざりするようになるだろうと私は思っているんだ。もし逸話が一つの体系に仕上げられるまで待たねばならぬとすれば、その逸話を知るまでには長い時間がかかるだろうね。それに知りえたかもしれないものと比べてほんのわずかしか実際には知ることはできないだろう。」

ロバートソン博士が言うには、ヘイルズ卿が人物描写をしているユーファム・マカラン[19]という狂信的な女性の意見は相変わらず長老派の人たちの間で優勢であるとのことだ。それゆえに彼らの迷夢を醒まさせたことは、敬虔で知られるヘイルズ卿にはふさわしいことであった。

私たちはジョンソン博士にエジンバラの名所をいくつか案内するために出かけた。現在は常任裁判官が裁判を開いている所で、かつてはスコットランド議会が開かれていた議事堂へ行き、それから棟続きの新しい控訴院へ行った。そこでは十五人の裁判官（十四人の控訴院判事とその長である控訴裁判長）が上訴裁判を開廷するのである。弁護士図書室へ行き、ジョンソン博士はそこをそそくさと見て回った。それから地下議事堂《レイ・パーラメントハウス》と呼ばれる所へ行った。そこにはスコットランドの公文書が遺漏《いろう》なく登録されて、登録所が完成するまで保管されている。私はサミュエル・ジョンソン博士がこの古文書の宝庫の中をあちこち歩き回っているのを見て嬉しく思った。この頃には博士に付き添う人たちの輪もかなり大きくなっていた。誰かが著作に適した時間について語り、人間には著作のできるときもあればできないときもあることについて述べた。「それは違う（と、ジョンソン博士は言った）、人はいついかなるときでも執筆できるだろう、断固として取り組めばね。[20]」

私はここで古来のスコットランド気分に耽り始め、イングランドとの合同によって我々はもはや存在しないということ、つまり我々の独立王国が失われたという無念の思いを表明し始めた。ジョンソン曰く、「君ね、君たちの独立のことは口にしなさんな。正義の見せかけすらせず、女王を救い出そうと試みもせずに二十年間も女王を幽閉させておいて、ついには死に追いやってしまうのを許してしまう輩《やから》がいるというのに。しかも勇敢な魂を持った男ならすべてが命を捧げたと思われるあのすばらしい女王をだよ。」公文書管理人たる高潔の士ジェイムズ・カー氏、「国民の半分はイングランドの金で買収されたのです。」ジョンソン、「これは、これは、それは何の弁解にもなりませんよ。そんなことを言うと君たちが悪く見えるだけですよ。」弁護士図書室長の好人物ブラウン氏、「それについては何も言わない方がよいでしょう。」ボズウェル、「でも、先生、先の戦争[21]を行うために私たちを受け入れていたなら嬉しく思ったことでしょうよ。」ジョンソン曰く、「合同が全くなかったとしても、スイスや他の国の軍隊を受け入れたかもしれないように、同じ代償を払って君たちを受け入れるべきだったんだね。いやいや、私は分離に同意しよう。君たちは祖国へ戻りさえすればよろしい。」博士がこう述べたちょうどそのとき、私は話題を変えるために、スコットランドの長老派体制を擁護するハノーヴァー家三代にわたる国王代々の署名入り証書を博士に見せた。「それは（と、博士は言った）、おまけとして皆さんに差し上げましょう。」

八月十六日　月曜日

私たちは次にセント・ジャイルズ大聖堂へ出かけたが、この大聖堂は内部を長老派の四つの礼拝場に仕切られて本来の壮麗さを失っていた。「さあ（と、ジョンソン博士はロバートソン学長[22]に戯《おど》けて言った）、かつて教会であったというものを拝見させてください。」私たちは、ヒュー・ブレア博士の雄弁によってよく知られる所となった、以前はニュー・チャーチと呼ばれ最近はハイ・チャーチと呼ばれる場所へ入った。そこは現在はきれいに整備されているが、そのときは恥じ入るほど汚かった。ジョンソン博士はそのときは何も言わなかったが、王立病院の立派な入り口へ来たとき、そこには「靴を拭いてください」という文句が板に書かれていたので、博士は茶目っ気たっぷりにくるりとこちらを向いて「これは君たちの教会の入り口に掲げる必要はないね」と言った。

　私たちはそれから馬車宿の階段を降りて、パーラメント路地《クロウス》へ博士を案内し、裏手の丘辺に立つ地上十三階のエジンバラでいちばん高い建物（そこからたった今博士は降りてきたばかりである）をカウ・ゲイトから見上げさせた。この建物の前面の壁は斜面の端に建っており、後ろの壁は斜面の下から前面の壁と同じ高さになるまで数階分高くなっている。私たちは学長を先頭にカレッジの方へ進んだ。『市民社会史論』によって学界でも立派な地位を得ているアダム・ファーガソン博士も同行していた。カレッジの建物は実にお粗末なので、学長はジョンソン博士に、イエズス会士がある貧弱なカレッジを外部の人に見せたときに与えたものと同じ「この我々のみじめさ《ハエミゼリアエノストラエ》」という自嘲の言葉を発しなければならない、と述べた。とはいえ、ジョンソン博士は図書館に満足して東洋言語の教授で司書でもあったジェイムズ・ロバートソン博士との会話を大いに楽しんだ。私たちはヘブライ語聖書のケニコット版について話し、その版が完全に正確であることを願った。ジョンソン曰く、「君ね、人間がたくらむことのできる罪の中で、永遠の真理の源を汚す以上の大罪を私は知らないね。」

私は古い壁が以前カレッジの一部を取り囲んで建っていた場所を博士に指し示した。私の記憶では、その壁は今にも崩れそうな感じで突き出ており、大学者に倒れかかってくるというオックスフォードのロジャー・ベーコンの研究室にまつわるものと同様のよくある言い伝えがこの壁にもあった。この壁は少し前に取り壊されていたが、それは通りを広げてもっとよい壁を造るためであった。ジョンソン博士はスコットランドの学問に対して愉快な皮肉を言う機会に喜び、「彼らは壁が決して倒れないのではないかと心配したんだね」と述べた。

私たちは博士を王立病院に案内したが、この病院のために、そしてこの他にも寛大な公共心を存分に発揮したということで、気高い心を持ったエジンバラ市民のジョージ・ドラモンドは賞賛され記憶に留められることであろう。私たちが誇りとするホリルード宮殿の大修道院、すなわち、あの美しい建物にして、バンゴーのハミルトンがその優雅な詩歌の一つで、

高潔な宮殿、そこに君主は住まず

と詠んでいるあの見捨てられてしまった王室の館へ博士を案内しないわけにはいかなかった。

八月十六日　月曜日

私はロバートソン学長がその場所で自らの高名な『スコットランド史』の舞台に関して、ジョンソン博士に滔々《とうとう》と熱弁を振るう様《さま》を大いに楽しませてもらった。私たちは宮殿管理人のハミルトン公爵の居室を見学したが、そこには我々の美しいメアリー女王が住み、そこでデイヴィッド・リッチオが殺害されたのだった。そしてまた大広間《ステイトルーム》も見学した。ジョンソン博士はあらゆる出来事を生真面目にあるいは滑稽に物語るのがうまかった。私はここで博士が一種つぶやくような口調で古いバラッド「ジョニー・アームストロングの最後のおやすみ」の一行を繰り返すのをふと耳にした。

そして彼の色白の体を突き刺したのだ(23)

私たちは家へ戻り、正餐時にダグラス公爵夫人、サー・アドルファス・オートン、財務裁判所主席判事、サー・ウィリアム・フォーブズ、ロバートソン学長、弁護士カレン氏らが博士と会った。正餐前に博士は私たちにかの有名なジョージ・フォークナーとの奇妙な会話について話した。ジョージがイングランドは五十年にわたりアイルランドから毎年正貨で五万ポンドを奪い取ったと述べたところ、「よくもまあそんなに（と、ジョンソン博士が言った）、あなた方はとても盛大に商売をしているに違いないですね。」「とんでもありません。」「とても豊かな鉱山でも。」「いえ鉱山なんかありません。」「では、どこからそんなお金が出てくるんですか。」「出てくるんですって。貧乏なアイルランド人の血と腸《はらわた》からですよ。」

ジョンソン博士はスウィフトに対して言いようのない偏見を持っているように私には思われた。というのは、スウィフトが個人的に博士を立腹させたのかどうか、かつて博士に失礼をも顧みずに尋ねたところ、博士はそんなことはなかったと私に言ったからだ。博士は、今日「スウィフトは明晰だが浅薄だ。下品なユーモアにおいてはアーバスノットに劣っているし、上品なユーモアにおいてはアディソンに劣っている。それゆえ、世間一般と比べるまでもなく彼は同時代人より劣っているのだ。私は『桶物語』が彼の作品であったのかどうか疑問に思っている。それは彼の作品だとはっきりしているどの作品よりもはるかに思考、知識、迫力、色彩に富んでいる。それがもし彼の作品だったら、私は彼にふさわしからず《インパール・シビ》とだけ言っておこう」と述べた。

博士にはできるだけのご馳走を振舞った。この時季はスコットランドのアカライチョウが豊富で食べ頃であった。味覚に美味を与えると知恵と判断力が大いに刺激されるので、私の妻は私たちの大事なお客がそれに事欠かないように気を配っていた。

八月十六日　月曜日

当時の副司令官サー・アドルファス・オートンは優れた将校であるとともに、私がかつて知りえた最高の博学の士であり、彼はアース語を身につけていて、「オシアンの詩」が真正であるとする自分の信念を述べた。ジョンソン博士はこの面倒な問題にはそれと反対の立場をとっていたので、私はその論争が二人の間で激しくなるのではないかと恐れた。しかし、サー・アドルファスは大変優しい気質の持ち主なので話題を変えておどけた調子になり、人間には尻尾《しっぽ》があるというモンボドー卿の見解をあざけり、彼を「末尾《ア・ポステオリ》の判事」と呼んでジョンソン博士を喜ばせた。こうして対立は回避されたのだった。

夕食ではカレン医師、その子息である弁護士、アダム・ファーガソン博士、それに弁護士のクロスビー氏が同席した。妖術《ようじゅつ》が話題になった。クロスビー氏は、悪霊が神に逆らって神の創造物を破壊するために例えば嵐を起こすと想像するのは最大の冒瀆であると思う、と言った。ジョンソン、「ねえ、君、精神的な悪が神の支配と一致するというのなら、どうして物質的な悪もまたそれと一致してはいけないのかね。邪悪な人間がいることの方が悪霊がいることよりも不思議というわけではないし、有形の悪霊の方が無形の悪霊よりも不思議というわけでもない。嵐のことなら、そのようなものがあることを私たちは知っているし、悪霊が嵐を起こす方が自然にそれが起こるよりも悪いというわけではない。」クロスビー、「しかし物語の中で魔女の仕業と言われていることを本当に魔女がしたとは信じられません。」ジョンソン、「君、私は魔女の信憑性を弁護しているわけではないよ。君の主張が十分じゃないので妖術の信憑性を覆さないであろうと言っているだけだよ。(ファーガソン博士は、「ジョンソン博士が正しい」と私にそっと言った。) それから、君、未開であっても開化していても、超自然の力を信じるということでは全人類が一致している。君は証人調べをしなければならない。君は博学で卓越した人々が魔女に死刑を宣告したということを考えねばならないのだよ。」クロスビー、

八月十六日　月曜日

「しかし、議会法は妖術に止《とど》めを刺しました。」ジョンソン、「いや、君、妖術が絶えてしまっていたのだよ。だから、妖術でないものを迫害することのないように議会法が可決されたのだ。なぜ妖術が絶えてしまったのか、理由は分からない。理由を挙げることができないことは他にもたくさんあるがね。」カレン医師は神秘を探究する満足感を維持しようと、仕事のときでも社交のときでも際立っている謹厳な話し方で、睡眠中に歩いたり話をしたりする人々について興味をそそる話をした。残念ながらこれについては書き留めていない。私たちはオランウータンについて、そしてモンボドー卿がオランウータンに言葉を教えられると考えていることについて話した。ジョンソン博士はこれを一笑に付した。クロスビー氏は、モンボドー卿は存在しうるものはすべて存在すると信じているのだ、と言った。要するに、可能性《ポッセ》のあるものはすべて実在性《エッセ》があるのだ、と。ジョンソン、「しかし、君、オランウータンが言葉を話さない可能性は、話す可能性と同じなのだよ。でも、私はその点については争わないよ。私はモンボドーのような人間を見出すことはありえないと思ってもよかったのだが、彼氏は存在しているよ。」私は再び芝居の話を持ち出した。ジョンソン、「私が一緒にお茶を飲んだことのある役者が舞台に出てくると、その今演じている役柄の人とは想像できない。いや、あのね、知ってのように誰も彼が演じる役のとおりだとは思わない。観客は、『ギャリックを見てごらん、今夜の彼ときたら。彼が短剣をぐいっと摑《つか》むところを見てごらんよ』[24]と言う。それが劇場のどよめきなのだ。」

八月十七日　火曜日

サー・ウィリアム・フォーブズがブラックロック博士を伴って朝食にやって来て、彼をジョンソン博士に紹介した。博士は思い遣りをもって彼を丁重に迎えた。「ブラックロック博士、お目にかかれて嬉しいです。」ジョンソン博士が「『辞典』を作るよりも詩を書くことの方が自分にとっては易しかったです。辞典より詩を書く方が緊張しませんでした。そのうえ、辞典を作るには書物や机が必要です。詩は野原を歩きながら、あるいはベッドに横になりながら作ることができます」と言ったとき、ブラックロックは大いに驚いた様子であった。ブラックロック博士はさらなる確実性を望むかのように、明らかに不安な様子で道徳や宗教における懐疑論を話した。ジョンソン博士はその問題をあらゆる側面まで熟慮しており、博士の強靭な理解力は多くの経験によって裏付けられていたので、私たちが皆普通の生活で進んで受け入れていることをより高度に考察するようその盲目の吟唱詩人に促した。要するに、ジョンソン博士はバトラーの『類比』(25)の巧みで明快な論法をもっとくだけた形で彼に述べたのだ。「ねえ、君、この世の中で最も大きな関心事である職業の選択でさえ、明白な論証なしに決めねばならないのだよ。人生は私たちが思いのままにできるほどにはまだよく分かっていないんだよ。病人の場合を考えてごらん。二人の医師を呼ぶとする。彼らの意見が異なる。私は床に伏したまま彼らの間で死ぬわけにはいかない、何かしなければならないのだ。」会話はそれから「無神論」へ、そしてあの恐るべき書物『自然の体系』へと移り、やがて意図もなければ支配する霊もない永遠の必然という仮定へと向かった。ジョンソン、「もしそのとおりだったら、なぜそれが終わってしまったのか。なぜ私たちは今そのようにして生み出された人々を私たちの周りに見かけないのか。少なくとも、なぜそれがある程度、時の経過と足並みをそろえないのか。今その必要性がないためにそれが止むのなら、そのときには全能の知が存在するし、常に存在したことは明らかだ。しかし、止めよう、ハッハッハッハッ（博士は豪快に笑いながら言い放った）。スコットランド人は必然的に、そしてイングランド人は選ばれて創られたと私は考えたいね。」

この日の正餐では、その人当たりのよい性格、才気があり洗練された精神があまねく知れわたっているサー・アレクサンダー・ディック（この方はそのとき七十歳にならんとしていたが、一七八五年現在は八十一歳で、矍鑠《かくしゃく》として温かい心と陽気な気性の持ち主である）と、ヘイルズ卿サー・デイヴィッド・ダルリンプル、弁護士のマクローリン氏、今や父親の医学部教授職を立派に継いでいるグレゴリー博士、それに私の叔父のボズウェル博士が同席した。この日はジョンソン博士には最良の日であった。博士は全く水を得た魚のようであった。話題は常に文学と鑑識眼にかかわっていた。ヘイルズ卿は英国で最高の言語学者の一人で、『ワールド』誌へ寄稿していたし、散文や詩の様々な作品をラテン語と英語で書いていたので博士を大いに喜ばせた。卿は『スチューデント』誌の中の「チェイネル伝」が博士のものであることに気付いていたことを博士に伝えた。ジョンソン、「それを知る人は他にいません。」これより前、ジョンソン博士は私にスコットランド法だけにある悪意の干渉という問題について法律文書を私に口述していた。これは正当な権利を持たずに故人の資産に容喙《ようかい》することを指し、以前は容喙者をすべての故人の負債の支払に従わせることと理解されていた。この原則は最近緩和された。ジョンソン博士の主張はその厳格さを復活すべしというものであった。その論文は私による付記をつけて印刷され、民事控訴院へ差し出された。ヘイルズ卿はジョンソン博士の執筆部分が私のものでないことを知っており、それが正確にどこで始まりどこで終わるのかを指摘した。ジョンソン博士は「そのような区別ができるということは今では大したことです」と言った。

ジョンソン博士の『人間の望みの空しさ』の中には次のような一節がある。(26)

妊娠している母は彼女の子孫のことを気遣って
出産ごとに顔が美しく生まれる幸運を願う
だが、ヴェインはどんな災いが美から生じるか告げることができた
セドリィーは王を喜ばせた容姿を呪った

ヘイルズ卿は、博士の挙げた不運な美女の例について思い違いをしている、と博士に伝えた。なぜなら、ヴェインもセドリィーもその描写に値する権利はなかったからだ。卿はその後、親切にも私にこれについて手紙を送ってくれた。その手紙の内容をお伝えすれば、読者諸賢はきっと私に感謝する

ことになるだろう。
「ユウェナリスの第十諷刺詩での詩句は、私の修正に従ってこのようにすべきだったのです。

　だが、ショーア(27)はどんな災が美から生じるか告げることができた
　ヴァリエル(28)は王を喜ばせた容姿を呪った

第一行目は強制されての、第二行目は感傷による悔悛者《かいしゅんしゃ》であった。しかし、真実はヴァリエル嬢が王に身を委ねたのだ（しかし依然として感傷によってだが）。
ジョンソン博士はヴェインを選んだが、彼女は少しも顔立ちがよくなかったし、セドリィーは大変醜かったので、チャールズ二世が言うには、自分の弟（後のジェイムズ二世）は罪滅ぼしのためにセドリィーを囲ったとのことだ。」

八月十七日　火曜日

マクローリン氏は学識と才能があり、ジョンソン博士と同席した際、見事に自分の役割を演じることができた。彼は有名な数学者である父親の二つの墓碑銘を見せた。一つは英語で、それについてはジョンソン博士は一語も変えなかった。もう一つはラテン語で、博士は幾つかの手直しをした。博士は紛れもなくウェルギリウスの言葉である「多くの死の悲しみ、怖れ、それに心象がある」の代わりに、「されど悲しみと怖れが支配する」と書いた。博士は「誠に人に慰めのなきにしもあらず」の

「誠に」という語を差し込み、「彼の著作が世に広がり」の後に、「肉体は滅びようとも多くのことを為しうる精神は生き延びると信ずればなり」を付け加えた。これはジョンソン博士自身にこそよく当てはまるものだ(29)。

弁護士のマリー氏はマンスフィールド卿の姪と結婚し、ヘンダーランド卿という爵位を得て今はスコットランドの判事となっており、その夜しばらく私たちと同席した。しかし私の記憶では、彼は敢えて一言も発しなかった。彼は間違いなく才能を持っており、気後れすることがなかったらその才能によって大いに長所を発揮できたことだろう。

夕食にはアレクサンダー・ウェブスター博士を迎えた。彼は学識はないが人間についてよく知っており、情報や娯楽には蘊蓄《うんちく》があり、頭脳は非常に明晰で物腰は融通無碍《ゆうずうむげ》であったので、ジョンソン博士は彼をとても好ましい話し相手であると認めた。

ジョンソン博士と二人きりになったとき、私は「著作権」問題に関するスコットランドの「裁判官見解」について、私の記録を博士に読んで聞かせた。博士は裁判官たちの見解が気に入らず、「あなた方の裁判官を尊敬したいと思っているのだが、そんなことでは尊敬の念は抱けませんな」と言った。冒瀆や暴言には著作権などないというある裁判官の主張に対して、「それではあなた方の病気になった羊は私のものです。その規則によれば、家が朽ち果てるとそれを失わなければならないことになる」と反論した。私は文学作品には課税されないという私の主張を述べた。チャーチルが

我々の労働に税金を課したり我々の頭脳に課税するために
ひと苦労してもよいと考えた政治家はまだ一人もいない(30)

と言っているように、それらは財産ではないのだ。「でもね（と、博士は述べた）、馬を盗む者を縛り首にするが、馬には課税されていないよ。」その後ピット氏がこの議論に終止符を打った。

八月十八日　水曜日

この日私たちはエジンバラを発った。スコット氏が私たちに同行してくれれば嬉しかったのだが、彼はイングランドへ帰らなければならなかった。私はここまでジョンソン博士の姿を描いてきたが、読者諸賢は博士の旅の道連れについて少々知りたいと思うことであろう。さて、圧倒的な情熱を誇りとする古い血筋の紳士を想像していただきたい。その紳士は当年とって三十三歳で、幸せな結婚生活を四年間ほど送ってきた。彼の望みは軍人になることだったが、立派な判事である父親は彼に法職を強く勧めた。彼は何度も旅をし、様々な人生模様を見てきた。彼は余人には想像もできないほどの思索を重ねてきたし、全般的な学問と知識をかなり豊富に持ち合わせている。彼はある程度の緩みはあるものの、ジョンソン博士と基本的信念を共有している。思慮分別は多すぎるというより、むしろほとんど持ち合わせていないし、想像力は活発で結果が本意とはかなり違ってしまうことを口にする。

彼はときどき

最悪の詩才を持った最良の人

に似ている。彼は結局ジョンソン博士の賛辞をことごとく受けたいという虚栄心を抑えることはできないし、旅の道連れに対する博士の親しみを込めた愛情によって、「その明敏さが私の調査を助けてくれるであろうし、その快活な会話と丁重な物腰とが、これまで訪れたどこよりも無愛想な地方を旅する不便さを十分に補ってくれるであろう」[31]という人物として描かれている。

ジョンソン博士は忠実な黒人の召使いフランシス・バーバーを余分な費用を払って旅に連れてくる必要はないと考えた。そのため、私たちにはボヘミア人である私の召使いジョゼフ・リッターのみが随行していた。この男は身長が六フィートを超える見るからに堂々とした男で、ヨーロッパの大部分を旅したことがあり多くの言語を話した。彼は私がこれまでに雇ったうちで最良の召使いであった。読者諸賢よ、ジョゼフをこのように紹介することをお笑いくださるな。というのも、ジョンソン博士はジョゼフを「いや、彼は礼儀正しい男だよ、賢い男だ」と評しているのだから。

ジョンソン博士は、暴力についての思い過ごしから一組の拳銃、火薬、それに多量の弾丸を用意して来ていたが、強盗に遭う危険はないだろうと確信して、銃と弾薬を鍵のない引き出しに入れその管理を私の妻に任せた。博士はまた、かなり書き込まれていて私の好奇心をそそる一冊の「我が年代記」をその引き出しにしまっておいた。私はその断片を少し持っているが、その冊子の方は破棄されてしまった。女性の好奇心がそのすべてを書き写すほどに強かったならばよかったのにと私は思う。それは簡単にできたであろうし、私はその盗みが「公共の利益のため」ならば許されたであろうと思う。しかし、私は間違っているのだろう。私の妻は一度たりともそれを覗いたことがないと私に言った。私たちが妻の許から旅立つとき、妻は安心しているようにはとても見えなかった。それでも私たちは鹿島立ちしたのだ。

　弁護士のネアン氏がセント・アンドルーズまで私たちと同行することになっていた。ジョンソン博士は『西方諸島の旅』の中で、「別れて初めて私たちがいかに多くを失ったかを知った紳士[32]」と述べて彼に正当ですばらしい賛辞を呈しているが、私は彼の名前を挙げることで、その賛辞と彼の弁護士という肩書きを結び付けることができて嬉しく思う。私たちがリースにやって来たとき、私はフォース湾の景色がいかにすばらしいかをおそらく鼻高々に口走ったのだが、実際、私が聞かされてきたコンスタンティノープルからの眺望と、私自身見たことのあるナポリからの眺望に次いで、エジンバラのカースルヒルからのフォース湾とその近郊の眺めがヨーロッパでは最も素晴らしい眺望であると信じている。「ああ（と、ジョンソン博士は言った）、それが世界の有り様《よう》だ。水はどこでも同じだよ。

一様なる紺碧の海の姿は陰鬱なり(33)

私はここの港がリースの河口であると博士に伝えた。「レーテーではなくってね(34)」とネアン氏が言った。「いや、君（と、ジョンソン博士が言った）、スコットランド人がイングランドへ向かってこの港から出発するとき、彼は自分の母国を忘れるんだよ。」ネアン、「先生、先生にはここでイングランドを忘れてもらいたいですね。」ジョンソン、「こりゃますます忘却の川《レーテー》と言うわけですな。」博士は桟橋あるいは埠頭について、「あんなに大きな埠頭を造る理由がない。スコットランドの貿易はそれを必要としていない。店にしまっておかねばならない物のためばかりでなく、店にしまっておくべき物がどっさりあると信じてもらうために店を構える商人のようなものだ」と意見を述べた。比べてみると今のところ、スコットランドの東海岸の方には交易がほとんどないのはまさにそのとおりである。グラスゴーの豊かさから西海岸ではいかに交易が盛んであるかが分かるだろうし、たぶん私たちは規模の大小にかかわらず貿易が西方へ進出して行くのを目の当たりにするだろう。

私たちは身投げについて話した。ジョンソン、「私は自殺をしようなどとは決して思わない。」私はユースタス・バジェルの場合を挙げた。この人は遺言を偽造した罪で訴えられ、それが本物であるかどうかの裁判が行われる前にテムズ川へ身を投げたのだ。「先生（と、私は言った）、考えてみてください。もう二、三日生きていれば欺瞞が露見して、その結果、確実に汚名を着せられて世間から追放されると分かっている人のことを。」ジョンソン、「それでは、君、その人を遠い異国へ行かせよう。その人のことが知られていない所へ行かせよう。彼が知られている悪魔の許へは行かせないようにしよう。」

博士はそれから、「ここでは裸足の人をたくさん見かけるね。合同前には皆さん裸足だったんですな。ボズウェル君、君の祖先もそうだっただろうね、今と同じくらい土地を持っていたのに。それでもアフレックは石の野原(35)だから、いつも裸足では歩きづらかったろうね。でも、領主たちはそうしたんだね」と言った。私は魚のひらきを数匹買った。それは海水に浸して日干しにするといった特別なやり方で塩漬けして乾燥させた魚で、スコットランド人が好んで食べるものだ。これはロンドンでも売られているのだが博士は見たことがなかった。私は博士の味覚をスコットランド化(36)するのだと主張したが、博士は気が進まないようだった。私はどうにか博士を説き伏せてそれをほんの一切れ口に入れさせたが、博士の口には合わなかったようだ。

八月十八日　水曜日

フォース湾を渡っている最中に、ジョンソン博士はインチ・キース島に上陸すべきだと思った。そこに近づくと、まず見えたのが高い岩の海岸であった。私たちは岸に沿って航行し、北西にある小さな入江に入った。大変な急勾配をよじ登るとそこには大変よい牧草があったが、それよりはむしろおびただしいアザミが茂っていた。島には牧草を食んでいる十六頭の黒牛がいた。ヘイルズ卿が私に述べたところでは、ブラントームがこの島を「馬の島」と呼び、彼の時代ではたぶんこの島は他の多くの島よりも「安全な馬屋」であったそうだ。「女王マリア一五六四年」という碑文のある砦が頑丈に造られている。ジョンソン博士はそれを注意深く調べた。博士は一面に生い茂ったアザミやイラクサの中を巨人のように闊歩した。島には三つの井戸があるが、砦の中では井戸を一つも見つけることができなかった。駐屯兵は水がなければ生活できなかったので、たぶん井戸が一つはあったに違いないのだが、今は埋められてしまったのだろう。しかし、私はこの小さな島について長々と語りすぎた。

ジョンソン博士はその後、私たちがインチ・キース島を探査した状況を、旅行者がよくやるようにあらゆる細かい点を記述するように、かつては人が住んでいたに違いないと私たちが結論づけた根拠を述べるように、さらには多くの思慮分別に富んだ考察を加えるなどして描写するようにと私に命じた。そうすれば、物事はどのように記述すれば人々にそこに行ってみたいと思わせることができるかということが分かるはずだ。確かに伝えられたすべてが本当であっても、実際には見るものは何もないかもしれないのだ。ジョンソン博士は、「私はこの島を手に入れたい。家を建て立派な船着場を造り、庭を持ってブドウの木やあらゆる種類の木々を植えたい。もてなし上手の金持ちなら、ここにエジンバラからたくさんの訪問客を迎えるだろう」と言った。私たちが再び船に乗り込むと、博士は、「さあ、今、島を去るにあたりこの島に古典からの賛辞を贈ろう」と私に呼びかけた。私は幸いにも、砦に名前があった美しいメアリー女王を暗に指して、ウェルギリウスが魅力的なディードーの許を去る際にアイネイアスに言わせたラテン語をたまたま思い出した。

心ならずも、女王よ、私は貴女の海辺に別れを告げます

「よくぞ言った」と博士は褒《ほ》めてくれた。

八月十八日　水曜日

私たちはキングホーンで食事をしてから馬車に乗り込んだ。ネアン氏と彼の召使い、それにジョゼフが私たちの傍《かたわ》らを馬で走った。クーパーで休み、お茶を飲んだ。議会のことが話題になり、私はもちろんほとんどの紳士が自分の事をあまり知らないように、議員たちは議会で何が行われているかをあまり知らないと思う、と言った。ジョンソン、「もちろんさ、君。人が怠惰な質《たち》でないなら、自ら自分の管財人になるだろう。自分のことを調べてみれば、すぐに分かるはずだ。それは公務についても言える。国会にはいつも一定数の実務家がいなければならない。」ボズウェル、「しかし、先生、考えてみてください。下院とは何でしょうか。その大部分が貴族によって選ばれているんじゃないですか。先生は貴族がこのような権勢を持つべきであるとお思いになりますか。」ジョンソン、「そうだよ、君。権勢は常に財力と比例しているものだ。そうであるのが正しい。」ボズウェル、「しかし、庶民が虐《しいた》げられるかもしれないと恐れる理由がないんでしょうか。」ジョンソン、「いやないね、君。私たちの大きな恐れは政府の力不足から来ている。非常な暴力の嵐が押し寄せて来ている。」ボズウェル、「ただ騒いだだけですよ。」ジョンソン、「君、騒ぎが大きくなったので、ついにはウエストミンスター・ホールの判事たちは、民衆の叫びに逆らうような判決を下すのを怖がっているんだ。もはや

危険でもないことに君たちは怯えているのだよ。長老派の人たちがカトリック教に怯えているようにね。」それから博士はバトラーの『遺稿集』の中にあると思われる一節を繰り返した。それは「そして、ノアの洪水の中で火事だ、火事だ、と叫ぶであろう」(37)で終わっている。

私たちは薄暗い闇の中をセント・アンドルーズへ向かって単調な馬車の旅をし、夜遅くそこに到着した。グラス亭《イン》でおいしい夕食にありつき、ジョンソン博士は元気を取り戻した。博士は、「『ミューズの女神たちの(イングランドのジェイムズ一世でありスコットランドのジェイムズ六世である)国王歓迎』と呼ばれる国王の祖国への帰還に際しての詩歌集は、当時のスコットランドには豊富な学問があったということ、そしてその選集の中の奇想は、その欠点を人々が指摘しているが、単なる流行にすぎなかったということを示していた」と言った。博士は「私たちは今ではそのように国王を歓迎できないだろう。ブキャナンは私たちの中に学問の精神を広げたが、私たちは大内乱の間にそれを失ってしまったのだ」と言い足した。博士はピトケアンの『ラテン語詩』に対して通常考えられているほどの価値を認めなかった。しかし、博士は彼の作品の一つが「大変よい」ものであると認めてそれを口にしたのだが、遺憾ながら私の記録にそれは特定されていない。それがプライアーが大変見事に訳した詩であったということはありえなくもないことだが。

夕食後、私たちはセント・レナド・カレッジに向かって、蠟燭《ろうそく》を手に私たちの前を歩く宿の主人と手提げランプを持った給仕と共に行進した。そのカレッジはしばらく前に解体されていた。ここの教授である（フィリップ二世についての歴史家）ワトソン博士が、その土地と残された建物を取得していた。私たちが中庭に入るとそこは実に学究的な雰囲気であった。私たちは彼の家で大変快適で丁重なもてなしを受けて宿泊した。(38)

八月十九日　木曜日

私たちは爽快な気分で起床した。私はスコットランドの地図と私がマウントスチュアート卿と共にイタリアにいたときに卿からいただいた聖書、それにオグデンの『説教集』を携行していた。ネアン氏が私たちをワトソン博士に紹介してくれたが、彼は博識で愛想のよい人物であった。ジョンソン博士は彼と知り合いになってから、「彼は実に楽しい男だ」と言った。彼の娘はとても愛嬌のある若い女性で、私たちに朝食を用意してくれた。ワトソン博士は、商業が盛んになってからグラスゴー大学には自宅通いの学生が以前より少なくなってきているが、それは学問が商売とはあまり両立しないからだ、と述べた。ジョンソン、「そうでしょうか、先生。商売は最近では使用人が行っているので、店主は他の職業の人と同じくらい暇ができていますよ。それに、今では学問それ自体が一つの商売になっています。人は本屋に行って買えるものは買っていますよ。庇護者《パトロン》なんてものとは縁を切ってしまったのです。学問の揺籃期には、私たちは偉い人が学があると賞賛されているのを目にします。こうして学問が人々の間に広まったのです。学問が一般的になると、本を書くことが偉い人々を離れて一般大衆の中に入っていくのです。」ボズウェル、「著作者が以前ほど手厚く保護されていないのは残念なことです。」ジョンソン、「それは違うよ、君。学問が一人の人間も支えられないなら、また、一人の人間が誰かが食べさせてくれるまで手をこまねいて座っていなければならないのなら、それはその人にとってよくないことだから現状の方がよいのだ。庇護者《パトロン》を持てば、何たる追従があることか、何たる欺瞞があることか。人は平衡状態にいる間は大衆に真実の光を投じ大衆にそれを好きなように受け取らせる。庇護を受けていれば、その庇護者を喜ばせるようなことを言わなければならないから、真偽の可能性は五分五分だ。」ワトソン、「しかし、一人の人間におもねる代わりに、時代におもねているのが実情ではないでしょうか。」ジョンソン、「そうですね、先生。世間はいつも人に好きなように話をさせているんですよ。しかし、よせばよいのに非常に多くの人がものを書いているのには驚きますよ。人々が会話で秀でるよう努力することには驚きませんがね。会話では褒め言葉はすぐに褒め言葉となって戻ってきますからね。」

私たちは習慣の変化について話した。ジョンソン博士は、私たちが昔の人ほど酒を飲まなくなったのはビールからワインに代わったからだ、と述べた。「私は（と、博士は言った）、リッチフィールドのちゃんとした人たちが皆毎晩酔っ払っても少しも悪く思われなかった頃を覚えている。ビールは安かったので強引に人に勧めたものだ。ワインを一本持ってこなくてはならないとなると、そんなに熱心には勧めないものだ。喫煙は廃れてしまった。確かに、我々の口から他人の口や目や鼻に煙を吹きかけ、我々も同じ事をされるなんてぞっとすることだ。しかし、ほとんど手間をかけずに精神が全くの空虚になることから守ってくれるものがなぜ廃れてしまったのかは説明ができない。どんな人にも、両足でリズムを取るなど心を静める方法があるものだ。[39]私はイングランドの人々がシャツを週に一度しか替えなかった頃を覚えているし、パンドゥール兵[40]はシャツが手に入ると長持ちするようにそれに油を塗る。昔はまともな商人は台所以外では火を焚《た》かなかったし、日曜以外には居間では決して火を用いなかった。私の父はリッチフィールドの行政官だったが、そのような生活をしていた。そのような人たちは商売を畳むときや生活が大きく変わるとき以外は居間で火を焚くようなことはなかった。」ワトソン博士は、古い地主の家では広間は台所でもありました、と言った。ジョンソン曰く、「違いますよ。広間は特別な日のためのものであり、家族の飲食のために使用されることはありませんでした。」私たちはイングランドとスコットランドの合同について、そして合同がスコットランドにどれだけの富をもたらしたかについて話した。ワトソン博士は、昔は小額のお金でも今の大金と同じくらい役立ったものです、と述べた。ジョンソン、「考えてみると、小額の金でも大金が分割された同額の金と同じ効果を生み出すように思えます。しかし、実際にはそうではない。金銭がふんだんにある所では、それが少ない所よりはより多くの便宜や優雅なことが享受されるものです。金銭に馴染むことは金銭がふんだんにあることから生じるのですが、おそらく、その馴染みが深くなればなるほど容易に金銭を手放すことができるようになるのです。」

ジョンソン博士が我々の最も古い大学として、また監督制時代に大主教を擁した町として長い間見たがっていたセント・アンドルーズについて『西方諸島の旅』の中で述べた後では、私に言えることはほとんどない。ジョンソン博士の著書が出版されてからずっと、博士が奇妙にして聖なる建物セント・ルールの古い教会堂(41)をこの地で見なかったと非難されていることを私は知っている。しかし、それは博士の落ち度でも私の落ち度でもないのだ。私たちは二人ともそのような古い遺物を調査することを強く願っていたのだが、この建物については二人とも全く知らなかったのだ。その非難は私たちにその建物のことを教えてくれなかった人々に向けられるべきではないかと思う。観察に値する事物がある所には必ずその地を初めて訪れる人たちのために印刷された短い案内書があるべきなのだ。イタリアのすべての町やイングランドの幾つかの町では見かけるではないか。シャープ大主教の秘書であったマーチンが書いたセント・アンドルーズの手書きの案内書があること、さらに、ダグラスという男がセント・アンドルーズの短い案内書を印刷したことを私は教えられた。私は本屋で尋ねてみたのだが、それを手に入れることはできなかった。ジョンソン博士が聖職者の階層を敬っていることはよく知られている。それゆえ、博士が荘厳な宗教建築が廃墟になっているのを見て非常に憤《いきどお》ったのは不思議ではない。私がジョン・ノックスはどこに葬られているのかとたまたま尋ねたところ、ジョンソン博士は、「本街道に埋められていればいいのだ。彼の改革の惨状をさんざん見てきたからね」と突然言い放った。

この日はとてもよい天気であった。ジョンソン博士は今、様々な光景を目の前にして瞑想に耽っているように見えた。博士は聖堂が立っていた所にいるときは必ず帽子を脱いでいた。そして、「ノックスはどのような結果になるかが分からずに暴徒にけしかけたのだ。それに、信じている教義が違うからといって、その人の家を完全に破壊する理由にはならない」といみじくも述べた。回廊を歩いていたとき、博士は社会からの適切なる隠退について話をし、その大きな声が厳かに響いていた。ネアン氏は隠退したいという気持ちがあると言った。私は、それが正しいことであるかどうかについてジョンソン博士の意見が聞けるのではないかと思い、博士の注意をそれに向けてみた。ジョンソン、「結構だね、彼が社会に対する義務を果たしたのならね。一般に、人は誰もが『神を愛するだけでなく、自分同様に隣人を愛する』義務があるのだから、現実の社会の中で自分の役割を持たなければならない。しかし、例外もある。良心的すぎて（こんなことは、私は良心の呵責の共鳴者ではないから認めないのだが。）自分の良心に打ち勝てないと思っており、それゆえ、全く五里霧中でどうしてよいのか分からない人々、または、誘惑に逆らうことができず、世の中をよりよい所にするどころか、世の中にいることで自分をさらに悪くしていると思う人々は隠退してもよい。私は隠遁者について何も知らないが、想像の中では彼の足に口付けをするね。修道院についても同様だが、跪《ひざまず》いてその歩道に口付けをすることができるだろう。しかし、人生についても隠遁についても何も知らない若者をそこに置くことは危険かつ邪悪であると思う。ヘシオドスにこのような諺がある。

八月十九日　木曜日

若者は行為に、中年は助言に励むべし
祈りこそ老人にふさわしい務めである(42)

これはとても気高い文言《もんごん》だ。別に若者は祈るべきではないとか、年寄りは助言を与えてはならないということではなく、人生はその時機ごとにそれにふさわしい義務があるということだ。私は隠退のことを考えたことがあり、そのことを友人に話したこともあるが、私の定めは活動的に生きることにあると気付いたのだ。」私は、敬虔な孤独の中へ隠退できるのは年齢によるものだけではないということを示すために、若い修道士の中にも隠退が許される者がいるかもしれません、と言った。しかし、それは修道士たちが誘惑に抵抗できないことを示しているにすぎないのだろう、と博士は考えていた。

博士は尖塔に登りたがったがそれは叶わなかった。ここにはよい碑文はない。博士はひどいローマ字を当然のことながら半分はゴシック体、半分はローマ体と見間違えた。尖塔の一つは危険な状態にあると言われたが、博士はそれが取り崩されるのを望まなかった。「なぜなら（と、博士は言った）、それがジョン・ノックスの子孫の上に落ちて来るかもしれないしね。なに、落ちてもたいしたことではないがね。」正餐の話が出た。ジョンソン、「はい、はい。こんな悲しい光景に囲まれていても、食事に異存はありませんよ。」

私たちはビートン枢機卿が殺害された城を見に行った。それからミューリソン学寮長をそのカレッジに訪れた。そこには立派な図書室があり、彼はその図書室がひどく誇らしげだった。というのも、彼はジョンソン博士に向かって、「イングランドにはこのような図書室はないでしょう」と真面目な顔で言ったからだ。

教授たちはとてもおいしい食事で私たちをもてなしてくれた。同席者はミューリソン、ショー、クック、ヒル、ハドー、ワトソン、フリント、ブラウン。私は、荘厳な宗教建築が廃墟となっている悲しむべき光景をたくさん見た後なのに博士がよく食べるのを見て驚いた、と述べた。「いや君(と、博士は言った)、これらの紳士方に会った後では悲しいとは思わないよ。彼らが悲しんではいないのだからね。」ミューリソンは、悲嘆はすべて悪である、それは神の「摂理」に対する不満の呟き《つぶや》なのだから、と言った。ジョンソン、「あなた、悲しみは人間性に付きものなのですよ。二足す二が五とか三ではなく四と判断せざるをえないように、現在の悪しき状態を過去のよき状態と比較すると悲しみを感じないではいられないものです。その悲しみは理性によってではなく今の出来事に夢中になることによって癒《いや》されるのです。過去を忘れさせてくれますからね。残念に思っても愚痴る必要はないのです。」ミューリソン、「しかし、聖パウロは『どのような状態にあろうと、それに満足することを私は学んだ』と言っています。」ジョンソン、「あなた、それは富や貧困に関係しています。聖パウロは肉体に刺《とげ》がささったとき、それを取り除いて欲しいと熱心に祈ったことを私たちは知っています。そのとき彼が満足していたはずがありません。」ミューリソンはこのように論駁《ろんばく》されたので、機転が利くところを見せようとしてジョンソン博士に、「先生の講義がいつまでも続きますように祈ります」と言って乾杯した。ジョンソン博士は後で自分がワインを飲まないことに触れて、「あの先生は（ミューリソンの方に目を向けて）講義のことを言ったが、私は講義をすべて水を飲んでするのだよ」と述べた。

博士は大学入学を認められた者に教理の受託を要求することを弁護して、「国に入って来る者はすべて国王に従わなければならないように、大学に入る者はすべて教会に従わなければならないのだ」と述べた。

ここで私はジョンソン博士が不当な見方をされないように、セント・アンドルーズで起きたことに関する極めて馬鹿げた意地の悪い噂《うわさ》話を論駁しなければならない。噂によると、いつものように英語で食事の祈りが挙げられた後で、博士は英語の祈りは大学での祈りとは見なしていないかのように、最大の侮辱の印として声に出してラテン語の祈りをするまでは腰を下ろさなかったというのだ。このような態度をとったとしたら、確かに、私たちを歓待している紳士たちに対する侮辱的な行為であっただろう。しかし、事実は次のとおりであった。食事中に会話が進むなかで、ジョンソン博士は上機嫌で、「このような多くの学者の集まりでは、ラテン語の祈りを期待しても当然でしょう。オックスフォードではいつもラテン語で祈りを捧げました。それをここでも繰り返すことができると思います」と言ってラテン語で祈りを挙げ、ある場所の学者たちが行っていることを別の場所の学者たちに示して見せただけなのだ。

私たちはシャープ大主教の記念碑のある教会を見に行った。私はイタリアの教会が私に与えたのと同じような感情に強く心を打たれた。私たちが長い間語り合ったセント・アンドルーズにジョンソン博士が実際に来ているのを見て私は実に嬉しかった。この日の午後はハドー教授がワトソン博士と共に私たちに同行していた。私たちはセント・サルバドール・カレッジを見て回った。学生用の部屋は見るからに広そうだった。そして、ジョンソン博士は、これほど整然とした礼拝堂は今までに見たことがないと述べた。図書室の鍵が見つからなかったが、これはどうやらヒル教授が鍵を持って町を出ていたことによるらしい。ジョンソン博士は、外国の修道院で図書室の鍵がどうしても見つからなかったという話を聞いたことがある、と冗談を言った。

大主教がいたこの古い町が今日寂《さび》れ果てているのを見るのは、幾分気持ちが萎《な》えることであった。私たちはこの町の通りで、寛容なる自由の注目すべき証を目撃した。宣誓拒否者《ノンジュアラー》(43)の牧師が栄養のよい修道士のごとく、ほろ酔い機嫌の顔つきとでっぷりとしたお腹をして法衣に身を包んで颯爽《さっそう》と歩いていたのである。

私たちは一人が二つの職業を兼ねている現場を見た。この人は二つの看板を掲げていたのだ。一つには、「ジェイムズ・フッド、白鋳鉄工（すなわちブリキ職人）」もう一つには「ジェイムズ・フッド、フェンシング術指南」とあり、この二つ目の看板には何本かの樹木とフェンシングをしている二人の男が描かれ、そのうちの一人が相手の目を突き刺して腕のよいところを見せてフェンシングの教え上手であることを示していた。ジョンソン曰く、「私がここの学生なら、彼に指導を受けに行くだろう。ホープが彼の本の中でこの術について、『スコットランド人はフェンシングが上手だ』と述べているのを私は覚えている。」

私たちは宿に戻り、正餐で歓待を受けた後、何人かの教授たちとお茶を飲んだ。教授たちの礼儀正しい言動については、ジョンソン博士が『西方諸島の旅』の中で立派な証言をしているが、それに私が謹んで深い感謝の気持ちを付け加えることをお許しいただきたい。

私たちは作文について話した。作文はワトソン博士のお気に入りの話題だったが、それはこの人がまず修辞学《レトリック》についての講義で名を上げたからである。ジョンソン、「私はチェインバーズに、できるだけ迅速に文を作るように、また心を素早く動かす習慣をつけるようにと助言したし、作文を始めるあらゆる若者にそのように助言するだろう。正確さを増すより速さを増す方がずっと難しいからね。」ワトソン氏曰く、「白状しますと、作文をいい加減にする悪い習慣をつけないために、作文をするときには正確さに注意を向けることを私は求めています。」ジョンソン曰く、「おや、あなた、いい加減にするということといい加減にする必要性とを混同していますね。人は作文が不正確なときと作文を修正した方がよいと思うときが分かるものです。しかし、あらゆる場合にゆっくりとしかも苦労して作文をするのに慣れてしまうと、作文を全然しないようになる危険があります。私たちは簡単にできないことはしたがらないものですから。それに、いずれにしろ些細なことに必要以上の時間を費やしてしまうことになります。」ワトソン、「ヒュー・ブレア博士は一つの説教を書くのに一週間もかかっております。」ジョンソン、「その場合は、あなた、素早く作文をする習慣が欠けているからでしょう。それこそが身につけるべき習慣だと私は主張しているのです。」ワトソン、「ブレアは一週間ずっと文を作っていたわけではなく、作文をする気になったときにだけ作文したのです。」ジョンソン、「それもそうですが、彼がかけた時間を教えてくれなければ、何も言っていないのと同じですよ。私が一マイル歩くのに一週間かかったと言いながら、五日間痛風でもう一日は別の病気だったと言うなら、私はたった一日しか歩かなかったことになります。私自身は約四十の説教を書いたことがあります。私は正餐の後に一つの説教に取りかかり、それをその夜の郵便で発送しました。『サヴェジ伝』(44)の印刷された八つ折り版の四十八頁分を一気に書き上げたことがあります。しかし、そのときは徹夜でしたよ。また、一日でフランス語からの翻訳を六枚書いたこともあります。」ボズウェル、「身支度をゆっくりする人と素早くする人がいます。」ジョンソン、「そうだよ、君。身支度にとても長い時間をかける人がいるというのは驚きだ。ある物を取り上げてそれを眺め、それを下に置いて再びそれを取り上げたりして。身支度なんてものは素早くする習慣を誰もが身につけるべきだ。私は若い聖職者にこう言いたい、『ここに聖書からの引用句がある。どのくらい素早く説教を書けるか見せてくれ』と。それから、『前よりどのくらいうまく書けるか見せてくれ』と言うだろう。こうして私はその人の力量と判断力を見るだろう。」

私たちは皆でワトソン博士の家に夕食に行った。シャープ大主教の曾孫であるシャープ嬢や、エジンバラのニュータウンの天才建築家でトムソンの甥のクレイグ氏が同席していた。トムソンはジョンソン博士が後年『詩人伝』で大いに評価した詩人である。

私たちは記憶とその様々な形態について話した。ジョンソン、「記憶は不思議な働きをするものだ。ときには一つの言葉が出て来ないことがある。私はかつて頌歌《オード》『ポストフメ、ポストフメ』の中の『素早く《フガケス》』という言葉を度忘れしたことがある。(45)」私はジョンソン博士に、私の知り合いの立派な紳士は実際に自分自身の名前を忘れてしまいましたと述べた。ジョンソン、「君、それは病的な物忘れだよ。」

八月二十日　金曜日

神学教授のショー博士が私たちと朝食を共にした。私はオグデンの『説教集』を取り出して一同にその一部を読み上げた。ジョンソン博士はオグデンを賞賛した。「アバネシーは（と、博士は言った）、祈りの精神に及ぼす身体的な効果だけを認めているが、そのような効果は祈りによるものと同様に様々な方法、例えば瞑想などによっても生み出すことができる。オグデンはさらに踏み込んでいる。実際、個人が捧げる祈りであれ集会で捧げる祈りであれ、その効用についてはすべての国家が同意している。それに『ヨハネ黙示録』が教えているように、祈りには効果があるのだろう。」私は「リーチマンはアバネシーの教義に傾倒しているように見えました」と言った。ワトソン博士は、リーチマンは祈りによって生み出される効果は認めさえしないが、神を崇めるがゆえに祈りは我々の精神に有益であるということを示そうとしたのだ、と述べた。リーチマンは自説の一部を披露したにすぎず、ジョンソン博士は彼がその全体を示すべきだったと考えた。

ジョンソン博士は安息日の厳守を強く主張した。「安息日は（と、博士は述べた）、他の日とは異なるべきだ。散歩はしてもよいが、鳥をめがけて石を投げてはいけない。寛《くつろ》ぎはあってもよいが、軽率なことをしてはならない。」

私たちはネアン大佐の庭と岩屋を見に行った。そこには見事なスズカケの古木があった。間が悪いことに、大佐がこの州にはこの木ともう一本大木があるだけですと言った。この言葉はジョンソン博士にとってこの上ない話のきっかけとなり、博士は哄笑《こうしょう》しながらこの話に耳を傾けるようにと私に声をかけた。博士はこれまでも、自分が目にしてきたスコットランドのこの地域には木がないと私に長広舌を振るっていたのだ。博士の『西方諸島の旅』は、この話題に関する博士の言葉が原因で激しく非難されてきた。しかし、博士が樹木について話すとき、イングランドで見慣れているようなかなりの大きさの木のことを言っているということと、そのような木はスコットランドの東海岸では確かにほとんどないということを考慮されたい。さらに、博士は街道の周辺の様子だけを描くつもりなのだと述べていた。ベリックからアバディーンまでの街道で、木という名に値する木を何本見ることができるかを旅行者は篤《とく》とご覧になるがいい。ジョンソン博士がこの街道筋に「木がない」と言ったとするなら、博士は日常の話し言葉としては正しいことを言ったことになるだろう。なぜなら、普通の話し方では、「木がない《ノーツリー》」という言い方は「ほとんどない《ヒュー》」ということを意味するのだから。博士が数にこだわっているのなら、攻撃されても仕方がないだろう。ネアン大佐がどうしてファイフシャーには大きな木は二本しかないと言う気になったのか私には分からない。大佐が笑みを浮かべたことが私には解せなかった。確かにそれほど多くの木があるわけではないが、私の祖先の地であり今では私の家族の分家が領有するバルムート[46]ではネアン大佐に大木を二本以上は見せることができたであろう。

岩屋は巧妙に造られていた。岩屋の前には、石化したモミ、スズカケやその他の丸太があった。ジョンソン博士は「スコットランドにはこの岩屋を誇る権利はない。それは個人の功績によるものだ。私はスコットランドの多くの人々の個人的な功績を否定したことは一度もない」と言った。ショー教授は歩きながら私に、「博士は素晴らしい人です。どんな話題を論じてもそれに精通しています」と言った。ワトソン博士はジョンソン博士に深い理解を示したが、博士がロンドンから来たのに常識的な作法に全く無関心であることに驚いていた。

私はジョンソン博士とショー教授との間で交わされた会話は何一つ日誌に記していないが、後でジョンソン博士が「ショーがとても気に入ったよ」と私に言ったのは覚えている。

私たちは昼頃セント・アンドルーズを発ち、そこから数マイル離れたルーカーズで古い塔のある教会が目に入り、旅を中断してそれを見に行った。スコットランドでマンスと呼ばれる牧師館がすぐそばにあった。私は牧師を訪れ、私たちの名を告げて教会について知っていることを教えてくださいと頼んだ。この牧師はとても礼儀正しい老人だったが、その教会については建てられてから八百年であると思われていることしか教えることができなかった。彼は私たちに、彼の教区にはデーン人の居留地があったこと、彼らははるかな昔に上陸したこと、そして彼らは今でも外国人であること、などを話してくれた。ジョンソン博士はデーン人は女たちを連れてきたのかと鋭い質問をした。私たちはこの居留地の話には満足できなかった。

八月二十日　金曜日

この日はダンディーとアバーブロシックを見物した。後者についてはジョンソン博士がその『西方諸島の旅』の中で賞賛の言葉を贈っている。道すがら私たちはローマ・カトリック教の信仰について語り合った。博士は化体説に反対するティロットソンの主張（だと思うのだが）について次のように述べた。「私たちがその間違った教義の基になっている聖句を聖書の中で読んだと信じているのと同様に、私たちは確かにパンとぶどう酒だけを見ている。私たちはそのどちらに対しても感覚という証拠以外は持っていないのだ。」「神が比喩的に話したことがなければ（と、博士は付け加えた）、神が

『これが私の身体である』と述べるとき私たちは彼が文字どおりに言っていると見なしてもよいだろう。」ボズウェル、「しかし、先生、この点に関して、昔から連綿と続く教会の伝統をどう思われますか。」ジョンソン、「君、聖書が明快であるところでは伝統の入り込む余地はないよ。それに、伝統は人を説得して化体説を信じさせることはできない。確かに、有能な人たちがそれを信じていると言ったのだ。」

これは畏れ多い主題である。私はそれからジョンソン博士にこの点に関する意見を無理強いすることはしなかったし、今はキリストによって発せられたこれらの言葉の意味に関する論議に立ち入るつもりもない(47)。この言葉はキリストの弟子たちの多くに強い影響を与えたので、弟子たちは「帰り去りて、またキリストと共に歩まざりき。」イングランド国教会では、教義問答と聖体拝領のための厳かな儀式を行い、神秘的要素のパンとぶどう酒を口にすることによって、キリストの死を単に記念するだけではない神秘的な信仰を堅持しているのである。

弁護士は報酬の支払いを申し出た最初の依頼人の側に与《くみ》しても是とされるかという問題がセント・アンドルーズで再び出されたとき、私はジョンソン博士のお陰で自分の職業をうまく擁護したことを思い出した。「先生（と、私は言った）、それはサー・ウィリアム・フォーブズに反対する先生の主張に沿ったものでした。しかし、私が巨人ゴリアテの武器を振るうことができたのは上出来でした。」

博士は、スコットランドの判事は著作権に関する問題を深く追究したことがなかった、と述べた。

八月二十日　金曜日

私はモンボドー卿の見解を、つまり人がある作品を暗記することができるなら、その暗記という行為によって精神が訓練されるのでその作品を出版してもよい、と述べた。ジョンソン、「そうではないよ、君。自分の家に追い込んだ他人の牛を売ってはならないのと同様に、作品を諳《そら》んじて繰り返したからといってその作品がその人の財産になるものではない。」私は、作品の縮約版を出版することは許されていますが、それは牛から角と尻尾《しっぽ》を切り取るだけだからです、と言った。ジョンソン、「そうではないよ、君、それは牛に子牛を生ませることにほかならない。」

私たちは夜の十一時頃にモントローズに着いた。粗末な宿しか見つからなかったが、そこでもまた私は給仕がジョンソン博士のレモネードに角砂糖を指でつまんで入れるのを目撃した。ジョンソン博士はこの給仕を「ごろつきめ」とどなりつけた。ところが、この宿の主人がイングランド人だったので私は大いに愉快になった。私がこのことで博士をからかうと、博士はしゅんとなってしまった。当時、サー・ジョン・ホーキンズとバーニー博士の『音楽史』が両方ともに喧伝されていた。私はこれは不幸なことではないですか、ご両人が互いを傷つけることにはならないでしょうかと尋ねた。ジョンソン曰く、「そんなことはないよ、君。彼らは互いに助け合うことになるだろう。一方を買う者もいれば他方を買う者もいて、両者を比較するだろう。そうすればそれが話題になり本が売れるということさ。」

博士がレモネードを確実に飲めるようにとスカイ島へレモンを持って行くことを私が提案すると博

士は立腹した。「君（と、博士は言った）、私はね、何かがなければやっていけないような軟弱な男だとは思われたくないね。君、人の家に食料を持参するのは失礼だよ。まるで歓待できないみたいじゃないか。そんなことをするのは下の者には押し付けがましく、上の人には無礼なことだ。」

今宵ジョンソン博士に、先生は話し相手が一人しかいないときでも極めて頻繁に長い間黙りこくっていますね、実は悲しいことにそれは私自身がときどき経験していることなのですが、と失礼をも顧みずに言ってみた。すると博士は笑みを浮かべながら言った。「そうだね、君。トム・タイヤーズ（このように博士は私たちの才気溢れる友人を親しく呼んでいたのだが、この人は博士が亡くなった後に伝記を書いて弔意を表した）は、私のことをいちばんうまく叙述したよ。トムはかつて私に『先生、あなたは幽霊のようですね。話しかけられるまでは決して口を開きませんね』と言ったんだよ(48)」。

八月二十一日　土曜日

著名な牧師のニズベット氏も監督派牧師のスプーナー氏も町にはいなかった。朝食前に私たちは町役場を見に行ったが、そこには立派な舞踏室とお茶を飲むための部屋がある。そこからの町の景観はとてもよいのだが、多くの家は壁がぴったりと通りに沿って建てられているので無様《ぶざま》に見える。私たちが町役場から出て来たとき、ここで商売をしているグレグ氏に出会った。彼は私たちと一緒にイングランド国教会の礼拝堂を見に行った。その礼拝堂はかなり乾燥した場所に位置していて、そこに通じる立派な歩道がある。その礼拝堂は内部も外部も実に優雅な建物である。オルガンは緑色と金色で装飾されている。ジョンソン博士は異例にも牧師に一シリングを与え、「あなたはしかるべき教会に属している」と言った。私は博士に監督教会派はここでは非国教徒にすぎず、彼らは大目に見られているだけだということを思い出してもらった。「君（と、博士が言った）、私たちはここではトルコのキリスト教徒のようなものだ。」博士はその後薬屋へ入って行き、専門的な文字で処方箋を書いて何やら薬を注文した。店の小僧は博士を医者と思ったようだ。

私はどの道にするか、海岸沿いに行くべきかそれともローレンス・カークとモンボドー経由で行くべきか、大いに迷った。私はモンボドー卿とジョンソン博士が互いに相手をよく思っていないことは承知していた。が、卿を訪ねないのもどうかと思ったし、二人が同席するのを見てみたいとも思っていた[49]。私は自分の躊躇する気持ちをジョンソン博士に打ち明けてみたところ、博士は二マイルほど遠回りになってもモンボドー卿に会ってみたいと言った。そこで私は次のような短信を持たせて、ジョゼフを先に行かせた。

拝啓

ここまでサミュエル・ジョンソン氏と共にやって参りました。私たちは今夜アバディーンに到着する予定です。貴台が私ほどには同氏を賞賛していないのは承知しております。しかし、私が再びモンボドーを目にする機会を持てるかどうか分かりませんので、この地に入りながらお屋敷に伺って貴台に敬意を表することを欠かすわけには参りません。そのうえ、ジョンソン氏は二マイルほど遠回りしてもモンボドー卿にお目にかかりたいと申しております。私は貴台がご在宅かどうかを知るために、下僕を先に送りました。

敬具

ジェイムズ・ボズウェル

八月二十一日　モントローズにて

モントローズから先に進んで行くとグランピオンの山々が見えてきた。そして、周りにはかなりよい土地があったが木や生垣はなかった。ジョンソン博士はその『西方諸島の旅』の中で、生垣が石でできている、と吹き出したくなるようなことを述べている。そう言ったのも、私たちが目にしたのは目を爽やかにしてくれる緑のサンザシではなくて眺望を横切っているむき出しの塀や盛り土であったからだ。博士は、これほど樹木が奪われこれほどむき出しにされた国土を見るのは驚くべきことだ、と述べた。

私たちはローレンス・カークで足を止めたが、この地では我々の偉大な文法家ラディマンがかつては校長をしていた。私たちは敬意をもってこの著名にして高潔な学者を追想した。彼の努力によってラテン語の知識が、もしも保存されるのなら、スコットランドで保存されることになるだろう。我々の判事の一人であるガーデンストン卿はこの地に彼の記念碑を建てるために募金をしたが、それが立派に履行されることを私は願っている。私の父がそれに五ギニー寄付したのを私は知っている。ガーデンストン卿はローレンス・カークの地主であり、生産力のある村造りを奨励してきた。卿はこの村が甚だ気に入り、まるで自分がテーベを築いたかのように、この村についての小冊子を書いている。しかるに、小冊ながらその中には役に立つ多くの教訓が力強く表現されているのだ。この村はばらばらに造られたらしく、粘土の家もあればレンガの家もあり、またはレンガと石の家もある。ジョンソン博士はここでは屋根が草で巧みに葺《ふ》かれていると言った。

私はこの教区の牧師フォーブズ氏と多少面識があった。私は使いを出して、ある紳士が彼に会いたがっていると知らせた。彼は「自分は知らない人に会いに行くつもりはない」と返答してきた。そこで私が自分の名前を知らせたところ彼はやって来た。知らない人に会いに来ようとしないのはよくない、と私は彼を諫めた。そして、彼をジョンソン博士に引き合わせて、ときには知らない人がどんなに立派な人であるかもしれないということを証明してやった。彼の持っている聖書は「見知らぬ人たちを歓待することを忘れてはならない」[50]と教えているし、同じような行動にも触れている。フォーブズ氏は「あるとき知らない人に呼び出されて会いに行ったら、その男がひどくつまらぬ奴だったのです」と言って弁解した。

八月二十一日　土曜日

ジョンソン博士はある宿屋にぜひ寄ってみたいと言った。というのも、旅人が身体だけでなく精神のもてなしも得られるようにと、ガーデンストン卿が本を集めてその宿に備えつけていたことを私が博士に話していたからであった。博士はこの目論見を賞賛したが、もっとたくさんのそして選りすぐりの本があったらよかったのにと言った。

モンボドーから一マイルほど先の街道からそれる所で、ジョゼフが私たちを待っていて、モンボドー卿が私たちに正餐を振舞おうとお待ちです、と告げた。私たちは荒野を馬車で通って行った。雨が降っていて、情景はややわびしかった。ジョンソン博士は魔女たちに出会った際のマクベスの台詞を厳かに力強く朗唱した。さらに進んで行きながら、博士は私に次のように言った。「君、君は最善を尽くして私たちのクラブに入り込んだのだよね。(51) 会員たちの中には君を入れたくないと思った者もいないでもなかった。バークは私に、君が私たちのクラブにふさわしいかどうか疑問に思うと言った。しかし、君が入会した今となっては、クラブ員の誰一人として遺憾に思う者はいない。バークは、君が生まれつきたいそうユーモアに富んでいるので、それが美点であるとは言えないくらいだ、と言っている。」ボズウェル、「先生、彼らは先生を恐れていたのですよ。何しろ私を推薦したのは先生でしたからね。」ジョンソン、「君、彼らは知っていたのさ、もし彼らが君の入会を拒んだなら、おそらく他の人は誰一人として入会させることができなくなるだろうということをね。入会を希望する者は私が皆締め出しただろうからね。ボークレアは君の入会に熱心に賛成したよ。」ボズウェル、

「ボークレアは尋常ならざる鋭い知力を持っています。」ジョンソン、「そうだよ、君。そして、彼の心からはどんなことでもすらすらと出てくる。私の方はどうも立派なことを言おうとすると苦労するよ。」ボズウェル、「先生、先生は声が大きい。でも、それは意図したことではないですよね。」

　モンボドーは荒れ果てた樹木もないわびしい所で、みすぼらしい古家が一軒あるだけである。もっとも、私の記憶に間違いがなければ、由緒ある男爵の住居の特徴となる二つの小塔があるのだが。モンボドー卿は屋敷の門口でとても丁重に私たちを迎えてくれた。卿は自分の屋敷のダグラス家の紋章を指差して、曾祖母はダグラス家の出であると語った。「そのような屋敷に（と、卿は言った）、私たちよりも立派であった先祖が住んでいたのです。」「いや、閣下（と、ジョンソン博士は言った）、私たちは彼らと同じくらい頑健で、しかもずっと賢いのです。」これはモンボドー卿の最も重要な主張に対する攻撃であり、私は屋敷に入る前の中庭に通じる路地で激しい遣り取りが交わされるのではないかと恐れた。しかし、卿は『古代の形而上学』(52)で名を馳せているばかりでなく、古くからの礼儀、つまり昔ながらのへつらいでも抜きん出ているので返事をしなかった。

　モンボドー卿は田舎風の服を着て、小さな丸い帽子を被っていた。彼は私たちに、農民バーネットをお目にかけた以上は、皆さんには我が家の家庭料理である農民料理を召し上がっていただかなければなりません、と言った。卿は「ボズウェル氏が我が家にあなたをお連れしなかったら、私は彼を許さなかったでしょう、博士」と言った。卿は自分の作物の一例として一本のとても長いカラス麦を取り出して、「ほら、これがここで実った作物ですよ」と言った。ウェルギリウスも自分と同じくらい熱心な農民だったようで、また確かに実践的な農民でした、と卿は付け加えた。ジョンソン、「閣下、ある技について立派な詩を書いた人が必ずしもそれを実践した人とは限りませんよ。フィリップ・ミラーは、フィリップスの『林檎酒《りんご》』という詩の中の教えはすべて正しい、実際、どんな指導書よりも優れている、と私に語りました。でも、フィリップスは林檎酒など作ったことがなかったのです。」

私は移民の話題を持ち出した。ジョンソン、「単に動物的な生活をしている人に対しては、アメリカに行くことを否とする論拠を主張することはできない。作物を生み出せる土地を手に入れるまでには、相当な時間がかかるだろうということ以外はね。しかし、知的楽しみを享受している人なら、安易にアメリカに渡っていつまでも自分とその子孫を野蛮な生活に埋没させたくはないだろう。」

博士と卿はホメロスを高く評価した。ジョンソン、「ホメロスは彼の時代のすべての学問を身につけていました。アキレスの楯は戦時における国民、平和時における国民を示しています。穫り入れの祭り、いや、窃盗をも。(53)」モンボドー、「そうです。そして、(私の方を向いて)我々が議会での裁判と称することも、ある訴訟事件が弁護されるその様をもね。」ジョンソン、「それは、平和時における国民生活の一部です。そして、ホメロスには英雄たちの実に様々な性格や彼らの特性の組み合わせが示されておりますので、ホメロス以降は全人類が力を合わせても、そこに見出せるもの以上のどんな描写も生み出せなかったのです。」モンボドー、「しかし、性格は描写されていませんね。」ジョンソン、「そうです。登場人物はすべて自己を発現しているのです。アガメムノンは常に紳士的な人物です。彼は常に王侯らしい物腰をしています。古代人たちがそう思っていたことは次のことからも明らかです。すなわち、エウリピデスはその著『ヘクバ』でホメロスを仲裁者たらしめている、ということからもですね。[54]」モンボドー、「風習の歴史は最も価値があります。私はそれ以外の歴史はどれも高く評価しません。」ジョンソン、「私もそうです。ですから、私は伝記というものを身近なものとして、私たちが利用できるものとして尊重します。」ボズウェル、「しかし、歴史全般の中に風習を見出します。戦時になると私たちは人々の諸々の気質、人間性の度合い、その他諸々の細々としたことを目の当たりにします。」ジョンソン、「そのとおり。しかし、その場合、それを得るためにはすべての事実を考慮しなければならないし、得るものはわずかにすぎない。」モンボドー、「そして、そのわずかなものこそが歴史を価値あるものにしているのですよ。」しめた、と私は思った。二人はまるで兄弟のように意見の一致をみている。モンボドー、「残念ですね、ジョンソン博士。もっと長くエジンバラに滞在して、スコットランドの学者たちから敬意を表されればよかったのにと思います。」ジョンソン、「閣下、私は大いなる敬意と大いなる親切を受けました。」ボズウェル、「博士は旅を終えればまたエジンバラに戻られますよ。」私たちはスコットランドにおける学問の衰退について、また『ミューズの女神たちの国王歓迎』について語った。ジョンソン、「思い起こしてみますと、イングランドでも学問は大分衰退しています。」モンボドー、「博士、あなたはイングランドで学問の衰退を目にしてこられ、私はスコットランドでその絶滅を目にしてきたのです。」しかし、私はエジンバラ・ハイスクール[55]はよくやっていることを博士に認めさせるように働きかけた。ジョンソン、「イングランドで学問が衰退したのは学問が以前ほど人の役に立たないからです。昇進を得るのにもっとほかの方法があるのです。学問があるからといって主教に推される人は今ではほとんどおりません。主教になるには学問が盛んな時代には学識がなければなりませんし、党利党略の時代には政治的にならなければなりません。しかし、常に卓越している必要があります。ウォーバートンは例外です。もっとも、学問だけで高位に就いたわけではありませんが。彼は初めはポープと敵対して、シオボルドを助けてシェイクスピア全集を出版させました。しかし、ポープが時流に乗っているのを見て取って、クラウサズがポープの『人間論』をあることないことで攻撃したとき、ウォーバートンは当時の文芸雑誌で『人間論』を弁護しました。これがきっかけで彼はポープの面識を得るに至り、ポープの友情を得ました。ポープは彼をアレンに紹介し、アレンは自分の姪を彼に娶《めあ》わせたのです。そこで、アレンの伝手《つて》と彼自身の伝手で主教の座に就けたのです。しかし、やはり、当時学問は不可欠《シネイクウァノン》のものでした。彼は学問を最もよく利用する方法を心得ていましたが、何ら不正直な方法に頼ったとは思いません。」モンボドー、「彼は立派な男です。」ジョンソン、「そうです。彼は優れた知識と優れた知力の持ち主です。彼ほど自分の主張することに多様な学問を活用する人はまずおりません。」モンボドー、

「彼はイングランド国教会の最大の光の一つです。」ジョンソン、「そうですな、彼が私たちにとても友好的かどうかはそれほど確信が持てませんがね。人が望めば彼は輝きを見せます。しかし、あれは必ずしも最も安定した光ではありません。ラウスもまた、その学問によって高位に上ったもう一人の主教です。」

ジョンソン博士はモンボドー卿の息子である幼いアーサーをラテン語で試した。アーサーはとても立派に答え、博士はそれに満足して、「よろしい。ジェイムズ王が戻られるときには(56)、君を『ミューズの女神たちの国王歓迎』に加えよう」と言った。卿とジョンソン博士は、アメリカの荒野の野蛮人とロンドンの商店主(57)のどちらがよりよい生活をしているかについて少々議論し、モンボドー卿はいつものように野蛮人の肩を持った。卿のもてなしは最高だった。そして、時が経つごとにジョンソン博士と卿の双方が互いに親しくなっていくのだった。

ジョンソン博士がちょっとの間座をはずしたので、モンボドー卿は私の望んでいたとおりに博士の会話について語った。ジョンソン博士はたっぷり正餐をとったにもかかわらず、「このご馳走よりももっとたくさん食べたことがありますよ」と言っていたのだ。モンドボー卿は節食法に従っているふりをしているのかそれを信じているのか、ジョンソン博士の生活ぶりに強い印象を受けたようであった。私はモンボドー宅を訪ねて格別に満足した。なにしろ、卿は私の父の旧友であったし、これまでも私に対して常にとても親切に接してくれていたからである。私たちは一緒にいて心が通じ合った。

八月二十一日　土曜日

卿はジョンソン博士と私に泊まっていってくれと言った。私たちはアバディーンに行かねばならないのですと私が言ったとき、「それじゃローマ人よろしく、あなたがたに『来るもよし、去るもよし』と言いましょう」と応じた。卿はジョンソン博士に訪問してくれたことに対して感謝した。ジョンソン、「閣下にロンドンでお会いする栄を賜ったときには、モンボドーで再びお目にかかろうとは思いもよりませんでした。」正餐が済んで、婦人たちが引き下がろうとしたとき、ジョンソン博士は立ち上がると言ってきかなかった。博士は社交界では礼儀正しさはたいそう重要であると主張した。「礼儀は（と、博士は言った）、想像上の善意です。それは大衆の中でのみ、またはたまにしか会わない人々の間では善意の代わりをするのです。信じていただきたいのですが、礼儀の欠如は必ずや互いに何らかの不快感を生み出します。私は常に育ちのよさに対して、アディソンがその劇『カトー』の中で名誉について言っていることを当てはめてきました。」

名誉は神聖な絆、諸王の法なり
気高き心は際立った完成
それが美徳に出会うところでは美徳を助け強めるもの
さらに、美徳のあらぬところではその行動を模するもの博士は自分の大きな樫の杖を取り上げて、「どうです、これはホメロス的でしょう」と言って、ふざけてモンボドー卿のお気に入りの作者に言及した。

モンボドー卿の黒人の下僕ゴーリーが本街道まで道案内をすることになった。ジョンソン博士とモンボドー卿のそれぞれに黒人の下僕がいることが、彼らのもう一つの類似点であった。スコットランド北部でスコットランド生まれの人々とほとんどまたは全く振舞いの変わらないアフリカ人を目にするとは何と奇妙なことか、と私は言った。ジョンソン博士はゴーリーとジョゼフが親しげに馬を並べて進んでいるのを目にして笑った。「あの二人は（と、博士は言った）、一人はアフリカ、もう一人はボヘミアの出ながら、自分の国にいるようだね。」博士は今日のモンボドー卿に大いに満足していた。博士は次のように言った。モンボドー卿が美点を大変多く持っているのが分かったら、二、三の奇説を弄しても大目に見たことだろうと。しかし、ロンドンでの卿の様子から、博士は卿が満身これ奇説だと思ったのだが、それは当たっていないようだ。ジョンソン博士は卿が今日は奇説を一つも披露しなかったと言った。「そして、野蛮人とロンドンの商店主については（と、博士は言った）、誰か他の人が商店主の肩を持ったなら、自分は野蛮人の肩を持ったかもしれない。」博士は野蛮人の勇気の価値をめぐってモンボドー卿に反論して、それは野蛮人の思考力が限られているためだと言い、「マケドニアの狂人」に取り上げられているポープの詩行を繰り返したが、その最後の一行はこうである。

八月二十一日　土曜日

しかし、自分の鼻の先より遠くを見ることは決してない(58)

私はこの最後の一句は低俗だとして反対した。ジョンソン、「君、それは低俗を狙っているのさ。風刺だからね。表現が低俗なのはその人物の低俗ぶりを示すためなのだよ。」

ゴーリーが私たちの許を去ろうとしたとき、ジョンソン博士は「ゴーリー君、一つ君に質問するのを許してくれたまえ。君は洗礼を受けたかね」と呼びかけた。ゴーリーは、受けました、ダラム主教によって堅信式を施されました、と応えた。そこで、博士は彼に一シリング貨を与えた。

この日の午後、私たちの旅は退屈で多少眠気を催した。昨晩、私はジョンソン博士の決意が鈍り始めているのではないかと思った。というのは、博士が「馬に乗るのが多いなら旅は止めよう。それでおしまいさ」と言ったからである。今日、博士がスカイ島について元気よく語ったとき、私は「おや、先生、先生は昨日は意気消沈しているようにお見受けしましたが。先生は繊細なロンドン人です。大陸帰り《マカロニ》のしゃれ者で、馬に乗れないのですね」と言った。ジョンソン、「君、君より馬に乗るのは上手だろう。ただ、私が乗れる丈夫な馬を見つけられないのではないかと心配しただけさ。」そこで私は、この荒野の旅が無事に終えられることを願った。

私たちは十一時半にアバディーンに着いた。ニュー亭《イン》は満員とのことだった。これには困った。しかし、給仕が私たちの中にボズウェルという人がいるかどうか尋ねて、その宿屋に預けられていた手紙を私に持ってきた。それはスレイル氏からのもので、ジョンソン博士への手紙が同封されていた。宿屋側は私が何者かを知って、二つのベッドのある一室に一晩お泊めするよう計らいましょう、と言った。給仕は強いアバディーン訛りを丸出しにして、私に言った。「お父上に似ておられるので、すぐにあなた様だと分かりました。」私の父は巡回裁判でニュー亭を定宿にしている。今晩は会話らしきものはほとんど交わさなかった。私はジョンソン博士の部屋に備えつけられていた小さな折り畳みベッドで寝ることになっていた。私はそれを食堂に運び込ませてぐっすりと眠った。

八月二十二日　日曜日

トマス・ゴードン教授に伝言を送ったところ、教授がやって来て私たちと朝食を共にした。彼はイングランド国教会に私たちの席を取っておいてくれた。礼儀正しい会衆がいて、立派なオルガンがあり、それをテイト氏が上手に弾いた。

私たちは海岸まで歩いて行った。ジョンソン博士は、クロムウェル配下の兵士たちがアバディーンの人々に靴や靴下の作り方とキャベツの植え方を教えたと聞いて笑い出した。博士は肩掛け《プレード》を織ることが糸紡ぎや編み物と同じく高地地方の家内作業なのかどうか尋ねた。アバディーンの人々はこの点では博士に情報を提供することはできなかった。しかし、人々が互いに遠く離れて生活している所では、それは家内作業だろうとジョンソン博士は推測したようだ。ペーネロペーの昔からそれが古代人の間で行われていたのは我々が知っているとおりだ。今日、私はジョンソン博士の立派なイングランド的発音をいつになく意識した。他のどの日にもまして、この日強い印象を与えられた理由を説明することはできないが、それはあたかも初めて聞いたもののようであり、私はまるで音楽を聞くかのように博士の語る文の一つ一つに耳を傾けたのだ。ゴードン教授は彼のカレッジの教育計画を博士に説明した。博士はそれはオックスフォードに似ていると述べた。詩人ウォラーの曾孫《ひまご》がここで学んでいた。イングランドに立派な学校がたくさんあるのに、自分の息子をこんな遠くに送り出すとは解せない、とジョンソン博士は不思議がった。博士曰く、「名門校には多くのすぐれた精神の持ち主のすべての輝きと光とがあり、そのすべてが各人に宿っているか、少なくとも各人に反映されている。しかし、愚鈍な少年も怠惰な少年も、個人の学校に比べて名門校では必ずしも成績が上がらない。というのは、名門校には常に楽々とよい成績を上げて学校の誉れを保つ少年たちが十分いるからだ。それなのに、愚鈍な少年や怠惰な少年はいくら鞭打っても何の効果もなく、クラスの末席にいて教科を最後まで終えるようだが、全くもって何一つ学ばないんだ。そういう少年たちは個人の学校だと成績が上がるかもしれない。彼らには絶えず注意が払われ、監視の的になるからね。そこで、公的な教育がよいか個人の教育がよいかは元来が一般的な問題ではなく、どちらがうちの息子により適しているかどうかという問題なのだよ。」

私たちは今の代のウォラー氏はただの田舎紳士であり、彼の息子もまた父と同じようになるだろうと聞かされた。私は、一家族は百世代に一人しか詩人を出すことは期待できない、と言った。「いやいや（と、ジョンソン博士は言った）、百に一つの家族でも、百世代に詩人を一人出すことは期待できないよ。」そこで博士はドライデンの有名な詩行を繰り返した。

遠く離れた時代に生まれた三人の詩人たちは……(59)

また、オックスフォードで訳されたその詩のラテン語訳の一部を繰り返したが、博士はそのときは誰による訳なのか明らかにしなかった。(60)

博士はサー・アレクサンダー・ゴードンから連絡を受けた。彼は二十年前にロンドンで博士と知り合った人で、「博士からの短信に返事を出さなかったことを許してもらえるなら」午後にお訪ねしたい、とあった。ジョンソン博士は彼から音信のあったことを喜び、食事に来るように望んだ。私はジョンソン博士が旧友サー・アレクサンダーをもてなした際の気配りを見て大いに満足した。彼はリズモアという立派な一族の紳士であったが、このときには領地を持っていなかった。彼は当地のキングズ・カレッジの医学教授をしていてどうにか恥かしからぬ生活ができているのである。彼が私たちに語ったところでは、アバディーンから輸出された長靴下の値は、平和時には十万ポンドだが戦時には十七万ポンドに達したという。ジョンソン博士は、どうしてそんなに違うのかと尋ねた。ここで、

八月二十二日　日曜日

私たちは二人の教授の賢明さの違いを目の当たりにした。サー・アレクサンダーは「戦時には長靴下の必要性が増すからです」と答えた。トマス・ゴードン教授は「長靴下の製造における我々の大いなるライバルであるドイツ人が、戦時には他の仕事にも従事するからです」と答えた。ジョンソン曰く、「先生、あなたはとても立派な答えを出されましたね。」

正餐でジョンソン博士は、大麦とえんどう豆入りのスコットランド風スープを数回お代わりするなど、この料理がとても気に入ったようであった。私は、「先生は今までこれは食べなかったですよね」と言った。ジョンソン、「そのとおりだよ、君。しかし、またすぐに出されても一向に構わないよ。」私の従姉妹《いとこ》のダラス嬢は以前インバネスにいたが、当地のイングランド国教会の牧師であるリドック氏に嫁いでいた。彼は病気で自分の部屋にこもりきりであったが、彼女は親切にもお茶の招待状を私たちに送ってきたので、私たちは全員それを受け入れた。彼女は相変わらず活発で、分別があり、快活な女性であった。ここでジョンソン博士はスコットランドをだしにした冗談を幾つか放った。博士曰く、「あなたがたはまずアバディーンに行き、それからエンブル（エジンバラのスコットランド風発音）に行き、ニューカッスルに行って坑夫たちに磨きをかけられ、ついでヨークに行き、さらにロンドンに行くのですね。」そして、博士はリドック夫人の姪の幼いスチュアート・ダラスを抱きしめて、巨人の真似をして「かどわかしてやる」とおどろおどろしい声で言い、わしは洞窟に住んでいて、そこには岩のベッドがあり、そのベッドの向かい側の岩を削って嬢ちゃんの小さなベッドを作らせるのだ、と言った。

博士はスコットランドにおける殺人の時効について以下のように論じた。「イングランドの陪審団であっても、時間の経過のために証拠不十分ということを考慮に入れるだろうが、二十年たったらある犯罪を罰してはならない、もしくは罰するため裁判を行ってはならないという一般法則は悪しきものだ。検事総長が悪意から起訴を遅らせるなどというのは俗説にすぎない。検事総長が殺人を犯す人たちに悪意を持っているとか、かりそめにも彼らと面識があるなどはとうていありえないことだろう。もしも、単に時効によって罪を免れた殺人者を殺害された人の息子が殺害することがあれば、私はその息子の逃亡に手を貸すだろう。もっとも、私が陪審団に入っていたら、その息子を無罪とはしないだろう。私は彼にそのような行為をするよう忠告したりはしないだろう。それどころか、私は社会の決定に服するよう命じるだろう。なぜならば、人は社会の利益を享受するのと同じように、その不便にも服さなければならないからだ。しかし、当の若者は法律上は間違っていても道徳的には間違っていないだろう。彼は次のように言わねばなるまい。『ここでは私は野蛮人の間に交じっている。彼ら野蛮人は正義を成すことを拒むばかりでなく、すべての犯罪のうちでも最大のものを奨励している。それゆえ私は未開の状態の中にいる。法がない限り未開状態なのだから。その結果として、他人の血を流す者は自らの血を流さなければならないという永遠かつ不変の正義の法[61]に則って、私は自分の父を殺害した男を刺し殺すつもりだ』と。」

八月二十二日　日曜日

私たちは宿屋に戻って静かに座っていた。ジョンソン博士はリドック氏の家でマショヨンの『詩篇論考』を手に取ったが、それにほとんど目を通そうとはしなかった。博士はときおりオグデンの祈りの本も手に取って眺めたが、それを再びぽんと放り出した。それで、私は宗教を話題にした。こんなに気分のよさそうな博士はこれまで一度も見たことがなかった。博士は穏やかで優しく、賢明で敬虔であった。私は「化体説を否定するのと同じ反対理由が三位一体説にも当てはまらないでしょうか」と言った。「いいや、当てはまるよ（と、博士は言った）、君が三と一とをその意味にとるならばね。君がそうとれば、確かに君は三位一体説を信じることはできない。しかし、神における三位格はある意味で『三』であり、別の意味で『一』なのだ。どうしてそうなのかは我々には分からないがね。そして、それこそが神秘なのだよ。」

私はキリストの贖罪について話した。博士は自分の考えは次のようであると言った。キリストの贖罪は世の人々の罪を償いはしないが、神の正義を果たすことによって、さらにほかならぬ「神の御子」が罪のために苦しまれたことを示すことによって、人間と無数の被造物とに罪の極悪さを示したのだ。そして、罪人たちに対して神の復讐がなされることを不要にしている。そうでなければ復讐がなされたに相違ないのだからね。さらに博士はこうも言った。このようにしてキリストの贖罪は、それについて聞いたことのなかった人々に対して有利に働くかもしれない。それについて聞いたことのある人に関しては、罪についての正しい考えを人の心に植え付けることによって悔い改めと敬神という効果をもたらすだろう。さらに博士はこう続けた。原罪とは悪への傾向であり、それは疑いもなくかの堕落によって引き起こされたのだ、と。博士はこの厳かな主題に新しい光を当てて私に示し[62]、我らの「救い主」が我々のためになさってくださったことについての教義をなおいっそう合理的で明白なものにしてくれた。博士の解釈は神と人との協力は義であるとする考えを取り去ったからである。他方、この見解によれば、キリストはその大いなる贖罪によって、人類のためになさねばならなかったこと、またはなさねばならないことを既になし終えていることになる。そのことの諸々の結果は、各人の特定の行為に応じて個々人に影響を及ぼすことになるのである。私はこの見解を次のように言うことによって例証したい。キリストの贖罪は人に光を示すために置かれている一つの太陽に似ており、そこで人が正しい道を歩もうとするか否かはその人自身にかかっており、正しい道を歩むことは、かの太陽、「義の太陽」がなければできぬことであっただろう、と。しかしながら、単に光を与えるという以上の真実が含まれている。異邦人たちをも照らす光、というのがそれである。というのは、キリストの両の翼の下には癒しがあると[63]我々は教えられているからである。ジョンソン博士は私に言った。「リチャード・バクスターはグロティウスの『キリストの贖罪について』という論考を推奨している。私は一度もそれを読んだことがないが読むつもりだし、君もそれを読んだらよい。」私は「今開陳された原理に基づけば、『信じる者たちは救われん、信じざる者たちは呪われん』という、難解かつ解釈に困る聖句を説明できるかもしれませんね」と言った。信じる人々は、彼らの心に強い印象を与えられて、そのため神によって自分たちが受け入れられるように行動するよう仕向けられるのだろうから。

私たちは、ある友人（ラングトン）について語った。その友人は宗教に関する話題を、様々な人々のいる所では遠慮すべきだと博士が考えていた範囲を超えて持ち出そうとした際に、博士に激しい言葉をかけられ、そのことをかなり長い間根に持っていたのだった。ジョンソン博士、「多年にわたる友情がそのような原因で断ち切られることになれば、社会はどうなるのだろうか。」ベーコンが言っているように、

か弱い人類に信を置こうとする者は
水面に絵を描く者、あるいは砂に字を書く者になる

私は次のように言った。博士はキリスト教の擁護論をはっきりと書くべきです。というのは、それに対する崇敬の念は博士の作品の中から幾つかの箇所で輝き出てはいるものの、それだけでは十分ではないからです、と。「先生もご存知でしょう（と、私は言った）、グロティウスがしたことを、またアディソンがしたことを。先生もまたなさるべきです。」博士は「そうしたいものだね」と応じた。

八月二十三日　月曜日

午前中、私たちはキャンベル学長、サー・アレクサンダー・ゴードン、ゴードン教授、ロス教授らの訪問を受けた。ジェラード博士も田舎からわざわざ六マイルも足を運んでくださっていた。私たちはマーシャル・カレッジへ見学に行き(64)、午後一時に市役所に行政官を表敬訪問した。ジョンソン博士に名誉市民権を授与するために私たちは招待されており、ジョップ市長はこの授与を快く行ってくれた。ジョンソン博士もこの褒状《ほうじょう》に大変喜んで恭しくそれを拝受した。大勢の人たちがつめかけていた。アバディーン市役所で、全員が「ジョンソン博士のために、ジョンソン博士を祝して」と口々に乾杯するのを聞き、その後で博士が慣例どおりに帽子に公文書の名誉市民証(65)を付けて通りを歩く姿を見るのは印象的であった。私は当地の誰もが私の父に敬意と、それどころか好意をも寄せていることを知り大きな喜びを覚えた。

サー・アレクサンダー・ゴードンがジョンソン博士をオールド・アバディーンに案内する間、ゴードン教授と私はリドック氏を訪ねた。この人は謹厳実直な牧師であった。彼は、ジョンソン博士は存命中にはどのように言われようとも、没後はその『英語辞典』のゆえに尊敬と驚きをもって世人に仰がれるであろう、と語った。

ゴードン教授と私は、オールド・カレッジへ歩いて行ったが、ジョンソン博士は既にその見学を済ませていた。私は礼拝堂に入り、創建者エリフィンストン司教の墓を見た。大司教については、我が一族の庇護者《パトロン》であるスコットランド王ジェイムズ四世(66)の歴史の中で触れる機会があろう。

私たちはサー・アレクサンダー・ゴードン宅で正餐をとった。市長、ロス教授、ダンバー教授、トマス・ゴードン教授が同席した。食後、ジェラード博士、レズリー教授、マクラウド教授が加わった。午前中は会話らしきものがほとんどなかったが、このときも私たちはほとんど何も話さなかった。教授たちは気後れして話せなかったようだ。

ジェラード博士は、ある有名な印刷業者がウォーバートンと大変親しい仲だと言った。ジョンソン、「だって、先生、その業者は彼の作品の何点かを印刷し、たぶんその幾つかの著作権を買い取ったのでしょうよ。その親しさは、ここにおられる教授たちのお一人が校舎を修繕している大工さんに対して抱く類いのものです。」「しかし(と、ジェラードが言った)、私はウォーバートンがこの出版業者に宛てた手紙を見ましたが、その中で彼は、スコットランド教会の牧師の半数は狂信者で、他の半分は不信心者だと言っています。」ジョンソン、「ウォーバートンはふと口にすることをそれ以上は深く考えずに、話すのと同じ様に手紙に書くのに慣れてしまったのです。私はウォーバートンを初めて読んで、彼の迫力と人間蔑視を感じたとき、彼は世人を踊らせていると思いました。しかし、そうではないことにすぐに気付きました。ウォーバートンは彼の毒舌を広げることで、その毒舌の効力をなくしてしまっていますからね。」

私と博士の二人だけになったとき、博士はウォーバートンの手紙を見せることは当人に大勢の敵をつくることになるからその出版業者に重大な非があると思う、と私に述べた。博士は業者にあのような手紙を書いたウォーバートンも愚かであると考えて、「君、親しくなるために書き散らすやり方は最低だよ」と言い添えた。博士はウォーバートンの『恩寵の教義』を駄作と呼び、ウェズリーの「反論」も似たものだと言った。「ウォーバートンは（と、博士は述べた）、ひどく無防備だったのだ。特に、想像力に何らかの障害がある人は異言を口にしたとか、それまで全く知らなかった言語を話したなどと言うほどに分別がなかったのだ。これは、想像力に何らかの障害があると人は空を飛んだのだ、と言うのと同じくらいに馬鹿げたことだ。」

私はジェラードをジョンソン博士との論戦に引き込むことができるかどうか試してみようとして、才能の違いを話題にしたがうまくいかなかった。私は珍しい事実として、ロックの詩作を挙げた。ジョンソン、「私は、シドナム医師の著書の巻頭に掲げた一種の習作以外は何も知らないが、そこではロックが水腫について、水腫では水と燃焼が結び付いているという奇想を持っていたり、シドナム医師が、水をかけて火を消すという通常の仕方とは逆に、いかに水を排除して火を消したかといった幾つかの奇想を持っていたりした。こんな言葉ばかりだったかどうかよく覚えてないが、そんな類いの話さ。(67)」

私たちはフィンガルについて話した。ジョンソン博士は静かにこう語った。「その詩が実際に翻訳されたとすれば、それらは確かにそのとき最初に書き記されたものだ。マクファーソン氏がその原稿を判定できる人たちのいるアバディーンのカレッジの一つにそれを託し、そこの教授たちが真正であることを証明すれば論争は終息するだろう。もし彼がこの簡単明瞭な方法をとらなければ、演繹的《アプリオリ》にその信憑性にかなりの問題があることをも考え合わせると、疑う恰好な理由を与えることになる。」

食後、私たちはサー・アレクサンダーの庭園を散策し、彼の小さな岩屋を見たが、そこには達筆に書かれた詩文が幾つか掛けられていた。もの静かで慈善心に富むこの人の満足と親切を認めるのは気持ちのよいことであった。マクラウド教授はタリスカーのマクラウドの弟で、コル島の領主の義弟である。私は教授からヤング・コルに宛てた手紙を託された。この日は退屈で、私はもう動き出したいと思い始めた。ジョンソン博士は十分に満足していると思いつつも、私の気遣いがうるさすぎるのではないかと思うと心配になった。ところが博士は、サー・アレクサンダーの歓待が過剰なため疲れて煩わしいと私に白状した。それはすべて親切心からですと私は言った。ジョンソン、「なるほど。でも君、感じは感じだよ。」ボズウェル、「そうです。痛みは敵の刃からも外科医の探り針からも等しく感じるものです。」

私たちは二軒の本屋に立寄ったが、アーサー・ジョンストンの『詩集』は見当たらなかった。私たちはリドック氏宅へ行き、小一時間を過ごした。彼が当地の大学の教育費がどれくらいかをはっきりと答えられず、ジョンソン博士をうんざりさせた。私たちは正餐まで長居せずに宿へ帰ろうと自分に言い聞かせていた。私たちはぜひともと引き止められたが、博士の決意は固かった。私はリドック氏が博士のお気に召さぬことを知った。後に博士曰く、「君、彼の話には全く活気がない。」しかし、ジョンソン博士自身の虫の居所が悪い中で、博士の満足のいくように話をするのは容易なことではないこともご当人には考慮して欲しかった。私たちは宿で気持よく過ごした。それから博士も陽気になって、アバディーンではこれといって聞くことも話すこともなかったと、つまり、アバディーンの人々は私たちが追う兎《モーキン》（野兎のスコットランド語）を一匹も駆り出すことができなかった、と言った。

八月二十四日　火曜日

朝八時頃出発、エロンで朝食。宿の女将が「こちらは各地を巡回されている偉いドクターではありませんか」と私に尋ねた。「そうです」と私。「まあ（と、彼女が言った）、お噂はかねがね伺っておりました。私はドクターにお会いしたくてわざと用事を作ってお部屋に伺いました。あのお方の風采にはどこか立派なところがあります。あのようなお方を、たいそう大事な仕事をなさるお方を私たちの宿にお迎えできて嬉しいです。手前どもがそのことに気付いていれば、息子を診ていただいたことでしょう。あの子はしばらく喉に腫れ物ができていたのです。」「しかし（と、私が言った）、この方は医者ではありません。」「眼科の先生ですか」と亭主。「いいや（と、私が言った）、この方はただ何でもよく知っているという人にすぎません。」亭主、「世間ではマンスフィールド卿は別としてイングランド一の偉い人だと申しております。」これにはジョンソン博士もいたく喜んだし、さぞ嬉しかったただろうと思う。博士曰く、「その例外が気に入ったよ。もしイングランド一の偉人とでも言われたら無意味なお世辞になっただろうが、その例外があるから賞賛が本気であることが分かった。それにスコットランドでは、例外はマンスフィールド卿かサー・ジョン・プリングルだろうしな。」

博士はゴールドスミス博士について面白い話を聞かせてくれた。『仮面劇テレマコス』を書いたグレアムは、ある晩ゴールドスミス博士とジョンソン博士と同席した折、かなり酔っていた。グレアムが、「あなたは確かに頭のよい人だが、アディソンのような随筆や『髪の毛盗み』のような詩はお書きになれますまい」とジョンソン博士に向かってさらっと言い、最後に「博士、イートン校でお会いできれば幸いです」と言った。(68)「私も喜んでお伺いさせていただきます」とゴールドスミスが応じた。「いや（と、グレアムが言った）、私の申し上げているのは、あなたではありません、小博士。そこにおられる大博士です。」ゴールドスミスはこれにはひどく傷ついた。後日、彼は自らその件に触れ、「グレアムときたら（と、彼が言った）、人を自殺に追い込むような男だ。」

私たちはスレーンズ城への丁重な招待を受けていた。そこに着いたのはちょうど三時で、正餐を告げる鐘が鳴っていた。城は北海に面しているので樹木は育たないが、エロル卿はできる限りの手を尽くしていた。あらゆる種類の作物を豊かに実らせるため畑を耕し、温室のある立派な野菜畑にしていた。私はこの家族の誰とも面識はなかったが、伯爵の弟である高貴なチャールズ・ボイド氏の直筆の招待状を持参していた。邸内に通されると、食堂の入口で一人の紳士に出会った。私たち二人は最初この紳士をエロル伯爵だと思ったが、彼はすぐにその間違いを正した。エロル伯爵は近所のドラムのアービン氏が催すパーティーに出かけていた。レディー・エロルは丁重に私たちを迎え、食事中も大変な気の遣いようであった。食卓には、夫人とボイド氏および数人の子供とその男女の家庭教師以外はいなかった。ボイド氏の話からジョンソン博士は、クエーカー教徒のカミング宅でホールなる人物とウィリアムズ嬢を交えてボイド氏と会食をしたことを思い出した。これが両人の関係を結ぶものだ。私にとっては、ボイド氏が父の知人であるということで十分だった。食後、レディー・エロルは若い家族を一列に立たせて披露した。娘が六人、息子が二人である。これは誠に微笑ましい光景だった。

八月二十四日　火曜日

ジョンソン博士がおいとましようと言い出した。ボイド氏は、兄も夕方には帰るだろうから一晩泊ってもらいたい、兄もあなた方に会えなければとても残念がるだろう、と言った。ボイド氏が部屋の外に呼び出された。こんな居心地のよい邸宅での滞在なら私の大いに望むところで、エロル卿にも会ってみたいと思った。ただ、こうした場合大事をとって、本当に歓迎されているのかを見極めるに越したことはないから、再度引き止められぬ限り発つことにする、とジョンソン博士が決意したのは正しかった。大変嬉しいことに、ボイド氏は戻って来るなり自分を呼び出して、ジョンソン博士が今夜発つのなら博士を二度と邸内に入れないと言ったのはレディー・エロルであること、また海辺の奇勝を見物に行くためにレディー・エロルが馬車を仕立てたこと、そしてその後で城内を案内することを博士に伝えた。私たちは喜んで同意した。

ボイド氏は一七四五年から四六年にかけて、貧乏籤《びんぼうくじ》を引いた多くの貴族や紳士の味方についた人だ。彼は逃亡してボイド家の旧領地アラン島に一年間身を隠した。その後フランスへ行き、およそ二十年間大陸にいた。彼はフランスの貴婦人と結婚して今ではアバディーンで大変安楽な暮しをし、しばしばスレーンズ城に滞在した。彼は私たちを手厚くもてなしてくれた。彼の会話は仰々しかったりあまりにも固苦しかったりしたが、私としてはそれがまんざら嫌でもなかった。ジョンソン博士は「彼の話は馬鹿丁寧だ」と言った。揺ぎなき名門の人ボイド氏が熱意を込めて一門のあらゆる栄光を語る姿を見ていて私は楽しかった。彼によれば、レディー・エロルは島内切っての敬虔で良識ある女性の一人で、頭もよく人情に厚く、子供の教育には強制したり恐怖心を煽ったりはしないという。ジョンソン、「君、夫人のやり方はよくない。私なら、こうすれば兄弟姉妹以上に尊敬されると一人の子供に言って聞かせるより、むしろどの子にも恐怖心をそそる鞭を使って彼らを学ばせたいね。鞭はそのときだけで済むから後腐れがない。子供は鞭で打たれることを恐れて勉強し、それだけで済む。ところが、競争心を煽って優位を比べさせると長く禍根を残すことになり、兄弟姉妹が互いに憎み合うことになる。」

ボイド氏はアラン島にいる間、当地の外科医が遺《のこ》した一箱分の医学書を見つけてそれを読み、かなりの医術を修得した。その結果、貧しい人々からよく診察を頼まれる。ここでも患者として数人がボイド氏を待っていた。スレーンズ城の周りを歩いて行くと、海水の流入で抉《えぐ》られた所で行き止まりになっていた。城はまさに岸壁に建てられていて、窓は北海に面しているので、北東の方角ではデンマーク王がエロル伯爵にいちばん近い隣人になる。

私たちは早速馬車に乗り込み、海岸近くのびっしりと海鳥で覆われた岩のダンバイへ向かって走り、ついで巨岩で囲まれた広大な環状の鉢へ向かった。海のすぐ近くには嵐の猛威で抉られた岩が高く弧を描いている。この場所は「バカンズ・ブラー」または「ブラー・オブ・バカン」と呼ばれ、地元の人はこれを釜《ポット》と呼んでいる。ボイド氏によれば、フランス語の「泡立つ《ブルワール》」からこう呼ばれるのだそうだ。この語はもっと簡単に英語の「湯沸かし《ボイラー》」に由来するのかもしれない。私たちはこの奇怪な大釜の周りを歩いた。所々で岩はとても狭くなり、両側とも軍艦が入り込めるほどに海が深いため前進するのが幾分恐ろしくなる。とはいえ、岩には土も草もあり、足跡から道らしきものもあるのでかなり安全に回れる。それにしても、私はジョンソン博士が大股で不規則な足取りで歩いて行くのを見て心配になった。博士がぜひボートに乗って「釜」に入ろうと言うので決行した。博士は勇敢で驚くほど敏捷だった。バカンの人たちが皆歯をむき出し、彼ら独特のあの奇異な強いアクセントで話すさまは私にとって好奇心をそそるものであった。博士はスコットランド南部と北部の発音の違いに気付いていなかったが、私はその違いに驚いた。

八月二十四日　火曜日

「ブラー」の入口は狭くて進入するとき櫂《かい》が使えないため、私たちが取った進入方法は、入口に近づいたら一気にボートを漕いで加速して滑り込ませることだった。ジョンソン博士は、私たちが未知の場所に入るとしたらこの光景はどんな印象を与えるだろうか、と述べた。かなり奥の深い洞穴が両側に一つずつあるようだ。漕ぎ手たちはその洞穴のどちらにも大きさが分かるほど中へ入ったことがなかった。ボイド氏の話では、ピーターヘッドウェルの人たちは連れ立ってここの洞穴に来て食事をとる習慣があるということだ。

ボイド氏によると、スレーンズ城がアバディーンから遠く離れているため、大家族を持つエロル卿は自前の外科医を抱えることにしたという。卿はこの目論見から小作人の息子の一人に教育を受けさせた。この男は現在、農場の隣に簡素な家を構えており、道路からその家が見えた。彼はエロル伯爵から支給される給料とこれまでの医師の仕事で裕福な暮らしをしている。彼は自分の教育に注《つ》ぎ込まれた教育費の全額を正確に記帳していた。そしてある日伯爵を訪ね、自分がこれまでの期待をはるかに超える高い地位に達したことを話し、今や伯爵の立て替えた費用を返済できるまでになったのでこの際この返済を聞き届けて欲しいと頼んだ。伯爵はこの男の義理堅さと心優しい申し出を喜んだがこれを断わったという。ボイド氏はこんな話もした。クエーカー教徒カミングは当初リーチマン博士の『祈禱観』への反対論を書いて名をあげ、神は祈りがどうあるべきかいちばんよくご存知であり、我々が神にお伺いを立てなくても指示してくださるのだから祈る必要はないことを証明しようとしたという。よくある陳腐な異論だ。

私たちが城に戻ると、応接間にコーヒーとお茶が用意されていた。レディー・エロルはやはり子供たちの世話で忙しくそこにはいなかった。その部屋には海に面した張出し窓が一つある。ボイド氏が患者と一緒にいる間、ジョンソン博士は「あなたはまさに恐ろしい[69]」の詩を朗唱した。博士は、人類が崇敬してきた歴代の家系を維持するための限嗣《げんし》相続に賛意を述べた。博士の意見は、一族が決して侮られない程度の土地は限定相続人に譲与されるべきであり、非常時には土地のあらゆる強みを一族全員に与えるようにその土地が安全に遺《のこ》されてしかるべし、という。「もし（と、博士は述べた）、貴族を貧窮に陥るに任せれば、当然彼らは没落して国王の思いのままになりかねない。したがって、貴族は富が一定の水準を下回ると貴族の地位を失うという定めがない限り、彼らは貧困から守られてしかるべきだ。上院が貴族の立場を明確に擁護してきたのに、下院が手を拱《こまね》いていたことは承知のとおりだ。この二年の議会で下院は民衆の主張に反対する勇気がない。」

この部屋には幾つかの見事な版画と、サー・ジョシュア・レノルズによるエロル卿の等身大の肖像画が飾られていた。その絵から、ジョンソン博士と私はこの温雅で気品ある友人を話題にし、博士は彼への賛辞をこう結んだ。「サー・ジョシュア・レノルズは、君、私の知る限り最も手強い男だ。喧嘩をしても悪口の言いようがない。」

ジョンソン博士によれば、この場所はこれまでに見たこともないほど雄大であり、イングランド一に数えられるマウント・エッジカム(70)をも凌ぐとのことだ。なぜなら、マウント・エッジカムは、海の向かい側が陸地に囲まれているので、入江の壮大さがあるとはいえ造船所のような感じもして、環境としては気持ちのよいものではないからだ。スレーンズには立派な古い館がある。館は三階建てで、その二階と三階の両方に貴族の当主が邸内の方形に沿って煉瓦で回廊を設けたので、いつでも雨に濡れずに歩ける。部屋は、以前は互いの部屋を通って行くほかなかったが、今ではすべてが回廊から行ける入口がある。そして回廊にはホガースの作品や他の版画が飾られている。私たちは図書室へ行ってしばらく腰を下ろした。そこには貴重な蔵書がたくさんあるが、主としてこれらは襲爵《しゅうしゃく》の故エロル伯爵夫人の夫、フォークナー氏によって収集されたものだ。当代のエロル伯爵が新刊書をかなり入れていた。

伯爵が九時頃帰宅した。パークのゴードン陸軍大佐と一緒だった。ジョンソン博士は伯爵の話から、ロンドンでボークレア氏を交えて会食したことを思い出した。私はエロル卿が大変気に入った。その威厳のある風貌と人好きのする容貌は、この上ない素朴な優しさとともに、私に大きな満足感を与えた。もしかしたら偏愛または単なる思い入れ、あるいは理屈ではなく心情的な共感からと思いたいが、我が心中には名門の出自の人への崇拝の念が深く刻み込まれている。だから私とて真正直にエロル卿のすぐれた性質についてこと細かに述べることもできる。がしかし、彼には私の賛辞など無用である。卿の気さくな態度と温和な物腰のお陰で、私はスコットランド保安武官という肩書に気後れするところを救われた。彼はその博学多識の客を相手に大変気楽にそして良識をもって話した。ジョンソン博士はその信条から常に高い階層者へ払う敬意をエロル卿へ表したが、議論になると博士の理解力と迫力にふさわしい剛毅さを失わぬことを私は認めた。身分の高い人に儀礼として礼を尽すことは正しいが、意見で彼らに屈服するさまはさもしいことだ。[71]伯爵は食事の前後に極めて礼儀正しく感謝の祈りを捧げた。彼はこんな話をした。ある男が自分の胤《たね》を宿す女性とその連れ子を殺した件で、数年前パースで処刑された。男の片手が切り取られてから、彼は引き上げられた。ところがロープが切れて代わりのロープがパースから届くまで、男は一時間も地面に放置されていた。処刑は町からかなり離れた森の中――二人が殺害された場所だが――で執行されていたからだ。「そこに（と、卿が言った）、私は神の手を見るのです。」私はここに来て本当によかったと思った。私はこの貴族に無類の性格のよさと高潔さを認め、彼が由緒あるキルマーノックのボイド家の後継者であることが「私の心の目」[72]に映った。彼が以前はよく酒を無理強いしたと思うので、私はそれを心配していた。しかし、彼は大きなグラスで水割ポートワインを手酌で飲み、私たちには好きなようにさせてくれた。夜、彼は部屋まで私たちに付添い、この訪問を心から喜んでいること、私の父と彼は旧知の仲であること、そして私がスレーンズへの道順ももう分かったのでまたおいでくださいと言った。

　私の部屋は誠に優雅であったが、室内には暖炉が燃え、部屋の窓が面している海はごうごうと鳴り響いていた。そして枕には海鳥の羽毛が詰めてあるのでその臭いが私には不快だった。こうしたことが重なってしばらくの間寝つけなかった。エロル卿の父君キルマーノック卿（一七四六年タワー・ヒルにて斬首）を思い浮べ、私は何とも言えぬ暗い気分になった。ただその思いも長くは続かず、やがて眠ってしまった。

八月二十五日　水曜日

七時から八時の間に起きると、ボイド氏が食堂でお茶とコーヒーを前にして私たちの朝食の準備をしていた。私たちの気分は上々だった。レディー・エロルが息子のヘイ卿の誕生日に寄せるビーティーの頌詩《オード》を私たちに一部ずつ渡してくれていて、ボイド氏がジョンソン博士にその感想を求めた。博士はあまり感心しなかったのだが、それを取り出すと歌うような調子で第二と第三連《スタンザ》を読み上げて巧みにその場を切り抜けた。博士は何も言わなかったが、これはボイド氏を喜ばせた。しかし、彼は博士に向かって、エロル家に関しての、

一千年にわたってその輝きを見た

はそこまでの流れと比較すると尻すぼみになっているので、

の方がよかったのではないでしょうか、という意見を述べた。博士は「千のような大きな数字の方がよいでしょう。一般化には欺瞞が潜んでいる。幾時代かではわずか二つの時代かもしれないのですから」と言った。博士は非常な労《いたわ》りを生み出す親戚関係を維持する利点について語った。「この世に生まれてくる人は誰でも（と、博士は言った）、友人が必要だ。もし独力で友人をつくらなければならないとしたら、自分の長所が知れわたるまでに人生の半分が過ぎてしまう。親戚は人を支えてくれる手近な友だ。人が本当に困ったときは親戚の腕の中に飛び込んで行く。遺言書を数多く作成してきたある老弁護士が私に次のように言ったことがある。人々は長い間考えに考えて遺言執行人として多くの人を思い浮かべたあげく、最後には親戚の者に決めるものだ、とね。これはこの原則の普遍性を示している。」

家柄のよい人々への敬意が衰退しており、今やインド帰りの成金《ネイボブ》が選挙で彼らに勝っていることを私は嘆いた。ジョンソン、「いや、君。お金がありがたがられている国では成金が金の力で選挙に勝つだろう。そこは金がなければ何一つ得られない国だろうからね。しかし、人を選ぶということになれば、家柄のよい人物が必ず勝つだろう。一般に卑しい人間にはどことなくならず者らしさ《スカウンドレリズム》があるものだ。」ボイド氏は、それは結構なイズムですね、と言った。

人類は昔の封建的な従属状態にいた方が、現在の独立した状態にいるよりも幸福だったと思います、と私は言った。ジョンソン、「確かに領主はそうだったが、多くの一般人のことを考えなければならない。彼らが今より幸福ではなかったことは明らかなように思われる。すべての人が我勝ちに逃げ出して、いったん出て行けば誰も戻って来ないような状態が幸福だったはずがない。そして、領主あるいは権力者に依存する状態とはそういうことさ。」

私は地位の低いフランス人は権力者と彼らの間の相互の善意と愛情によって幸福であると述べた。ボイド氏は彼らの高貴な精神の実例を挙げた。古い家柄の貴族だが困窮している一人の老いたマルタの騎士がパリのコーヒー店にいて、そこには模様と色合いの双方で卓越した素晴らしいタペストリーの大製造業者ゴブラン家のジュリアンもいた。騎士の馬車はひどく古ぼけていた。ジュリアンが下層階級の横柄さで、「馬車は塗り替えた方がよろしいのでは」と言った。騎士は憤然と軽蔑心も露《あらわ》に彼をねめつけてこう答えた。「貴殿がお宅に持ち帰って色を塗ってもよろしいですよ。」ジュリアンの困惑ぶりを店の客たち誰もが楽しんだ。

私たちは九時頃出発した。ジョンソン博士は北方の好古家たちがドルイドの寺院と呼んでいる遺跡をぜひ見てみたいという好奇心を持っていた。私はストリッケンにそれが一つあることを思い出したが、それは私が十五年前に見たものだった。(73) そういうわけで私たちはオールド・ディアを通った後四マイル回り道をしてそこに行った。地主のフレイザー氏が家にいたので私たちにそれを見せてくれた。だが、私は心の中でそれを巨大なものにしていたのだ。というのも、残っているのは二つの石が直立していて、よくあるようにその上に長い石が載っているものと、それから少し離れたもう一つの石だけだったからだ。その石は現在残っているものを取り巻く円を形作る主要な石だった。フレイザー氏はとても歓待してくれた。(74) ストリッケンに市が立っていて、彼はそこから隣人を数人食事に招いていた。その中の一人であるフレイザー医師はかつて軍隊にいた人だったが、リッチフィールドでの科学実験の講演会でジョンソン博士を見かけたことを覚えていた。博士もその講演会にいたことを思い出して、自分を知っている人がこんな所にもいるのかと驚いていた。

フレイザー氏は公道に出る近道を私たちに教えるために召使いを付けてくれた。私はジョンソン博士に次のように言った。田舎紳士の生活は非常に惨めだと思う、私はたった今四人を牢獄に入れてきたかのようにフレイザー氏と別れてきたのだ、と。博士は、彼らを不幸だと考えるのは間違っていない、彼らは心を活動させ続けるものに事欠いているのだから、と答えた。

私はこの午後あることを思いつき、そのことで道中の大半を楽しんだ。私は言った。「もし私たちのクラブがセント・アンドルーズにやって来て、学問と学芸の各分野でそれぞれが教えられることを受け持ってカレッジを開くとしたら、あの大学町を再建できるでしょう。学生たちの大群も引き付けることでしょう。」ジョンソン博士はこの企画の狙いにすっかりはまり込んでしまった。私たちはすぐさま科目の割り当てに取りかかった。私は民法とスコットランド法、バークは政治学と修辞法、ギャリックは弁論術、ラングトンはギリシア語、コールマンはラテン語の教授、ヌーゲントは医学、チャールモント卿は近代史、ボークレアは自然史、ヴェシーはアイルランドの遺跡またはケルト学[75]、ジョーンズはオリエント学、ゴールドスミスは詩と古代史、シャミアは商業政策、レノルズは絵画と美学、チェインバーズはイングランド法を教えるということになった。ジョンソン博士は最初「神学は他の誰にも任せられない」と言っていた。しかしじっくりと考慮した後に、パーシーは牧師なので彼が実践神学と英国の遺跡を教えることに賛同した。ジョンソン博士自身は、論理学、形而上学、そしてスコラ神学。こんなふうに、それぞれが提案、修正、追加をして全体の調整が終わるまで私たちは楽しい時を過ごした。ジョンソン博士は、非常に優れた数学者であったダイアーが死んでしまったので数学だけが欠けている、しかしそれ以外では我々は非常に素晴らしい大学を創ることができるだろう、と言った[76]。

夜、バンフに着いた。私はジョゼフをダフ・ハウスに走らせたがファイフ伯爵は不在だった。伯爵から私たちは非常に優雅な接待を受けたに違いないのでこれはひどく残念なことだった。私たちがここで見つけたのはごく在り来りの宿屋だった[77]。ジョンソン博士はスレイル夫人に長い書状を認めた。博士がそんなに長い手紙をごく易々と書くのを見て私は驚いた。博士は「断固として取りかかれば必ず書けるものだ」という自分自身の教えを身をもって示したわけだ[78]。

八月二十六日　木曜日

私たちは当地で新しい二輪馬車を雇ったのだが、これは非常によいもので馬も上等だった。カレンで朝食をとった。お茶とともに焼いた干し鱈《ハドック》が出た。私は食べたが、ジョンソン博士がそれを見ただけで不快感を示したのですぐに片付けられた。カレンはごく小さな町で家はほとんどが貧弱な造りだが、気持ちのよい佇《たたず》まいをしている。

私はロバートソン氏を訪問した。彼はフィンドレイター卿の仕事の管理をしているが、以前はモンボドー卿の書記をしていて、卿と三度フランスに行ったことがあった。彼はコンダミンの『野生の少女の物語』を訳したことがあり、それにはモンボドー卿が序文を書き、そこには卿自身の意見が幾つか入っている。ロバートソンが言うには、自分は同卿ほどにはその話を信じていないしその少女が想像を記憶と混同しているのは明らかだ、そのうえ、彼女はコンダミンとモンボドー卿が仮説を立てているのに気付いて自分の話をそれに合わせたのだ、とのことだった。

ジョンソン博士は言った。「モンボドー卿が実際にあのような説を公表するのを見るのは残念なことだ。分別があり豊かな学識のある人だからね。愚か者がそんなことをしても大したことではない。我々はただ笑っていればよいのだ。しかし、知性のある人がするとなると、我々は残念に思う。他の人なら、奇妙な考えを持っていてもそれを隠すものだ。もし彼らに尻尾《しっぽ》があれば、それを隠すだろう。ところが、モンボドーはリスのように尻尾を大事にするのだ。」ここで私はモンボドー卿に対するジョンソン博士の意見をあと幾つか記しておきたいと思う。これらは実はこの折に発せられたものではないのだが、関連しているのでここに記しておこう。判事が自分を農夫のバーネット[79]と呼び小さな丸い帽子を被って歩き回るのには賛成できない、と博士は言った。また、同卿が自分を熱狂的な農夫と言っているのには大笑いしながら、「彼は熱狂によって農業の何ができるのかね」と述べた。しかし、ジョンソン博士はこの点では間違っていると思う。成功あるいは幸福を願う人は熱狂的であるべきだ。すなわち、人生のあらゆる仕事や気晴らしにおいてひどく熱心であるべきなのだ。普通の農民紳士なら日に一、二度自分の畑を見るだけで満足するだろうが、熱狂的な農民なら絶えず畑を見て回るだろうし、熱意をもって仕事に専念していつもそれを口にするものだ。だが、ジョンソン博士は小さな事柄にはかなり何事にも驚かず《ニル・アドミラリ》なのだ。博士の『人間の望みの空しさ』を生んだ人生観が早いうちからその心を沈着にしていた。そのうえ、博士のような大きな心は卑小な物には動かされないものだ。象がそれより小さい動物のようには飛んだり跳ねたりしないように。

　ロバートソン氏は、私たちがフィンドレイター卿の森を通り抜けられるように召使いを私たちに付けてくれた。そのお陰で行程は短くなり、卿の領地の一部を見ることができた。そこは実に見事な地取りがされていた。ジョンソン博士はその中を通り抜けることをしなかった。博士は、素晴らしい所を見るためにスコットランドに来たのではない、そんなものはイングランドにごまんとある、私は自然そのもの、山、滝、独特の風習など要するに今まで見たことのないものを見に来たのだ、と言い続けていた。博士は田園の美しさをあまり好まなかったという感想を私は持っている。私自身もあまり好きではないのだが。

ジョンソン博士は、収入以上の生活をして毎年どんどん貧乏になっていく田舎紳士ほど軽蔑すべきものはない、と言った。博士は人が裕福であることによって得られる影響力を強調した。「人は（と、博士は言った）、金を握っていた方がそれを使うよりももっと現実に役立たせることができる。」ひどく逆説めいていますね、と私が言った。しかしこのことを博士は次のように説明した。「人がお金を永久にしまっておくことが確実ならば、確かに何の影響力も持たないだろう。しかし、金に困っている人は非常に多いのだし、金を持っている人にはそれを与える力があるのだから、そしてその人の好意を得なければ金を入手できないことを金に困っている人たちは知っているのだから、金持ちは常に最大の影響力を持っているのだ。さらに、金を浪費する人は愚か者と笑われる。そして、どれだけの金が虚栄心から使われているかを考えると、これはかなりもっともなことである。人の歓待に与っている者でさえもその人には一時的な好意を感じているにすぎない。もしその人が金を自由にできないならば、人々を助けたいと思っても助けられないことを人々は知っている。ところが、金持ちはいつでも助けようと思えば助けられるのだし、その見込みがあるからこそ金持ちは多大な勢力を持っているのだ。」ボズウェル、「しかし、賢者や皮肉屋は皆けちん坊を軽蔑すべきものと見なしています。」ジョンソン、「けちん坊は理屈の上ではそのとおりだ。しかし実生活の実践ではそうではない。」ボズウェル、「待ってください、私は彼らの影響力を検討するほどにはイングランドのけちん坊の実例を知らないのです。」ジョンソン、「イングランドにはけちん坊はほとんどいないよ。」ボズウェル、「ラウザー(80)がいました。」ジョンソン、「いや、君。ラウザーは金を持っていたのであの州を支配したのだよ。今ではあの一家も金を使ってしまったので支配力を失ってしまったがね。(81)彼は多額の金を貸したと私は思っている。それが影響力を保持しながら自分の財産を守るやり方だ。たっぷりと担保を取って金を貸しながら、それでも借り手を十分に支配しておけるのだ。」ボズウェル、「全くそのとおりですね、先生。そういう人は借り手に金を返せと言っていつでも苦しめることができます。請求されれば右から左に払える者は金を借りたりはしませんからね。」

私たちはエルギンで食事をし、壮麗な大聖堂の廃墟を見た。雨が激しかったがジョンソン博士は実に我慢強く熱心に調べていた。博士はここではスコットランドの改革者たちに嫌悪感を覚えなかったようだ。というのも、大聖堂は司教と反目したバーデノック卿(82)によって宗教改革以前に破壊されたのだとへイルズ卿に聞かされていたからだ。司教の家と他の聖職者たちの家はまだかなりそっくり残っていたが、雄大な規模と非常に精巧な彫刻を有する大聖堂の壮麗さとは比べものにならなかったように思われる。大聖堂の塀の内側の地面は埋葬地として使われている。ゴードン一族がここにアーチ型の納骨堂を持っているが壮大なものではない。

この日の午後、私たちはゴードン城(83)を通ったのだが、そこは威厳に満ちた様相を呈している。隣村のフォカバーズは貧相な所で、多くの家が崩れかかっているが、リンゴの木が植えてある果樹園がたいていあるのが目を引いた。エルギンにはイングランドでピアッツァと呼ばれている屋根付きの通路があり、多くの場所で通りの両側に続いている。ここはかつて現在よりもはるかにすばらしい町だったに違いない。私がボローニャで見たように、おそらく町中にピアッツァがあったのだろう。雨天の際の便宜から町中のこのような建築を私は高く評価した。ジョンソン博士はこれをよしとせず、「それは（と、博士は言った）、家の一階の部分を非常に暗くするので、その便宜などは帳消しになってしまう。一年の内で雨の降る期間がどんなにわずかであるか、通常そんなときに通りに出る人がいかに少ないか、外出している人の多くは家にいた方がよいのだし、通りを歩くといつも濡れるのだから、それと同じくらい濡れたとしてもたいしたことはない、などということを考えるとね。」

ここの宿屋の食事はお粗末すぎた。ジョンソン博士は、スコットランドでとても食べられない食事を出されたのはここが初めてだ、と述べた。

この日の午後私たちは、伝説によればマクベスが魔女たちに出会ったとされている当の荒野《ヒース》を通り抜けた。ジョンソン博士は再度重々しく朗誦した。

八月二十六日　木曜日

フォレスまではまだどのくらいあるのか。何だ、あれは
ひねこびた姿、気違いじみたなりふり

どう見てもこの世のものとは思われぬ
だが、確かに大地の上にあるのだが[84]

博士は『マクベス』の台詞《せりふ》をさらにいろいろと朗誦した。博士の朗誦は堂々として感動的であった。そしてサー・ジョシュア・レノルズが私に言ったとおりに、語気が強すぎることはなく、そのためにいっそう印象的であった。博士はそれからマクベスの魔女たちの「ようこそ」をもじって私に呼びかけた。私がダルブレアという土地を購入しており、スコットランドでは地主をその所有地の名前で呼ぶのが慣例なので、私はダルブレアとヤング・アフレックという二つの敬称を持っていた。それで我が友人は、

ようこそマクベス殿、お祝い申し上げます、コーダーの領主様

を真似て、愉快そうにこう叫んでくださったのだ。

ようこそダルブレア殿、お祝い申し上げます、アフレックの領主様

フォレスには夜になって到着し、立派な宿を見つけた。そこで、ジョンソン博士は「ロンドン仕込みの酒屋」を名乗る主人に出会いご満悦であった。

八月二十七日　金曜日

昨夜フォレスに着いたときは暗かったので、ダンカン王の記念碑(85)と呼ばれるものは目にしなかった。ここでジョンソン博士の言葉の落穂拾いをしておこう。私が『レオニダス』を話題にして、幾つかのすばらしい条《くだり》があると言った。ジョンソン、「そうか、その条を探さなければならないのだね。」ポール・ホワイトヘッドの『風習《マナーズ》』は凡作だ、と博士は言った。デリックを話題にして博士は私に言った。「あの男には好意を持っていた。そして、彼の手紙がもっと有名な人物によって書かれていたなら実に見事な手紙だと思われただろうに、と私はよく言っていたものだよ」。

この日の朝、私は原罪を話題として持ち出した。ジョンソン、「道徳上の悪は自由意志から生まれるのだ。自由意志には善と悪の選択が伴うのだからね。悪が存在するとしても、悪を持たない単なる機械であるよりは自由な行為者でありたいと思わない人はいない。そして各個人にとって最良のものが全体にとっても最良であるはずだ。むしろ機械の方がいいと思っている人がいたら、私はそんな奴とは論じ合えないね。そんな奴は私とは別種の人間だ。」ボズウェル、「機械のような人間でも心地よい感覚を味わうことができます。例えば、音楽を楽しめますよ。」ジョンソン、「いや、君、そんな奴は音楽を楽しむなんてできっこないよ。少なくとも音楽を作り出す能力はない。音楽を作り出せる者はそうしないことだってできるのだ。バイオリンを弾ける者はそれを壊すこともできる。そのような人間は断じて機械ではない。」この議論は私を満足させた。確かに、善と同様に悪にもなれる能力がなければ自由な行為者たりえない。我々は神の御業に関する議論や推測をする際には、物事に内在する諸々の可能性を考慮しなければならないのだ。

ネアンに着いて朝食をとった。そこは州都であり勅許自治都市であるにもかかわらずみすぼらしい町である。私たちが食事をした上の部屋では、一人の少女が大きな紡ぎ車で羊毛を紡ぎながらアース語の歌を歌っていた。「請合ってもいいが（と、ジョンソン博士が言った）、オシアンの歌のどれかだ。」それから博士は次の詩行を朗誦した。

調べはどんなに素朴でも詩歌は労苦を和らげる
仕事にひたすら励みつつ村の乙女は口ずさむ
糸繰り車をくるくる回しゃ
つらい運命《さだめ》はめぐり来ぬ

この詩行を私は以前聞いたことがあると思った。(86) ジョンソン、「そんなはずはないよ、君。名前は忘れたが短い詩の中にあるもので、牧師のギフォードとかいう男が書いたのだよ。」

コーダーの牧師で、ジョンソン博士の気に入っている『セント・キルダ島誌』を出版したケネス・マコーレー氏がここで私たちを出迎えてくれるものと私は期待していた。アバディーンから彼に手紙を出しておいたからだ。しかし私の受け取った手紙には、次の日曜日に聖礼典《サクラメント》を執り行わなければならないので家を離れることはできない、しかし牧師館でぜひお会いしたい、と書いてあった。「行こうじゃないか」とジョンソン博士が言ったので、私たちはそのとおりにした。マコーレー夫人が私たちを迎え入れて、夫は教会で標札《トークン》(87)を配っているところですと私たちに言った。私たちは十二時から一時の間に着いたのだが、彼が私たちの所に来たのは三時近くだった。

ジョンソン博士は彼に本の礼を述べ、「見事な地誌でした」と言った。マコーレーはこの賛辞をあまり気に留めるふうでもなかった。彼との会話から、ジョンソン博士は彼の作とされているあの本は彼が書いたものではないと確信した。私自身は前からそうだろうと思っていた。その本は、マコーレーが集めた材料をもとにスカイ島の学識豊かなジョン・マクファーソン博士が書いたものだと私は聞いている。ジョンソン博士は私にこっそり漏らした、「あの本の中にはマコーレーにはできない構成が見られる」と。しかしながら、マコーレーはいたく歓待してくれた。そして、彼が親切にも西方諸島の旅の道筋を教えてくれると約束したので、私たちは一晩彼の家に泊めてもらうことにした。

八月二十七日　金曜日

夕食後、私たちはコーダーの領主の地所であるコーダーの古城まで歩いて行った。この「勢い盛んな紳士」[88]である我がそこにいないのが残念だった。古い塔はかなり昔のものに違いない。跳ね橋があり、濠の跡があり、昔の中庭がある。城の部屋の幾つかを貫いて柱のようにそびえているサンザシの木があり、妙な思いつきで壁がその周りに造られていた。壁の厚さ、小さな傾いた窓、そして階段を上ると三階のとば口にある大きな鉄の扉はすべてこの城が建てられた野蛮な時代を示している。ここには堂々とした大木が何本かあった。

私はジョンソン博士とマコーレー氏の口論を恐れていた。マコーレーがイングランドの下級の聖職者を軽蔑するようなことを言ったのだ。博士は彼に険しい顔を向けて言った、「今日は珍しい日だ。スコットランドで古い木を見たり、イングランドの牧師たちが侮辱されるのを聞いたりしたのだから」と。

私はコーダーの牧師館での夜はずうっと重苦しいだろうと不安だった。ところが、近くの知的で育ちのよい牧師のグラント氏が現れ、会話に加わって私たちを救ってくれた。ジョンソン博士は高地《ハイ》地方《ランド》の職業の世襲制について、「このような仕来たりには何の害もないが、父親がそうだったのだから息子にも仕立屋とか鍛冶屋になる義務を強制するのは間違っている」と述べた。しかし、この慣習は我々の高地地方に特有のものではなく、インドでは同じような慣習が一般的であることはよく知られている。

マコーレー氏が信条と告白に対して熱弁を振るい始めた。ジョンソン博士は、「あなたが欺瞞と呼んでいるものは信仰の幾つかの条項に同意していることを自発的に宣言しているにすぎないのであり、教会にはこれを要求する権利がある。他のいかなる団体でも規則を守るように会員に強要することができるのとちょうど同じにね。何人《なんぴと》も教会に属することを強要されることはないのだよ、何人もある団体に入るように強制されることがないようにね」と説明した。これはこの問題に関する非常に明晰で正当な見解だったが、マコーレーは自説を曲げなかった。ジョンソン博士は、「いやー、あなたはしまりのない頑固者ですな」と言った。

　マコーレー氏と私はスコットランドの地図を広げ、彼がインバネスからフォート・オーガスタスを通ってグレネルグ、スカイ島、マル島、イーコルムキル島、ローン、そしてインヴェラリーへと至る旅の道筋を示し、私がそれを書き留めた。私の父が九月十八日頃に北部の巡回裁判を始めることになっていたので、父が出発する前にアフレックに着くために大急ぎで旅をするか、さもなければ十月十日頃に父が戻るまで、アフレックに着かないように旅を引き延ばすか、そのいずれかにする必要があった。マコーレーの計算では、私たちがローンに上陸できるのは九月二十日以降になるとのことだった。悪天候や予定外の遠出で十日ぐらいは遅れるかもしれないし、また、ベンベキュラやクランラナルドに行くことにでもなればそれだけで一週間はかかるだろうとも私は思った。

　ジョンソン博士はグラント氏と一緒に階上の図書室に行ったが、そこにはまずまずの蔵書があった。しかし、博士はそれを牧師の蔵書というよりも、たまたまラテン語の本が混じっている女性の蔵書のようだと思った。教父のラテン語の書物が二冊、それとギリシアの鼻祖たちのラテン語の本が一冊あるだけだった。私は長老派の祈りにジョンソン博士が出席するかどうか疑問に思っていた。私はマコーレー氏にそう言って、我々が家族の礼拝をしている間、博士は図書室にこもっているかもしれませんよ、と付け加えた。マコーレー氏は、ジョンソン博士を怒らせるぐらいならむしろそれを中止したい、と言った。しかしながら、どんなに偉い人のためであっても、行きすぎた丁重さが信仰上の最高の規定の一つと私が見なしていることを妨げるのにはどうしても賛成できなかった。それぞれの家族のささやかな集いが定期的に行われ、諸共《もろとも》に我々の天に在《まし》ます父への賛美と祈りに時を過ごすことほどに有益で慰めとなる法悦境を私は知らない。日々我々は神から多大なる恩を受けており、あの世ではさらなるものを望めるのだから。私はジョンソン博士にマコーレーの繊細すぎる心遣いを知らせた。博士は祈りを聞くのに異存はないとのことだった。これは私には嬉しい驚きだった。というのも、博士はロバートソン学長の説教を聞きに行くのを拒否していたからだ。「たとえ彼が（と、博士は言った）、木に登って説教をするとしても聞きに行こう。しかし、私が出席して長老派の集会を是認するということにはしたくないものだ。」

グラント氏が祈りの言葉を述べ、ジョンソン博士はその祈りを賞賛したが、氏が「主の祈り」を交えなかったことには不満だった。博士は我々に、「ロンドンのかなり著名なイタリア人があるとき自分にこう言ったのだよ、『私たちの礼拝には主の祈り《パテルノステル》と呼ばれる祈りの言葉がありますが、これはと

てもすばらしいものです。作者は誰でしょうか』と。」かなりの学識と一般常識のある人物にしては珍しい無知の例だ。(89)

八月二十八日　土曜日

ジョンソン博士はエジンバラからサルスティウスの著書を一冊ポケットに入れて持ってきていた。博士は昨夜それを十一歳くらいの利発な少年であるマコーレー氏の子息に与えた。ジョンソン博士はオックスフォード大学の教育についてすべてを順序だてて説明した。ほとんど財産のない若者が給費生になる機会はマコーレー夫人をいたく感激させた。私も賛同の意を延べた。ジョンソン博士は大変丁重かつ親切に、彼らの子息が大学へ入る準備ができて子息を博士の所へ寄越せば、彼を給費生にしてやるだろうし、たぶん彼のためにそれ以上のことをもするだろう、と言った。博士はそれ以上の約束はできなかったが、給費生の地位についてはは請け合った。(90)

先に述べておくべきであったが、長年コーダーの地所の土地差配人《ファクター》（つまり財産管理人）であるウェールズ人のホワイト氏が昨夜マコーレー氏からの知らせを受け、私たちと一緒にお茶を飲んだとき、私たちを彼の家へ招いてくれていた。私たちには彼の招待を受ける時間がなかった。ホワイト氏はフォート・ジョージの弾薬庫の管理官ファーン氏への紹介状を私たちに渡した。ホワイト氏はそれを私に見せてくれた。それは「二人の高名な紳士、辞書の編者であるジョンソン博士その人と、エジンバラでパオリの名で知られているボズウェル氏」を紹介していた。ホワイト氏は自分の書いたものに私が異存のないことを願い、異存があれば書き換えましょうと言った。私は彼の言葉遣いを点検するのは気の毒であると思ったので黙認した。しかし、私がこの手紙を読んだと思われないように、丁寧にそれに封をした。

正餐や夕食時だけではなく（私たちがスコットランドで行っているように）朝食でもお祈りをするということが話題になり、その話の中でジョンソン博士は、「定まった祈りの時があればそれで十分だ。いつ行うかは問題ではない。食事時に祈るように、男性は馬に乗るときに、あるいは女性は牛の乳をしぼるときに（これはハイランド地方で行われている、とグランド氏は私たちに話したのだが）祈ってもよいだろう。それに慣習には従うものだ」と言った。(91)

私たちはフォート・ジョージへ向かった。私たちが入口の広場へ入っていったとき、私は一人の兵士に手紙を持たせてファーン氏の許に行かせた。ファーン氏は直ちに私たちの所へやって来たが、一緒にブルース工兵少佐を連れて来た。ブルース少佐は自分のブルースという名は元をたどればノルマン系のブルースと同じであると思うと言った。彼がロンドンのある家で食事をした折り、そこには三人のブルースがいて、一人はアイルランド系、一人はスコットランド系、そして彼自身はイングランド系であったとも述べた。彼はブルースという名前が紋章院で十四とおりの異なった方法で綴られたのを見せられたと言った。私は彼に私の名の幾つかの異なった綴りを述べた。ジョンソン博士が述べたところでは、シェイクスピアの名前の綴りについて大論争があり、最後は彼の遺言を見ることで決着するであろうと考えられたのだが、それを調べていくうちにシェイクスピア自身が三種類もの異なる綴りで自らの名前を書いていたことが分かったとのことであった。(92)

ファーン氏とブルース少佐はまず私たちをサー・アイア・クートへの表敬訪問に連れて行った。卿の第三十七連隊は当地に宿営していて卿が砦の指揮を執っていた。彼は私たちを食事に招き、私たちは応諾した。

正餐の前に私たちは砦を見て回った。少佐は私たちに要塞の説明をし、ファーン氏は弾薬庫の話をした。ジョンソン博士は火薬を作る際の木炭と硝石の割合、火薬を粒状にすること、そしてそれに発火層を施すことについて話した。博士はこれらの話題で強い印象を与えた。博士は、「これ見よがしに話をしたんだ」と後で私に述べた。私たちはファーン氏の家で少し横になって休んだ。ファーン氏はあらゆるものをイングランドにおけるのと同じように整頓していたし、本もかなり収集していた。私はペナントの『スコットランドの旅』にざっと目を通した。ペナントはこの砦についてはほとんど触れていないが、「兵舎などが幾つかの通りを形成している」と言っている。これは誇張である。ファーン氏が言うに、兵舎は広場を取り囲み、その前に一列の建物がある、とペナントが言ったらもっと正確な記述になったであろうとのことであった。ジョンソン博士は「記述が実体と一致することはめったにないことだ。そしてその理由は、しばらく時間が経ってから描写するから、その頃には想像力によって付随的な事柄が混じってしまうからだ」と述べた。

私たちはサー・アドルファス・オートンについて話をした。少佐は卿が軍人としては極めて物知りであると言った。ジョンソン、「少佐、いかなる職業であれ、彼以上の物知りはまず見つからないでしょう。サー・アドルファスは類い稀な人物で、果てしない好奇心と疲れを知らない勤勉な人です。」

私はいかにして少佐がウォーバートンとラウスとの間の論争をうまく持ち出したのか分からない。ジョンソン、「ウォーバートンはいつも我慢したが、ラウスの方は激怒していた。ラウスは何通かのウォーバートンの手紙を公表した。ウォーバートンはラウスに極めて口汚い手紙を何通か書くように仕向け、それからそれを公表する許可を求めた。ウォーバートンはラウスがそれを拒否できないことを知っていたのだ。というのも、それと同じことを彼は既にやってしまっていたのだからね。そのためウォーバートンは、ラウスがどうしても不利にならざるをえないことを明らかに彼の同意を得て公表することにまんまと成功したのだ。(93)」

三時に正餐の太鼓が鳴った。私はしばらくの間自分を軍人だと想像してみたが、それは楽しかった。私たちは司令官の館であるサー・アイア・クート宅へ行き、彼がたいそう紳士然とした人物であることを知った。彼の夫人は非常に穏やかで、美しい声をした大変感じのいい女性である。そこにはファーン氏、ブルース少佐、それに何人かの士官などかなりの人々が集まっていた。サー・アイアはアラビア砂漠を通って陸路で東インド諸島から帰還していた。彼の話によると、アラビア人は食糧なしに五日間も生きることができるし、ラクダの血だけで三週間は生き長らえることができるのだが、それはラクダには十分に血があって、その期間に血を失っても弱り果てることがないからだとのことだ。彼はアラブ人の美徳、つまり彼らがどんな人でも案内を引き受けた場合の忠誠を大いに誉め、彼らはその人を略奪されるままにしておくくらいならむしろ彼らの命を擲《なげう》つだろうと言った。未開人に対する文明人の優越性を常に主張する側に立つジョンソン博士は、「ねえ、あなた、私はこの話に優れた美徳を認めることができませんよ。一人の軍曹と十二人の兵士が私の護衛兵になれば、彼らは私が略奪されるくらいならむしろ死を選ぶでしょう」と言った。第三十七連隊のペニングトン大佐が大変な熱意と率直さをもってこの論争に加わった。ペニングトン、「しかし、兵士たちは懲罰を恐れてそのように振舞わざるをえないのです。」ジョンソン、「それじゃ、大佐、アラブ人は不名誉を恐れてそうせざるをえないんですな。」ペニングトン、「兵士たちも同様に不名誉を恐れますし、そのうえ懲罰も恐れます。だから徳行は少ないのです、兵士たちは自発的に行動することが少ないのだから、それだけ美徳に欠けているのです。」レディー・クートは、アラブ人の間ではそのような場合に忠実に振舞わないと何か懲罰があるのかどうかを知る必要があります、と実に適切なことを言った。

私たちは演劇について話をした。私は、今は以前のようにウィルクス、ブースなどといった俳優の一座がない、と述べた。ジョンソン、「そう思うのは、群を抜いて優れている役者がいるからだよ。君は彼らをギャリックと比較して、彼らの足らぬところを見ているんだ。ギャリックが際立って優れているのは彼がどんな役でもこなせるからだ。彼はあらゆる生き方を表現できる。おっとりした育ちの紳士は別だがね。」ペニングトン、「ギャリックは若い役を演ずるのは止めるべきです。」ジョンソン、「彼はもう若い役は演じていないが、演じ慣れている役はまだやっています。他の誰よりも上手に演じますからね。いろいろな世代の俳優がいて、彼らが蜂のように群がるなら、若い役者が年とった役者を追い払うことになるでしょう。シバー夫人はどんな役でも見事に演じるので過大評価されていると思います。もっとも、彼女の表現は疑いもなくとてもすばらしかったですがね。クライブ夫人はこれまでにないほどにすばらしい女優でした。プリチャード夫人も大変立派な女優でしたが、彼女の演技には気取ったところがありました。私は彼女が前時代のある女優を思い浮かべていて、そのために気取ったのだと思います。」

ペニングトン大佐は、ギャリックがときどき強勢を置く所が違っている、例えば、『ハムレット』の中[94]で、

　　私は彼女に短剣のように言うが、短剣は何も使わない

と言うかわりに、

私は彼女に短剣のように言うが、短剣は何も使わない

と言うと述べた。

私たちは二品の正餐とともにいろいろなワインを飲み、食後、窓の前の広場では連隊音楽隊の演奏があった。私はこの日を大いに楽しんだ。私たちはすっかり寛《くつろ》ぎ愉快だった。ジョンソン博士は、「私はこの砦をいつも感謝とともに思い出すだろう」と言った。私はこの不毛の砂地の岬で、このような建物とこのような食事そしてこのような人々に出会って、感嘆の念に打たれずにはいられなかった。それはまるで魔法のようだった。ところが、ジョンソン博士はもっと理性的で、「自分には別に驚くべきものという印象はなかった。ここでは砦を建設するのに多額なお金が費やされたのだし、ここに連隊があることは知っていたからね。私たちが見たものがこれほど多くなかったら驚いただろうがね」と私に言った。博士はあらゆる段階で冷静かつ入念に観察し、私の熱い想像力は不毛の砂地から豪華な正餐、そして素晴らしい仲間へと飛躍したのだ。ある滑稽詩人の表現を借りるなら、

そしてやもしを使わずに
私は砂地から崖の上に飛び上がった

その光景全体が私に人間の技の持つ力と卓越さについて強い感銘を与えてくれたのだ。

私たちは六時から七時の間に砦をあとにした。サー・アイア・クート、ペニングトン大佐、そしてさらに数名が階段の下まで私たちについて来て馬車に乗り込むのを見送ってくれた。いかなる訪問客にもこれ以上の心遣いがされることはないだろう。サー・アイアはジョンソン博士の前途に待ち受ける苦難について話した。ボズウェル、「卿が私たちについて言ったことを考えるなら、私たちは博士にはスコットランドで幾分荒くれになってもらわないといけませんよ。」サー・アイアは「先生は名前を変えねばなりません」と博士に言った。ボズウェル、「ああ、マグレガー博士にね。」

私たちは無事にインバネスへ到着し、マッケンジー亭に宿泊した。当地の収税人であるキース氏はエアーでの私の旧知で、フォート・ジョージで既に私たちと会っていたのだが、夕方に私たちを訪ねて翌日正餐に招くことを約束し、一緒に朝食をとってイングランド国教会の礼拝堂へ私たちを連れて行く約束をした。手筈が都合よく一遍に整えられた。

私はここで当てにしていた手紙が届いてなかったことを知って、家に帰りたいという気持ちが一瞬抑えられなくなった。束の間の翳《かげ》りが私の想像力を暗くし、その翳りの中に自分が怯《ひる》んでしまうような事態を思い浮かべた。しかし、『ランブラー』の会話の一、二を思い出して私は覚悟し、自分が長年願っていた旅の途上にあること、そしてこの旅の思い出は私にとって生涯の宝となるであろうということを考えた。

八月二十九日　日曜日

キース氏が私たちと朝食をとった。ジョンソン博士はイングランドとの合同がスコットランドにもたらした恩恵とそれ以前の我が国民のひどい状態についてかなり熱心に論じた。私はその話題についての博士の豊かな誇張表現を楽しんでいるが、私ほどには博士を知らない人々が傍らにいて博士を了見が狭いと考えるかもしれないと思うと不安になる。(95)したがって、私は話題をそらした。

私たちが今朝訪れたイングランド国教会礼拝堂はただただみすぼらしいだけだった。祭壇はむき出しのモミ材のテーブルで、跪《ひざまず》くための粗製の膝突き台があって、クッション代わりに一枚の厚い帆布が二つに折りたたんで掛けられていた。会衆は少なかった。牧師のテイト氏はスコットランド訛りがかなり強かったが、大変上手に祈禱文を読み上げた。彼は「汝の敵を愛せよ」について説教した。テイト氏が人と人とのかかわりについて話した。注目すべきは、卓越した人物とわざわざ関係を持つ人たちがいるが、こういう人たちは卓越した人たちに太刀打ちできないのでその仲間になることで自らをその人の長所で飾ろうとするのだ、と言ったことだ。このような趣旨の説教だったが、それは私とジョンソン博士との関係について言えることと奇妙に一致していた。

教会を出て波止場へ降りて行った。それからマクベスの城(96)へ行った。私はジョンソン博士が実際にその中にいるのを見て夢幻《ゆめまぼろし》のような満足感を覚えた。それはサー・ジョシュア・レノルズが我々の不滅の詩人シェイクスピアに関する評釈の中で、大変うまく説明している記述と完全に一致している。

よい所にあるな、この城は。吹き過ぎる風が
いかにも爽《さわ》やかに甘く
ものいう官能をなぶってゆく(97)

私たちがそこから出て来たちょうどそのとき、一羽のワタリガラスが煙突の先に止まって鳴き出した。即座に私は言葉を継いだ。

烏《からす》の声もしわがれる
運命に見入られたダンカンが
私の城に乗りこんでくるのを告げようとして……(98)

私たちはキース氏の所で食事をした。キース夫人はジョンソン博士に非常に気を配り、博士が水以外は飲まないことについて多くの質問をした。博士は「エロル伯爵夫人はこのようなことに関心を示さなかったことを君は憶えているだろう」と私に言ってそのような発言を封じた。

ジョンソン博士はどんな人と出会っても、その人が最もよく知っていることを語らせて自ら学ぶと

いう巧みな技《わざ》を身につけている（この技のことで父がアバディーン老伯爵を誉めるのを私は聞いたことがある）。博士はキースにスコットランドの物品税について話をさせ、その話の中で、博士の友人である大手のビール醸造主スレイル氏が国税庁へ年二万ポンド支払うこと、そして彼は貯蔵樽を四つ持っていて、それぞれの樽が千六百バレルつまり千ホグズヘッド以上入るということを述べた。

　これ以降は、記録に値する会話はほとんどなかった。そこで、私はこれまでに書き落としていたものをここで再び拾い集めてみたい。アバディーンでジェラード博士が私たちに語ったところでは、彼がウェールズにいたとき、デーン人が住んでいる谷に案内されたが、彼らはまだ自分たちの言語を保持していて、全くの異民族であるとのことだった。ジョンソン博士はそんなことが本当であるはずはない、さもなければ英国中がそのことを聞いているはずだ、と考えた。博士は私たちの移動中に、「君、ジェラードが話しているその谷の人々は、その方言がいくらか異国風なのだよ。その話が増幅して外国語とされたのだ」と私に言った。私がその異国風《ペレグリニティ》という単語が英語かどうか尋ねたところ、博士は笑いながら「違うよ」と言った。私は、博士が新語を造るのを聞いたのはこれで二度目ですよ、と言った。フットが足を折ったとき、彼はピーター・パラグラフ[99]の役でジョージ・フォークナーを真似るのに都合がずっとよくなりましたね、可哀そうにジョージは義足なのですからね、と私は言った。ジョンソン博士はそのときに、「ジョージはフットの足の切断《デピデテーション》を喜ぶだろう」と言い、私がその語を非難すると、笑いながらそれを自分の造語だと白状し、自分の『辞典』の中で新語を造っ

たのは三つか四つだけだと言い添えた。(100)

私はジョンソン博士を宿屋へ案内した後、インバネスの数名の知り合いをちょっと訪問して回るために、暫くの間博士の許を離れる許しを求めた。博士は私に、「君は良きにつけ悪しきにつけ、すべてに古風な主義を保っているね」と言った。私はそうであることを自認している。最も遠縁の親族や私が知りえたあらゆる境遇にある立派な人々への配慮は私が父から受け継いだものである。私はインバネスで皆が並々ならぬ敬意を込めて父のことを話すのを聞いて大いに満足した。マコーレー氏の家で会ったことのあるキース氏とグランド氏が宿屋で私たちと一緒に夕食をとった。私たちは子山羊の焼肉を食べたのだが、ジョンソン博士はこれまでそれを口にしたことがなかった。博士はそれに舌鼓を打っていた。(101)

八月三十日　月曜日

この日、私たちが初めて「乗馬《エクイテーション》」する日であった。(102) こんな言い方をするのは、私も、ぜひとも新語を造りたいと思ったからだ。高貴で私にとって変わることのない友人であるペンブルック伯爵が、それ以後まさに同じ言葉を思いついたのは驚くべきことである（私の方にもし気安さがありすぎるとしても、伯爵の好意的で陽気な社交とご厚誼《こうぎ》によって知らぬ間に生み出されたこの気安さを喜んで許してくださるであろう）。伯爵の大変有益な著書の初版の書名は『馬を慣らし兵士に騎馬を教える方法』というありふれた言葉であった。第二版の書名は『軍人らしい乗馬《エクイテーション》』である。

私たちはフォート・オーガスタスまで馬車で行ってもよかったのだが、インバネスで馬を借りなかったら、その後は馬を見つけられないだろうから、ここから馬に乗って進むことにした。私たちはジョンソン博士、私自身、それにジョゼフのための三頭の馬と大型旅行カバンを運ぶための馬を一頭借り、そして付き人としてジョン・ヘイとロッホランド・ヴァスという二人のハイランド人を雇った。ジョンソン博士は『西方諸島の旅』の中で彼らの名前を省いてはいたけれども、二人に賛辞を呈している。博士は乗馬が巧みであった。

インバネスから三マイルほどの所で、私たちは道路のすぐ側にドルイドの神殿と呼ばれている完璧な石群を見た。二重の環状列石があり、一方は大変大きな石で、他方はもっと小さな石で造られていた。ジョンソン博士は、「ドルイド神殿をわざわざ見に行っても、それがつまらないものだと分かるだけだ。そんなものには技術も力強さもないので一つ見れば十分だからね」といみじくも述べた。

楽しい一日であった。ネス湖やカバノキで木陰になっている湖畔の道、そしてその上の山々に私たちは大いに満足した。その光景はこのうえなく静寂で、心地よく、自然そのものであった。しばし私たちはすっかり心を奪われていた。

新しい状況の中にジョンソン博士を見るのはいつも私の興味をそそる。そして、今喜びと新奇さを求めてゆったりと旅をしている博士の馬上姿を初めて目にしたとき、博士の以前の辛苦に満ちた仕事ぶりや博士の『ロンドン』、『ランブラー』等々の立派な作品などが直ちに私の脳裏に浮かんで、その対照が私の想像力に強力な印象を与えたのだった。

ネス湖沿いにかなり進んだとき、私は小さな小屋に気付いた。その戸口には一人の老女がいた。私はここにジョンソン博士を楽しませる光景が見られるかもしれないと考えて、そのことを博士に言った。博士は「中に入ってみよう」と言った。私たちは馬から降りて案内人と一緒に小屋へ入った。それは私が思うに土だけでできているみすぼらしい小さな小屋で、窓としてはほんの小さな穴があるだけだった。その穴はひと塊の泥炭で塞がれていて、光りを入れるためにそれをときどき取り除くのだ。私たちが入って行った部屋というか土間の真ん中には泥炭の火床があり、煙は屋根にある穴から外に出て行く。女は火床に深鍋を置き、山羊の肉を茹《ゆ》でていた。同じ家の中の隅の方に、小枝で造られた一種の間仕切りで仕切られた小さな檻《おり》というか囲いがあり、その中には相当な数の子山羊が見えた。

ジョンソン博士は女がどこで寝るのかを知りたがった。私は案内人の一人に尋ね、彼がアース語で女に尋ねた。女は動揺した口調で答え、(案内人が私たちに伝えたところでは)私たちがその女と寝たがっているのではないかと不安に思っていると言った、とのことだった。こんなみすぼらしい女の媚《こび》は、それをどのように呼ぼうとも本当に滑稽だった。後になってジョンソン博士と私はそれについてふざけあった。私はその貧しい老女の貞操を危険に晒《さら》したのは博士ですね、と言った。「いや、君

（と、博士は言った）、あの女は言うだろうよ、『手癖の悪い若い男、野犬のような人でなしがやって来て、一緒にいた威厳のある老紳士がその男を抑えなかったら、そいつはきっと私を辱《はずかし》めていたことでしょう。でもそいつは付き添いが目を離すと、若かろうと年寄であろうと、女と見れば見逃しはしないでしょうよ』とね。」「いや、先生（と、私は応じた）、老女は『恐ろしい悪漢が来て、そいつは礼儀正しい上品な若者がいなかったら私のことを手込めにしたことでしょう。その若者は私を守るために天から遣わされた天使だと私は思っていますよ』と言うでしょう。」

ジョンソン博士は『伊達男の計略』におけるアーチャー[103]とは違って、「彼女の寝室を見ることを」強要してその女の微妙な心を傷つけるようなことはしなかった。しかし、私の好奇心はもっと強烈だったので、私は一枚の紙に火をつけてそのベッドがある所へ入って行った。枝編みの小さな間仕切りがあり、それは羊用の檻よりもしっかりと作られていた。壁側にはベッドの木の枠組みらしきものがあり、その上にはベッドとして使うためにヒースが敷かれていて、その足元に毛布または掛け布団らしき物が丸められているのが目に入った。その女の姓はフレイザーで、夫も同姓であった。夫は八十歳であった。バルナインのフレイザー氏が自分の住んでいる森の管理と引き換えに、この男にこの小屋に住んで六十頭の山羊を飼うのを許していたのである。彼らには五人の子供がいて、いちばん上はほんの十三歳であった。二人はインバネスへ食料を買いに行っており、他の子供たちは山羊の世話をしていた。この満ち足りた家族は四つの大麦の積み山を持っており、それぞれが二十四束ずつあった。彼らは二、三羽の家禽も飼っていた。聞いたところでは、彼らはミルク、擬乳《カーズ》、乳漿《ホエイ》以外は食べるもののない一春を過すのだそうだ。その他の季節は山羊、子山羊、それに家禽から得られるもので暮らしているのだ。

老女は私たちに座ってウイスキーを一杯飲むようにと誘った。見ると椅子が一脚あった。女はスコットランドのどの女にも負けないくらい幸せだと言った。女は二、三の片言を除いてはほとんど英語を話すことができなかった。ジョンソン博士はこのような人間の生活状態を初めて見るので喜んでいた。女は嗅ぎ煙草を求めた。それが女の贅沢品であり、それをかなり吸うのだった。私たちは嗅ぎ煙草を全く持っていなかったので、代わりに六ペンス硬貨を一枚与えた。すると女は自分のウイスキー瓶を持ち出してきた。私がそれを飲み、ジョゼフと案内人たちも同様に飲んだので、私は女にさらに六ペンスを与えた。女はアース語の多くの祈りの言葉を口にして私たちを送り出してくれた。

私たちはウェイド将軍ゆかりの「将軍の小屋」と呼ばれる宿屋で食事をした。将軍はスコットランドで指揮を執っていたときにそこに投宿したのだ。その近くにこれまでに見たこともないみすぼらしい教区教会《カーク》がある。このような教会が本街道にあるのは恥ずかしいことだ。夕食後、私たちはかなりの山道を通り抜けた。十二年前に父がインバネスで判事を務めた巡回裁判で、私はフォート・オーガスタスの副司令官であるトラポー氏と知り合いになっていた。私はジョンソン博士と私が当地へ来たことを同氏に知らせるために案内人の一人とジョゼフを同氏への挨拶状を持たせて走らせたが、私たちを招待するか否かは氏に任せた。私たちが到着したときは暗くなっていた。宿はひどかった。政府は宿を建てるべきであり、さもなければ駐在司令官に割り増し給料を払うべきである。現状では、司令官は旅人を歓迎するのにどうしても多額な出費をしなければならないからだ。私たちが馬から降り立ったとき、ジョゼフは司令官が砦の門の所で私たちを待っていると告げた。私たちは門の方へ歩いて行った。彼は私たちを出迎え、大変丁寧に彼の住居へ案内してくれた。小さいが見事な広場、小奇麗に家具が備えられた家、そして立派な人々に囲まれておいしい夕食を目の前にするのは快適だった。要するに、未開の山地のさなかで文化生活のあらゆる便利さを味わっていたのだ。トラポー夫人、同令嬢、並びに彼女の夫であるニューマーシ大尉は皆とても親切で礼儀正しかった。司令官には並々ならぬ生気、軍人らしい生活態度、そして血筋から当然なのだが、幾分フランス人らしいところがあった。彼はサイラス・トラポー将軍の兄である。私たちは大変愉快な一夜を過ごした。

八月三十一日　火曜日

司令官は大変すばらしい庭を持っている。私たちはその庭と砦の他の部分を見て回ったが、砦はごく狭くて周囲の山々から見下ろすことができる。私たちはまた砦のガレー船またはスループ帆船も見たが、それはネス湖を帆走し、駐屯地が必要とするものを運んでくるのである。第十五歩兵連隊のウリエとダリペ両大尉が私たちと朝食を共にした。彼らはアメリカで勤務していたので、インディアンの話をしてジョンソン博士を大いに喜ばせた。博士は、この地に滞在すれば彼らの物語から大変面白い本が書けるだろう、と言った。トラポー司令官はジョンソン博士にすっかり感銘を受けていた。「博士の話は興味深いですな、実に立派です（と、彼は言った）。あなたの法廷で博士が話すのをぜひとも拝聴したいものですな。」司令官は私たちに正餐まで留まるように強く勧めたが、私は考えた。これから先には難路が控えており、午前中の方がたやすく越えられること、またこのように親切な人々に囲まれて心地よい歓待に落ち着いてしまったら、いつ出立したらいいのか分からなくなるだろうと。それで私は司令官に失礼させていただきたいと言った。ここでもまた、私は父がどれほど尊敬されているかを示す嬉しい証拠を得た。司令官は父に最高の敬意を表明し、父が北部の巡回裁判で当地に来れば駐屯地ができる限りの儀礼を尽くすつもりですと父に伝えてくれ、と私に言った。

十二時から一時の間に私たちは出発し、未開の地を十一マイル進んで、マクイーン族の一人が住むグレンモリスンのアノッホと呼ばれる宿屋までやって来た。宿の主人はものの分かった人で、文法を修得しており、ジョンソン博士は「人は生きている限り文法を習得したことで得るものがある」と誠にもっともな意見を述べた。ここには数冊の本があり、フランス語から翻訳された『禁酒論』、『スペクテーター』の一巻、プリドーの『関係《コネクション》』の一冊、それに『サイラスの旅』があった。マクイーンは本ならもっと持っていると言ったが、私たちが彼が本を持っていることに驚いたことで彼の自尊心は大いに傷ついたように見受けられた。

ここに来る途中、私たちはある軍曹の指揮下で道路工事をしている兵士たちの側を通り過ぎ、彼らに酒代として二シリングを渡していた。彼らは私たちの宿へやって来て、納屋で浮かれ騒いだ。ジョンソン博士が「さあ彼らの所へ行って、もう一シリングずつ渡そう」と言い、私たちは彼らの所に行った。私たちが金を渡すと博士は彼ら全員から「閣下《ミロード》」との挨拶をうけた。博士は本当に気前がよく、威光を愛しそれを得る骨《こつ》を心得ているようである。博士は「君、私はかなり封建的なのだよ」と言った。この点では私は博士に同感である。私は氏族の長でないことを残念に思うと言ったが、そのような世襲の持つ強みはなくても常に借地人を従わせる努力はするつもりだ。私は氏族長にはなれなくても領主《い》にはなれるだろう。

兵士たちは哀れにも酒を飲みすぎた。なかには喧嘩をする者もいてその場に血を流し、翌朝ウイスキーを口汚く罵ったりした。この宿は厚い芝土《ターフ》で造られていて、それより薄い芝土とヒースで屋根が葺《ふ》かれていた。この宿には縦に三部屋あり、小さな部屋が一つ横に突き出ていた。私たちが座った所の両側の壁には、ジョンソン博士が言ったように、大変小奇麗に編まれた小枝で腰板が張られていた。私たちの宿の主人が自分の手ですべてを造ったのだ。

八月三十一日　火曜日

夕食後、マクイーンはしばらく私たちの側に座って話をした。彼の話では、グレンモリスンの領地に住んでいる人々は、大事にされているのなら領主のために血も流すだろうが、七十人もの人が既にグレンモリスンからアメリカへ出て行ってしまったとのことだった。マクイーン自身も翌年アメリカへ行くつもりであるとのことだったが[104]、それは彼の農地の借地料が二十年前はたったの五ポンドであったのが、今や二十ポンドに引き上げられたからだ。十ポンドなら払えるしやっていけるのだが、それ以上では無理とのことであった。ジョンソン博士は、マクイーンがグレンモリスンの領主になって、現領主がアメリカへ行けばいいのだと言った。マクイーンは、それではお気の毒でしょう、領主はアメリカではここのようにはやっていけませんからね、と甚《はなは》だ寛大な答をした。

私は今日別れてきた将校たちのことについて、彼らがいかに多くの従軍生活を経験してきたか、そしてそれに対する見返りとしては、名声でさえもいかに少ないかということを述べた。ジョンソン、「君、兵士というのは誰にも劣らず得るものが少ないものだよ。」ボズウェル、「ゴールドスミスは先の戦争のどの将校よりも名声を得ております。将軍たちは別ですが。」ジョンソン、「だってね、君、ゴールドスミスのしたことができる人物が一人見つかる頃には、将校たちがしたことをやってのけられる人を一万人見つけていることだろうよ。物事は珍しいほど珍重されるということを考慮すべきだよ。通りに敷いてある小石は、それ自体ではご婦人の指を飾るダイヤモンドよりも役に立っているんだ。」我々の友人ゴールドスミスにこの話を聞かせてやりたかったものだ。

私たちの案内人の一人であるジョン・ヘイは軍艦に力ずくで乗せられたのだが、九ヶ月以上は乗っていたくないと思い、その後逃げ出した。私は昨日、そのことに驚いていますと言った。ジョンソン、「だってね、君、牢屋に入れられるようなことをしでかす男なら船乗りにはならないよ。船の中にいるのは牢屋の中にいるのと同じことなんだよ。溺死の見込み付きでね。」

私たちは午後にお茶を飲んだ。お茶を入れてくれたのは宿の主人の娘で、控え目かつ丁寧、こざっぱりした服装の女性であった。彼女の話では、インバネスに一年いたことがあり、読み書き、裁縫、組み紐作り、レース編み、そして菓子作りを学んだとのことである。ジョンソン博士はインバネスで購入した本を彼女に贈った(105)。

その部屋は梁と梁の間に何枚かのモミ材板を渡して天井のようにしていた。部屋にはベッドが二つあり、その間に女性の寝巻きをロープにかけてカーテン代わりにしていた。ジョゼフは私の妻が持たせてくれたシーツをベッドの上に敷いた。私たちは服を脱ごうか、それとも服を着たままで横になろうか大いにためらった。私はついに、「裸で潜り込みます。服を脱いだ方がダニの隠れ場は少なくなるでしょうからね」と言った。ジョンソン博士は、自分は水風呂に入ろうかどうか迷っている人のようだな、と言った。博士もやっと決心した。先生は従軍できますね、と私は言った。ジョンソン、「我慢すればできることなら何でもできるさ、十分に体力があるかどうかは分からんがね。」博士は極めて上機嫌であった。今晩のような博士の逍遥氏《ランブラー》ぶりを見るのは実に愉快であった。私は昨日博士に、レミュエル・ガリヴァー船長のフイヌム国からイングランドへの帰還に際してメアリー・ガリヴァーが夫に宛てたというスウィフトの滑稽な手紙をもじって、スコットランドからの博士の帰還に際してという韻文の手紙を書くことを考えていますと述べた。

八月三十一日　火曜日

朝早く、私は市場へ急ぐ
万事においてあなたの好みを何とか満足させたくて
変な鳥肉やアスパラガスを私は選んだ
（あなたはそういうものが好きなのを覚えているから）
一つ目の値段は三シリング、あとのが七グローツ
あなたはどちらも嫌だと背を向けて、カラス麦《オーツ》を要求する

博士は笑い、誰の名前でそれを書くつもりかねと尋ねた。私はスレイル夫人の名前でと答えた。博士は怒り出した。「君ね、君に良識とか思い遣りとかいう分別が少しでもあるのなら、そんなことをするもんじゃないよ。」ボズウェル、「では、コールの名にしましょう、あのマイター亭の亭主の。何度も食事にご一緒している店です。」ジョンソン、「うん、それならよろしい。」

　私たちは別々に祈りを捧げ、ベッドの中で少しおしゃべりをした後、ジョンソン博士は「どうぞ私たち二人に神の御恵みがありますように。おやすみ」と言った。私は「アーメン」と言った。博士はすぐに眠ってしまった。私は長い間寝付けなかった。シーツの下で無数のノミやダニに食われているような気がしたし、クモが一匹羽目板から私の口の方へ向かって来ているような気がしたのだ。やがていつしか眠りに落ちた。

九月一日　水曜日

とても朝早く目が覚めた。この宿の主人はアメリカへの移住を間近に控えており、私はこの主人が私たちを殺して金を奪い、それを納屋にいる兵士たちのせいにするのを想像し始めた。そのような根拠のない不安は、目が覚めた後、まだ頭がよく働かないときに生じるものだ。ジョンソン博士も同様の考えを抱いていたのだった。博士は後になって私に、もし何か危害が加えられるようなことがあれば、多勢の兵士たちが私たちを見ていたので証人になるだろうと思った、と述べたからである。そして、私が思うに、博士はそのような状況を安全だと見なしたのだ。起床してみると、博士は色のついたハンカチを頭に巻いて、惨めな豚小屋とでも呼べるような所でぐっすりと眠っていた。やっとのことで私は博士の目を覚ますことができた。このことから私はヘンリー四世の眠りに関するすばらしい独白を思い出したが、それというのも、ここにはかの詩人の想像力が生み出しえる限りの不安なベッドがあったからである[106]。

将校か軍曹風情かは定かでないが、第十五連隊の英国兵士《レッド・コート》がシカ狩りに山へ行く途中にこの家に立ち寄った。グレンモリスンの領主は誰にもシカ狩りを禁止したりはしないようだ。実際のところシカに危害を加えられる者はほとんどいない。私たちはその兵士を朝食に誘った。八時頃出発。マクイーンは数マイル私たちに同行してくれた。彼は一七四五年にフォート・オーガスタスでハイランド軍に入り、カロデンの戦いの後までその軍に留まっていた。彼がその無分別とはいえ勇気ある企てを詳しく話してくれたとき、私は涙をこらえることができなかった。この件に関しては私の心にいろいろな思いが次々に浮かんできて、私は強く心を打たれるのだ。ハイランド各地の名やバグパイプの音色が私の血を沸かし、私の心は憂鬱な気持ちと勇気への尊敬の念で一杯になるのだ。古き時代に対する悲運にして迷信に満ちた尊敬と軽率な好戦性に対する哀れみ、要するに、冷静な合理性などとは何の関係もない多くの感動でこの胸を満たすのだ。

私たちは両側に驚くほど大きな山々の連なるグレンシールを通り過ぎた。一七一九年に戦いが行われた場所を見た(107)。ジョンソン博士は今やこれ以上は見られない荒涼とした自然の景色の中にいることは認めたが、私の不正確な観察をときどき指摘したりもした。「円錐形の山があります（と、私は言った）。」ジョンソン、「君、違うね。本の中では円錐形と記されるだろうがね。ところが実際に来てみれば、そうではないことが分かる。それは確かに頂上の所が尖ってはいるがね、その一方の端の方がもう一方よりも角度が大きいだろう。」別の山を私は巨大だと言った。ジョンソン、「いや、あれはかなりの隆起物にすぎないね。」

私たちは緑豊かな谷間にやって来て、しばらく止まって馬を休ませ草を食べさせた(108)。まもなく、オークナシールという寒村へやって来た。そこにはハイランドでいつも目にしてきた小屋が幾つかかたまって立っていた。この日は何マイルも進んだが、シーリングと呼ばれるほんの小さな夏小屋以外には一軒の家も見かけなかった。この日はグレネルグのマクラウドの領主の土地差配人《ファクター》であるマーチスン氏の使用人エヴァン・キャンベルが私たちに同行していた。彼はとても世話好きだった。オークナシールで私たちは一軒の家の端にある緑の芝地に腰を下ろした。人々が牛乳の入った木製の深皿を二つ持ってきてくれたので、私たちはそれを味わってみた。そのうちの一つはシラバブのように泡立っていた。私は一人の女がそれを飲料チョコレートを作るときに用いるような棒を使って、しかも同じ方法で作っているのを見た。私たちの周りにはかなり大きな人垣ができたが、その全員がマクレー族、シーフォース卿の配下の男たち、女たち、子供たちであった。英語を話せる者は一人としていなかった。私はジョンソン博士に、インディアンの部族と一緒にいるのと同じですね、と言った。ジョンソン、「そうだね、君。でもね、それほど怖くはないよ。」私は嗅ぎ煙草と紙巻煙草を欲しがる人たち皆に配った。トラポー司令官がフォート・オーガスタスで私たちにそれを大量に購入して幾つかの小さな包みに包装させていたのだった。私はまた各人に小麦のパンを一切れずつ渡したのだが、彼らはそれまでそのようなパンを食べたことがなかった。私はそれから子供たち一人一人に一ペニーずつ渡した。私がジョンソン博士にこのことを話したところ、博士はジョゼフと私たちの案内人に一シリングを小銭にしてくれと大声で言い、自分も子供たちに配ろうと言った。これがアース語で告げられると大騒ぎになった。近くの小屋から子供たちが数人走り出てきたり、最初から私たちの所にいた黒髪の男が立ち去って一人の幼児を連れて戻って来たりするのを私は見た。ジョンソン博士はまず子供たちを一列に並ばせて銅貨を配り、子供たちとその親たち全員を大喜びさせたのだった。哀れにもマクレー族は、現在の状況がどうであれ、一七一五年にはかなりの尊敬を集めていたのだ。

おお、勇敢なるマクレー族がやって来る(109)

という一行が、当時の歌の中にあった。

私たちを取り囲んでいる人々の顔は多様で、なかにはアメリカのどんな野蛮人にも負けないほど見るからに色黒で荒々しい者もいた。ところが、絵に描かれているサッポーの容姿と同じと言っていいほどに端正な女もいた。私たちは一人の老女、つまり私たちが牛乳をご馳走になった家の女主人に(ちなみにその家は、私自身は気づかなかったのだが、ジョンソン博士が私に語ったところでは泥炭ではなく石造りであった)いくら支払えばよいかと尋ねた。彼女はお好きなだけと答えた。私たちの案内人の一人がアース語で一シリングで十分かと尋ねた。彼女は「それで結構です」と言った。しかし何人かの男が彼女にもっと要求しろと命じた。私はこれには苛立った。彼らは一シリングですら高い代金であることを知っており、それはよそ者に付け込んでやろうという気持ちの表れであったからだ。しかし、その女は正直に最初の値を言い通したので、私は半クラウン(110)を与えた。こうして私たちは珍しい生活の絶好の場面に接したのであった。そこの人々はとても喜び、私たちに多くの祝福の言葉を投げかけ、このような日はマクラウドの老領主の時代以来初めてだと言った。

ジョンソン博士はここで軽い食事をして大いに元気を取り戻した。私が博士は立派な族長になるでしょうと言うと、博士はご満悦であった。博士はこう言った。「私が族長なら、召使いたちには自分よりもよい服を着せ、ぼろを着たマクドナルド族の者に無礼なことを言う奴がいればそいつを殴り倒すだろうが、氏族民たちを畜生のように扱ったりはしない。なぜ我々全員が敬意を払われて然るべきかを氏族民たちに分からせるだろう。私は上の方の召使いたちにその理由を述べ、それを他の召使いたちに伝えさせるだろう。」

私たちは順調に馬を進め、ラトキンという名の高い山まで来たが、その頃にはジョンソン博士も馬も疲労困憊していた。その山は道が斜めに造られていたにもかかわらず登るにはとても険しかった。しかし、何とか登り切ることができた。山頂で私たちはバルメノッホのマクラウド大尉（スカイ島出身のオランダ軍の将校）が剣を肩に斜めにかけて馬で進んで来るのに出くわした。彼は「もしやボズウェルさんではありませんか」と尋ねたが、それは私たちがやって来るのを待っていたという証拠であった。山を反対側へ下るのは容易なことではなかった。ジョンソン博士は体重が重いので、代わる代わる馬を代えて博士を乗せるべきだということで二人の案内人たちは意見が一致した。ヘイの二頭の馬がよい馬で、博士はその黒か褐色の馬以外には頑として乗ろうとはしなかった。しかし、ラトキン山に登った後でヘイが大いに不平を言ったので、博士をどうにか説き伏せて、ヴァスの葦毛の馬に乗ってもらった。博士がその馬に乗って山を下っていたとき、馬がうまく進まず博士はぶつぶつと不平を言った。私は少し前を歩いていたのだが、博士のご機嫌を取るために彼らの取った方法を大いに楽しんだ。ヘイが馬の手綱を引き、ジョンソン博士にできるだけ話しかけた。そして（午前中に山羊が草を食んでいるのを博士が見て、それが牧歌的な楽しみの一つであると言うのをヘイは聞いていたので）博士が不快感を口にするやいなや、ヘイはハイランド訛りそのもので、「とってもめんこい山羊を見なっせい」と叫んだ。それから山羊たちを跳ね上がらせるかのように、ヒューと口笛を吹いた。彼はジョンソン博士が何者なのかなど思いもしなかった。子供をあやすかのように、サミュエル・ジョンソン博士をあやすことができると思っている凡庸で無知なハイランドの道化者が今ここにいるのだ。その男の想像していることと実体の間にある異様な対照は実に喜劇的で、滑稽で、馬鹿馬鹿しかった。

もう薄暗くなっており、聞くところでは五マイルというとても長たらしくうんざりするような馬の旅であったが、十マイルは確実にあったろうと思う。私たちは全く言葉を交わさなかった。私はスカイ島の対岸にあるグレネルグの宿へ向かって先に馬を進めていたが、それはヘイに手綱を引かれながら悄然と黙りこくって進んでいるジョンソン博士が到着する前にしかるべく手筈を整えるためであった。ヴァスもまた博士の馬の側を歩いており、ジョゼフがその後ろに従っていた。博士はこのように付き添われながら瞑想に耽っているように思われたので、私がしばらくの間博士から離れても何らのさしつかえもないと思ったのである。ところが、博士は大きな叫び声を上げて私を呼び戻し、私が先に行ってしまったことを叱責した。私は博士に私の意図を話したが博士は納得せず、「いいかね、君、そんなことをするのは、すりを働こうとするようなものだ」と言った。ボズウェル、「先生、私は先生とご一緒していて楽しいのです。」ジョンソン、「君、私は無礼なことをされれば楽しくなんかないよ。そういうことをする人は信頼を損なうことになるんだ、その人は次に何をしでかすか分からないからね。」博士の異様な怒りに私は大いに困惑して、しどろもどろに弁解するだけだったが、それでも私の意図は間違ってはいなかったのだ。私は宿の様子や船を見つける方法を調べるために急ぎたかったのだし、それらすべてがジョンソン博士を煩わせずに自分だけで完全に片付けることができると思ったのである。博士の偉大な心を些細な事柄に向けさせることは間違っている。それは船荷の重さを量るために波止場に置いてある大きな秤《はかり》で一ギニー金貨の重さを量るようなものだ。私には便利で小さな秤があり、その方がよく量れると思われるし、博士は行く手に降りかかってくるあらゆることに注意を払うために、またいつも正しくありたいという並々ならぬ願望のために、細々としたことが耳に入れば、それを考量することになるだろうということが私には分かっていたのだ。したがって、私がそれを考量し、その結果だけを博士に知らせるのは正しかったのだ。だが、博士が一緒に進んで欲しいと思っているのが分かったので、私は博士の側で馬に乗り続けることにした。

九月一日　水曜日

バーネラの兵舎を通り過ぎたとき、私は兵舎を羨望の眼差しで見た。兵士たちはいつもすべてをこの上なくきちんと整頓しているからだ。そこにいたのは軍曹が一人と数人の兵士だけであった。やがてグレネルグの宿に辿り着いた。飼い葉が全くなかったので、見張りを一人つけて馬を草地へ行かせた。下女が二階の部屋へ私たちを案内したが、そこはじめじめして薄汚くて、壁はむき出しであり、様々な異臭がし、荒削りの黒く脂の染み付いたモミ材のテーブルと同じ木材の長い腰掛があった。そして粗末なベッドに寝ていた一人の男が、『リア王』のエドガーよろしく「哀れなトムは寒いよ」[111]とばかりにそこから飛び出てきた。

その宿には私たちが飲み食いできるものは何一つなかったが、グレネルグのマクラウド族の領主の土地差配人であるマーチスン氏がラム酒一瓶と砂糖を少しばかり私たちに届けてくれた。それには丁寧な伝言が添えてあった。その伝言によると、私たちが彼の家を通り過ぎてしまうまで残念ながら私たちの噂を耳にしなかったとのことだ。知っていたなら、その夜は自分の所に泊まるように言い張っただろう、そして翌朝早くインバネスに出かける用がなければ、私たちを表敬訪問しただろうと書いてあった。この紳士の全く知らないよそ者に対するかくも並外れた配慮は、最高の誉れを後世に残すのに値するものである。

私はここのお粗末な宿にいらいらし怒り出しそうになっていた。ジョンソン博士は冷静であった。私は、それは見栄っ張りだからですよ、と博士に言った。ジョンソン、「いや違うよ、君、それは悟りからだよ。」ランブラー氏が自らの教訓を見事に実践しているのを見ることは喜ばしいことであった。

私は途中で博士を置いてきぼりにするというあの話題を再度持ち出して、もっと上手く弁解しようと努めた。博士はその点については依然として手厳しく、「君ね、君が先にどんどん行っていたら、私はエジンバラまで君と一緒に引き返して、君と別れて二度と口を利くまいと考えていたよ」と言った。

私は刈りたての干草を取りに行かせ、それで寝床を作ったが、私たちはそれぞれが同じ様に部屋の中で惨めであった。私たちはウルフ将軍同様に「苦渋の選択」(112)をした。ジョンソン博士は比較することによって事態を甘受するのだ。昨晩マクイーン宅で博士は、船の中ではこれほど気持ちよく泊めてもらえる人はまずいない、と言った。今晩博士は、山の上にいるよりましだ、と述べた。博士は厚手の大外套のボタンを掛けて横になった。私は干草の上にシーツを広げて、服と厚手の大外套を毛布代わりに体の上に掛けた。

九月二日　木曜日

私はよく眠れなかった。ジョンソン博士の怒りがひどく応えていたのだった。私は何らの悪意もないのに、突如として博士との友情を失うかもしれないと不安に思い、今朝は一刻も早く博士の顔が見たかった。私は博士の言葉でどんなに不安を感じたかを話し、古くからある友情がいとも簡単に壊れてしまうことについての博士自身のアバディーンでの発言を博士に思い出してもらった。博士は、私に対して腹立ち紛れに言ったということ、脅しただけで実行はしなかっただろうということ、実行していたら私よりも博士の方が何十倍も悪かったということ、そして、親交がそれほどあっけなく消滅してしまうのなら、親交を結ぶということは確かに「水面《みなも》に描いている」ようなものであろうということを認め、「そのことはもうこれ以上考えないようにしよう」と付け加えた。ボズウェル、「ええ、先生、それでほっとしました。覚えておいてくださいよ、どんな諍《いさか》いでも、十分に予告をしてくださいよ。決して私に不意打ちを食らわさないでください。先生の言うことを真に受けるとは私も愚かでした。」ジョンソン、「君は一晩中私の言葉を真に受けて不安だったのだろうが、それぐらいは当然だよ。」

朝食後、私たちはスカイ島へ渡る船に乗り込んだ。出航したときは大雨であったが、進むにつれて晴れ上がった。英語を話す漕ぎ手の一人が陸路の一マイルは海路では二マイルになると言った。そこで私が、グレネルグから今日指しているスカイ島のアーミデルまでは十二マイルあるとされているが六マイルしかないんだね、と言ったところ、その漕ぎ手は理解できなかった。「いいかい（と、ジョンソン博士は言った）、ハイランド人たちの持って生まれた分別なんか私には口にしないでくれ。一マイルを二マイルと言いながら、その十二マイルとやらが実は六マイルになるということを理解できない人たちなんだからね。」

私たちは一時前にアーミデルの海岸に着いた。サー・アレクサンダー・マクドナルドが出迎えに浜辺に下りてきていた。サー・アレクサンダーとその令夫人（元ヨークシャーのボズヴィル嬢）はそのときは借地人がこの地に建てた家に滞在していた。アーミデルはスレート地区にあり、当地にあった一家の屋敷はサー・ドナルド・マクドナルドの時代に焼けてしまっていた。

スカイ島におけるマクドナルド族長の最古の領地はダントゥルムにあり、そこには堂々とした城の遺跡がある。一家の本拠地は現在はマグストットであり、そこには立派な建物がある。サー・アレクサンダーと令夫人はエジンバラへ行く途中にアーミデルに立ち寄っていたのだが、この後すぐにエジンバラに発つ必要があったのだ[113]。

アーミデルはスコットランド本土とスカイ島の間にある狭い海峡の美しい湾に面している。前方にはモイダートとノイダートという荒々しい山々の壮大な景色が見られる。裏手にはなだらかな山々があって、この気候の中ではお目にかかれないと思っていた青々とした草木で覆われており、澄んだ小川も幾つかあってその景色には活気があった。

サー・アレクサンダー・マクドナルドはイートン校の特待生で有能な紳士だったので、ジョンソン博士はロンドンでは彼がとても気に入っていた。しかし、博士と私は今やかの古きハイランド魂で満ち溢れていたので、法外な賃貸料と移民の話を耳にしたり、族長が氏族民に囲まれていないのを見たりして不満であった。ジョンソン博士は、「君ね、ハイランドの族長がアバディーンよりも南へ行くのを許してはいかんね。サー・ジェイムズ・マクドナルドのように強靭な意志の持ち主ならイングランドの教育によって進歩するかもしれないが、一般的には骨抜きにされてつまらない男になってしまうよ」と言った。

私たちは当地で博物学者であるアバディーンシャーのジェーンズ氏に出会った。彼が言うには、ロンドンで天文学者のファーガソンとジョンソン博士宅を訪問したことがあるとのことだった。ジョンソン、「こんなに遠く離れた所で、私を知っている人に出会うなんて不思議だね。当然ながらスカイ島では誰にも気付かれないと思っていたのにね。」

九月三日　金曜日

今日は終日雨だった。この家の中に二箱分の本を見つけなかったら、私たちはとても退屈な時間を過ごしたことだろう。私たちはその箱の中を熱心に探ったのだった。正餐後、同席していた数人のハイランドの紳士たちと私だけが食卓に残り、サー・ジェイムズ・マクドナルドについて多大なる尊敬の念をもって語り合い一同は大いに感動して涙を流した。その紳士の一人はドナルド・マクドナルド氏で、この人は先の先の内乱において、今はエグリントン伯爵となっているモンゴメリー大佐によって招集されたハイランド連隊で手榴弾兵の中尉であった。この連隊は故チャタム卿が「北部山岳地帯」から連れ出したと自慢していた連隊の一つで、そうすることによって卿はハイランドにおける現王家への消えやらぬ不満の種を解消するのに貢献したのであった。私はドナルド・マクドナルド氏との話から、彼の上官であった大佐がハイランド人たちの中でいかに人気が高かったかを初めて知った。そして、この旅行の全行程中に絶えることなくその証拠を入手したので、旅から戻ってその高貴な伯爵自身に、閣下がいかに大人物であるかをこれまで知りませんでした、と言わずにはいられなかった。

私たちは当地の人たちから、マクラウドの領主のお膝元であるダンベガンへ行く途中でラーセイ島を訪問するように勧められた。学識豊かなサー・ジェイムズ・ファウルズからスカイ島で最も聡明な人は尊師ドナルド・マクイーン氏であると教えられ、有難くもその師への紹介状を書いてもらえたので、私は使者を立ててそれを同師に届けさせてラーセイ島でお会いしたい旨を伝えた。併せてマクラウドの領主への手紙を同封し、数日後にダンベガンで謹んでお訪ねするつもりであることを伝えた。

ジョンソン博士は、今日、この国の状況について何か知識を得ようと努めたが、話を交わした人々からはどんな事柄についてもはっきりとした情報は何一つ得ることができなかったと不平を鳴らした。

九月四日　土曜日

私は目下滞在している家の主であるイングランド育ちの族長に封建的父権的感情を呼び覚まそうと努めたが効果はなく、今朝ジョンソン博士がこの族長を私たちの考えに同調させようと試みた。ジョンソン、「族長殿、私があなたの立場であれば、七年でここを独立国にして見せますよ。雄牛を丸焼きにして、マクドナルド族に牛肉とウイスキーを取りに来るように旗を揚げて知らせます。」サー・アレクサンダーは相変わらずあれこれと異論を持ち出した。ジョンソン、「いやいや、あなたが端《はな》っから反対しなさるのなら、あなたとの関係はおしまいにしますよ。族長殿、私は武器弾薬庫を持つことにしますぞ。」サー・アレクサンダー、「武器は錆びますしね。」ジョンソン、「手入れをする男たちを置きなさい。あなたのご先祖たちは武器を錆びさせるようなことはなさらなかった。」

私たちは自分たちの熱意を少しでもサー・アレクサンダーに伝えようとしたが無駄であった。同卿はこの話題について私たちの熱心な、人によっては「粗野な」と呼ぶかもしれない諫言《かんげん》にひどく丁重かつ温厚に耐えたので、ジョンソン博士が熱意のあまり口にしたことを私がすべて記録したとしたら、私は自分自身を許せないであろう。この日は空白同然の一日であった。

九月五日　日曜日

私はスレートの教区教会へ歩いて行ってみたが、それはとても粗末な教会である。この島の教会には鐘がない。かつては幾つかあったのだと教えられたが、それが今どうなっているのかは知る由もなかった。牧師が不在だったので礼拝はなかった。教会の中に入って行き、サー・ジェイムズ・マクドナルドの記念碑を見た。それはローマで作られた見事なもので、彼の友人ジョージ・リトルトン卿による次のような碑文が刻んである。

準男爵　サー・ジェイムズ・マクドナルドを偲んで

彼は青春の盛りに
数学、科学、言語において
さらには実学と人文学のあらゆる分野において
完全に学問に打ち込んだ長い人生を送った人でも
習得しえなかったほどの
卓越した知識に到達した
しかもこの博学に彼は加えたのだ
それとは両立することも稀な
大いなる実業の才
高貴な振舞いの端正さ
上品な作法の優雅さを
彼の弁舌は爽やか、的確かつ流暢
彼の記憶は広大かつ正確

彼の判断は強靭かつ鋭敏
これらすべての才能は
最も優しい気質や
ありとあらゆる秘めたる美徳と結び付き
本国のみならず
他国からも
最高の尊敬を彼にもたらした
西暦一七六六年
二十五歳にして
その賞賛すべき忍耐と不屈の精神によって堪えた
長く極めて苦しい病気の後
ローマに没した
かの地では、信仰の違いにもかかわらず
サー・フィリップ・シドニーの死後
他のいかなる英国臣民も受けたことがないほどの
並外れた敬意が彼の御霊《みたま》に払われた

九月五日　日曜日

彼の残した名声は
嘆き悲しむ彼の家族への
そしてこの島の同胞への
最善の慰めである
彼はこれら同胞のために
多くの有益な事業を計画した
これは
明晰かつ啓発された理解力の
冷静な導きのもとで
彼の実り多き天才が示唆し
彼の活動的精神が促したものである
これを読む人よ、我々の損失を
そして英国すべての損失を嘆き悲しみたまえ

亡き息子への
愛情の証として

彼が死の際に至るまで
母に示した
絶えざる思い遣りと愛情への
母が為しうる最善の返礼として
悲しみに打ちひしがれながら
エグリントン伯爵の娘
レディー・マーガレット・マクドナルド
ここに記念碑を建てる
西暦一七六八年

ジョンソン博士は、この碑文も普遍的かつ永久的であることを意図したものはすべてがそうであるように、ラテン語で刻むべきであったと述べた。

今日は快晴で、私の気分は天気の影響だけで明るくなった。しかし、アーミデルに滞在中に纏《まと》い付いていた不機嫌な気分が戻るのを感じてもいた。だから、ジョンソン博士をじっと見守るというようなことがなかったら、私はすっかり憂鬱な気分になっていたに違いなかったのだが、博士の毅然とした態度に助けられた。私は海上で眩暈《めまい》を起こしている男が岩などの不動の物を見るかのように博士を見つめた。博士の冷静沈着ぶりには驚嘆した。博士はこう言った。「君、島に引きこもったら、思いのすべてをあの世に向けなければならない。この世とは縁を切ってしまったのだからね。」ボズウェル、「先生、この世に向けるべき注意とあの世に向けるべき注意を一緒にするのは私にはとても難しいように思えます。私たちは現世の事に夢中になると未来の有り様《よう》などすっかり忘れてしまいそうになるからです。また逆に、永遠の恐ろしい事どもに絶えず心を奪われていれば、この世の事はすべてごくつまらないものになってしまい、それには無関心かつ無頓着になってしまいますから。」ジョンソン、「君、チェイニー博士はこの問題について自らに一つの掟《おきて》を定めたが、その掟はすべての人の心にも刻まれるべきものだ。『私が今日のうちに死ぬと告げられたら、永久の安息を得るために何事も忽《ゆるが》せにしてはならない。また、私がこれから五十年生きることを保証されたら、私に求められているこの世の責務と義務などは一切気にしてはならない』。」

ここで述べておかねばならないのは、ジョンソン博士が今は達観して冷静であるように見えるが、博士の才能は私が大いに感服して博士の話に耳を傾けたことがあるような集まりで発揮されたほどには輝いていなかったということである。しかし、今私たちが置かれている活気のない「退屈で、平凡で、無意味な」(114)状態でも、博士は気の緩んだ様子など少しも見せず、その精神が闊達であることは明白であった。

九月五日　日曜日

博士が「スカイ島への頌詩《オード》」を作ったのはこの日のことだったようだ。このラテン語の詩を博士は数日後にラーセイ島で私に見せてくれた。

頌詩

海原の奥深い入江に囲まれ
嵐とともに鳴り響く岩山に覆われて
霧深きスカイ島よ、汝は疲れ果てたる旅人を
緑の入江に迎えてくれる

私は信じている、憂いはここから消え失せ
静かな平和がこの地にしっかと根付き
怒りも悲しみも安息の時間に対して
陰謀を企てることはしない、と

しかしながら、病んだ心には
洞穴の中に身を隠したり
道なき山中を彷徨《さまよ》ったり

崖から落ちる流れを
数えてみても益なきことだ
人の力はそれだけではひ弱く
己惚れた禁欲主義者の誇るほどには
欲望をぐっと抑えて
平静な心にはなれない

至高の主よ、裁定者のあなただけが
我らの滾《たぎ》る心を抑えられる
この荒波はあなたが煽れば沸き上がり
あなたが鎮めれば引いて行くのだ

九月五日　日曜日

夕食後にジョンソン博士は私たちに、アイザック・ホーキンズ・ブラウンは三十年間好き勝手に酒を飲み、その晩年に『霊魂の不滅について』という詩を書いたと話した。ブラウンほどの多才で思慮深い人が同じく酒好きであったというこの話を、私は、自分の酒好きを意識しながら喜んで耳を傾ける者よろしく熱心に聞き入った。

九月六日　月曜日

私たちは（最近までカンナ島に住んでいた）ドナルド・マクラウド氏に道案内として付き添ってもらい出発した。しばらくスレート地区を海岸沿いに馬で進んだ。家は一般に芝土《ターフ》で造られていて、草で覆ってあった。この地域は人口がかなり多いように見えた。ストラス地区に入り、荒地を通って海岸に出た。そこで私たちは豊かな緑と幾つかの珍しい玄武岩あるいは古い建物の土台が崩れたような石の堆積を見つけた。またかなりの大きさの石塚《ケルン》も三つ目についた。

ブロードフォードのほぼ一マイル先に、マキノン氏[115]が所有するサー・アレクサンダー・マクドナルドの農場コリハタハンがある。マキノン氏はスコットランドで言うところの貴婦人然とした夫人と共に私たちを心から歓迎してくれた。ペナント氏はヘブリディーズ諸島への旅の途中、この紳士の家で二晩を過ごした。ここでハイランドの珍しい古物が彼に贈られたという話が出たとき、ジョンソン博士は、「君、それは彼にはもったいない物だったね。あいつはホイッグだからね」と言った。

私たちはここで食卓にふんだんに食事が並んでいる贅沢を満喫し、その満足感はたくさんの陽気な仲間たちによって高められ、ハイランドの人々の陽気な社交作法のお手本に初めて接することとなった。彼らは彼ら自身の古い言語でよどみなく陽気に話し、元気一杯にアース語の歌を次々に歌った。そのために、ジョンソン博士は最大の敬意と配慮をもって接待されてはいたが、その存在が忘れられているように思えるときもあった。私自身は低地人《ローランダー》ではあるが、アース語の幾つかの言葉を覚えていたので、臆せず彼らの陽気な騒ぎに加わり、その場の誰にも負けずに大はしゃぎで合唱に加わった。ジョンソン博士は旅の疲れで早々に部屋に引き上げ、スレイル夫人に宛てて次のようなラテン語の頌詩《オード》を作った。

頌詩

私は通り過ぎる
裸の岩が霧の中で石の遺跡と交わる土地を
不毛な田畑が農夫の無益な労働をあざ笑う土地を

私は氏族の、勇猛な男たちの中を彷徨《さまよ》う
そこでは生活が文明によって教化されることもなく
そのむさくるしい生活を小屋からの煙が隠す

私の長くて辛い旅路の途中に
見知らぬ人々のざわめきの中で
私は想っている、我が愛《いと》しのスレイルが

九月六日　月曜日

どのように過ごしているか、と

貞節な妻として真剣に夫を世話しているか
優しい母として子供を慈しんでいるか
新たな書物で
心を豊かにしているか、と

彼女が私を忘れないように
私たちの忠誠が不滅のものであるように
スレイルという優しい名前を
スカイ島の海岸にしかるべく轟かせよ

一七七三年九月六日　スカイ島にて

九月七日　火曜日

ジョンソン博士はここでの歓待を大いに喜んだ。当家にはよい書物がたくさんあった。ラテン語によるヘクター・ボエシアス、ケイブの『神父たちの生活』、ベイカーの『イングランド王年代記』、ジェレミー・コリアーの『教会史』、ジョンソン博士の小辞典、クラウファードの『スコットランドの役人』をはじめ、他にも何冊かあった。（不思議にも偶然スカイ島で目にした）女優ブルックス夫人のメゾチント版や、カロデンの戦い後の忘れられない残虐行為に関するラテン語の銘のあるクランラナルドのマクドナルドによる版画などもあった。

この日は大荒れの天気だった。そのために、海を渡ってラーセイ島へ行くのは不可能で、この地に逗留せざるをえなかった。

私は午前中の一部を費やしてこの日誌を書いた。午前のそれ以外の時間は、陰気な天気と何時《いつ》晴れるか分からないとしか言いようのない判然としない状態にあったために、幾分陰鬱な気分であった。どっちつかずの状態、特にほとんど予測のつかない天気次第といった場合ほど気が滅入ることはない。退屈さについては、ジョンソン博士がアバディーンの月曜日に述べたように、「感じは感じである」。コリハタハンは昨夜はもてなしの館であったが、今日は私の心の中では牢獄に変わっていた。

九月七日　火曜日

正餐後、私は古代スコットランド人に関するマクファーソン博士の『スコットランドの古代遺物論』を読んだ。有史以前の古代に関するあまり当てにならない推測にうんざりした。お茶が出されたときは本当に嬉しかった。この地に住む人たちの状態とはこのようなものなのだと私は思う。食事は食欲からだけでなく、空虚な心の渇望からも待ち焦がれるものだ。私はこのような仮初《かりそ》めの弱気に気付き、また、己の幸福に満ち足りている逞《たくま》しい賢人に自分はほど遠いということに気付いて心が痛んだ。私は怠惰から来る一種の無気力を感じた。ジョンソン博士の会話を書き留める面倒な仕事をしないで済むように、博士の口を開かせようという努力はしなかった。博士はここで第二の視覚の名残が何かないか尋ねた。スレートの牧師マクファーソン氏は、第二の視覚が原理に基づいていないという理由でそれを信じまいと決意した、と述べた。ジョンソン、「それでは、私たちが真実だと確信しているのに、あなたが信じないことはたくさんありますね。なぜ天然磁石は鉄を引き付けるのか、なぜ卵は暖められると雛になるのか、すべての物は自然に下に向かう傾向があるのになぜ木は上に向かって成長するのか、ということに関してどんな原理があるのでしょうか。それはあなたの持っている証拠次第ということになりますね。」若いマキノン氏がマッケンジー何某《なにがし》のことに言及したが、この人はまだ生きており、マキノン氏の面前でしばしば気絶し、意識を取り戻すと、気絶している間に現れた光景についてマキノン氏に話したという。この人はマキノン氏に、三週間後、マキノン氏が遭遇することになる葬式の場所と棺を担ぐことになる四人の名前を挙げた。そして、マキノン氏はマッケンジーの予言どおりのことを目にしたのである。野辺送りの列が遠くからやって来る場所と棺の担ぎ手として大勢の候補者がいる中から選ばれた人たちの名を告げるのは尋常ではないように思われる。マッケンジーが全く英語を話せないということを知らされていなかったら、私たちは彼を呼び寄せていたことだろう。なお、これらの事実は十分正確に語られたものではない。

マキノン夫人は故キングズバラ（つまりアレクサンダー・マクドナルド）の娘だが、私たちに次のような話をしてくれた。彼女の父親がある日スカイ島で馬に乗っていると、道端の畑で農作業をしていた何人かの女たちが二つのタイスク（すなわち、臨終の人たちの二つの声）を聞いたと彼に言った。注目すべきは、その内の一つは彼女らの聞いたこともない英語のタイスクであったということである。彼が家に戻るとき、まさにその場所で二つの葬式に遭遇し、そのうちの一つは本土出身者で英語しか話せない女の葬式だった。このことが彼女の父に大きな印象を与えたのだと彼女は述べた。

ここにいるすべての人たちがどのように寝泊りしたのか、私には分からない。一つには、夫婦を別々にして、男たちが一部屋に女たちが別の部屋で寝たのであろう。

九月八日　水曜日

目が覚めたとき、雨は昨日より大降りになっていたが風は治まっていた。朝食までには天気が回復し、まもなく穏やかに晴れ渡った。私は気分が大いに高揚するのを感じた。「心の中の陽光[116]」という表現の適切さに強い感銘を受けた。光り輝く日光がまさに私の魂の中にまで差し込んできたからだ。皆が上機嫌になっていた。マキノン夫人はとても親切で礼儀正しく、このような客を自分の家に迎えた喜びを表し、他の客たちと全く同じ様にジョンソン博士の会話を理解し楽しんでいるようであった。彼女が故キングズバラの娘であることを知ったとき、私は彼女の堂々とした様子に然《さ》もありなんと思った。

彼女は地主に虐げられるくらいなら夫と家族ともども移民した方がよいと思っているかのように話して、「私たちがアメリカへ行ったとき、このような殿方が訪ねて来てくれたらどんなに愉快なことでしょう」と言った。誰かが、サー・アレクサンダー・マクドナルドはいつも海を怖がっている、と言った。ジョンソン、「あの男は海を怖がっており、彼の小作人たちは彼が領地に来るのを怖がっている。」

私たちは朝食後直ちに出発することにした。海辺までの二マイルほどは馬で行き、そこで海岸に停泊中の奨励金をもらっているニシン漁船団(117)の船を一艘、あるいは少なくともこの地のよい漁船を確保したいと思った。しかし、私たちが出発の準備をしていたときに、一人の男が尊師ドナルド・マクイーン氏からの次のような書状を持ってやって来た。


私ことマクイーンは、ボズウェル氏とジョンソン博士が昨夜来の雨で適当な船がないために足留めされているのではないかと危惧し、お二人をラーセイ島に送るべく、ラーセイの乗物《キャリッジ》をあつらえてスキアウデンにおりますことをボズウェル氏に謹んでお知らせ申し上げます。お二人はラーセイ島で心からの歓迎を受けることでしょう。しかも、マクラウドもそこを訪れていますので、お二人に付き添うはずであります。水曜日午前この書状は実に有難かった。私たちはラーセイ島で実に親切な心からの歓待を受けたのだが、これはその前触れであった。まもなくドナルド・マクイーン氏本人が到着した。彼は上品な初老の牧師で、鬘《ウイッグ》は付けない黒髪で、礼儀正しく、話し方はかなりゆっくりとしているが、素直で思慮深く、見聞が広いだけでなく学もあった。彼と一緒に、私が会いたいと強く願っていた紳士が水先案内人としてやって来た。それはラーセイ家の一人のマルコム・マクラウド氏で、一七四五—六年の蜂起では勇士の誉れが高かった。彼は今や六十二歳であったが均整が取れて矍鑠《かくしゃく》としており、顔つきは男らしく日焼けしていて、頬は赤らんでいたがそのほとんどはもじゃもじゃの顎鬚《あごひげ》で覆われていた。彼の眼差しは鋭く生き生きとしているのに、その顔つきは決して険しくはなかった。彼は毅然としていながらも気さくなように見えた。靴《ブローグ》と膝下までのタータンのストッキングを履き、膝は丸出しだった。紫色のキャムレット織りのキルト、黒のチョッキ、短い緑の布製のコートを金色の紐でくくり、黄色っぽいもじゃもじゃの鬘《ウイッグ》を付け、金糸ボタンつきの大きな青い丸帽を被っていた。私はハイランド紳士の風貌をこれ以上見事に体現している人物を見たことがなかった。彼の姿そのままの肖像画が欲しいと思った。彼は本当の意味で率直にして優雅であると私は思った。

コリハタハンの善意に満ちた一家は、帰路の際にも私たちにお会いしたいと言った。私たちは海岸まで馬で行ったが、マルコムは軽快な足取りで歩いて行った。

私たちが乗り込んだラーセイ領主の乗物は、ノルウェーで建造された屋根なしの頑丈な船であった。風は今やかなり強くなっていて、向かい風だった。しかし、私たちには頑強な漕ぎ手が四人おり、特に、マクラウドという漕ぎ手は強健で髪が黒く、上半身裸で帽子は被らず、野蛮なインド人ともイングランドの水夫ともつかないような男であった。ジョンソン博士は堂々とした海神《トリトーン》のように船尾にでんと座っていた。マルコムはアース語の歌を歌ったが、その合唱部分はアース語で「いざ立ち上がらん」という四五年の蜂起にかかわるものであった。この旋律は「荒野を越えてヒースの中に」に似ていた。漕ぎ手たちとマクイーン氏が唱和してすべてが順調に進んだ。ついにマルコム自身が櫂《かい》を取り力強く漕ぎ出した。私たちは長さが四マイルほどあるごつごつした島、スカルパ島の沿岸を進んで行った。ジョンソン博士は私に、この島を二人で買って立派な学校と監督教会《エピスコパルチャーチ》を建て（マルコム氏はそこに来ると言った）、印刷機を入れて見つかったアース語はすべて印刷することにしよう、と言った。

ここで私はヘブリディーズ諸島を訪れるという長年の計画が実現したことに大いに感激した。私は博士に、「私たちは荒海と闘っているのですね」と呼びかけたが、この言葉は博士からの私宛ての手紙の中にあったと思う。「それほどでもないよ」と博士は言い、風に煽られて波が強く打ちつけたが、博士は取り乱したりはしなかった。風除けとなっていたスカルパ島を抜けて、ラーセイ島まであと一リーグほどの海峡に入ると、海は風で大荒れになった。私は時化《しけ》が嫌いだった。ジョンソン、「ここはもう大西洋だ。ロンドンのお茶の集まりで、屋根なしの船で大西洋を渡ったのだと言えば、彼らはどれほど身震いをし、このような危険に身を晒《さら》すなんて何と愚か者なのだろうと思うことだろうよ。」博士はそれからホラティウスの頌詩《オード》を繰り返した。

荒れ狂うエーゲ海の波間で　神に救いを求める(118)

この大荒れだった航海の混乱のさなかに、ジョゼフが預かっていたジョンソン博士の拍車が船から海に落ちてなくなってしまった。これが私たちに降りかかった最初の災難だった。ジョンソン博士は最初少し怒って、「拍車を船から海の中へ落とすとはとんでもないことだ」と言ったが、次に「博物学者のジェーンズが手帳をなくした折に述べたように、物をなくしたというよりは困ったことになったものだ」と言った。博士が私たちに言うには、杖を川の水につけてうっかりそれを手放し、それが流れて行ってなくしてしまったという前の晩に見た夢を思い出したとのことだ。「皆さんお分かりのとおり（と、博士は言った）、私は今拍車をなくしてしまいましたが、この私の夢の話は、第二の視覚や夢に関して聞かされてきたたくさんの話よりもよっぽどましではないでしょうか。」マクイーン氏が言うには、自分は第二の視覚なんて信じていないし、それが十分に立証された例にお目にかかったことはない、そして、万一そのような例にぶつかったとしても、それは偶然の出来事だと思っているとのことだ。彼はその理由として、この能力を持っていると主張する者は誰もが出来事に合致するように事実を勝手に歪曲し、ときには文字どおりにときには比喩的に強引な解釈をしながら予言にはしばしば失敗するからだ、と言った。彼の話では、彼が現在の教区牧師になった頃は魔法や魔力を信じることが当たり前だったので、女たちが魔法や魔力で他人の牛から牛乳を持ち去ったという理由で長老会（教区の教会法廷）にしばしば訴えられたとのことだ。彼はそれらの訴えを無視した。今ではそのような迷信の痕跡は少しもない。彼は迷信を退ける説教をし、そのような迷信は事実無根であるという説得力のある証拠を人々に示すために、教区の女性は誰でも彼の牛から乳を搾ってもよい、ただし牛に触らなければ、と説教壇から言ったのだった。

ジョンソン博士はこのマクイーン氏にフィンガルについて尋ねた。彼は原本の数節を暗唱することができるし、彼の祖父がフィンガルを一冊持っているということを聞いたとのことだが、現在出版されている詩のすべてをオシアンが作詞したとは断言できないと言った。この話はジョンソン博士がかねて主張していたこととほぼ同じであった。もっとも、博士はもっと手厳しく、それはロビンフッドの歌から自分が作ることのできるような叙事詩と同様であると主張した。すなわち、数節を除いては、名前や幾つかの漠然とした言い伝え以外に本当に昔のものは何もないというのだ。マクイーン氏は、ホメロスの作品はばらばらの断篇から成り立っていると断言した。ジョンソン博士はこれを否定して、それは元々一つの作品であり、イーリアスの話をその場所から切り離すことはできないし、同じことはオデュッセイアについても言えると思うと述べた。

九月八日　水曜日

ラーセイ島へ近づいて行くのはとても楽しかった。眼の前には岩場の多い海岸にうまく守られている美しい入江と立派な邸宅が見え、その周りにはかなりの数の木々がある緑地とさらにその先には徐々に険しくなる丘や山があった。漕ぎ手たちは元気一杯に歌った。ジョンソン博士は、舟歌というものはずっと昔からあると述べた。岸に近づくにつれて、漕ぎ手たちの歌は刈り入れをしている農夫たちの歌に引き継がれたが、この農夫たちは作業に忙しく、躍《おど》るような動きで働きながら歌っているようにも叫んでいるようにも思われた。上陸したとき、一本の十字架というよりはむしろその残骸を岩の上に認めたが、それは心安らぐ宗教の名残りのようであった。たくさんの人が家から出てくるのが見えた。私たちは近づいて行って彼らに会った。ラーセイの当主その人、彼の弟のマクラウド医師、彼の従兄弟であるマキノンの領主、マクラウドの領主、とても上品な男で一族の忠実な分家であるオランダ勤務の将校タリスカーのマクラウド大佐、一七四五年に果たした役割ゆえに長期間の亡命生活を送り、サンディー・マクラウドの名前でよく知られているムイラベンサイドのマクラウド氏、その他に何人かの人たちがいた。私たちは芝地に迎えられて家の中に案内され、三人の息子と十人の娘からなる大家族に囲まれているレディー・ラーセイに紹介された。ラーセイ島の領主は思慮深くて礼儀正しく、とてももてなし上手の紳士である。私の聞いたところでは、彼の所有するラーセイ島とローナ島（この島名からこの家族の長男の称号がきている）、そしてスカイ島に所有するかなり広大な土地は全部合わせてもそれほど多くの収入をもたらしてはいないが、彼は非常に優雅に暮らしていて、一族の者たちを苦しめたりはしないので、現在の移民熱のさなかにも一人として彼の領地を離れた者はいないとのことだった。

私たちが到着したのは六時過ぎであった。すぐにすばらしいブランディーが少し振舞われたが、これはハイランドの習慣に従ったもので、当地では毎日一杯は酒を飲むのが普通なのだ。これはスカルクと呼ばれている。サイド・テーブルには船旅を終えた私たちのためにたっぷりとした正餐と様々なワインが用意されていた。それからコーヒーとお茶をいただいた。その部屋では数冊の優雅な装丁の書物やその他の進んだ生活を示す物が私の目にとまった。ほどなくバイオリン弾きが現れて、ちょっとした舞踏会が始まった。ラーセイ自身も誰にも負けないほどに元気よく踊ったし、マルコムは鹿のように飛び跳ねた。サンディー・マクラウドはしばしば実に元気潑剌《はつらつ》になるのだが、このときもそうであった。彼は逃亡中にはマクルスリックという名で知られていたが、これはハイランドではプロテウスとドン・キホーテの中間のような一種の乱暴者を示すあだ名で、彼はまさにそのような男なのでこう呼ばれていたのだ。彼はさかんに陽気な声を上げた。ジョンソン博士はこの光景に大喜びで、「これじゃ立ち去りようがないね」と言った。私たちが踊っている間、ずっとそばに座っている博士の姿を見るのは楽しかった。博士はときには深い瞑想に沈んだり、ときには満足そうに微笑んだり、フックの『ローマ史』を覗《のぞ》いたり、あるいは、舞踏会の喧騒の中で博士から熱心に知識を吸収しようとしているドナルド・マクイーンと少し話したりしていた。博士はマクイーンが気に入っており、

「これは頭の鋭い男だよ。スカイ島でこれほど学識を高めるには非常に旺盛な精神力がなければならない。学識なんてなくても済むところなのだからね。驚くことに、彼は新刊本をたくさん持っているんだ。あらゆる機会を捉えて集めているに違いないね」と私に言った。マクイーン氏が私に語ったところでは、彼は（スニゾート教区の牧師を引き継いでいる四代目にあたる）弟と一緒に評判になった書物をときどき買っているのだった。私たちが部屋に入ったすぐ後に、獲ったばかりのクロライチョウの雄と雌が羽をつけたままジョンソン博士の前に置かれたが、博士はその種の鳥をそれまで見たことがなかった。夕食には三十人が集い、誰もが上機嫌で陽気だったが度を越した者はいなかった。

九月九日　木曜日

朝食には、豊富な食べ物に混じってオート・ケーキが出された。これはいわゆる「グラデーン」された粉、つまり、脱穀して炉で乾燥する代わりに火で焼いて殻を取った麦の粉で作ったものである。これは家畜の飼料が大量に焼失してしまうので下手なやり方だと思われる。ところが、マクイーン氏はそれを弁護して、二度手間になるところを一度の作業で済ませるのではるかに手早いのです、と言った。しかしその主な理由は、彼の言うところによると、スカイ島の使用人たちが不埒な者どもなので盗めるものは何でも盗んでしまうからというのだった。彼らの手を通るごとに少しずつくすねるのだから、彼らの作業を一度だけにすれば麦の減るのが避けられるというわけだ。グラデーンというやり方は高地人が怠け者であるという強い証拠であると私には思える。彼らは自分たちが働かず自分の代わりに火に仕事をさせて飼料を無駄にしているのだ。朝食にはもう一つ嫌悪せざるをえないものがあった。チーズである。ハイランドではどこでもそれを食べるのが習慣なのだが、しばしばひどく強烈な匂いがするので、豪華な食事の優雅さをかなり損ねてしまうのだ。この日は雨だったが、ラーセイと私は外を歩いて親しく話し合った。この立派な紳士に対して私は非常なる敬意を抱いた。彼の一族はこの島を四百年以上にわたって領有してきた。ここはルイス島のマクラウドの所有地の一部で、彼がその代理人となっているのだ。私たちが戻ってから、ジョンソン博士は私たちと古い礼拝堂を見に出かけた。博士は上機嫌で、「これこそまさに族長の生活だ。私たちはこれを見に来たのだ」と言った。

正餐後、マクルスリックとマルコムと私は鉄砲を手にクロライチョウを獲りに出かけたが、激しい雨のために狩猟はできなかった。私はここでデンマークの砦と呼ばれるものを見た。今夜も昨晩と同じように過ぎて行った。一座の一人が特に異端の思想家の研究に没頭しすぎて頭がおかしくなっているとのことだが、そのことが第二の視覚が話題になったとき露《あらわ》になった。彼はすぐさま奇跡一般を否定するヴォルテールやヒュームの誤った主張を幾つか受け売りした。ハイランド紳士の不信心ぶりは特に嫌悪すべきものと思えた。彼はそれ以外では善良な性格なので、気の毒なことだと思った。私はジョンソン博士に、彼は勉強して不信心になったのですね、と言った。ジョンソン、「それじゃ、勉強し直してそこから抜け出さなければならないね。そうすべきだよ。大酒でも飲めばまた正気に戻るのだろうね。」

九月十日　金曜日

私はラーセイ島を探検してみようと前から決めていたのだが、徒歩以外にはその方法がないので、昨夜のうちにジョンソン博士から一日離れる許しを得ていた。博士にはそんなきつい徒歩の探検は無理だったからだ。老マルコム・マクラウド氏が親切にも同行すると約束してくれており、五時から六時の間に私のベッドのそばまで来てくれた。私はすぐに飛び起き、彼と共に他に二人の紳士を伴って、一日がかりで島を縦断した。私たちは起伏の多い土地を二十四マイルも踏破し、島でいちばん高いダン・カン山の頂上でハイランド・リールを踊ったのだが、夕方には全然疲れもせずに戻って来て、夜毎の舞踏会では私たちほど活動的ではなかった居残り組に負けずに踊って、一歩も引けを取らないことを誇ったのだった。

私のラーセイ島踏破は読者諸賢にあまり興味を抱かせるものではなさそうなので、日誌に書き記してあるこの島に関する観察記録をできるだけ短く記すことにしよう。島の長さは約十五イングランド・マイル、幅は四マイル。島の南側には領主一家の屋敷が心地よい低地にある。マーチンが言及している三階建ての古い塔は一七四六年直後に取り壊されて、その跡地に新しい館が建っている。その周囲にはとても見事な草地と麦畑があって手入れが行き届いている。しかし、野菜、イチゴ、キイチゴ、スグリなどがふんだんにある立派な庭を除いて、囲い地はほとんど私の目には留まらなかった。

私たちの上陸地点となったあまり大きくない岩の一つには、中央に十字架のある正方形が荒々しく刻まれてある。ここはかつてラーセイの領主たちが祈りを捧げていた場所だと言われている。私はこの地点に近づくと、この岩の印によって記念されている出来事を感謝とともに思い出した。

その岸辺から少し西の方に地下の家のようなものがある。海の方に向かって自然の亀裂、すなわち岩の割れ目が走っており、幾つかの長い石がその屋根になっていて、芝土《ターフ》がその上に置かれている。そこに島民たちはオールを置いていたのだ。その家の近くには多くの樹木があり、よく育っていてかなりの大きさになっているものもある。その大部分はプラタナスとトネリコである。その家の少し西側には古い崩れた屋根のない礼拝堂があるが、あまり珍しいものではない。私たちはここで異常な大きさの人骨を幾つか見た。特に踵《かかと》の骨は、マクラウド医師の言葉によれば、もし足がそれと釣り合う長さだったら二十七インチはあったに違いないほどのものだった。ジョンソン博士はその骨を見ようともせず、恐怖の表情も露《あらわ》にそれから跳び退いた。マクイーン氏が私たちに語ったところでは、この辺りの島々では、特に教会の窓辺では、かつては人骨を地上にむき出しに置いておくのが慣わしだったとのことだ。礼拝堂の南側にラーセイ家の埋葬地がある。その東の隅のドアの上には、壁の一部を成している石に聖母マリアの小さな胸像が刻まれている。この島には教会はない。この島はスカイ島の教区の一つに併合されていて、特定の日曜日に牧師が訪れて、ラーセイの館かどこか他の家で説教をする。崩壊した礼拝堂とはいえ、それが屋敷のすぐそばにあるので、私はこの一家の屋敷をいっそう尊ばざるをえなかった。聖別された区画がこんな近くにあると思うと何か癒されるものがあった。ジョンソン博士は「私は信仰のために仕切られた場所ならどんな所でも崇拝の念をもって見るのだ」と言い、礼拝堂の塀の内側にいる間はずっと帽子を脱いでいた。

この礼拝堂は、亡くなった女性たちのためのピラミッドだとマーチンが述べている八つの半円形に立つ十字架の内側にあった。その十字架群は庇護が得られる聖なる領域の境界を示していたのだ。その一つは私たちが上陸したときに目にしたものだが、半円形の最初の地点になっていた。現在残っている十字架はごくわずかである。はるか北側に約四フィートの高さの物が一列に並んで立っている。それは東側の海岸からかなり高い丘の天辺を通って、十字架群とほぼ同じ方向で西側の海岸にまで続いている。ラーセイはそれを庇護の標識《しるし》と考えたが、マルコムはそれを見せかけの見張り台だと考えていた。見張りの例はマーチンの本にも出ており、侵入者に島が実際よりも守りが固いと思わせるためのよくある偽装である。ドナルド・マクイーン氏は内側の円を成している十字架群は教会の境界標だと思っていたが、私もそのとおりだと思う。

島の南端は大きな石か岩の多い地層になっている。領主がその一部を囲ってモミの木を植えていた。彼はさらに植林用に区画されたかなり広い土地を私に見せてくれた。

九月十日　金曜日

ダン・カン山[119]は領主の館から測って三マイルの所にある。山頂へは登り勾配が続いているが、幾つかの谷がその間にある。だから登り勾配は短くても次々にあるので海抜が非常に高いことは確かである。ラーセイ島とスカイ島の島民の間で高さ争いが演じられており、前者はダン・カンを支持し、後者はスカイの山々を支持している。私たちはダン・カンの東側をかなり楽々と登った。周囲はほとんど岩で、その先端が山頂を取り囲んでいる。船乗りはこの辺りを通るときそれをよい目標にしていて、「ラーセイの帽子」と呼んでいる。この山に辿り着く前に二つの湖のそばを通った。最初の湖についてマルコムは奇怪で途方もない伝説を私に語ってくれた。話とはこうである。この湖には海馬《シーホース》という怪物が棲んでいて、ある男の娘を食べてしまった。男はすぐさま勢いよく火を焚いてその火で雌豚をあぶり、その匂いで怪物を引き寄せた。その火の中には鉄串が置かれていた。男は石を積み上げた低い塀の陰に身を隠していた。彼は平たくて大きな石を二列に並べて怪物のための通路とし、それが火の所から丘の天辺を通って湖のほとりまで続いていた。怪物が現れると男は赤く焼けた鉄串でそれを倒した。マルコムはその男が隠れた狭い場所と二列に並んだ石を私に示した。この話をするとき彼はにこりともしなかった。私は数年前に『スコットランド・マガジン』誌で同じような、おそらくは同一の詩を読んだことを覚えている。それはアース語すなわちアイルランド語から訳されたもので、『アルビンとメイの娘』という題だった。

ラーセイ島には入会地《いりあいち》として保有されている広い区画の土地がある。そこで放牧する牛の数には何の決まりもない。島民は誰でも好きなだけ牛を飼えるのだ。ダン・カンから島の外れに至るまでの北側は石に悩まされない良好な自然の放牧地が広がっている。私たちは軍事訓練に使われる場所を通り過ぎた。マルコムが私に語ったところでは、一七四五年、百人の戦闘員がここで閲兵を受け、彼はその兵士を戦場に連れて行った将校の一人であった。彼らは十四人ほどを除いて全員帰還した。これほどの部隊を出せるとは何と気高いことだろうか。ラーセイは真の族長精神を有している。彼は掛値なしに氏族の父なのだ。

島には多量の石灰岩、軟石の大きな石切り場、そしてかなりの自然林があるが、共同の用途のために切り倒してしまうので古い樹木は全くない。湖は数多くあり、そこにはマスがたくさんいる。マルコムはダン・カンのそばの湖で重さ二十四ポンドのマスを一尾釣り上げた。ところで、ダン・カンという名称はこの辺の島々のたいていの地名と同様にデンマーク語であることは間違いない。

ラーセイ一家がかつて住居としていた古い城は海のそばの岩の上にある。その塊《かたまり》は一個の岩ではなくて石と土が固まったものだが、とても硬いので崩れた形跡はない。この往古の残骸に注目に値するものは何も見出さなかったが、ある設備(120)だけは例外であった。それはスコットランドの今風の住居ではめったに見られないし、ジョンソン博士と私がラーセイの領主《レアド》の新しく建てた館で探したが見つからなかったものだ。この新館にはこれ以外は何一つ欠けたものはなかった。私は、この文明の時代にそのような欠陥があるのは遺憾なことですね、と失礼をも顧みずに領主に言った。彼はこの発言の正しさを認めてくれた。しかしながら、この欠陥が埋め合わされるまでには幾世代かが過ぎ去ることであろう。ジョンソン博士は私に、いつでもごく簡単に解消できる不便を人々はいかにじっと耐えていることかと述べ、その実例として現在のラーセイ家がこの島を四百年以上も所有しながら便利な上陸場を造ろうともしなかったことを挙げ、一週間もあれば数人の男が鶴嘴《つるはし》で岩のどこにでも上りの階段を造れただろうに、と言った。

ラーセイ島の北端は南端と同様に岩が多い。そこからラーセイに属しているフラッダという一面きれいな緑の小島と、岩がごつごつして石畳に見えるローナ島が見えた。しかし、その岩の隙間には草が一杯生えているとのことだった。これらすべてがラーセイの領主《レアド》のものである。ラーセイ島の北端には異様な状態の洞穴がある。それは海面よりかなり上の大きな割れ目の奥にあって、前方では雄大で荘厳な防壁となっている巨大な砕けた岩に海水がぶつかって唸りをあげている。その右手には奥深い洞穴があり、入り口はひどく低いが進むにつれて高くなっている。この洞穴は海水が抉《えぐ》ってできたのだから、海水の勢いが弱いはずの内部の方が直接その威力に晒《さら》されている外側よりも高くなっているのは奇妙で説明不可能である。天井は水滴が作る一種の石化物によってすっかり覆われており、絶えずそこから水が滴っている。最初の洞穴は非常に安全であった。目に入るものを描写するのは非常に難しいと思う。正直に言うと、古い城と洞穴はさんざん聞かされる他の多くのものと同様に、私の期待に応えるものではなかった。自国の珍しいものを誇張しがちなのはいずこも同じである。

この島には黒牛、羊、山羊がたくさんいる。馬もかなりいて、耕作、肥料運び、その他の農作業に使われている。島民は馬には乗らないようだ。実際、島を横切る道はない。そこここにある踏み固められたわずかな小道がその名に値しなければの話だが。住居はほとんどが海辺にあるので、すべての島民が小船を所有していて魚を取っている。ジャガイモはどっさりある。クロライチョウは異常なほどおり、アカライチョウ、チドリ、ノバトもいる。ノバトは我々が鳩舎で飼っているものと同じと思われるが野生である。ラーセイは鳩舎を持っていない。島内にはノウサギもアナウサギもいないし、去年まではキツネの存在も知られていなかった。ところが、その一匹が昨年ある悪い奴によって島に持ち込まれたのだ。この動物は泳ぐのがとても下手なことが知られているので、其奴の仕業でなければこの島にキツネが来られたはずはない。ひどい悪戯《いたずら》をしたものだ。島の周辺の海では魚がどっさり取れる。ここは人々が豊かに、そして贅沢にさえ暮らせる所なのだ。シカはいないが少し入れるつもりだとラーセイが私たちに語った。

　この島では年に九ヶ月も雨が降るが、それはこの島がスカイ島の西海岸[121]に直接面しており、高い山々が雨雲を散らすからだと島民は考えている。この島の山と一般にヒースの生えたすべての土地には高地人がゴールと呼んでいる甘い香りの植物が繁茂しており、多くの場所では小型のビャクシン（だと思う）が多く見られる。泥炭はたっぷりとあって島民の燃料になっており、石炭の鉱床もあると思われている。以上が私のラーセイ島での観察であり、これは私たちがこの旅に携行したマーチン

九月十日　金曜日

の本の説明と比較した上でのものである。

マクドナルド家とラーセイ家の間には古くからの同盟があった。どちらかの当主が亡くなると、その当主の剣が相手方の当主に渡される。現在のラーセイは故サー・ジェイムズ・マクドナルドの剣を所有している。老ラーセイは一七四五年にハイランド軍に加わったが、賢明にも前もって自分の土地を長男である現当主に譲って没収への備えとした。その折に故サー・ジェイムズ・マクドナルドの父であるサー・アレクサンダーはこの隣人に対してとても親切であった。「ラーセイ、心配には及びません。あなたを守るためにできるだけのことは致します。あなたの地所が没収されたら、ご家族のために私が買い取りましょう」と彼は言った。そして、彼は実際にそうしただろう。

ここで、いくばくかの貴重な金粉――ジョンソン博士の言葉のさらなる断片――を時間の前後に構わず集めておこう。博士はこう言った。「私はベントリーを非常に高く評価していた。彼が修得した類いの学問を今日彼ほど深く修めた人はいない。彼に対する多くの攻撃は嫉妬並びにこのような人物と争ったことで知られたいという欲望によるものだ。彼を攻撃しても安全だった。彼は敵と応酬せず、相手が消えてゆくのに任せていたのだから。それは殴り返そうとしない男を攻撃することだった。自分が殴れば相手をそれだけ長生きさせることになるのだから。そして彼が応酬しなかったのは正しい。彼はきわどい書き方をしたので、実にしばしば間違いを避けることができなかったからだ。したがって、細かい点で自分が間違っていることを認めるよりは、事態を全般的な印象に任す方がよかったのだ。」博士はまたこうも言った。「マレットは街中で最もおしゃれに着飾った奴だったし、いつも立派な人たちと付き合っていた。私は彼が『モールバラ公爵の生涯』のいかなる部分も書いていないということを彼の話ぶりから見て取ったし、ずっとそう言い続けてきた。もっとも彼はおそらくある時点では書くつもりだったのかもしれない。そうであれば、彼は年金をもらっても非難されるべきではない。私は同公爵夫人が彼女の『弁明』のために材料を提供し、フックがそれを書いたと思っていた。フックは言葉とその配列と文筆の技のすべてをそれに注ぎ込んだのだ。あの公爵夫人は卓越した才能は持っていなかったが、大胆で恥を知らない女だったし、人生における好機を最大限に利用する術を知っていたのだ。フックは彼女の『弁明』を書いて大金を得た。人の秘密を友達に漏らしても背信行為ではないなどという不埒な箴言《しんげん》を書き込むほどに、フックが恥知らずだったことには驚いている。もっとも、フックは自著の『ローマ史』が示しているように高潔な男だったから、彼女の『弁明』を書きはしたものの、それは彼女のためを思っていたわけではなく、おそらくその悪弊を承知の上で彼女の意を体してそれを挿入したのだろう。彼はただ牧師風に振舞っていただけなのだ。」

九月十日　金曜日

だが、私はフックが最良の忠告を与える義務があったと理解している。これは私の弁護士としての発言である。これまで私人としては是認できない訴訟を申し立てる依頼人がいたが、いったん引き受けた以上は、たとえ本人が希望してもその危険度を警告せずには彼らに不利になることは一切しないつもりである。

九月十一日　土曜日

風雨が強くて外出できなかった。私はこの「日誌」を少し書き足してからしばらくジョンソン博士の部屋で博士と話をして、何とはなしだがとても愉快に一日を過ごした。私はここでカンバーランド氏の喜劇『当世風の恋人』を見つけて楽しんだ。この劇ではコリン・マクラウドといういかにも高地人的な登場人物が非常によく描かれており、しかもこの男は今私たちがお世話になっている家族と同じ名前なのだ。ジョンソン博士は領主のマクラウドがひどく気に入っていたが、実際彼はとても有望な若者で、気高い精神をもって困難と闘い領民を守ろうと努めている。彼は四万ポンドの借金と年額千三百ポンドの年金支払い義務という負担を背負わされている。ジョンソン博士曰く、「このすべてを乗り切ったら彼は英雄だ。そうなることを望むよ。彼ほどに学問への意欲を持ち、彼ほどに学びもした青年には会ったことがない。あのマクラウドほど親切にしてやりたいと思った人間には出会ったことがない。」これがこの若い領主への栄えある賛辞であり、しかもそれは賞賛を軽々しくは与えない厳正な観察者によって発せられたものなのだ。

ラーセイ島には治安判事も警官もいない。スカイ島には執行官代理であるウリニッシュのマクラウド氏がいるが、それ以外の治安判事はいない。処罰が正しく行われていないということが島民たちの間で強く実感されている。マクラウドは賢明にも、代々相続されてきた裁判権を領主から取り上げても、思っていたほどには島々に益をもたらさなかったと断言した。現在の法曹は往時に代わるほどの権威を有していない。昔なら即決されたことが今ではひどく時間と手間がかかるか放置されるかのいずれかになっている。ジョンソン博士曰く、「法律だけで統治されている国はひどい状態にある。法律では規定できないことが無数に起こるし、そのようなときは官権が介入すべきものなのだからね。今では、族長の権威が失われて人々はまとまりがなくなってしまった。それは何らかの実益をもたらそうとしたのではなく、ただ何らかの悪弊を正そうとしただけなのだ。私はこの国のことをよく知らないので、相続されてきた裁判権がどの程度の弊害を生んでいたのかは分からない。」私は、ほとんど何の弊害もなかったと主張した。族長たちは自分たちのためにも概《おおむ》ね正しく行動していたのだ。

ジョンソン博士はすぐにでもこの地を離れたがっていた。博士は好奇心を満たしてしまっており、知的な楽しみが不足していたのだ。博士は島のことを尋ね尽くすまで質問を繰り返して好奇心を満たしたが、ここには非常に多くの人がいて、大部分は若い人なのだが、親密な会話の渦、すさまじい騒音、さらには引きも切らず歌や踊りがあって、博士には迫力満点の会話をする機会がほとんどなかったのだ。博士はそれを感じたらしく、ここの人々は先生がいるので何と幸せなことでしょう、と私が言うと、「だが、彼らをあまり楽しませることはできなかったよ」と応じた。私はマクルスリックの喧しすぎる陽気さに神経がいらいらして、いたたまれなくなった。彼がいなければよいのですが、と私は博士にぼやいた。「いや、君（と、博士は言った）、あいつは我々一同に何かを付け加えているが、何一つ奪い取ってはいないよ。」しかし、ジョンソン博士が一同を導く機会は何度かあったのだが、遺憾ながら私はそれがどんなことだったかに十分な注意を払わなかったと言わねばならない。なぜなら、そのときの博士の話は学問や機知というよりは技術や農業およびその種の事柄に向けられていたからだ。昨夜ラーセイ夫人は博士に布を「ウオーク」する作業を見せたが、これは布を厚くする方法で、紡績場で行われているのと同じやり方である。ここでは女たちが行っており、彼女らは地面にひざまずいてアース語の歌をずっと歌いながら両手でそれをこすり続けるのだ。女たちがこの作業をしている間も博士は質問をし続けていて、その声が女たちの高くて荒々しい歌声に混じって上の部屋にも聞こえてきた。

ここでは毎晩舞踏会が開かれる。舞踏会の女王は優雅で育ちのよいラーセイの長女マクラウド嬢で、この辺りではフローラ・ラーセイ嬢[122]としてその美貌で知られていた。人々の間には嫉妬も不満もなさそうで、私はこの場の陽気さに、ラーセイには不幸というものがあるのだろうかと一瞬疑ったほどであった。しかし、私のこの妄想は我が旅の同伴者ジョンソン博士の次の詩行を思い出すことで霧散してしまった。

されど、苦痛や危険のない人生を望むことなかれ
さらにまた、人としての宿命《さだめ》が汝のために逆転するなどと思うことなかれ[123]

九月十二日　日曜日

快晴の一日であった。日曜日の旅には不本意だったが出発することにした。この島では船を出す機会があり次第その機会を利用しなければならないからだ。マクラウドとタリスカーがラーセイの船に乗り込んで、ダンベガンへの最短距離を行くためにスコンサー目指して漕ぎ出した。マクルスリックもスコンサーまで同行し、そこからスレートに行き、本土に渡る予定だ。私たちはキングズバラを訪問して高名なるミス・フローラ・マクドナルドに会おうと決心していた。彼女は今キングズバラのマクドナルド氏と結婚しているのだ。それで私たちは少し遠回りだがそこへ行くことにした。レディー・ラーセイを除いて家族全員が私たちを見送るために浜辺まで降りて来た。ラーセイ自身もこの島で造られた八本のオールがある大きな船で私たちに同行したが、他にマルコム・マクラウド氏、ドナルド・マクイーン氏、マクラウド医師とあと数人も一緒だった。ラーセイ島からスカイ島までは非常に快適な航行で、その折、ある洞窟のそばを通ったが、そこは入り口の所で火を燃やして海鳥を捕まえるとマーチンが述べている所である。マルコムはそのことを覚えている。しかし、今では海鳥がほとんど入ってこないのでそれは行われていない。

「死」が話題になった。この問題についてジョンソン博士は、従容《しょうよう》として死ぬなどと誇らしげに言う者もいるがそれは偏った見方に基づく戯言《たわごと》にすぎない、と述べた。私はホーソンデンの『糸杉の森』に言及したが、そこでは、この世は見世物にすぎないのだし、見終わった後でも見世物小屋に居続けたいと望むのは理不尽であるとされている。機嫌よく出て行って、他の客に席を譲るべきなのだ。ジョンソン「そのとおりだよ、君。その人が見世物小屋から外に出た後でも達者でいられることが信じられればだがね。しかし、その人が見世物小屋から出た後失明して二度と何も見られなくなれば、あるいは自分が次にどこに行くのか分からなければ、機嫌よく小屋から出て行きはしないだろう。分別のある人間なら自分が罰を受けることになると思えば、安んじて死んで行きはしないだろう。そう、分別のある人間なら、自分が消滅するのだと思えば安んじて死んで行きはしないだろう。どんな人でも存在することがいかに不幸であっても、存在しなくなるよりは存在していたいと思うだろうからね。そうなのだ、人が安らかに死ぬことができる理にかなった信条などは無いのだ。イエス・キリストの功徳《くどく》によって主の哀れみを信じる以外にはね。」この短い説教は敬虔な礼拝にふさわしい日に、完全に凪いでいる海を渡る船の中で皆が納得した様子で耳を傾けているときに真剣な口調でなされたので、私の心に非常に心地よい感銘を与えた。

これに続く真剣な思索の流れを追って、博士はさらに、この世では幸福が見つからないことは確実なようだ、非常に多くの人々が実に様々な方法で幸福を見つけようとしたのだが見つかっていないのだから、と言い添えた。

スカイ島のポートリーに着いた。大きなよい港である。そこにはネストールという名の移民船が停泊していた。この船は族長と領民の軋轢《あつれき》をたちまちに解決したのだ。

ネストールは急ぐ
アキレスとアガメムノンの争いを治めるために(124)

九月十二日　日曜日

私たちが近づくとその船は旗を揚げた。ジョンソン博士とマクイーン氏は船に残ったが、ラーセイと私と他の全員がネストール号に乗り込んだ。それはとてもきれいな船で、クライド湾でいちばん大きな船とのことだった。船長のハリソン氏が船内を案内してくれた。船室は広くて優雅でさえあった。本も少しあって装丁も見事だった。ポートリーというのはジェイムズ五世が西方諸島を旅したときにこの地に上陸したことから名付けられた地名であり、リー(Ree)はイタリア語のレ(Re)と同じくアース語で王を意味している。だから「王の港」(ポート・ロイヤル)なのだ。ここにはまずまずの宿があった。上陸すると嬉しいことに家から手紙が来ていたし、さらにジョンソン博士と私宛てにエリバンク卿からの手紙もあった。これは私たちがエジンバラを発った後に送られたものだ。私への同卿の手紙は以下のようなものであった。

親愛なるボズウェル、
ジョンソン氏の到着を聞いてすぐにエジンバラに急いだのですが、その知らせが遅すぎて間に合いませんでした。

あの偉大なる天才に敬意を表する点で私に落ち度があるならば、私は自分自身を決して許すことはできないでしょうし、他の人々の許しを得るにも値しないと思うのが至当でありましょう。私はジョンソン氏をこの上なく尊敬しておりますし、まさにそれゆえに、光栄にもこの国を訪れてくださるよう氏にお願いするという功名、あるいは罪過に手を貸すまいと心に決めたのです。サミュエル・ジョンソン氏がひと夏を過ごすに値するものがスコットランドにあるとは確信できなかったのですが、その光栄を我々に与えてくださった以上は何卒あなた方の動静をお知らせください。私は細心の注意を払ってそれを見守っております。私のためにジョンソン氏に一マイルのご足労をおかけするのは遺憾としますが、一日氏にお供をするためなら、私は老いたりとはいえ五百マイル行くことをも厭いはしません。お便りは議会用早馬(125)にてお送りくだされますようお願い致します。地方では郵便は不備なのです。ともかく、お便りをください。あなた方の所在が分かれば北の方でお供致します。

貴殿の忠実なる卑しき僕《しもべ》　エリバンク

一七七三年八月二十一日

親愛なるボズウェル殿

ジョンソン博士への手紙は次のように綴られていた。

拝啓

エジンバラであなたのことを耳にし、直ちにその手に口づけをするはずのところ、あなたは既におられませんでした。

我が友ボズウェルがあなたの動静を伝えてくれることを期待しております。一瞬でもあなたの傍らに侍る名誉を私から奪うのは酷というものです。私はキリスト教国のいかなる王よりもあなたを崇拝しておりますので、いかなる廷臣よりもはるかに敏速にその務めを果たす所存であります。私はあなたをもてなすのにはほとんど何のお役にも立ちませんが、あなたを心から尊敬しておりますので、そう述べる資格があります。

この地の事情がかのブキャナンが「無学の時代に無学の土地に」生まれたことを嘆いた頃とほぼ同じであることをあなたは既にお分かりのことだろうと敢えて申し上げます。どうか近況をお知らせください。あなたの崇拝者の中で私ほどあなたに心酔している者はいないことを信じていただきたく存じます。

敬具

九月十二日　日曜日

あなたの最も忠実で最も卑しい僕　エリバンク

ジョンソン博士は次の火曜日に以下のような返書を送った。

閣下

スカイ島の荒々しい岸辺で閣下のお手紙を拝受しまして、いかにわびしい土地にあっても、人柄をしかるべく評価してそれにふさわしい賛辞を呈してくださる方からの敬意の証しで心が励まされないところはないのだと私は心から断言できます。私がもし過分な賛辞を受けているのならそれは閣下の咎《とが》であります。と申しますのも、私は常に閣下のご判断を崇敬して参りましたので、閣下の御前で偽りの自負によって思い上がるなどということは絶えてありませんでしたから。

ボズウェル氏と私は今のところ天候任せになっておりますので、何時《いつ》閣下にお目にかかる光栄を得られるのか定かではありません。しかしながら、私どもは閣下のお言葉に接する機会がありながらそれを逸するのかと思うと胸痛む思いがするのです。閣下にお会いするごとに必ず教えられるものがあると、しばしば公言してきた私でありますゆえに。

一七七三年九月十四日　スカイにて

ポートリーでドナルド・マクイーン氏は教会へと赴き、アース語で勤めを果たしてから正餐に来た。ジョンソン博士と私は一同をもてなすべきだと決めていたので、私は前もってジョゼフに支払いをするように命じておいて、主人、すなわち饗宴の主《ぬし》を務めたのだった。

サー・ジェイムズ・マクドナルドはここに村を造るつもりだったのだが、実現していたら大いに島民のためになったことだろう。村は地域の心臓のようなものだ。それは絶え間のない流通を生み出し、然《さ》もなくば大方は無駄になってしまうかもしれない数多くのちょっとした物から利益を得る機会を人々に与えてくれるのだ。「ここから先には何もない」ので私たちはここで正餐をとった。ジョンソン博士は無言だった。さて出ようとするとき、私はラーセイが先手を取って既に支払いを済ませていることを知り、よほど彼に抗議しようと思ったのだが、彼の気持ちが固いのを見て思い留まった。私たちは心からの抱擁を交わし、ラーセイと尊敬すべきマルコムに別れを告げたのだった。夕暮れどき、ジョンソン博士と私はまた馬に乗り、マクイーン氏とマクラウド医師が同道した。雨が激しかった。私たちは、聞くところでは六マイルほどの所にあるマクラウド医師の家に向かって、スカイ島のラーセイの所有地を進んだ。道中ジョンソン博士はいささか沈んでいる様子だった。エリバンク卿と会うことを話題にすると、博士は、「エリバンクとはあまり一緒にいられないね。また文明社会に戻

九月十二日　日曜日

りたいのだが、ちょっとだけならいられるよ」と言った（エジンバラのことを言っているのだ）。博士が「明日はダンベガンへ行こう」と言ったので、「そうですね、大水が出なければですが」と私は言った。「何があってもだ」と博士は答えた。これは一種の耐え難い苛立ちの表われだったが、私たちの不快極まる道行きを思えばこれも当然だった。私は博士がマル島やイーコルムキル島に行くのを諦めるのではないかと不安になった。なぜなら博士はマル島やアイオナ島に行って、そこで悪天候に足留めを食う不安らしきものをときどき口にしたからだ。しかし私は希望を捨てなかった。私たちはマクラウド医師の家でお茶をご馳走になった。彼の家はかなり立派で、半俸支給の将校である弟もいた。夫人は丁重で感じのよい女性だった。ジョンソン博士は、彼の結婚がうまく行っているのを見て嬉しいよ、私は医師というものを尊敬しているからね、と言った。同氏はキングズバラまで私たちに同行してくれた。そこまでは一マイルのはずだったが、スカイ島の計算法は実際の距離とは何の関係もないのだ。

私はジョンソン博士が無事キングズバラに着き、マクドナルド氏に歓迎されるのを見て非常に嬉しかった。彼は気を遣いながら非常に慇懃に博士を支えて家の中に迎え入れた。キングズバラは申し分なく雄々しい高地人という御仁で、我がスコットランドの俗謡がそのような人物を正しく言いとめている「優雅な物腰と男らしい容貌」の持ち主であった。彼はタータンの肩掛け《プレード》を身に纏《まと》い、花形帽章《コケード》のような黒いリボンで結んだ大型の青い丸帽《ボンネット》を被り、ダッフルの茶色の短い上着を着て、金の釦《ぼたん》と金

九月十二日　日曜日

の釦穴のついたタータンのチョッキ、薄青のキルト、そしてタータンの長靴下という出で立ちだった。彼は漆黒の髪を後ろで結び、質実で思慮深い面構えをした偉丈夫であった。

暖炉の火がよく燃えている快適な客間があり、酒が皆に振舞われた。やがて夕食が出され、そこにこの家の主婦にしてかの高名なるミス・フローラ・マクドナルドその人が現れた。彼女は小柄な女性で品のよい容姿をしていて、とても穏やかで優雅である。イングランドの保守派《トーリー》の偉大な擁護者サミュエル・ジョンソン博士がスカイ島でミス・フローラ・マクドナルドに挨拶をするのを見ていると感慨深いものがあった。両者の考え方には相通じるものが多少あったが、ここで二人が出会うなどとはとても考えられないことだったのだ。

ミス・フローラ・マクドナルド（と彼女を呼ぶことにする）が私に語ったところでは、彼女は二週間ほど前に本土から家に帰る途中、ボズウェル氏がスカイ島に向かっておりジョンソン氏という若いイングランドの伊達男《バック》が同行しているということを耳にしたとのことだった。ジョンソンは伊達男という奇抜な言葉をとても面白がった。博士は私たちがアノッホで過ごした午後のことを話しながら、「私は伊達男なので、若い娘を呼んでお茶をいれてもらった」と言った。博士は今夜はしごく物静かで早々にベッドに入った。私は意気軒昂で愉快に杯を重ねた。パンチは素晴らしかった。正直なマクイーン氏は、「お目付け役《ガバナー》が寝たので」大喜びですね、と言った。しかしながら実際には、キングズバラが困窮していてアメリカ行きを目論んでいることを思い出して、私の心は悲しみに沈んでいたのだ。とはいえ、今ここにあるのは愉快なことばかりで、これほど覇気のある男ならどんな所に行っても大丈夫だろうと考えて満足していた。私はジョンソン博士と同じ部屋で寝た。二階の寝室のタータンのカーテンのかかる小奇麗なベッドがそれぞれに与えられていたのだ。

九月十三日　月曜日

私たちが寝たのは名高い部屋であった。ジョンソン博士のベッドは不運なる国王ジェイムズ二世の令孫[126]が一七四五―四六年の向こう見ずな企てに失敗した後、ある一夜を休まれたまさにそのベッドであった。それはその首に三万ポンドの懸賞金をかけた政府の密偵の追及を王子が逃れているときのことだった。スカイ島のミス・フローラ・マクドナルドの家でサミュエル・ジョンソン博士がそのベッドに横たわっているのをこの眼で見ると、言葉では言い表しようのない様々な思いが心に浮かんで私の胸を打った。博士は微笑みながら「そのベッドに寝ても何の野心も起こらなかったよ」[127]と述べた。その部屋は実に様々な地図と版画で飾られていた。その中には、自由《リバティー》の帽子をかぶった棒を傍らにして、にやりと笑っているウィルクスを描いたホガースの版画もあった。これもまた今朝の奇妙なる一情景であった。この場にいる人々とウィルクスとは何と対照的であることか。私はサー・ウィリアム・チェインバーズの『東洋の庭園論』を思い出すこととなった。その中では、すべての奇妙で珍奇で醜悪で恐ろしい物でさえもが変化を求めて取り入れられていると述べられており、これはチェインバーズへの高名なる『書簡』において存分に嘲笑されている野放図な悪趣味に他ならない。その詩にある以下の数行が直ちに私の頭に浮かんだ。

嗚呼、復讐の王よ、汝の聖堂であるこの処刑場においても
恐るべきウィルクスはその黄金の鎖をじゃらつかせるであろう

私は今朝、私たちの部屋のテーブルの上に一枚の紙きれを見つけた。その紙にジョンソン博士はこのような言葉を鉛筆で記していたのだ。

美徳と較べれば黄金は何と無価値な屑であることか

九月十三日　月曜日

博士がこの言葉を書くことによって何を言いたかったのか、私には分からなかった。[128] 博士は前日か前々日に風邪を引いており、昨日の雨がそれをさらに悪化させていたので、耳がとても遠くなっていた。朝食のとき博士は、あのベッドに寝るためだったらたんまり出しただろう、と言った。私は博士にあなたは運のよい人だと言って、疑いもなくそれはマクドナルド夫人とあなたで仕組んだものですね、と述べた。夫人は黙認したようだったが、「若い伊達男はいつでも女性たちのお気に入りです

わ」と付け加えた。博士はチャールズ王子がここにいたことを語り、マクドナルド夫人に「王子と一緒にいたのはどなたですか」と尋ね、「奥さん、イングランドではミス・フローラ・マクドナルドという人が王子と一緒だったと専《もっぱ》らの噂ですよ」と言った。「間違いではございません」と彼女は言い、ジョンソン博士が礼儀上彼女に尋ねたりはしないものの、博士が好奇心にかられているのを見て取って、王子の逃亡について彼女自身が知っている詳細を物語って博士を懇《ねんご》ろに堪能させたのだった。この話は高地人たちの人情、忠誠そして雅量に大いなる名誉を与えるものである。ジョンソン博士は注意深くじっと彼女の話に耳を傾けていたが、「これはすべて書き留めて置くべきものだ」と述べた。

彼女が私たちに語ったことと、私が直接に関係した他の人たちから聴き取ったこと、さらには私の希望に沿ってラーセイが親切にも私宛てに送ってくれた一枚の文書に盛られている情報から、私は以下のような要約をまとめ上げた。これは幾つかの珍しい逸話を含んでいるので、読者諸賢にとって興味なしとしないであろうし、さらには将来の歴史家にも幾分かは役に立つことさえあるだろうと推測するものである。

チャールズ・エドワード王子は、カロデンの戦いの後、いわゆるロング・アイランドへと導かれ、そこにしばらく潜んでいた。しかし、王子の所在の情報が伝わり多くの兵士が彼を捕らえるために

やって来たので、その地を直ちに去ることが絶対に必要となった。当時若い乙女であったミス・フローラ・マクドナルドは聖なる原則と信じている忠誠心に突き動かされ、ヒロインに似つかわしい度量で、王子が立ち去ろうとする浜辺を船が見張っているにもかかわらず、スカイ島まで小船で王子に同伴することを申し出た。王子は女装をして、アイルランド娘のベティー・バークという名のフローラの侍女を装った。二人を引き返させようとする数発の発砲はあったものの、二人は正体を気付かれずに島を去り、サー・アレクサンダー・マクドナルドの地所であるマグストットに上陸した。その頃サー・アレクサンダーはカンバーランド公爵とフォート・オーガスタスにいたのだが、彼の夫人が自宅にいた。チャールズ王子はその家の近くの丘の上に潜んだ。フローラ・マクドナルドはレディー・マーガレットを訪れて、自分がかかわっている企てを彼女に伝えた。マーガレット夫人の行動力のある善意は優れた才覚によって常に支えられており、夫人は申し分のない沈着さと即座の閃《ひらめ》きを見せて、チャールズ王子を老ラーセイの許に送るべきだと即断した。老ラーセイ自身も数人の選ばれた仲間たちと共に身を潜めていたのだ。計画は直ちにキングズバラに伝えられ、彼はそのことを「放浪の王子」に知らせるべく飲食物を持って丘の上へと急いだ。キングズバラが近づくと王子は驚いて立ち上がり、節だらけの大きな杖を手にして今にも彼を殴り倒さんばかりの様子で進んで来たので、キングズバラは「私は殿下にお仕えするために参りましたキングズバラのマクドナルドでございます」と告げた。王子は「よかろう」と言ってその計画に納得した。

フローラ・マクドナルドはレディー・マーガレットと夕食を共にしたが、その食卓には一人の陸軍将校が同席していた。彼はチャールズ王子がスカイ島に逃げる場合に備えて見張りの部隊を引き連れてここに駐屯していたのだ。彼女はこの紳士をまんまと騙したことを、後になってしばしば上機嫌で彼と笑い合ったものだった。

夕食後、フローラ・マクドナルドが馬に乗り、彼女の「侍女」とキングズバラが着替えを運ぶ召使いと共に徒歩でキングズバラの家へと向かった。途中に小川があり、彼らはこれを越さなければならなかった。「放浪の王子」は自分が女装していることを忘れて、服が濡れないように裾を高々と持ち上げてしまった。キングズバラは彼にこのことを指摘して、見破られてしまいますよと言った。王子は、今後注意しようと答えた。彼は約束を守り、次の小川を越えたときには裾を全然上げずにぬれるがままにしていた。彼の女装はとてもぎこちなかった。彼は非常に体格がよくて歩幅が広いので、彼らとすれちがった数人の女たちは、女の服を着た男のような大女を見た、もしかしたら追跡が大々的に行われている「王子様」かもしれない、と述べた。

キングズバラで王子は誠に懇《ねんご》ろなもてなしを受け、夕食の席では陽気な様子であり、食後は立派な家の主人と杯を楽しそうに重ねた。王子は長い間服を着替えなかったのでベッドの快適さを心地よく味わい、翌日の午後一時までぐっすりと眠った。

コリハタハンの女主人が私に述べたところでは、その午前中に彼女がまだベッドの中にいた父親の部屋に行って、兵士たちが来るかもしれないという不安をそれとなく述べ、彼の客も彼自身もここにはあまり居続けない方がよい、と言ったとのことだ。彼女の父親は「おいたわしや、お疲れなのだから休ませてあげよう。私なら、どうせいずれは死ぬのだから、奴らがこの老いた白髪頭を十年や十一年早く切り落とそうと一向に構いはしない」と言い放った。それから寝具にくるまって、彼はまたぐっすりと眠り込んだ。

その日の午後、「放浪の王子」は依然として同じ服装でフローラ・マクドナルドと男の召使いと共にポートリーに向かって出発した。王子の靴があまりにもみすぼらしいのでキングズバラは新しい靴を差し出して、古い靴を手に取りながら、「この靴は殿下がセント・ジェイムズ宮殿に無事落ち着かれるまで私が心を込めて保管させていただきます。その暁には、我が家での殿下への一夜のもてなしと庇護を思い出していただくためにこの靴を殿下に向かってかざしてお目にかかりましょう」と述べた。王子は微笑んで「約束を守ってくれよ」と応じた。キングズバラは死ぬまでこの靴を秘蔵していた。彼の死後、ある熱心なジャコバイトの紳士が二十ギニーでこれを手に入れたという。

先代のマクドナルド夫人は賓客が去った後、彼が使ったシーツをとり、注意深く畳んで洗わないでおくようにと娘に命じ、さらに、自分が死んだらそれを遺体の経帷子《きょうかたびら》にするようにとも命じた。彼女の遺志は遵守された。

九月十三日　月曜日

チャールズ王子はポートリーに向かう途中で着替えをして再び男の服装に戻ったのだが、これはタータンの短い上着とチョッキにキルトと短い靴下、そして鬘(ウイッグ)と丸帽(ボンネット)というものであった。

ドナルド・ロイと呼ばれていたドナルド・マクドナルド氏が当時は若い領主《レアド》であった現在のラーセイの許に急派されたが、彼はちょうどそのときポートリーから三マイルほど離れた姉の家で、カロデンの戦いで負った傷を癒していた兄のマクラウド医師に付き添っていた。マクドナルド氏は「放浪の王子」を老ラーセイの許に移す計画を若いラーセイに伝えたが、老ラーセイはグレンギャリーのノイダート地方に逃げてしまっていたとのことであった。さてどうしたものか。ドナルド・ロイは自分が「放浪の王子」を本土まで送り届けることを提案したが、若いラーセイはこの時点では危険すぎると判断し、老ラーセイに王子の所在を伝えて最善策を助言してくれるまでは王子をラーセイ島にかくまう方がよいと述べた。だが、問題はいかにして王子をラーセイ島まで辿り着かせるかであった。ポートリーの船員たちは信頼できないし、ラーセイ島の船はすべて破壊されていたか、軍隊に奪い去られてしまっていたかのどちらかであった。ただ、マルコム・マクラウドの所有する船が二艘あり、それを彼はどこかに隠していた。

マクラウド医師はこの窮状を知らされると、チャールズ王子のためにもう一度命を賭けると述べ、たまたま近くの湖に小さな船があったので、若いラーセイとマクラウド医師は数人の女たちの力を借り、並々ならぬ苦労の末にその小船を海辺まで運んだ。距離は一ハイランド・マイルだったが、半分は湿地《ボッグ》でもう半分は険しい崖であった。

この勇敢な兄弟は一人の少年の力を借りて、その小船をラーセイ島まで漕いで行った。そしてそこでの計画は、マクラウド大尉（マルコムは当時そう呼ばれていた）を見つけ出して、彼の立派な船を一艘用立て、それでポートリーまで戻って「放浪の王子」を迎える、あるいは、大尉が見つからない場合は、かなり危険ではあるが、その小船で敢行することであった。

幸運にも二人は最初に上陸した所ですぐに従兄弟《いとこ》のマルコムを見つけ、マルコムはたちどころに自分の船を一艘用意して、ジョン・マッケンジーとドナルド・マックフライアーという屈強な二人の男を付けてくれた。最年長でこの上なく慎重だったマルコムは、若いラーセイがこの不幸な出来事にこれまで姿を見せてはいないのだから、いかなる危険も冒すべきではないと言い、さらに、マクラウド医師と自分は既に公然とかかわってきたのだからこの勝負にかけるべきだと言った。若いラーセイは、命と運命を賭けても行きます、と誓いながら応じた。「それじゃ（と、マルコムは言った）、断固として行きましょう」。しかし、このとき二人の漕ぎ手は行き先を知らされるまでは漕ぎ出そうとはせず、マッケンジーは行き先が分かるまではオールを手にしないと言い張った。それに対し、二人は秘密を守ることを誓わされ、ことが知らされると時を移さず懸命に沖合目指して漕ぎ出したのだった。船はまもなくポートリーの宿から半マイルほどの地点に着いた。

以上のことはすべて「放浪の王子」がポートリーへ向かう前になされたことだった。マルコム・マクラウドとマックフライアーが王子を探しに差し向けられた。まもなく王子が姿を見せ、その宿に入って行った。そこで王子とマグストットで会ったことのあるドナルド・ロイが王子を迎え、計画を伝えた。王子は一ギニーを銀貨に換えることを望んだが、宿の主人は十三シリングきり持っていなかった。王子はこれを一ギニーとして受け取ろうとしたが、ドナルド・ロイが、そんなことをすれば彼が高貴な人であることが分かってしまうと思慮深く述べたので、王子は断念した。王子は美しい庇護者フローラを残してその宿を密かに去り、二度と彼女とは会うことがなかった。ドナルド・ロイはマルコム・マクラウドを彼の軍隊の大尉として王子に紹介した。この間も若いラーセイとマクラウド医師は不安に駆られながらじりじりと船の中で待っていた。王子がやって来て二人の名前が告げられた。王子は通常の儀礼を許さず、同輩として二人に挨拶した。

ドナルド・ロイはスカイ島に残って情報を素早く集めたり、軍隊がラーセイ島への脱出に気付いた際には危険を知らせたりすることとし、チャールズ王子は夜中に船でラーセイ島へと移されたのだった。王子は船中で少し睡眠をとり、明け方近くに一行は上陸した。その島の家はほとんどが軍隊によって焼き払われてしまったので、王子の泊まる場所を決めるのにはかなりの苦労があった。一行は羊飼いたちが最近建てたばかりの小さな小屋に入り、できるだけそこを整え、王子のためにヒースでベッドを作り、火を燃やしてキングズバラから持ち込んだ食糧を分かち合った。王子はカラス麦のパンとウイスキーがある間は小麦のパンやブランディーを味わおうとはしなかったという。「これが（と、王子は言ったのだが）、私の母国のパンと飲み物なのですから。」これは非常に高地人の胸を打つことであった。

皆の中で若いラーセイだけが人目についても安全な男だったので、彼は一同の新鮮な食べ物を探しに外に出た。しかし、彼は自分の牛や羊や山羊を目の前にしながら見つかるのを恐れて、そのうちの一頭さえも連れてくることはできず、こっそりと盗んでこざるをえなかった。それゆえ彼は子山羊を捕まえ肩掛け《ブレード》で隠して小屋まで持って来た。子山羊は殺されて調理され、一同はこの料理を堪能したのだった。苦境の「放浪の王子」は飢えと疲労と不眠のために今や健康をひどく害しており、長時間眠ったものの、しばしば眠りを妨げられているようだった。マルコムが私に語ったところでは、王子は眠りから突然ぎくりと覚めてフランス語、イタリア語そして英語という様々な言葉で独り言を言ったという。しかし、高貴なる我が友マルコムがフランス語とイタリア語の違いを正確に聞き分けるのはまずありえないことだと私は認めざるをえない。王子の英語の独り言は、例えば「おー神よ、哀れなスコットランドよ」というものだった。

一行がその小屋にいる間、漕ぎ手のマッケンジーとマックフライアーは別々の高台で見張りをしていた。そんなある日、どうしても記録しておかなければならない出来事が起こった。ある男が島で煙草を売り歩いており、誰もその男を知らないのでスパイの嫌疑がかけられていた。そんなとき、マッケンジーが小屋に駆け込んで来て、この怪しい男が近づいて来ると告げたのだ。急遽《きゅうきょ》若いラーセイ、マクラウド医師、マルコムの三人が作戦会議を開き、全員が彼を直ちに射殺すべしということで意見が一致した。チャールズ王子は、このとき厳めしく険しいともいえる表情を浮かべて、「我々の身が安全な間は、無辜《むこ》かもしれない人の命を奪うことは許されない」と述べた。しかし三人は決定に固執し、王子はそれに負けずに熱心に彼の情けある態度を主張し続けたのであった。小屋の入り口で見張りをしていたジョン・マッケンジーはこの議論を聞き、アース語で「さーてさて、あいつは撃ち殺しましょう。あなたは王様ですが、我々は議会ですから我々の選んだ方を実行します」と言った。チャールズ王子は、皆がにやにやするのを見て、この男は何を言っているのかと尋ね、英語に訳されると「うまいことを言う男だ」と言って、危険な状況にいるにもかかわらず心の底から大声で笑った。幸いにもその怪しい男は小屋の中に人がいるとは気付かず、少なくとも小屋に近寄ることもなく、身の危険も知らずに通り過ぎて行った。後で分かったことだが、この男はハイランド軍の兵士で、彼自身の身が危険だったとのことだ。もし兵士が近づいて来たら彼らはその兵士を始末するつもりだった。その理由は、とマルコムが私に語ったのだが、「私たちは彼を捕まえておくことはできないし、彼を放すこともできない。そのような状況では、相手が信頼できないなら自分の兄弟でも撃ち殺したでしょう。」私たちがラーセイの館にいたとき、ジョン・マッケンジーもそこにいた(129)。彼は十八年ほど前にダンスをしていて片方の足を痛め、それを切断せざるをえなかったので、当時は義足で歩き回っていた。彼が国会議員だという話はまだ忘れられていない。私は彼を館から少し離れた所に連れ出して、ラーセイのために一杯やってくれと一シリングを渡し、いま述べたような詳しい話を彼から聞き出した。さしたる根拠もなしに議会と英国の国体の観念を未開だった往時にまで遡った論者もいる。私はマッケンジーがその問題について本当に何か聞いている、あるいは理解しているのかどうか知りたかった。もし彼がもっと偉い男だったら、その問題にしつこくこだわっていたことだろう。「ねえ、ジョン（と、私は言った）、王は議会に支配されるべきだと考えたのかね。」彼は答えた、「ボズウェルさん、王子様は多勢に無勢だと私は思ったのです。」

それから話題はその時代のこととなり、「放浪の王子」が言うには、確かに自分はこのところ辛い人生を送ってきたが、敵の手に落ちるよりも、この十年間生きてきたように生きたいとのことだった。紳士たちは王子に、不幸にも敵の手に落ちたら何をされると思ったか尋ねた。王子は答えて、敵がまさか公然と自分の命を奪うとは考えなかったが、密かに毒殺されるか暗殺されるのではないかと恐れたとのことだ。王子はマクラウド医師がカロデンの戦いで一方の肩からもう一方の肩を斜めに貫通した弾丸によって受けた傷について詳しく尋ねた。マクラウド医師はそのときに着ていた上着をたまたまま だ身に着けていた。王子が述べたところによると、カロデンで自分の馬を撃たれ、弾丸が彼の膝から二インチのところで馬に命中して御すことができなくなったので、他の馬に乗り換えざるをえなかったという。王子はカロデンでの悲惨な出来事における指揮の仕方について幾つかの意見を口にし、しかしながら、たぶんそうしたのは軽率だったと述べた。私は彼の迷いには根拠がないと今は確信している。というのは、大変高貴で理知的な私の友人で、かつてチャールズ王子の秘書官を務め、その後ローマで王子の父君の筆頭秘書となったアンドルー・ルミスデン氏とその問題について大いに語り合ったのだが、ルミスデン氏は私にあの戦いでハイランド軍を指揮した将軍たちの能力にも人格にも完全に満足だったと確言したからである。ルミスデン氏は一七四五―六年に行われた三度の戦いの報告書を書いているが、正確かつ優れたものであった。居合わせた紳士たちはハイランド諸軍について話しながら、どの軍が最もすばらしい兵士たちであるか王子の意見を知りたがった。王子は、自軍の中ので比較などしたくないし、彼らは皆最高だった、と述べた。

チャールズ王子が支援者たちに述べたところでは、どんな場所でも一箇所に長く留まることは賢明ではないと考え、マッケンジー族の中に紛れて、ロッホブルームへ彼を迎えにやって来るフランス船を待つとのことであった。その距離は海岸に沿って十五リーグあったが、そのとき王子をロッホブルームまでマルコムの船で送る案が出された。しかし、王子はこれを危険すぎると考え、ともかく彼らにはまずは情報を得る努力をして欲しいと望んだ。それを受けて若いラーセイが、彼の友人であるアップルクロスのマッケンジー氏へ手紙を書いたところ、フランス船の姿などは全くないという返事を受け取った。

かくして、彼らはスカイ島へ戻ることとした。スカイ島ではストラスへ上陸し、そこで彼らはスコーブレクのニコルソン氏所有の牛小屋で休息した。スカイ島までの海は大荒れで、船には大量の水が入った。「放浪の王子」はそのような船には慣れていなかったので、危険なのかと尋ねた。危険はないと伝えられると、王子は大変快活にアース語の歌を歌った。王子はこのときまでにはアース語をかなり習得していた。

九月十三日　月曜日

あらん限りの情報を集めるために、今や若いラーセイがドナルド・ロイの所へ急派された。「放浪の王子」はマクラウド医師に向かって、非常に重大な用件で船を使いたいので、七マイルぐらい離れた所に船を用意するようにと強く求め、銀のスプーン、ナイフ、フォークが入った箱を渡しながら、「また会うまで預かって欲しい」と言ったが、医師はその重大な用件とはそのときから二日後のことであると理解した。しかし、これらの命令はすべて策略にすぎなかった。というのは、王子の胸中には別の計画があったのだが、賢明にもその秘密を打ち明けるのは絶対に必要な人に限るのが最も安全だと考えたのだ。それから王子はマルコムに家から少し離れた所まで同行して欲しいと言い、すぐに心を開いて、「君に私の身を預ける。私をマキノン領の領主の所へ案内して欲しい」と言った。マルコムは非常に多くの部隊が展開しているので、危険極まりないと反対した。王子は、「今は何をやっても危険が伴うのだ」と答えた。それから王子は、マルコムが主人で自分が召使いとなるのだと言い、自分の下着の入った袋を受け取り、それを肩に掛けた。金の編みボタンのついた緋色のタータンのチョッキはマルコムの無地の普通のタータンより立派であると言いながら、王子はマルコムのチョッキを身に付けた。自分のチョッキをマルコムに渡しながら、召使いが主人よりも立派な服を着るのはよろしくない、と王子は言った。

マルコムは健脚の持ち主であったが、チャールズ王子の方が勝っていることが分かった。王子が言うには、自分を捜索している部隊から一発ぐらいマスケット銃で撃たれてもそれほど気にはならないが、自分に敵対する高地人が少々恐ろしいとのことだった。王子はイタリアでは獲物を追って歩くことに十分に慣れていたし、今でも大変な狩猟好きで、何羽かのヤマウズラを見つけて撃とうとした。しかしマルコムは銃声が沿岸をうろついている補給船に聞こえるかもしれないと考えて、王子に撃たないように警告した。

迂回路を通って人家を避けながら山越えをしたときのこと、マルコムは王子の決意を知ろうと、万一兵士の一団と遭遇したらどうするかを王子に尋ねたところ、「もちろん戦う」との答えだった。王子が今の服装では見破られてしまうかどうかをマルコムに尋ねると、マルコムは見破られるだろうと返答したので、「それなら、顔を火薬で黒く塗ろう」と言った。「それでも（と、マルコムが言った）、すぐに王子と分かるでしょう」、「それなら（と、王子は言った）、できるだけみすぼらしい身なりをしなければならないな。」そして、王子は鬘《ウイッグ》を取り、頭にハンカチを巻き、その上に寝帽《ナイトキャップ》を被り、シャツからひだ飾りを引きちぎり、靴から締め金を取り外し、マルコムに紐《ひも》で靴をしっかり縛らせたが、それでもまだ王子は見破られるだろうとマルコムは考えた。「私は目立つ顔付きをしているので（と、チャールズ王子は言った）、一度私を見た人は、また会えばすぐに誰だと分かるのだ。」

王子は、カンバーランド公爵麾下《きか》の政府軍に勝利の宣言がなされた後に、冷酷な虐殺が行われたという恐ろしい話を信じたくないようであった。王子は将軍というものがそれほどに残酷になりえることは認めたくなかったのだ。

二人がマキノン宅から二マイルたらずの所へやって来たとき、マルコムは王子に領主に会うかどうか尋ねた。「いや、とんでもない（と、王子は言った）。私はマキノンが誰よりも善良で正直な男であることは分かっているが、私の目下の目的にはふさわしくない。私をどこか他の家へ案内して欲しいが、紳士の家がよかろう。」それでマルコムは、まず義理の弟であるジョン・マキノン氏宅へ行き、そこからスコットランド本土へ渡り、そしてスコットハウスのマクドナルドの助力を求めることにした。「放浪の王子」は最初これに反対であった。というのは、スコットハウスは彼が疑いを抱いていた人の従兄弟《いとこ》であったからだ。しかし、王子はマルコムの意見に黙って従った。

二人がジョン・マキノン氏宅に近づいたとき、ロスという名の男に会ったが、その男はハイランド軍の一兵卒であった。彼は変装した「放浪の王子」をじっと見据え、すぐにチャールズ王子と悟り、手をたたいて、「何とまあ、こういうことか」と叫んだ。今や発覚したことが分かったので、マルコムは王子に「どうすべきでしょうか」と尋ねた。「秘密を守ると誓わせるがよい」とチャールズ王子は返答した。それに応じてマルコムは短剣を抜き、抜き身の刃をあてて、「放浪の王子」の脱出が判明するまでは王子に会ったことは口にしません、と彼に誓わせた。

九月十三日　月曜日

二人が早朝マルコムの妹の家へ到着すると、妹はマルコムに同伴者の素性を尋ねた。マルコムはこの人はルイス・コウというクリーフ出身で、自分と同じ理由で逃亡中の身であり、召使いとして雇ったが病気になってしまったのだと答えた。「可哀想なお方（と、彼女は言った）。お気の毒に。でもこの方の姿に心を引かれますわ。」彼女の夫は家から少し離れた所へ出かけていたが、今にも戻って来ると思われていた。彼女は兄にたっぷりとしたハイランドの朝食を出した。チャールズ王子は丸帽《ボンネット》をとり、恭しく離れて座り、見事に召使い役を演じた。それからマルコムは王子に、「コウ君、君にも同じようにこれが必要だ。たっぷり二人分ある。もっと近くによって一緒に食べなさい」と言った。それに従って王子は立ち上がり、深々とお辞儀をし、主人とされている人と同じ食卓で腹一杯食べた。この後、ある老婦人がお湯を持って入ってきて、古くからのもてなし方に従ってマルコムの足を洗った。彼は自分に仕えている哀れな男の足も洗ってやって欲しと彼女に頼んだ。彼女は最初その男が自分よりも身分が低いと考えたので、自尊心からこれを嫌がったらしく、高地人とアイルランド人特有の遠回しの言い方で、「私はあなたのお父上の息子の足は洗いますけど、なぜあの方の父親の息子の足を洗わなければならないのでしょうか」と怒ったように言った。が、説得されて王子の足を洗った。

それから二人は床に就き、しばらくの間眠った。マルコムは目覚めたとき、義理の弟ジョン・マキノン氏が来ていることを知らされた。マルコムは義弟がチャールズ王子に会う前に話をしようと飛び出した。マルコムは義弟に挨拶をし、海の方を指差しながら「ジョン、王子があそこの補給船で囚人となっているとしたらどうだろうか」と言った。「そんなことは断じてない」とジョンは答えた。「ここに王子がいたならどうだろう」とマルコムが言った。「いて欲しいものだ（と、ジョンは答えた）。私たちは当然王子の世話をするだろうよ。」「いいかい、ジョン、王子は君の家にいるんだ（と、マルコムは言った。）」ジョンは有頂天になり、今すぐにでも駆け込んで、臣従の礼を示そうとしたが、マルコムは彼を制止し、「今は賢明に振舞うときだ、彼の正体が分かるようなことは何もするな」と言った。ジョンは気を落ち着かせ、彼の召使いたちをすべてそれぞれ異なった使いに走らせておいて、客人の御前《ごぜん》に案内され、彼の家の近くに係留してある船を出航できるよう準備して欲しいと頼まれた。水漏れのするほんの小さな船ではあったが、二人は領主のマキノンの所へ行くよりもそれに乗ろうと決意していた。しかし、ジョン・マキノンは別のことを考えていて、戻ってくると、領主とマキノン夫人が自らの船でやって来ていると二人に伝えた。チャールズ王子は、「無念ではあるが、できるだけのことをしよう」と信頼するマルコムに言った。それから領主のマキノンが海岸からやって来て、「放浪の王子」に敬意を表した。彼の夫人は洞穴で待ち、そこへ彼ら全員が行って、冷肉とワインでもてなされた。今やマルコム・マクラウド氏は領主のマキノンにその役を譲ったので、ラーセイ島へ戻る許しを請い認められた。チャールズ王子は自分がスカイ島を去ったことを友人たちへ知らせて彼らの忠義に礼を述べる内容の短い手紙を書き、それにジェイムズ・トンプソンと署名した。王子は若きラーセイとマクラウド医師がこれ以上自分との再会を待つことのないように、この手紙がすみやかに彼らの許に届けられることを望んだ。王子はマルコムへ心からの別れを告げ、銀の締め金と、十ギニーを受け取るように望んだ。王子の財布には、マルコムが言うには、四十ギニー以上はないように思われた。マルコムは手元に二、三ギニーありますと言って最初は固辞したが、チャールズ王子は、「君はお金が必要になるだろう。私は本土へ行けば十分に手に入るからね」と答えた。

それから領主のマキノンは王子を対岸のノイダートへ送り届けた。老ラーセイには知らせが届いており、彼は時を同じくしてスカイ島へ渡りつつあったが、両者はお互いのことを知らなかったし、それぞれが不安だったので二艘の船が近づくことはなかった。

以上がヘブリディーズ諸島でのチャールズ王子の驚くべき潜伏と逃亡に関して私が収集した事実の一部始終である。王子にはしばしば差し迫った危険があった。英国軍はロング・アイランドからスカイ島内を横断して王子をポートリーまで追跡したがそこで王子を見失ってしまった。

私は王子がフランスへ逃亡する前の苦労や危険について信頼に足る情報をこれ以上は入手できなかったので話はここまでとする。国王は降位と追放の憂き目に遭うことのないように、そして臣民は王位継承争いのもたらす害悪に苦しめられることのないように、スチュアート王家の悲しい運命から王も臣民も節度という教訓を学んで欲しい。

ヴォルテールの『欧州史概説』の中にある、優雅で悲しみをさそう描写を引用してあの不運なスチュアート王家の場面を閉じよう。「まあ、すっからかんになったと不満たらたらの連中に（と、あの才気溢れる作家がチャールズ王子の話を語っている）とくと見せてやるがいい、王子とそのご先祖様方が、いったいどんな目に遭いなすったかを。」

別のところで彼は全体としてこの王家の悲しい物語をこのように要約して述べている。「かくも長い間数々の不幸不運に見舞われた王家なるものは歴史に例を見ないものである。スコットランドの最初の王はジェイムズという名だったが、イングランドに十八年間囚われの身となったあげく、臣下の手によって、そのお后ともども殺されてしまった。その息子のジェイムズ二世もまた、イングランド軍との戦いで、二十九歳にして生涯を閉じた。ジェイムズ三世は民衆の手によって入牢の憂き目にあい、果ては戦場において反乱軍に殺されてしまい、ジェイムズ四世は負け戦のさなかに命を落とした。ジェイムズ四世の孫娘にあたるメアリー・スチュアートは、王位を逐《お》われ、イングランドに逃げて十八年間牢獄で苦しんだあげく、イングランドの判事たちによって死刑宣告を受け、斬首されてしまった。メアリーの孫息子のチャールズ一世は、スコットランドとイングランドの王であったが、スコットランド人には売り渡され、イングランド人には死刑を宣告されて広場に設けられた断頭台の露と消えた。その息子のジェイムズは、この名前のスコットランド王としては七世に当たり、イングランドでは二世になるが、その支配する三つの王国から逐われた。さらに不幸なことに、王子（皇太子ジェイムズ・フランシス）の誕生にまでけちがつけられてしまった。その王子は自らの父祖の王位に再び返り咲こうとしただけだったのだが、結局は味方を死刑執行人の手にかけさせる結果に終わってしまった。ついで我々は、チャールズ・エドワード王子が、その父祖の徳義と母方の祖父ジャン・ソビエスキー（ポーランド）王の勇気を一身に集め、数々の武勲を立てながらも、ついにはおよそ信じがたい諸々の不幸に見舞われるのを目の当たりにした。誰にも逃れられない宿命ありと信じる者が正しいとするならば、三百年以上にわたってスチュアート家を迫害したこの不幸の連鎖こそまさにその宿命にあたるのだろう。」

勇敢なマルコムは王子と別れて十日後に捕らえられ、囚人としてロンドンへ船で移された。彼が言うには、一般に囚人たちは移送中に虐待されたが、船上には裕福な兵士たちがいて、ときどき彼を招待して仲間に入れてくれ、幸運にも投獄されずにディックという名の伝令の家に監禁された。彼はかなり大っぴらにこの一件にかかわっていたのだが、驚いたことに、彼に不利な証言をする目撃者はたった一人しか見つからず、結局証拠不十分で放免された。彼は自分があれほどの危険のさなかにいたことを思うと、国外に追放されても甘んじて受け入れただろうと言い添えた。しかし、「あのときほどの死の覚悟は決してできないだろう」とも言った。これには深い真実がある。人はいつになく死と真剣に向き合うときがあるものだ。主義がどんなに間違っていても、それに対する熱狂が精神を活気づけ、死の恐怖を乗り越える。しかし、冷静になってよく考えてみるとぞっとせざるをえない、少なくとも脅えざるえないのだ。

ミス・フローラ・マクドナルドもそのときレディー・プリムローズの保護を受けてロンドンにいた

が、同夫人はフローラをスコットランドへ返す馬車を用意し、同行するのにふさわしい人をフローラに選んで欲しいと思っていた。フローラはマルコムを選んだ。「そんなわけで（と、勝ち誇った態度でマルコムは言った）、私は縛り首覚悟でロンドンへ行ったのに、ミス・フローラ・マクドナルドと馬車で戻って来たのだ。」

私たちがラーセイ島で会ったムイラベンサイドのマクラウド氏が確信して言うには、チャールズ王子は一七五九年にロンドンに来ており、当時王家再興運動の計画があったとのことだ。ジョンソン博士はこの話がほとんど信じられず、「あの頃そんな計画はおそらくありえなかった。そのような試みはプロシアの王が陸軍をドイツに留めておかない限り成功するはずがなかった。陸軍も海軍も命令などなくとも自分たちのかかわった王のために戦っただろうからね」と言った。

不運なる国王ジェイムズ二世の令孫に関してこまごまと多くのことを語り、判断はいかに間違っていようとも、心情にとっては名誉となる忠誠並びに惜しみない献身にしかるべき賛辞を呈したうえで、高地人を公平に評せば、彼らの間に現国王の美徳についての高い評価と国王の忠実な臣民であろうとする偽りのない気持ちがあらゆるところで見出されたことを私は請け合う。現王室は長期にわたりこの国の統治権を有してきたので、今となっては退位させられた王家の復活でさえもがすべての国民の感情を害するであろう。

権利の抽象的な点は、我々を古くからの難問へと巻き込むであろう。結局のところ、我々は明確な決定原則を持ってはいないのだ。今の体制は一六八八年に政治的必要性から王位継承を断ち切ることによって生じたものであり、そこからどんな利点が生じたとしても、私たちの君主制に明白に衝撃を与えたのは確かであり、秀でた政体論者であるブラックストーンはそれを賢明にも確固たる権威に基づくものとしている。「我々の祖先はこの重大かつ重要な問題を決定する合法的権限を極めて明白に有しており、実際にそのように決定したので、長い年月を経た今となっては、彼らの決定におとなしく従うことが我々の義務なのだ。[130]」

カーライルの現大執事であるペイリー氏はその『道徳的・政治的哲学の諸原則』の中で、極めて明快な論証を用いて、破棄できない神権でも盟約でもなくて、便宜に基づいて樹立した民政に従う義務を示してこの合理的立場を主張している。つまり「国の草創期における不法行為、あるいはそれに続く主権獲得の際の暴力、詐欺、もしくは不正は、政府が一担平和裏に安定した後では、それに抵抗する十分な理由とはならない。大英帝国の臣民はノルマン人の要求や征服の正当性を主張することにかかわりがあるとは思っていないし、いかなる形においても自分の務めがその論争によって決まるとも考えていない。同様に、ランカスター家、さらにはクロムウェルの子孫でさえ、もし彼らが今日イングランドの王位に就いていたなら、その一族の創始者がどのようにしてイングランドへやって来たのかを問うことに我々はほとんど関心がなかったであろう。」

この原則に従って、スチュアート家には本来スコットランドの王権がないと私自身は十分に納得していたが（ブルースではなく、ベイリオルこそが合法的継承者なのだ）、それでもなおその理由でベイリオルの子孫の権利を主張するために、チャールズ一世に対して、あるいはそれよりさらに直近の王子に対して謀反を起こしたら、それはまさに咎《とが》められるべきであると私は当然思っただろう。

私は忠誠と庇護が相互関係にあるという原則の正しさをいかに確信していても、臣民の努力を義務という厳密な範囲の中に限定しようという冷酷さには満足してはいないということを認める。私は忠誠という熱意と、求められているより少しばかり多くのことを行うのに喜びを感じ、「奉仕を完全な自由に」(131)する惜しみない献身ですべての臣民の胸を活気づけたいものだ。それゆえに、我々の最も慈悲深い君主が王位を継承する際に、ブリトン人として生まれたことを誇りとしたように、もっと個人的範囲で、私は今生まれてきた自分に感謝する。私は争われた継承問題がもはや我々の心を悩ますことがないことに、そして法によって確立された君主制が今や時の流れによって十分に認められたので、私が掻き立てたいと熱望している忠誠という感情を我々が欲しいままにできることを喜ぶのだ。それは常に高地地方とヘブリディーズ諸島の住民を行動に駆り立ててきた感情である。忠誠の樹はかの地ではすくすくと育っており、ドイツ中西部（ブランズウィック）の接ぎ木は今や自生の若木のように繁茂している。かの意気揚々たる民族に、「美しい性のおとなしい性質《さが》」についての今日のある詩人による気品に充ちた詩行を当てはめても礼節に悖《もと》ることはあるまい。

捕らえられたばかりの小鳥のように、暫《しばら》くは羽をばたつかせ
捕われの身に抗《あらが》う
しかしやがては寛《くつろ》ぎを得て、羽を整え
新しい主人のために、以前の調べを歌う(132)

そのような調べの方が、疑い深いホイッグ党員や不満を抱えた共和制支持者の苛立った唸り声よりもはるかにましであることは疑いない。

キングズバラは私たちを船に乗せて現地の人々が湖《ロッホ》と呼んでいる所、つまりスカイ島のすべての海岸に入り込んでいる入り江の一つを渡って、グリシニッシュと呼ばれる所の一マイル先まで案内してくれた。私たちの馬は後で私たちと落ち合うように陸路を迂回して送られていた。私たちは船に乗ったおかげで八マイルのつらい馬の旅をしないですんだのだった。ジョンソン博士は、「この心地よい船旅で私たちが免れたことと得たことを計算すると、すこぶる結構な取引だ」と言った。博士は「スカイ島では馬の旅は大変不快だ。道は非常に狭く、一度に一人しか通ることができない。そのため全く話もできないし、また一人黙想に耽ることもできない。馬の足取りにいつも気を配らねばならないからね」とも言い添えた。これは当地の馬の不便さについての正確かつ明快な説明であった。

移民の話題が再び持ち出された。ジョンソン博士は「強欲な族長が自分の土地を荒れ地にしてしまうだろう」と言った。ドナルド・マクイーン氏が私たちに語ったところでは、当時騒動となった圧政は、土地の賃貸に関する悪質な提言に耳を傾けた地主にその原因があり、さらに、私利私欲に走る腹黒い連中が理屈に合わないほど高い地代が入るという甘い幻想で地主たちを喜ばせ、そのうえ紳士であるはずの領地仲介人《タックスマン》つまり高等借地人の一部が他人の農地を過大評価することで、彼ら自身が部分的に害悪の原因となっているとのことであった。領地仲介人の多くは法外な要求に従うよりもむしろアメリカへ逃れ国の富を持ち去ることで国を貧しくし、そして彼らの地位は彼らの許《もと》に暮らしていた多くの貧しい人たちによって占められることになったとのことだ。彼らは準借地人と呼ばれていたが、ありていに言えば、召使いとして土地の生産物の割合に応じて支払いを受けていた人々だったのだ。資産のある人たちがいったん高地地方の土地から追放されたら、その土地の価値はおそらく大いに減少するだろう、と私は述べたが、それは凶作の年は貧しい借地人たちを破産させるであろうし、どんな資産家でも極端に安く土地を獲得できるという誘惑でもない限り、そのような国には住み着かないであろうからである。というのは、ブリテン島の恵まれた地域の住民は高地地方かへブリディーズ諸島へ行くよりもアメリカへ行った方がよいのだから。それゆえ、ここでは国王に進んで仕えようとして、一族を束ねるという高尚で高潔な信念とは無関係に、単に利害という動機から、族長にもっと寛大な役目を果たさせようという思惑があった。私は、族長の悪政と貪欲を抑制するために、君主の少しばかり恣意的な権力がときには役に立つであろうと考えずにはおられないと言い添えた。フランスでは族長が多数の臣民を国から強制的に立ち退かせることは許されないであろう。ジョンソン博士は私と同意見で、「暴虐《ぼうぎゃく》な族長がフランス王の臣下であったなら、彼はたぶん親書で戒《いまし》められるであろう」と述べた。

船の中で、ジョンソン博士は短剣の使用について尋ねたが、博士はそれで高地人が肉を切るのだと想像していた。彼らは食事をするのにナイフとフォークを使うと博士は教えられた。博士が女性たちはどのようにするのかと尋ねたところ、ナイフとフォークを持っている女たちもいるが、一般には男たちが肉を切り終ると女たちにナイフとフォークを渡し男たちは手で食べるとの返答だった。マクドナルドという老教師はいつも手で魚を食べるし、ナイフとフォークは魚の味を悪くすると強く主張した。私は失礼をも顧みずに博士に向かって、先生もそのようなことをしていますねと言った。「そうだよ（と、博士は言った）、私は近視で骨が怖いからね。そんなわけでいろんな魚を食べるのが好きではないんだ、手を使わなければならないからね。」

ジョンソン博士はコリハタハンにいるときマクファーソン博士の『スコットランドの古代遺物論』を見ており、それが話題となった。博士は、「三十分も読んだ後で、何を読んでいたのか自問してごらん。大変小さな事柄に非常に多くの言葉を使っているので、とても読み通せるものではなかったよ」と述べた。

九月十三日　月曜日

海岸に着くとすぐに私たちはキングズバラに別れを告げて馬に乗った。荒れ地を通過したが、至る所で地盤が軟かいので歩かざるをえなくなり、ジョンソン博士にはとても疲れることであった。博士が馬に乗っているときに足場の大変悪い所にさしかかったことがある。左側は急斜面になっていて、博士はかなり左に寄っていたので、いつものように馬から降りる余地がなかった。博士はまるで若い伊達男さながらに反対側へひらりと降りようとしたが、弾みでどうとばかりに倒れてしまった。しかし怪我もなくすぐに起き上がった。私たちはこのようにわびしく馬の背に揺られて行ったが、その間に、人と人を結ぶ仲立ちである海の入江がときどき目に入ってきてほっとした。キングズバラから私たちに付き添っていた案内人は、土地の住人にしか分からない特定の目印を頼りに道を探しながら進んだ（アメリカの荒野を辿る際もほぼ同じ方法を使うのであろう）。私たちは午後も遅くなってダンベガンに着いた。その壮大な城は、一部は古く一部は新しくて海岸近くの岩の上に立ち、その周囲の土地は荒れ地と湿原と、起伏に富む険しい岩の表情しか見せていないが、荒々しくも壮麗な風景となっていた。馬を降りてから私たちは石段を登ったが、これは陸から来る人の便宜を図って故マクラウドが築いたものだ。それ以前は防衛のために城に近づくには海側から入る以外には手立てがなく、陸上からの来訪者は船に乗る必要があり、その船の近づける唯一の場所まで船で回ったのであった。私たちは荘麗な食堂に通され、領主の母堂レディー・マクラウドに迎えられた。領主は友人タリスカーと一諸に途中で手間取り、私たちのしばらく後に帰館した。

領主の母堂は大変礼儀正しく聡明な女性で、ロンドンでしばらく暮らし、ジョンソン博士との交友もあった。食後私たちが居間へ行くと、家族の若い女性数人と母堂がお茶を飲んでいた。この部屋はかつては先代の領主の一人であるサー・ロデリック・マクラウドの寝室であった。部屋の後ろには立派な滝があり、その音で眠気を誘われるので、先代の領主はここを寝室に選んだのであった。ベッドの上の方にこんな銘があった。「勲爵士、ダンベガンのサー・ロリー・マクラウド。神よ、安らかな眠りを与えたまえ。」ロリーはロデリックの略称だ。彼がロリー・モア、すなわち、大ロリーと呼ばれたのは、身体が大きいからではなく、その精神が大きかったからだ。ここでの私たちに対する歓待ぶりは極めて上品であったので、ジョンソン博士はイングランドを懐かしく思い出し、すっかり上機嫌になった。博士は笑って、「ボズウェル君、私たちはこの島の入口を間違えて入ってしまったね」と言った。「先生（と、私は言った）、ここを最後にとっておくのがよかったですね。」博士は「入口にも出口にもしたいものだね」と答えた。

九月十四日　火曜日

朝、ジョンソン博士が「ここの夫人はすばらしいではないか」と言った。今や博士の「文明生活が恋しい」の一言は全く聞かれなかった。誠に失礼な言い草ではあるが、博士はここに文明生活を見出したのである。私たちはよく眠り、しばらくは床を離れなかった。朝食後、城と庭園を見て回った。

九月十四日　火曜日

教区牧師ビートン氏、タリスカーの弟クラガンのマグナス・マクラウドとベイのマクラウドという同族の有力な二人の紳士が私たちと食事を共にした。私たちは見事な鹿肉と芳醇なワイン、一言で言えば、食卓を飾るあらゆるご馳走に与《あずか》った。これこそ族長の食卓であった。私の父はレディー・マクラウドとその親族ブロウディーの領主との間のいろいろと面倒な要求を調停によって解決したため、夫人は私の父に大変恩義を感じていた。今こうして私への格別な配慮を示すことで、それに報いたのである。マクラウドは女性に姦淫の罪を教会で償わせることを話題にした。ジョンソン、「それは正しいことです。破廉恥は発覚したとたんに世評によって罪人の烙印が押されます。知っているのが私だけなら、その発見者にはなりたくないですな、女性は立ち直ることができますからね。また、女性の最初の犯罪を暴くような教区牧師も誉めたものではないですな。ただしこれはひとたび発覚すれば、当然破廉恥罪になります。女性の貞節が社会にどれほど重要かを考えてください。世の中のすべての所有権はそれにかかっているのです。泥棒が羊を盗めば絞首刑になるが、女性が不貞を働けば、羊や農地とその一切が正当な所有者の手を離れる。自分の犯した罪を隠す女より普通の売春婦の方がよっぽどましだと思いますよ。売春婦は世間に知られている。彼女はそれをごまかせない。正直な男に売春婦の身であることを隠して春をひさぐことはできません。」ボズウェル、「しかし独身女性と既婚女性の不身持とでは大きな差がありますね。」ジョンソン、「そうだよ、君、一シリングを盗むのと千ポンドを盗むのとでは大違いだよ。単に人の財布を盗《と》るのと、人を殺してから盗るのとでは大きな差がある。しかし人は堕落し出すとずるずると行ってしまう。独身のときに不身持な女性は、結婚して貞淑にはなかなかならないものだ。」ボズウェル、「それでも、インドの部族の中にはその区別が厳格に守られている所があると言います。」ジョンソン、「いやいや、インドの例を出さんでくれたまえ。それでモンテスキューを思い出したが、彼は実に多くの面での天才だ。彼は一風変わった意見を証拠だてたいときは、決まって自分の全く知らない日本やどこか遠い国の慣習を引き合いに出す。彼は一夫多妻を肯定するため、男一人に女十人が生まれる台湾について語っている。モンテスキューは女一人に男十人が生まれる別の島を想像して彼らを結婚させてもよかったのさ。」[133]

夕食時、レディー・マクラウドが痛風についてのカダガン博士の本を取り上げた。ジョンソン、「本書は全体としてはよいが、細かな点で愚かな本ですな。全体的には、節酒、運動と陽気さを奨励するものとしてよく書けていますが。その点ではチェイニー博士の本の焼き直しにすぎません。このような本が時代の流行を纏《まと》って出るのは、三十年に一度でしょう。痛風は遺伝しないとか、痛風の発作が消えてしまうときは熱が引いたときのようなものだなどと主張するのは馬鹿げています。」レディー・マクラウドは、著者が他者に説くことを当人は実践していない、と反論した。[134] ジョンソン、「奥様、それは仕方がないことです。それだからといって、その本の価値が下がることはありません。人間というのは他の人が言うことに感化されるんですな。その人が言行一致であればなおさらですよ。人間は愚かですからね。知的な人であればあるほどすんなり人の言うことに耳を貸します。そ

九月十四日　火曜日

の人の行動がどうであれ、話の内容がまっとうであれば、誰でもそれに従うでしょう。書いたとおりきちんと実践する人はいないものです。私はこれまでずっと正午まで朝寝していますが、すべての若者に心から、早起きしない者は役に立たないと言っています。ちょっと考えてみてください。奥様が本を読んでその本に納得しても、著者のことは分かりません。後で著者のことを知り、彼が説くことを本人が実践していないことが分かれば、当初の納得を御破算にしますか。この分ではどんな本を読んでも、著者がどう実践したかを知るまでは宙ぶらりんの状態に置かれることになりますよ。」「しかし、カダガン博士が信条に従って行動すれば、先生の彼に対する評価はもっと高くなるでしょう」とレディー・マクラウドが言った。ジョンソン、「やあ奥様、確かに知りながら行動する人の方がよく知らない人より悪質だけれど、正しい行動の指針を発表したことが間違っていたと思われる人があってはならないと思います。真実を発表することが当人に災いしても、そこには何か気高いものがありますよ。」私たちが全く自らの力で上機嫌になれるかのように、カダガンがそれを勧めたことに私はちょっと驚きを示した。ジョンソン、「なに、君、人は年を取るにつれ自分を宥《なだ》めるようになる。亀の甲より年の功だよ。若い頃は自分を御大層に思い込み、どんな事も重大事と思う。人生を歩むうちに、自分が取るに足らぬ人間であり、つまらぬ事はつまらぬ事と考えるようになるものだ。その結果、さらに寛容になり機嫌もよくなる。こうして上機嫌と慇懃さがすべて身に付くのさ。生まれながらに、子供は見るものを直接つかみ、自己を満足させることしか考えない。徐々に子供は他者を喜ばせ、他者を優先させ、さらにそれが結局は最大の幸福をもたらすことを教えられる。大人はこのことに納得しなければ、決してそれを実行しないだろう。下世話にも、氏より育ち、とうまいことを言っている。物体の動きはすべて本来は直線的であって、何か特別な原因でもなければ、決して曲線的ではなく、その他の形を取ることがないと言われるように、知的行動も知性の動きも直線的であると言ってよい。」レディー・マクラウドが、人間は生まれながらに善良ではないのですかと尋ねた。ジョンソン、「善人ではありませんな、奥様。ただのオオカミのようなものですよ。」ボズウェル、「先生、女性もそうですか。」ジョンソン、「そうだよ、君。」レディー・マクラウドはこれにはぎょっとして、低い声で「これじゃあスウィフト以上ね」と言った。

ウリニッシュのマクラウドが午後にやって来た。私たちは楽しく夕食のご相伴に与った。多くの氏族の人に囲まれた領主の姿は、私にとって嬉しい光景であった。彼らはジョンソン博士が熱弁を振るう間、驚いたり面白がったりして聞いていた。私は博士の滔々《とうとう》たる弁説を十分に書き残すことができず困惑している。

九月十五日　水曜日

早朝、氏族の紳士たちは、アメリカに渡る数人の友人と別れの挨拶を交わすためロッホブラカデールの港へ出かけた。雨のよく降る日だった。私たちはロリー・モアの角《つの》を見たが、これは大きな牛の角で、口の部分には凝った銀細工が施されている。角には一びん半以上の酒が入る。マクラウドの各領主は成年男子の証として、角一杯のクラレットを一気に飲み干さなければならないと言われている。マクラウド一族の多くの分家、特にタリスカーの分家はロリー・モアの家系を引くため、ロリー・モアの名は何かにつけて話題になる。私たちはさらに、今ではまず引ける人はいないと思われるロリーの弓と、両手で振り回す馬鹿でかい同じくロリーの段平《だんびら》を見た。ここで、古い途轍《とてつ》もなく重い鉄の鎧兜も何点か見た。現在使われている広刃の刀もグレイモア（すなわち大刀）と呼ばれるが、ロリー・モアの時代に使われたものと比べるとずっと小さい。現在高地地方では盾はほとんど見当たらない。武装解除令の後、こうした武具は発酵ミルク樽の蓋がわりに使われているが、槍を打ち延ばして枝打ち鎌に加工するのと同様、一種の再利用である。

サー・ジョージ・マッケンジーの著書（二つ折り版）がたまたま食堂の窓際に置かれていた。私はジョンソン博士にその『弁護士気質』をご覧くださいと言った。博士は、マッケンジー卿の知力を認め、しかも卿の言うことに十分理解を示していたが、あまりにも演説調であり、ラテン語も正しくないと言った。博士は、ギルモアの性格にある馴れ馴れしさを批判した。私はギルモアとニズベットの比較の中で、「名声《グロリア》」と「勝利《パルマ》」の比較をジョンソン博士にしてもらった。この対比は、ヘイルズ卿がその『控訴裁判所裁判官蔵書目録』の中で、分かりにくいと考えているものだ。その文言は、「名声は前者にあり、勝利は後者にある」となっている。数年前に私が出した小論「スコットランド教会史」の中で、私はこの言葉を二人の論争者に当てはめ、両者を「およそ雄弁は大衆に、およそ影響力はロバートソン博士にある」と説明した。私はぜひともジョンソン博士の解説が聞きたかった。ジョンソン、「何も難しいことはないよ。ギルモアはその才能を賞賛され、ニズベットは法律に詳しいので訴訟手腕を振るって主張を通したということさ。棕櫚《パルマ》が勝利だ。」私はこの本でニコルソンの性格がバークのそれに似ていることに気付いた。なぜなら、ある条《くだり》に「彼はしばしばあらゆる冗談や言葉遊びに夢中になった」とあり、別の条では「しかしひとたび猛禽の体勢と形相になると、彼らは星をちりばめた空へ高く舞い上がってから、猛スピードで獲物に襲いかかった」とあるからだ。ジョンソン、「いや、君、バークがうまい冗談を言うのをこれまで聞いたことがないよ。」ボズウェル、「でも、先生、先生はバークが鷹であることはお認めになるでしょう。」ジョンソン博士は私の発言がバークの冗談について述べたものと思って、「いや、君、彼はその点では鷹じゃない。泥沼にはまり込んだ甲虫だよ」と言った。私は「でも、バークは鷹のように舞い上がりますよ」と、なおも自分の比喩にこだわった。ジョンソン、「そのとおりだが、君、彼は何も捕らえんぞ。」マクラウドがバークの雄弁について特に勝れた点は何かと尋ねた。ジョンソン、「語彙が豊富であること、引喩を多用すること、問題を様々に関連づけて多様化する能力ですな。バークは知識も非常に豊かで、言葉を見事に駆使しますが、あらゆる点で最高度の洗練さは見られないと思いますよ。」ボズウェル、「先生、バークはキケロをよく読んでいると思いますか。」ジョンソン、「そうは思わないよ、君。バークは偉大な知識、よどみない言葉、当意即妙の考えを身に付けているから、どんなことが話題になっても、彼は適切な実例をもって説明できる。彼はキケロにもデモステネスにも他の誰とも似ていないが、力の限り巧みに話すんだ。」

サー・ジョージ・マッケンジーの『弁護士気質』の第一巻六十五頁で、ジョンソン博士はアリストテレスから始まる一節を指して、文中に誤りがあるので見つけるようにと私に言った。私は運よくすぐに探し当てた。その一節が印刷では、悪魔の答えが“*even in engines*”だそうである。私はこれを“*ever in enigmas*”に訂正した。「君（と、博士が言った）、なかなかの鑑定家だね。古典作家の本文中でこれができたら大したものだったぞ。」

九月十六日　木曜日

ジョンソン博士の風邪がまだ直らないので、昨夜は博士に細心の注意が払われた。実に不思議なことだが、博士はこれまで寝帽《ナイトキャップ》を被らずに眠っていた。マクラウド嬢は博士に大きなフランネルの寝帽を作ってやり、博士は寝る前にブランディーを少々飲むように説得された。博士が私たちに打ち明けたように、ほどよい飲み方ができないからワインやどんな発酵酒も口にしないとしたのは博士の偉いところだ。レディー・マクラウドは博士の言葉を信じようとせず、「先生、先生なら度を越すことはないでしょう」と言った。ジョンソン、「いや、奥様、酒に飲まれていたのですよ。私は病気が長引いてそれを機に酒を止めました。そのときに飲まないように医者に言われ、飲酒癖を絶ってからは一切口にしていません。」

火曜夜の性善説についての議論の中で、ジョンソン博士は、子供に優劣が生じるのは教導の違い以外にはありえない、と主張していた。一人の子供が他の子供より熱心に学んだり、また例えば、教導の効果が召使いによって帳消しにされるといったようなほとんど気付かれない様々な原因で、よい教育を平等に受けた二人の子供の内の一人がもう一人よりもかなり劣るという考えが生じるのだ、と。ところが今朝、博士は、人によって学習の適性に優劣がありえること、気質は親から受け継ぐものであることを認めた。「私は（と、博士が言った）、父親のひどい憂鬱症を受け継いで、そのため生涯気も狂わんばかりでした。少なくとも正気ではなかった。」レディー・マクラウドは博士がそんなことを話すことに驚いた。「奥様（と、私が言った）、博士はその狂気を抱えながらも、他者に勝っていることをご自分でお分かりです。」

私は、博士が実に正確かつ明快に作業過程を説明することにしばしば驚いている。今朝も博士は硬貨鋳造の作業過程の話を、夜は醸造の作業過程の話を大変分かりやすく私たち一同に説明してくれたので、マクイーン氏は先の話を聞いたとき博士が造幣局で訓練を受けたと思い、後の話を聞いたときは醸造家として育てられたと思ったと述べた。

私はこのような辺境の地にこれほどの人物を誘い出すことができたと思って大いに誇らしくなっ

た。滑稽だがもっともだと思われる比喩が心に浮かんだので、それを一同に披露した。私は自分自身を、大きな肉をくわえて部屋の隅へ走って行き、そこで横取りされる心配もなく、心置きなく肉を貪り食う犬に喩《たと》えたのだ。「ロンドンでは、レノルズやボークレアとその連中がジョンソン博士の座談に与かろうと競い合っています。私たちはダンベガンで邪魔も入らず、博士の会話の饗宴に列しているのです。」

九月十六日　木曜日

風雨は依然として静まらなかった。それでもジョンソン博士はマクラウドと出かけ、ロリー・モアの水量豊かな滝を見物した。マクラウド大佐はこの日はこれまでのような活気と陽気さがなく陰鬱な感じで、マクラウドの頭の痛い土地問題と、氏族の一部の者が、困っている族長のために寛容と愛情をもって一肌脱ごうという気持ちなど全く見せずに、よそ者と交渉するような調子で族長と交渉することを知って幾分気落ちしていた。しかし大佐は愛想がよく礼儀正しかったので、ジョンソン博士は大佐が大変好感の持てる人だと言った。博士と私はスウェーデンへ行こうという話をして、その計画を立てていたとき、私は国王に謁見する期待を口にした。ジョンソン、「君、国王が私たちと話されるかどうか疑問だよ。」マクラウド大佐曰く、「ボズウェル氏ならきっと王様に話しかけますよ。」ところが、私が大佐の発言にいささか当惑したのを見て取ると、大佐は親切にも「しかも、極めて礼儀正しく」と付け加えた。ここで、この紳士が触れた私の性癖について少し弁解をさせていただきたい。私はこの習性に大いに満足している。これが出しゃばりとか、厚かましいと言われるほどのものではないことを私は願っている。もし私が己《おのれ》を知っているとすれば、この習性は地位や才能によって名を成した人たちとの交際に与りたいという熱意と、私の望むことを達成しようという努力にほかならないのだ。行く手を山や海で遮《さえぎ》られながらも、知識を探求することで賞賛される人がいるのならば、種類は違ってもその情熱を追求して、同等の困難に立ち向かう人が大目に見られてもよいのではないだろうか。

ご婦人方が食卓から離れた後、私たちは高地人が敷布を持っていないことを話題にした。そこからリンネルを着る利点の考察へと話が進んでいった。ジョンソン博士は、「動物性繊維はすべて植物性繊維ほど清潔ではない。フランネルの材料である羊毛は動物性繊維だから、フランネルはリンネルほど清潔ではない。私は昔、タールは汚いものと思い込んでいた覚えがあるが、それが松根油の調製品にすぎないことが分かってから、タールを汚いとは思わなくなった。スモモの木から流れ出る樹液が指に付いてもそれは植物だから不快ではないが、指に蠟燭の油脂つまり獣脂が少しでも付くと、それを落とすまでは不快だ。しばしば考えたものだが、もし私が後宮《こうきゅう》を持てれば、女性たちにはリンネルまたは綿のガウン、つまり植物性繊維を材料とした織物のことだがね、そんなものを着せようと思うんだ。私は絹は御免だね。絹は綺麗かどうか分からんからね。絹は汚れに気付いたときには手遅れかもしれないしね。リンネルはその汚れが分かる。」

「道徳的かつ宗教的英知を備えたかの威厳ある師」である謹厳なジョンソン博士が、スカイ島で安楽椅子にしかつめらしく座って、権威をもって後宮を構えるつもりだなどと話し、さらにしばしばその想像を巡らせていたと白状するのを聞くと、私はその滑稽な対照にびっくり仰天し、抱腹絶倒せずにはいられなかった。博士は大変誇り高いので、一瞬たりとも嘲笑の的に甘んじることはなく、直ちに辛辣な皮肉を込めた機知と屈辱的な様々な比喩を駆使して報復するのだった。私は人並みにそうした攻撃に耐えられるとはいえ、その矢面に立たされれば、すっかり満座の笑いものにされてしまうので、この苛酷なしっぺ返しだけはきれいさっぱり心から消し去ってしまいたかった。

リンカーンシャーの私たちの友人ラングトンの仮住まいの話になって、博士がこう言った。「この家族の古い屋敷が焼けた。その代わりに仮の家がその場所に建てられ、今日まで家族の増加に伴いずっと建て増しをしている。この建物は、子供の頃大人用に仕立てて、成長するにつれて絶えず大きくしてゆくワイシャツのようなものだね。」

今夜、私たちは、ルターがヘッセの伯爵領主に二人の妻帯を認めたこと、そして彼の最初に結婚した妻がこれに同意したことについて話した。ジョンソン、「この妻だけに限れば、『同意者は被害者にあらず』だから、これには何の害もない。しかしそれは社会の一般的な秩序に反し、一人の男と一人の女が結ばれるべしとする福音書の律法を犯している。一人の男が二人の妻を持てば、必ず妻を持てない男が出てくる。」

九月十七日　金曜日

昨日、夕食後、私たちは狡猾ということについて話し合った。マクラウドは、狡猾な人を恐れたりはせず彼らに猿のような悪戯《いたずら》をさせておくのだ、と言った。「でも（と、私は言った）、猿は引っ掻きますよ。」するとマクイーン氏が「猿は悪戯を見破られるとすぐに新手を編み出しますよ」と付け加えた。ジョンソン、「狡猾の効力が発揮されるのは、狡猾な連中が有能というより相手の騙されやすさのせいですな。嘘を言ったり騙したりするには大した才能は必要ありませんな。」その点から私たちは、極悪人になるのに優れた才能が必要か否かについて考えた。ジョンソン、「極悪人になる力を持つには多大な才能を要するが、極悪人になるには無用だ。優れた才能がもたらす力を持つ人は、その力を良くも悪くも利用できるが、それを悪用するより善用する方が才能が要る。不正は常に方正より容易である。というのは、不正は万事に近道をする。百ポンドを労働または他の何らかの方法で得るよりも盗む方がはるかにたやすい。不正を働こうとする者がひとたびその力を持つと、どんな不正行為でもそれをするのに優れた才能が必要かどうかちょっと考えてみるがよい。そこには差があるのだ。大部隊を打ち破るには優れた才能が必要だが、部隊を征服した後にこれを虐殺するには何の才能も要らない。」

ダンベンガンに来て以来、今日ほど天気のよい日はなかった。マクイーン氏は女神アナイティス[135]の神殿と呼ばれる珍しい古代の遺跡がこの近くにあるとよく口にしていた。彼と私はそれを見に行こうと折に触れて話していたので、朝食後、彼の召使いである野蛮人そのもののような男を連れて出かけた。私はここで、スカイ島には暇を持て余す者が多いようだと言わねばならない。子馬が路上の通行人の後を追うように、大人や男の子が人の後からついて来るのだ。普段のスカイ島の少年は素股素足で、汚いキルト、ぼろぼろの上衣とチョッキを着て、帽子を被らず、手には棒を持った悪戯っ子だ。棒はこの怠け者が歩くときにも役立つし、ちょっとした護身用にもなると思う。私たちは城から当地で二マイルといわれているが、おそらく四マイルの距離を歩いてその聖地に着いた。その辺り一帯は渓谷が見渡せる海岸方向を除き、四方八方陰気な荒涼たる荒野である。ベイの農地には肥沃な土地が少しあることが分かる。この場所そのものは緑地で、水は両側の深い谷へうまく排水されており、その谷のいずれにも小川がたっぷりと水を湛《たた》えて流れ、それが幾つかの滝となって見事な形と音を織り成している。私たちが最初に行った所は土手というか堤防で、一方の崖からもう一方の崖まで続いている。さらに少し先には、高くはないが非常に厚い堅固な石塀が同じように続いていた。石塀の外側には二つの住居跡があり、それぞれが石塀の入口または門の両側にある。石塀は端から端までは崖が険しくて囲い込めない場所を除き、聖地の周囲全体に築かれている。聖地の広さは二エーカー以上ある。その内側には、大きくはないが多くの住居跡、石塚、そして石を集めて作った多数の墓がある。マクイーン氏は、東西に立つ小さな建物の跡は実は女神アナイティスの神殿で、そこにはその

九月十七日　金曜日

女神像が安置され、そこから小川で女神像を洗い清めるための行列が行われていたと力説した。入口からかなりの距離にわたり窪んだ道がはっきり見えることは認めねばならないが、その道をマクイーン氏は好古家の鋭い鑑識眼で、私には見ることができないずっと先まで辿っていた。今に残る石塀の高さは一・五フィートを超えることはなく、私の想像では神殿全体の広さは、普通の高地人の住居より決して大きなものではなかった。マクイーン氏はアナイティスの神殿にかけては蘊蓄《うんちく》のある人だ。そこで私もこの日誌に、神殿とその周囲の風景が分かる程度の細部を記そうと努めたが、明白な事柄を記述するのは結構難しくもあり、私の話は物足らないと自分自身でも思うので、読者諸賢はおそらく、

それについて記せ、女神、それについて(136)

と声高に叫ぶだろうから、この記述を省くことにした。

私たちは城に戻り、ジョンソン博士と再び食卓につくと、まずは肖像画について話した。博士は肖像画が家族の大切なものであるという考えに賛成した。私は博士が美しい肖像画と、顔がよく似た肖像画のどちらを好むか知りたかった。ジョンソン、「君、肖像画の真価は似ていることだよ。」ボズウェル、「会ったことのないご先祖の肖像画についても同じお考えですか。」ジョンソン、「その場

合、似ていることがいっそう重要であろうし、その時代の服装をしてもらいたいものだ、歴史画になるからね。人はロリー・モアがどんな姿をしていたか見たいと思うものだよ。君、肖像画においては真実に最大の価値がある。」マクイーン氏が、肖像画がうまく描けてさえいれば、似ているかいないかは重要ではないと考えるとすると、歴史がうまく語られているならば、それが真実であってもなくても構わないことになります、と言った。

今日、朝食時にジョンソン博士は、「歴史家が正確を期するために、労力を使い注意を払って記録を調べるようになったのはつい最近のことだ。ベーコンは『ヘンリー七世史』を書くのに何の記録も調べず、他の歴史書の中で見つけたものを取り上げ、それを伝承によって学んだものと融合させたようだ」と言った。博士は、何世代も続く人物や事件を記録に残しておくために、各名門家族に年代記を備えておく必要があるという点で私と同意見だった。

九月十七日　金曜日

夕食後、私はアナイティスの神殿を話題に持ち出した。マクイーン氏は当地の人々がその場所に付けたアイニットという名を力説し、次のように付け加えて言った。「私はパウサニアスと大プリニウスが言及しているリュディア[137]のアナイティスの神殿と出会うまでは、この古い建物についてどう考えればよいか分かりませんでした。」ジョンソン博士はいつもの鋭さでアイニットというアース語の意味に関してマクイーン氏に問い質し、水場という意味であることが判明した。「それは（と、マクイーン氏は言った）、川の近くにあったその女神の寺院のすべての描写と一致しています。女神の像ていますね。名前に基づく議論は終わっています。その名はそこの様子を表わしているだけですな。足元で拾うことができるものを求めて遠くまで行く理由はありません。偶然そんな名であったなら、それとアナイティスとの間の類似点に何かあったのかもしれませんが、それは単に地形の名であることが分かっています。」マクラウドが、マクイーン氏の語源の知識が彼の解釈を台無しにした、と言った。ジョンソン、「そのとおり、マクイーン氏はウォラーが言及しているあの鷲のようなものです。その鷲は自分の翼の矢羽を付けた矢で射られたんです。」しかし、マクイーン氏は彼の推測を諦めようとはしなかった。ジョンソン、「あなたを支持する可能性は一つ、後はすべてあなたに逆らう可能性ばかりですぞ。それがアナイティスの神殿である可能性はあるが、要塞の可能性もありますね。あるいはキリスト教徒の礼拝の場所であるかもしれません。初期のキリスト教徒たちは感銘を与えるためにしばしば人里離れた荒涼とした場所を選びましたからね。あるいは異教徒の神殿であるとするなら、お祓《はら》いの目的のために川の近くに建てられたのかもしれませんな。そして、その場所に奉納されたかもしれない神々は極めて大勢いますから、それがアナイティスの神殿である見込みはほとんどありません。それは今日海辺に砂を一粒投げておいて、明日それが見つかるかもしれないと思うようなものです。いやいや、この寺院は多くの安普請の大建物同様に、屋根を付ける前に倒れてしまいますよ。」博士はその敬うべき好古の士に勝ち誇って奇想に耽っていた。というのも、その仮説を主張するために女神の祭壇の痕跡が大いに力説されたので、博士は「マクイーン氏は祭壇と暖炉のために戦っている」と言ったからである。

人里離れた城で、しかも陰鬱な天候の中で、かくも楽しく時間が過ぎて行くのはすばらしいことだった。夕食後、私たちはペナントについて話した。彼が浅薄であるということに反論が出された。ジョンソン博士は彼を温かく弁護した。博士は、「ペナントは他の人には成し遂げられかったほど多様な調査を行っており、彼が使った時間ではおそらく一万人に一人も言えないようなことを私たちに述べた。言おうとしていたことを彼はまだ言っていない。だから君は彼がまだ言っていないことに対して彼を非難することはできないのだ。魚を探しにやって来た人がいたとしたら、その人が家禽に注意を払わないとしても非難はできないのだ」と言った。「でも（と、マクラウド大佐が言った）、彼はハイランドの地代の法外な値上げに言及して、『あの紳士たちは財布を空にすることに賛成しているのだ、満たすどころではなくてね』と言っています。それが彼の言い方でした。なぜ彼は財布を満たす方法を述べないのでしょうか。」ジョンソン、「大佐、否定的な批評には切りがありませんよ。彼は気付いたことを述べているだけなのです、好きなだけね。彼が本当でないことを言っているのなら、非難してもよいでしょうが、土地が上手く耕されていないと彼が言っても、どうすればうまく耕作されるのかを言う義務は彼にはないのです。私が高地人の多くの人が裸足で歩いていると言ったとしても、靴を手に入れる方法を言う義務は私にはありません。ペナントは一つの事実を述べているのです。それ以上踏み込む必要はないのです、自分がその気になったときは別ですがね。ペナントは何も論じ尽くしていませんし、いかなる話題もまだ論じ尽くされてなんかいないのです。しかし、彼が多くのことを語っているのは確かです。ここに六フィートの男がいるとしましょう。そして皆さんはその人が七フィートないからと怒っているのです。」この雄弁なペナント弁護の演説にもかかわらず、ペナントの『スコットランドの旅』を読んだことがあり、モンボドー宅での野蛮人や商店主を思い出す人たちは、これをおそらく反駁心のせいにするだろうが、私はそれでもペナントが数多くの不完全な説明をごたごたと並べるよりも、もっと少ない事柄にもっと注意を払った方がよかったのにと思っている。

九月十八日　土曜日

朝食前にジョンソン博士が私の部屋に来て、この日が博士の誕生日であることを告げるのを禁じたが、私が既に話してしまったと言うと博士は不機嫌になった。自分のために特別なことは何もして欲しくないとの思いからであろう。レディー・マクラウドと私は激しい言い合いを始めた。彼女はこの城から五マイルほどの所に入手した農園に家を建てて、そこに庭園と他にも光彩を添えるものを作りたいと言うのである。私はそれに全面的に賛成したが、一族の屋敷は常にダンベガンの岩の上にあるべきだと主張した。ジョンソン、「そうだ、そのうちこの岩の周りに建物を建てましょう。奥様はその農園にとても立派な屋敷を造ってもいいでしょうが、マクラウドの領主《レアド》にあちらに行って住みたいというような気持ちにさせる屋敷であってはなりません。イングランドの名家のほとんどは別宅を持っていて、それは寡婦宅と呼ばれていますが、その新しい屋敷はその種のものにしてください。」レディー・マクラウドは、岩の上はとても不便で、近くにはよい菜園を作れる場所が全くなく、いつまでも未開地のままで、ここで正餐を作るのはヘ丶ラ丶ク丶ラ丶ス丶の苦行のようなものです、と言い張った。私は旧家の誇りをこれほど持っている夫人の中に今風に変えたいという気持ちが混じり合っているのを見て苛立った。「奥様（と、私は言った）、一度この岩の上から立ち去ると、どこに落ち着けばよいか分かりませんよ。まず五マイル移動し、それから先代の領主がなされたようにセント・アンドルーズまで行き、それからエジンバラへ行き、そんなふうに進み続けて、ロンドンのハムステッドあるいはフランスで終わるということになります。だめです、だめです。この岩の上に留まってください、この岩はまさに領地の宝ですから。それは「族長」の住まいとするために城ごとすっかり天から授けられたように思われるのです。生活の安楽と便宜をすべてこの岩の上で享受してください。断じてロリー・モアの滝を離れてはいけませんよ。」「でも（と、夫人は言った）、それをそのままにしておけば十分ではないでしょうか。ロリー・モアよりもっと多くの便益を受けてはいけないのでしょうか。彼は一つの籠に牛肉を入れ、別の籠にパンを入れて正餐に運ばせました。ロリー・モアの岩の上に住んでいるからと言って、ロリー・モアと縁を切ってはなぜいけないのでしょうか。私たちはこの岩を年中眺めているのでうんざりするのも当然ですわ。すばらしいお宅を持って、何もかも快適にお過ご

九月十八日　土曜日

しになっているあなたがそんなことを言って善良な私たちを岩の上に留めておこうと考えるなんていい気なものですわ。あなたご自身はここにはお住まいにならないでしょうからね。」「いいえ、奥様（と、私は言った）、私は岩の上に住みますよ、マクラウドの領主《レアド》でしたらね。そしてその岩の上にいなければ私は惨めでしょうね。」ジョンソン（強い声で、きっぱりと）、「奥様、ボズウェル君はこの古い岩の上を去るくらいなら、穴蔵に住むでしょう。地下牢をねぐらとするでしょう。」私の決然たる封建的熱意がこのような賛同によってかくも追認され、私は意気揚々とした気持ちになった。夫人は少しばかり戸惑っていた。彼女はそれでも美しい農園、豊かな土地、すばらしい庭園の話題に戻った。「奥様（と、ジョンソン博士は言った）、たとえこの岩がアジアにあったとしても、私はこの岩の上を去らないでしょう。」私のこの話題に関する意見は依然として同じである。古い一族の住まいは当然ながら最も重要なものであり、ダンベガンの状況は庭造りや気晴らしの場という点では何もできないが、それでもそれは時の流れによって得られる崇敬の念に加えて、ハイランド族長の館にふさわしい豊富な自然の雄大さに恵まれている、つまり、海、島々、岩、山々、壮大な滝があり、一家が再び豊かになれば、技術を用いて為されることも少なからずあるだろう。

ドナルド・マクイーン氏は今日は出かけて行ったが、明日ブラカデールで説教をするためであった。ダンベガンでの居心地は極めてよかったので、ジョンソン博士の御輿を上げさせるのは容易ではなかった。私は月曜日に出立するよう博士に提案した。「駄目だよ、君（と、博士は言った）、水曜日までは発たないよ。この心地よさをもう少し味わいたいね。」しかし、この時期、天気はとても悪くて不安定だったし、私たちにはまだやるべきことがたくさんあったので、マクイーン氏と私は博士を説き伏せて、月曜日に天気がよければ出立することに同意させた。マクイーン氏は収穫時に家を空けるのは不都合だったが、月曜日にウリニッシュで私たちを待つことを約束してくれた。彼が去ろうとしたとき、ジョンソン博士は、「御恩は忘れません」と言い、それから『ランブラー』誌を持っているかどうかを尋ねた。マクイーン氏は「いいえ、でも私の弟が持っています」と言った。ジョンソン、「『アイドラー』は持っていますか。」マクイーン、「いいえ、博士。」ジョンソン、「ではエジンバラであなたのために一冊注文しましょう、私との思い出としてご恵存ください。」マクイーン氏はこれにたいそう喜んだ。彼は私に、ジョンソン博士のすばらしい知識とその他のあらゆる秀でた特質に対して、最も強い言葉で感嘆の意を表した。私はマクイーン氏にスカイ島の牧師であることに満足しているかどうかを尋ねた。彼は満足していると言ったが、その満足を生み出している主な原因が、彼の先祖がこの島に代々住んでいること、そして彼がこの島の生まれであることを認めた。マクイーン氏は、私たちの左手、すなわちポートリーとマクドナルド博士の家の間にテンプル騎士団の館があったということ、そういうふうに言い伝えられているということ、そして騎士団の焼けた教会の廃墟が残っていることを述べた。私はそのことを記すべきであったが、遠い昔の言い伝えを信じる私の気持ちがジョンソン博士のために揺らいでしまったことを認めざるをえない。マクイーン氏はアナティスについての論争で、小アジアにはスキタイ人が入植し、彼らはケルト人の先祖なので小アジアとスカイ島には同じ宗教が存在するのだと言った。ジョンソン、「おやまあ、文字を持たない民族がその起源について何を言うことができますか。野蛮な国々についての話をするときに、その話を直接野蛮人から聞いた著者たちが厳かに引用されるのを聞くと、私はいつも我慢がならないのです。マクレー族は千年前の自分たちのことについて何を語ることができるというのでしょうか。古代の国々の結び付きの跡を辿るには言語という手段以外にはありえません、だから、どんな言語でも失われると残念なのです。言語は国の系図ですからね。遠く離れた国々に同じ言語が見つかれば、それぞれの住民は同じ民族だったと信じていいかもしれません。つまり、それらの言語がかなりの部分同じであるというのが分かれば、ですがね。一つの単語が双方で同じであるというだけでは、そうはいかないでしょうね。例えば、バトラーはその『ヒューディブラス』において、マゼラン海峡におけるペンギンが白い頭を持つ鳥を意味するということ、そしてウェールズではその同じ語が、からかいのつもりで白い頭の若い女（ペンが頭、ギンが白）の意味であるということを思い出して、その海峡の人々はウェールズ人であると結論付けているのですよ。」

マック島の領主《レアド》の甥であるマクリーンという名の若い紳士が今朝やって来た。そして私たちが正餐の席に着いたちょうどそのときにマック島の領主自身、タリスカーの妹である同令夫人、その親族の二人の婦人、そして今は亡きハマーのマクラウドの娘がやって来た。ハマーのマクラウドは「島のテオフィロス」という筆名で第二の視覚についての論考を書いた人だ。マックの領主がその称号で呼ばれるのを聞くのは幾分滑稽であった。マックというのは響きが悪いように思われるので、彼はマック島と呼ばれたが、それはいともあっさり使われなくなってしまった。その名は現在の書き方では見苦しいが、元のアース語ではそれほど悪くはなく、「雌豚の島」を意味するマウアッハである。ブキャナンはそれを豚の島と呼んでいる。島の形からそう呼ばれるのだ。修道士《モンク》島と呼ぶ人もいる。領主《レアド》はそれが適切な名であると主張している。そこは以前イーコルムキル島に属する教会の土地で、一人の隠遁者がそこに住んでいた。その島は長さが二マイルで幅は約四分の三マイルである。島には百四十人が住んでいると領主が言った。昨年、彼は八十人に種痘を行った。そのほとんどは子供であったが、十八歳の者も数人いた。彼は外科医が島に来て一人当たり半クラウンで種痘をするのに同意した。そこは麦がよく取れ、そのうちの幾分かを島の外に売っている。沿岸には魚が豊富にいる。仕立屋が年に六回島へ来る。エッグ島からは腕のよい鍛冶屋が来る。

九月十九日　日曜日

これまでにはなかったほど天気が悪かった。朝食のときジョンソン博士はこう言った。「狡猾な男たちの中には愚か者を妻に選ぶ者がいる。うまくあしらうことができると考えてのことだが、いつもしくじる。スパニエル犬型愚人とラバ型愚人がいるんだ。スパニエル犬型愚人はひっぱたいて家事などをやらせることができるかもしれない。ラバ型愚人は言葉で言っても叩いてもやらないだろう。そしてスパニエル型愚人はしばしば最後にはラバ型になる。愚人にうまくやらせることができると考えると、やらせるという苦労を絶えずしなければならない。間違いありませんよ、分別や知識があるからといってそれだけ悪くなる女というのはいないのです。」博士がその後、単に儀礼的なことを言おうとしたのか、それとも博士自身の意見を述べようとしたのか私には定かではないが、博士は次のように付け加えた。「男は女にはとても太刀打ちできないことが分かっている。だから男は自分よりも弱いか無知な女を選ぶのですよ。男たちがそう思っていなかったら、自分たちと同じように物を知っている女を恐れたりはしないだろう。」博士がその後の遣り取りの中で、このときの自分の発言は本音だったと私に述べたことを認めるのが、女性に対する公平な態度というものだろう。

博士は今朝、朝食前に私の部屋にやって来て、私の「日誌」を読んだ。博士は旅の初めからずっとそうしていたのだった。博士は以前からしばしば、「これを読むのはとても楽しいよ」と言っていた。今日、博士は、「上達しているね、どんどんよくなっているよ」と言った。私はぞんざいな書き方をする癖がついている恐れがあることを述べた。「君ね（と、博士は言った）、ぞんざいな書き方はしてはいないよ。出版してもよいだろう、その主題が出版に適しているならね。」[138]ビートン氏が食堂で私たちに説教している間、ジョンソン博士は自室にこもっていた。その部屋で私は博士の前にベーコン卿の著作集の一巻である『キリスト教徒の敬虔の衰退』、モンボドーの『言語の起源』、スターンの説教集が置いてあるのを目にした。今日、博士は私に、一緒にいる時間がこれほど少ないとはいったいどうしたことだね、と聞いてきたので、「日誌」にかなり時間がとられているのですと答えた。しかし、よく考えてみると、博士と一時間過ごすためなら私はロンドンの端から端まで走り回るのに、博士と同じ家にこうして落ち着いているときに、博士と同席する暇な時間を捉え損なうなんて不思議なことに思われた。しかし、私の「日誌」は実際のところ多大な時間と労力のいる仕事であり、それを短縮するのを博士が私に禁じているのである。

ジョンソン博士がマクイーン氏に、スカイ島では第二の視覚を断固信じまいと心に決めているらしい牧師たちを除けば、それを信じることが広く行きわたっていることが分かったと述べたことを、そのときこの日誌で言及するのを忘れていた。私はマクイーン氏に、そのような牧師たちは一種の虚栄心に駆り立てられているのではないのですかと失礼をも省みずに述べた。牧師たちは、「世間では辺鄙な所にいる私たちが何でも信じる人たちであると思っている。私たちは彼らが思っている以上に開化していることを示してやりたいのです」と言っているのだ。この立派な牧師は、第二の視覚を信じないのは十分な証拠を自分が見つけていないというところから来ていると言ったが、私は彼がそれに対して初めから信じまいと先入観を持っていたことを見て取った。

本日の正餐後、私たちはレディー・グランジがセント・キルダ島へ流されて、何らの救出策も取られずに数年間そこに幽閉されたという尋常ならざる出来事を話題にした。[139] ジョンソン博士は、マクラウドが邪悪《よこしま》な女たちを島流しにする場所を持っているということを公表すれば、そこはとても利益をもたらす島になるだろう、と述べた。私たちはこの旅行中にセント・キルダ島の詩について耳にしていた。ジョンソン博士は、「その詩はひどく貧弱に違いない。彼らはイメージをほとんど持ち合わせていないからね」と言った。ボズウェル、「その貧弱なイメージを組み合わせて詩を作り上げる点に、詩的才能が示されるのかもしれませんね。」ジョンソン、「君ね、人が火を起こせるのは、その持っている燃料に比例するんだよ。ギニー金貨を造れるのも、持っている金《きん》に比例してだよ。」お茶のときに博士は、一七七五年にイタリアへ行くつもりだと言った。マクラウドはパリの方がよいと言った。ジョンソン、「いいえ、そうではありませんな。海を渡って会いに行きたいと思うフランスの知識人なんて今は一人も残っていませんよ。ビュフォンが言えることは、すべて彼の本の中に見つけることができますよ。[140]」

夕食後、博士はこう言った。「ボクシングの懸賞試合がなくなったのは残念なことだね。どんな技《わざ》でも残すべきだし、防御の技は確かに重要だよ。我が国の兵士たちに剣を持たせておいて、その使い方を教えないのは馬鹿げている。懸賞試合のお陰で人々は自分の血を見ても、また傷にほんの少しの痛みを感じても動揺しなくなった。重い太刀《グレイモア》は出来の悪い武器だったと思うね。それは一回に一撃しかできなかった。両手を使うし、それを振り回すと当然すぐに疲れてしまうだろうね。そのために相手方がしばらく勝負を長引かせさえすれば、相手が必ず勝つことになる。私ならロリー・モアの剣に対しては短剣《ダーク》で戦うよ。私は短剣で一撃をかわし、それから敵に突進して行くことができるだろう。その重い剣の内側に入りさえすれば、敵を打ち負かせる。敵は全く無力で、私はそいつを思いのまま突き刺すことができるのだよ、子牛さながらにね。分別のある軍人たちは、イングランド人はフランス人に対してその優れた体力を十分に役立てていないと考えているようだ。というのも、銃剣を持って押し進むには、その体力はいつも大いに有利なはずだからね。ある将校が言っていたよ。女たちを戦場に立たせることができるなら、そこでは遠くから弾丸を飛ばし合うだけなので彼女たちは男に負けないだろう。でも、男が一団となって女たちに肉薄すれば、女たちはきっと負かされてしまうだろう、とね。さて、同様に体力の弱いフランス人は我々の強力な兵士に打ち負かされるに違いなかろう。」

決闘が話題になった。ジョンソン、「イングランドでは決闘でどちらか一方が死ななければならないといったことは全くない。相手の武器を取り上げて相手に勝てばそれで十分なんだ、相手を殺さなくてもね。君の名誉あるいは君の家族の名誉は決闘によって殺したのと同じように取り戻されることになるのだからね。君の技が優れていて相手よりも優位な立場にあることが分かっているのに、君の敵に新たな戦いを強いるのは卑怯なことだ。相手が床に就いているときに、その喉をかっきりに行くのも同然だからね。決闘が始まってしまえば勝負は五分五分だと思われている。腕前が上の方が勝つとは限らないからね。沈着さによることが多いし、いや、偶然によることもある。風が男の顔にまともに吹き付けるかもしれない。その男はうっかり転ぶかもしれない。そのようなことがしばしば優劣を決めるのだろう。決闘を申し込まれた人は、その決闘で危険な目に晒《さら》されることによって十分に罰せられているのだよ。」しかし、名誉を傷つけられた人も同じような危険に晒されているのですと私が言うと、博士は決闘の合理性を説明できないことをかなり率直に認めた。

九月二十日　月曜日

目が覚めると嵐はさらに激しくなっていた。九時頃には静まり陽が照ったが、すぐに再び雨が降り始めて旅には不向きな日であった。朝食時にジョンソン博士は私たちに次のような話をした。「ロンドンはストランドのキャサリン・ストリートにかつてとてもよい居酒屋《タバーン》があり、そこにとても立派な仲間がある晩集まり、各人がワインを半パイントあるいは四分の一パイントそれぞれ好みに応じて求めたんだ。一同はしまり屋で、自分が飲む分以外に金を払う人はいなかった。その居酒屋では軽食は提供しなかったが、女性がマトンパイを持って控えており、それを皆が買ったと思う。私はクウェーカー教徒のカミングからこの仲間に紹介されて、ワインを飲みに何度かそこへ行ったものだ。一昔前に私の母がロンドンに住んでいたとき、壁側の道を譲る人たちと壁側を通る人たち、つまり温和な人たちと喧嘩早い人たちの二組の人たちがいた。私がロンドンにしばらくいて、リッチフィールドに戻ったとき、母は私に、私が道を譲る人かそれとも譲らぬ人かを尋ねた。今では人は右側通行と定められている。つまり、一人が壁側を歩いていれば、別の人は壁側を譲ることになり、決して争いは起こらないのだ。」博士は話題に上がったある女性(141)を容赦しなかった。あの女をセント・キルダ島へ流したいものだと博士は言った。そして、彼女は極悪この上なしの邪魔女だ、あんな鈍い女はたとえ美人でも役立たずで、そういう女はキャベツからでも作れるだろうよ、腕の立つ職人がいればね、と言った。

マクラウドが朝食にひどく遅れてやって来た。ジョンソン博士は、怠惰は歯痛よりも性質《たち》が悪い、と言った。ボズウェル、「私は同意できませんね、先生。たらい一杯の冷水、あるいは馬用の鞭で怠惰は治せるでしょう。」ジョンソン、「いや、治せないね、君。それはただ発作を先延ばししているだけだよ。病気を治しているんじゃない。私は生まれてからずっと自分の怠惰を治そうと努めてきたが、できなかったんだ。」ボズウェル、「でも、一生かかるほどの仕事をもっと短い時間でやる人がいれば、その人に対して言えることは何もありませんよ。」(私が博士とその辞書をほのめかしていることにすぐに気付いて)ジョンソン、「そのお追従が本当だとすれば、世間の人は他人を非難する権利はないということになろうが、だからといってその人が自分を正当化することにはならないだろうね。」

九月二十日　月曜日

朝食後、博士は私にこのように言った。「ハイランドの族長は今は氏族民の勤勉さをうまく使って、地代が上がるようにあらゆる手を尽くすべきだ。以前は族長がその屋敷を族長の擁護者、召使い、居候、友人たちといった遊情の徒で溢れかえらせておくのは正しかった。今では彼らをもっと上手に使うことができるだろう。物事の仕組みが今は大きく変化しているので、族長一家は富に頼らないでは影響を及ぼすことはできない。その一家は昔の封建時代の権力をもはや持ってはいないのだからね。家族の誰かがそれを持つかもしれないが、その力は今ではその家族のものではありえない。君たちが同じ考え方の人々を永久に拘束できなければね。マクラウドはベッドフォード公爵の四倍の土地を持っている。マクラウドはやる気があればやがてはこの王国の領地で最大の人物になることも可能だと思うよ。だって、土地はいつもかなりの程度まで改良されるからね。よく行われているようだが、金を投資したり別の商売に変わるために土地を売るなんてことは誰にもしてもらいたくないね。きっとのこと、こんな商売気は自滅するだろうよ。君と私が目にすることはないだろうが、それには終わるときが来るんだよ。商売は博打《ばくち》のようなものだ。全員が博打打ちなら、博打は消滅するに決まっている、勝ち取るものが何もないのだからね。全国民が商人だったら、商売によって儲ける物は何もないし、それが完璧になっているところでまず先に消滅することだろう。そうなると土地の所有者だけが実力者となるだろうね。」マクラウドが彼の氏族民の中に多くの恩知らずを見つけるのは辛いことですね、と私は言った。ジョンソン、「君ね、感謝の気持ちは大いなる教化の成果だからね、粗野な人間にはそれはないのだよ。」私はこれには疑問がある。自然の女神はすべての生き物に感謝の念を植え付けたように思われる。アウルス・ゲリウスが言っているが、ライオンは感謝の気持ちを持っていた(142)。文化は贅沢と我が儘をもたらして、この気持ちを促すよりも弱める傾向にあるように私には思われる。

ジョンソン博士は今朝私たちの出立について話したとき、ベーコン卿が国王を描写しているような状況にあると言った。博士はその目的は果たしたいのだが、その手段が気に入らなかったのだ。家に帰ることを大いに望んでいるが、スカイ島を旅することには気が進まないのだ。「この点においても国王と同じですね、先生は（と、私は言った)。他人の指示で行動しなければならないのですから。」

九月二十一日　火曜日

私たちの現在の状況は不確実で、私はしばらくの間、家から手紙を全く受け取ることができず不安にならざるをえなかった。ジョンソン博士はこの点では私よりも有利であった、博士には不安を引き起こすような妻子がいないからである。天気のよい朝だったので、私たちは出発することにした。しかし、大変によいもてなしを受けたこの城を去る前に、手短にこの城のことを述べさせていただこう。

岩盤の端に沿って城壁の残骸があり、それが今は蔦で覆われている。四角い広場は異なる時代の建物、特に大昔のものだと言われている幾つかの塔からなっており、一つの場所に石造りの偽の大砲が並んでいる。非常に大きな未完の五階建ての建物があり、それは私の聞いたところでは、この一族の元祖であるラウドがマン島からやって来て、ダンベガンの昔の所有者であったマックレイルズの女相続人と結婚したときにここにあったもので、彼は結婚で得たのと同じだけの土地をその後征服によって得たのであった。彼はオーストリアのかの一族を凌いでいた。というのも、彼は「戦争においても結婚においても」双方において「幸運だった」からである。先の領主《レアド》の祖父であるジョン・ブレッグ・マクラウドは城を改修し始めた。というよりはむしろ、完成し始めたが、その事業を成し遂げる前に亡くなってしまった。しかし、彼はそれが完成することを疑わず、墓碑銘を生前に書かせた人々にならって、教区牧師が作った次のような碑文を下部の窓の上部にある幅の広い石に刻むことを命じた。それは今でもそこに残っており、未完の事業を褒め称え、生命の移ろいやすさと人間の尊大さに対する警告の役目を果たしている。

ダンベガンのジョン・マクラウド、一族の長にして、ダーリニシュ、ハリス、ヴォータニシュなどの支配者。レディー・フローラ・マクドナルドを娶り、一六八六年、彼の先祖の最古の館であり長きにわたり内部の深所に至るまで廃墟のままであったダンベガンのこの塔を改修せり。

我々の祖先の旧居を改修することを喜びとする彼に
すべての罪を避け、正義を崇拝させよ

勇気は陋屋《ろうおく》を高塔に変え
あろうことか、高殿を茅屋《ぼうおく》に変えもする

九月二十一日　火曜日

マクラウドとタリスカーが私たちに同行した。私たちはダーリニシュの教区教会を通りすぎた。その境内は囲まれてはいず、その一方の外れにはきれいな小川がさらさらと境内に沿って流れている。その境内にはトマス・ロバット卿を記念するために、タワー・ヒルで処刑された息子のサイモン卿によって建てられた尖塔《ピラミッド》の碑がある。それは軟石で作られており、思うに高さは三十フィートばかりである。碑文の書かれた白い大理石がはめ込まれていて、その碑文はロバット卿自身の作ではないかと思われる。彼の気取った文体によく似ているからである。

この尖塔《ピラミッド》は、スコットランドの貴族、偉大にして由緒あるフレイザー族の族長である彼の父トマス卿を記念して、ロバットのサイモン・フレイザー卿によって建立された。トマス卿は家督権をめぐって、当時はウィリアム王の寵愛を受けて権力の座にあったアソル族によって攻撃されたが、彼の武勇や忠誠および一族の旧友であり盟友であるキャンベル家の援助のもと、崇高な不屈の魂と勇敢な行為で自分の家督権を守ったので、彼は一族の誉れとなりすべての勇敢な氏族長の模範となった。彼は一六九九年五月に六十三歳でダンベガンで亡くなったが、そこは領主マクラウドの館であり、この領主の妹と結婚して、上記のサイモン・フレイザー卿をはじめ他にも何人かの子供をもうけた。彼はマクラウド家を深く愛していたので、妻の二人の叔父のそばに埋葬されることを望んだ。そして、サイモン卿は母方の親族である勇敢なマクラウドへの愛着を子孫に伝えるために、父の遺骨をロバット近くの彼本来の埋葬地に運ぶよりはマクラウド一族のもとに託すことにした。

私はこの碑文はあまり貴重なものではないものの、世間を騒がした者の特徴をよく示していると考えて記録に残しておいた。ジョンソン博士は、それがロバット卿の執事が書いたと思われるほどまずいものだ、と言った。

私はこの教会の墓地で、墓穴が掘られる前から大勢の人が葬式のために集まっているのを見た。遺体を納めた棺が地面に置かれ、人々が交代で墓穴を掘るのを手伝っていた。一人の男が少し離れた所で、スカイ島で使われている実に不恰好な農具である曲がり踏み鋤で墓用の長い泥炭を忙しく切り出していた。その農具の鉄の部分は犂《り》刀のようである。柄には生木が使われていて、足を掛けるための木製の留め具が付いている。旅行者はさらに詳しく尋ねなければ、このようなやり方がスカイ島の埋葬だと思うかもしれない。しかし、私が聞いたところでは、墓穴は予め掘っておくのが普通のやり方らしい。

当地では穀物は通常馬の背に付けて家まで運ぶということを今日私は目にした。彼らはまた、橇《そり》、エアシャーで荷馬車《カート》と呼ぶものを幾つか持っているが、作りは粗末でめったに使われない。

私たちは六時頃ウリニッシュに着いた。そこには二階建ての立派な農家があった。ウリニッシュのマクラウド氏は島の判事代理で実直な紳士で、イングランドの治安判事さながらである。あまり口は利かないが十分に賢明で、幾分ひょうきんなところがあった。彼の娘はスカイ島から外へ出たことはないが、とても育ちのよい女性だった。私たちの敬愛する友人ドナルド・マクイーン氏は約束どおり、私たちをここで出迎えてくれた。

ジョンソン博士はフィップス(143)の北極への航海について語り、「我が国の昔の船乗りたちは陸地に極めて近い航路をとっていたので、はるか北の方の海が凍っているのは、陸地が潮の自由な流れを妨げているからだということを知っていたと思われるが、大海原では波が妨げられずにうねるので氷結は起こらないと思われる」と述べた。

九月二十二日　水曜日

朝方、私は出歩き、マーガレット・オブ・クライド号という一艘の船が多くの移民を乗せて通り過ぎるのを見た。それは胸の痛む光景であった。朝食後、私たちは一マイルほど離れた所にある地下の家と呼ばれるものを見に行った。それは丘の斜面にあった。キツネがそこを巣穴にしていて、そのキツネを人々が追いかけて掘り当てたのだ。それはとても狭くて低く、長さは四十フィートほどあるように思われた。その近くに、私たちは幾つかの小さな小屋の石の土台を見つけた。マクイーン氏はいつもあらゆる物を太古から存在していることにしたがるのだが、それがこの島の最初に住んだ人たちの住居であると自慢して、原住民《アボリジニー》の住居がここで見つかるなんて何と珍しいことかと述べた。そのような住居は他所《よそ》では見つからないと彼は信じていたのだ。そして、そこでは火が使われなかったことは明白であった。ジョンソン博士は、これを造った者は未開の状態にあったのではない、なぜなら、それを造るのは家を建てるより難しいからであり、おそらく、それを造った者たちは家を所有していて、これをただの隠れ家として使ったのだろうと述べた。そのすぐ脇にあった住居の跡がジョンソン博士の見解を裏付けているように私には思えた。

　この場所の近くにある古い建物からは、ブラカデール湾、遠くにはバラ島とサウス・ユイスト島、そして、陸地の方には様々な奇怪な岩の頂上を抱く巨大な山脈《やまなみ》のクーリンが眺望できる。それらの山々は、実に見事な版画になっているコルシカ島のコルテ(144)近くの山々に似ている。この山々はシカの広大な生息地になっていて、木々が全くないのにここでは森と呼ばれている。

　午後、ウリニッシュが船で彼の領有する島へ私たちを連れて行ってくれた。そこで私たちは巨大な洞窟を見たが、ウェルギリウスが描写し私も訪れたことのあるシビルの洞窟よりも巨大な洞窟《アントルム・イマーネ》と呼ぶのにずっとふさわしいものだった。その洞窟は奥行きが百八十フィート、幅が約三十フィート、高さが少なくとも三十フィートはある。この洞窟は音がよく反響するとのことだったがそれは聞こえな

九月二十二日　水曜日

かった。反響しないのは大雨で洞窟が湿っているからだ、と彼らは言った。高地地方の大げさな話を彼らはこのように言い逃れしているのだ。ウリニッシュには（スカイ島では極めて珍しい）草花の豊富な庭があり、樹木も何本かあった。家の近くには丘があり、「争いの丘」を意味するアース語の名前がついていたが、そこで昔は裁判が行われていたとマクイーン氏が私たちに教えてくれた。それはスクーンの和解の丘やケリーの丘《ロー》、あるいはノース・ベリックの丘《ロー》のようにローと呼ばれる丘である。この場所が今はたまたま判事の住居になっているのは奇妙なことである。

　私たちはとても楽しい夜を過ごし、ジョンソン博士は文学を話題にして非常に雄弁だった。博士は高貴なボイル家について話し、オーラリ卿の家族は今日まで代々物書きであったと述べた。初代は戯曲を何篇か書き、二代目はベントリーの論敵であり、三代目は『スウィフト伝』やその他のものを書き、その息子ハミルトンは『アドベンチャラー』誌や『ワールド』誌に幾つかのエッセイを寄稿した。博士は、ハミルトンがスウィフトの友人だったオーラリ卿をよく知っていると述べた。博士が言うには、ハミルトンは優柔不断な男で、彼の著書に関するディレーニー博士の『感想』が出版されたとき、ひどく動揺してそれを読むのを恐れたとのことだ。ジョンソン博士は二人共正しい、ディレーニーは専《もっぱ》らスウィフトのよい面を見ていて、オーラリ卿は専ら悪い面を見たのだと話してハミルトンを慰めたのだった。マクラウドは、オーラリが自分の親しくしていた男の欠点を暴くのは間違ってはいないでしょうか、と尋ねた。ジョンソン、「間違ってはいませんよ、あなた、その男が死んだ後ならね。そのときは歴史的観点からなされますからね。」博士はさらに言葉を継いで、「オーラリ卿が金持ちだったら、非常に寛大な庇護者《パトロン》になったことでしょう。彼の会話は著作同様に適切で優雅だったが力強くはありませんでした。彼は能力以上のものを摑み取ろうとした。実際以上に優れた話し手、物書き、思想家として認められようとしたのです。彼と彼の父親の間には諍《いさか》いがあったが、悪いのは父親の方でした。なぜなら、その諍いは、息子が自分の妻と父親の愛人が付き合うのを許さなかったことから起こったからです。先代の卿はその怒りを遺言に示して、自分の蔵書を息子に残さず、その理由を息子がそれを活用できないからだとしたのです」と言った。

私はオーラリの気取った態度について、つまり、彼が『スウィフト伝』に関するすべての手紙を凝りに凝った言葉で結び、決して「敬具」といった決まり文句では結ばなかったということに言及した。私の記憶では、これは数年前に老シェリダン氏が述べた意見である。書き物におけるこの種の気取りは、卓越した才能を持ったある外国の婦人がかつて私に述べたところでは、イングランド人に特有のものである。私は『グラナダの征服』とその他の戯曲を含むドライデンの著書を取り上げたが、献辞はすべてそのような凝りに凝った結びになっていた。ジョンソン博士は、そのような結びはより上品であり、（ドライデンがヨーク公爵に献辞を捧げたときのように）身分の高い人に向けて書く場合にはまた一段と敬意を表せる、と述べた。私はそのような場合はその方がはるかによいということには同意した。それは、その場に踏み止まって正式な挨拶をしようとする代わりに、上品ぶりながらも急に怖気付いて王の前から逃げ出すようなものだ。
オーラリ卿の遺言での息子に対する薄情な扱いがきっかけとなって、臨終の際の心構えが話題になった。私は、健康なときは悪く思っていた人たちに対して、死が近づいているというただそれだけの理由で、その人に対して以前と異なる振舞い方をする理由が分からないと述べた。ジョンソン、「私は死ぬときにある政党に異議を唱えることには躊躇しないが、個人に対してはそのようなことはしない。ローマ教皇シクストゥス五世は死の床で最後の苦悶の合間に死刑執行令状に署名したと言われている。」マクイーン氏は、教皇はそんなことはすべきではない、彼はもっと優しい心を持つことができるはずですと言った。ジョンソン曰く、「私もそうはしないだろうと思います。でも、マクイーン氏も私も臆病者なのです。そうしないのは心の優しさからではないでしょう。人の心は健康なときでも病気のときと同じように優しいからです。もっとも、健康なときの決意はもっと固いかもしれませんがね。シクストゥス五世は聖職者であるとともに君主でもあった。だから、罪人が死に値するなら、彼は最後まで自分の義務を果たそうとしたのです。裁判官が死刑の判決を申し渡している間に卒中の発作で亡くなったとしても、死に方が悪かったとは思われないでしょう。死をもたらすのを仕事としているような人たちのことを考えてごらんなさい。例えば、鉄砲を撃ちながら死んでいく兵士たちを。そのことで彼らの死に方が悪いとは誰も思いません。」

九月二十二日　水曜日

博士は伝記を話題にして、イングランドではうまく書かれた文人の伝記は一つもないと思うよ、と言った。伝記は生涯のありきたりの出来事の他に、その人の学問、生き方、栄達の手段、そしてその人が自分の作品をどう思っていたかを扱うべきである。博士が私たちに述べたところでは、ドライデンの伝記を書くための材料を集めようとして、彼の身内の許へデリックを遣った。そして博士自身が集めるはずのものはすべてデリックが集めてくれたと博士は思ったのだが、それは何にもならなかったとのことだ。博士は、デリックに好意を持っていたので、彼が亡くなったのは残念だと付け加えた。

マクファーソン氏がオシアンの作品として出版した詩についての博士の見解は、ここでも揺らぐことはなかった。マクイーン氏はその真正性という点についてはいつもはぐらかしており、マクファーソン氏の詩は、自分の知っているオシアンの作と言われているアース語の詩にははるかに及ばないと述べるだけであった。ジョンソン、「その詩がちゃんとしたものであることを望みます。私はあなた方が非常に立派な詩を持っているということに異論を唱えているのではありません。ただ、マクファーソン氏の詩は古代の詩からの翻訳ではないと言っているだけです。あなたはそれを信じてはいませんね。敢えて言いますが、あなたは世間がそれを信じてくれることを望んでいますが、それを信じてはいません。」これに対して、マクイーン氏は何も返答しなかった。ジョンソン博士は続けて、「私はマクファーソン氏の『フィンガル』を世間が今までに惑わされた最大の欺瞞であると見なしています。それが本当に古代の作品、すなわち、当時の人々がどのように考えていたかの真の実例であるなら、それは第一級の珍しい史料であったでしょう。現代の作品としてなら、つまらないものですがね。」博士は、自分に説明されたアース語の歌の意味が全然分からないと述べた。人々は博士に、その合唱《コーラス》の部分は概して意味のないものだと言ったのだ。「私は（と、博士は言った）、アース語の歌は私が覚えている歌に似ていると思っています。それはエリザベス女王の御世にエセックス伯爵のために作られたもので、歌の折り返し句は

　　ラダラトゥー、ラダレイト、ラダラ、タダラ、タンドーレ

でした。」「でも確かに（と、マクイーン氏は言った）、意味のある言葉もついていますよ。」ジョンソン、「おや、もちろんです、あなた。私は一連《スタンザ》を覚えているから教えましょう。」

　　　おー！　そのとき、徒弟たちは皆に言った
　　　ロンドン中の美男子ものっぽも
　　　エセックスのために皆で戦おう
　　　ラダラトゥー、ラダレイト、ラダラ、タダラ、タンドーレ[145]

マクイーン氏がオシアンの詩の美しさについて再び長々と論じ始めると、ジョンソン博士はこれ以上は論争せずに、戯《おど》けた笑みを浮かべて、「そうだ、そうだ、ラダラトゥー　ラダレイト」と叫んだだけだった。

九月二十三日　木曜日

私は朝のうちに『フィンガル』を客間に持って行って、ウリニッシュの息子ロデリック・マクラウド氏が提案した論証を試みた。マクイーン氏は原語の詩を幾つか持っていると言っていた。私は彼に、『フィンガル』の中でその原語を暗唱できる一節を指摘して欲しいと言った。彼は四つ折り版の五十頁にある一節を指摘して、そのアース語を読んだ。その間、ロデリック・マクラウド氏と私はその部分の英語を見つめていた。するとマクラウド氏はそれがマクイーン氏の朗誦したものにとてもよく似ていると言った。しかし、マクイーン氏がアース語でクーチュリンの剣の記述をサー・ジェイムズ・ファウルズによる英訳と併せ読んだとき、マクラウド氏はそれがマクファーソン氏のその一節の翻訳よりももっとよく似ていると述べた。それからマクイーン氏がクーチュリンの馬車の馬の記述をアース語で暗唱した。マクラウド氏はマクファーソン氏の英語とは似ても似つかないものだと言った。

ジョンソン博士が下の階へ降りてきたときに、私は博士にフィンガルに関する証拠をかなり手に入れましたと言った。というのは、マクイーン氏が原語のアース語で一節を朗誦したが、それがマクファーソン氏の翻訳とかなり似ていたからであると述べ、博士自身がかつて、マクファーソン氏のオシアンがポープのホメロス以上に原典に似ている必要はないと述べたことを思い起こしてもらった。ジョンソン、「そうだ、君、これはまさに私がずっと主張してきたことだよ。彼は名前と物語と語句を、いや、昔の歌の歌詞を見つけ、それを彼自身が作ったものとない混ぜにして、それを昔の詩の翻訳だとして世間に示したのだ。」私は、もしそれが真実なら、それを六巻の詩として出版するのは間違っていますねと述べた。ジョンソン、「そのとおりだよ、君。それをハイランドの人たちが巻について、そして六について何も知らなかった、あるいはたぶん六までようやく数えられるようになった時代のものとするなんて。私たちは、コンダミンから、四以上は数えられない国民のことを聞いている。この話はモンボドーにも話すべきだ。彼には役立つだろうからね。坂を上っている人を助けるのと同様に、下っている人を助けるのも慈善になるものだ。」ボズウェル、「それほど慈善になるとは思いませんが。」ジョンソン、「なるよ、君。もしもその人の動向が落ち目ならだよ。そういう人はどん底に辿り着くまではもがくのだ。いったん底に辿り着かせてやればおとなしくなる。スウィフトが言うには、ステラは人を愚かさから抜け出させようとする代わりに、その人の愚かさを助長するという策略を使っていた。これを彼女はアディソンから学んだんだがね」と述べた。

オシアンに関する質問に対するマクイーン氏の回答は全く納得のいかないものだったので、彼が裁

九月二十三日　木曜日

判所で尋問を受ければ、もっと立場を明白にしなければならないだろうと私は言わざるをえなかった。ジョンソン、「君、彼はブレアに少ししゃべりすぎており、それがそのまま出版されたので彼はそれに執着しているのだ。彼はこの点ではまさに第一人者だから、細かく質問されることに慣れていないのだ。だから彼は思うがままにやっているのだ。」ボズウェル、「彼を働かせる人がいなかったのです。」ジョンソン、「そのとおりだよ、君。自分から仕事をする気になる人はめったにいないよ。確かに、自分から進んで働くべきだがね。」マクイーン氏は何の返答もしなかった。[146]

裁判所で証人が尋問されるときの厳格さについて話した後、ジョンソン博士は、ギャリックは大衆の前に出ることには慣れているのに、ウエストミンスター・ホールに証人として出廷したとき、今までにない登場の仕方に狼狽して質問されたことが理解できなかった、と私たちに話した。それは役者が無負担の利益を主張する訴訟であった。すなわち、劇場の費用を払わずに受け取る利益であるが、その言葉の意味が論争になっていたのだ。ギャリックは「証人は無負担の利益を受けていますか」と尋問された。「受けています。」「どのような条件でそれを受けるのですか。」「無負担……という……条件……でです。」これでは何の証言も得られないとしてギャリックは証人からはずされた。ジョンソン博士はしばしば我々の友人ギャリックにはとても厳しい。私が博士にシェイクスピアの「序文」の中で彼の名前を挙げなかったのはなぜかと尋ねたときに、博士は、「ギャリックはシェイクスピアのために行ったあらゆることから十分に報酬を得ている。私が彼を賞賛するなら、彼に報酬を与えた国民をそれ以上に賞賛すべきだ。彼はシェイクスピアをさらにいっそう知らしめたわけではない[147]。彼はシェイクスピアを輝かしいものにはできない。だから私には彼の名前を挙げない理由が十分にある。もっとも、理由が必要ならばの話だがね。名前を挙げるための理由もあるべきだ」と言った。私はモンタギュー夫人がギャリックを高く評価していることを述べた。ジョンソン、「君、彼女が多くを語り、私は何も言わないのがよいのだ。レノルズは彼女の著作を好んでいるが、驚いたね。だって、私もボークレアもスレイル夫人もそれを読み終えることができなかったのだからね。」

昨夜、ジョンソン博士は私たちに皮のなめし方の全過程を語り、さらに牛乳の性質、乳漿《にゅうしょう》作りなどの様々な加工法について説明してくれた。博士の博識は驚くべきものであり、このような人物が生活に役立つ技《わざ》について注意を向けているのを見るのは満足感を与えてくれる。ウリニッシュは博士の知識に大いに感動して、「この方はすごい雄弁家ですね。この方が話すのを聞いていると美しい調べになっている」と言った。奇妙な考えが私の頭をよぎった。生活には非常に役立つことは疑いないが、学者とか詩人の在り方からはかけ離れている技能、すなわちその呼び方は何であれ、肉屋という商売について博士が何か知っているか試してみたいと考えたのである。私は最近の南海への航海者たちによる未開の国々の風俗習慣についての様々な調査に関連させて、博士をこの話題に誘い入れた。私は、現サー・ジョゼフ・バンクス氏が、タヒチでは彼らの普通の食料である犬は血を抜かずに絞め殺すので、蓄殺法がそこでは知られていないのだ、と私たちに話したと述べることから始めた。このことはバンクス自身が私に話したので、私は彼らの豚も同じやり方で殺されていると想像していたのだ。ジョンソン博士、「これは彼らがナイフを持っていないからに違いない。もっとも、彼らは先を尖らせた石を持っていて、それで動物の死体をある程度の大きさに切り刻むことができるのだ。」徐々に、博士は屠殺法についてさえ熟知していることを示した。「動物は（と、博士は言った）、それぞれ違ったやり方で殺される。雄牛は打ち殺され、子牛は気絶させてから殺す。しかし、羊は気を失わせることなしに喉を掻っ切る。蓄殺者は動物の安楽死などは考えずに、自分たちの安全と都合のために動物をおとなしくさせることだけを考えているのだ。羊は畜殺者に何の面倒もかけないものだ。ヘイルズは動物は皆一撃を加えずに血を抜いて殺すべきだ、その方が血がよく出るからだ、という意見だ。」ボズウェル、「それは残酷でしょう。」ジョンソン、「そうではないよ、君。頸《けい》静脈をうまく切ればあまり苦痛はないのだ。」この話題をさらに続けて、博士はサザークの溝《どぶ》は週に二、三日は血が流れていると、また、ロンドンには予想以上に多くの通りに屠殺場があるのではないかと思っている、と（屠殺をちょっと恐れているような口振りで）言った。そして、さらに、博士は「我々は誰でも、牛肉がなくなるよりも、牛を殺す方を選ぶだろう」と言った。私たちには殺せません、と私は言った。「殺せるとも、（と、博士は言った）、誰でもできるさ。屠殺は実際に一つの商売だ。すなわち、そのための年季奉公もあるが、それは一ヶ月もあれば習得できるだろうよ。」

私は、ロンドンはイーストチープのボアズヘッド亭、つまりフォールスタフと彼の陽気な仲間たちが集う酒場のクラブについて話した。ここの会員たちは全員がシェイクスピア劇の登場人物となっている。一人はフォールスタフ、もう一人はヘンリー王子、また一人はバードルフなどなど。ジョンソン、「その仲間にはならないことだよ、君。君は今では名を成しているのだから、それ自体は悪いことでなくとも、君の品格を落とすような多くのことは避けるように注意しなくてはならない[148]よ。名のある者はすべからくこのことを守るべきだ。世間に知られていない者は、少しも人目を引かずにロンドンで好きなように暮らせる。しかし、少しでも重要な人物ならどれほどに監視されているかは驚くほどだよ。国会で取り上げられることになっている問題について演説の準備をしたいと思った国会議員がいた。そして、彼と私がその問題について議論をしようということになった。彼は私と話をしたことが知られるのを望まなかった。そこで、彼は私を呼びつけたりはせず、自分から私の家に来た。彼が国会で演説をしてからしばらくして、ひどく活発な女性であるチャムリィ夫人が私に、『まあ、あなたはあの人を利用できなかったのですね』とその紳士の名前を挙げて言った。これは彼が監視されていたことの証拠だった。私はかつて政府の仕事をしなければならなかったことがあり、ノース卿の所に行った。そのことが知られないようにとの配慮がなされており、私が出かける前には暗くなっていた。しかし、数日後に私は、『ところで、君はノース卿と一緒にいたね。』と言われた。首相官邸の玄関が監視されるのは不思議ではない。しかし、国会議員の玄関が監視されたり、私の家が監視されるとは驚きだ。」

私たちは今朝、ウリニッシュと彼の家族に暇乞いをして、彼の船でタリスカーへ向かった。ドナルド・マクイーン氏は依然私たちに好意を示して同行してくれたが、私たちはそのことで彼に大いに感謝した。船が進むにつれ、ジョンソン博士はスコットランド人に毒づくという例の気まぐれを起こした。一五五〇年頃から一六五〇年頃までの百年間、彼らは極めて学問の進んだ国民であったが、文化的な生活が学問の進歩に比例しては進んでいない国民の唯一の例となっている、彼らには「合同」前には貿易も貨幣も優雅さもほとんどなかった。他の国民と同じような長所を持ちながら、文明国の国民と接触するまでは、勤勉がもたらすはずの便益や優雅さを持ち合わせていなかったのは不思議だ。「我々は君たちに教えてきたし（と、博士は言った）、我々はやがてすべての未開の国民に、チェロキー族にも、そして最後にはオランウータンにも、同じことをするだろう」とまるでモンボドーがそこにいるかのように愉快そうに笑いながら言った。ボズウェル、「合同の前にも私たちにはぶどう酒がありました。」ジョンソン、「いや、君。君たちはフランスのかすである弱い酒を持っていたが、それでは酔えないだろう。」ボズウェル、「請け合いますが、先生、酔っ払いはごまんといましたよ。」ジョンソン、「いや、君。水腫で亡くなった人はたくさんいたが、彼らは酔っ払おうとしてその病気になったのだ。」

私は、ウリニッシュでの博士の言葉を省略していたので、ここでその幾つかを拾い集めておこう。博士は船に乗っている人は囚人よりも惨めな状態にあるという発言を繰り返した。「囚人の方が

（と、博士は言った）、より広い空間、よりよい食べ物、さらに通常よりましな仲間がいて、しかも安全である。」「はい、そのとおりですが（と、マクイーン氏は言った）、船に乗っている人は陸に上がるという楽しみがあります。」ジョンソン、「あなた、私は人が陸に上がるという話をしているのではありませんよ。そうではなく、船に乗っている間のその人のことを言っているのです。そのときは、いいですか、船上の人は囚人より惨めだと言っているのです。囚人だって外に出るという楽しみは持っていますからね。限られた期間だけでも閉じ込められている人には確かにそのような希望があります。」マクラウドが漁業を続けていきたいという意図と船の造り方を理解したいという強い希望を述べた。私は、ピョートル大帝のように造船所へ行って働いてはどうかとほのめかした。ジョンソン、「いいや、君、彼は働く必要はない。ピョートル大帝は単なる機械的な仕事は誰にでもできるということ、また、舷側や船倉の作りが良くても悪くても大型船を建造する技術は同じだということを理解するだけの分別を持ち合わせてはいなかったのだ。サー・クリストファー・レンは煉瓦積み職人の、いや実際に最初は煉瓦作り職人の年季奉公をした方がよかったのだ。」

　ダンベガン湾には、アイサと呼ばれる美しい小島がある。マクラウドは、ジョンソン博士がその島に一年に三ヶ月間、いや、一ヶ月間住めばという条件で博士にその島を差し上げましょうと言った。ジョンソン博士はこの思いつきを大いに面白がった。私は今までに博士がちょっとしたこと、贈り物のような思いつきにさえ喜ぶのを見てきた。博士はこの島について大いに論じた。そこにどのように家を建てようか、どのように防備を固めようか、どのように大砲を備えようか、どのように植物を植えようか、どのように出撃してマック島を分捕ろうかなどなど。それから彼は何時《いつ》になくはしゃいで、大笑いし、止めようがないほどだった。私は、博士は面白がっても他には誰も面白がらないちょっとしたことに博士がこのようになるのを見てきた。ラングトン氏が私に語ったところでは、ある晩、他の誰もにこりともしないのに、博士が些細なことを面白がり、ギャリックだけが意味ありげに素早く周りを見回して、「いや、実におかしい」と叫んだことがあるそうだ。マクラウドはジョンソン博士がその島の所有者になるという思いつきをさらに膨らませて、この国ではどんな人でもその所有地の名で呼ぶのが習わしであると博士に語り、その流儀で博士に、「アイランド・アイサに乾杯」と乾杯する許可を求めた。ウリニッシュ、タリスカー、マクイーン氏それに私がそれぞれのやり方で乾杯に唱和したが、その間、ジョンソン博士は上機嫌で一人一人に頭を下げたのだった。

今日は天気に恵まれ船足も順調だった。海岸は丘や岩山や麦畑や、当地で自然の森《ウッド》とものものしく呼ばれている灌木で変化に富んでいた。私たちはフェルネレーの家の近くに上陸した。そこはマクラウドという名の別の紳士が所有する農場で、この紳士は私たちの到着に備えて、ジョンソン博士のための馬を用意して岸辺で待っていた。博士以外は皆歩くことにした。正餐のとき私はマクラウドに、彼が彼の氏族の者たちと親しくしているのを見て嬉しいと言った。「政府は（と、彼は言った）、我々から昔の権力を奪いましたが、我々の身内の満足を奪うことはできません。私は氏族の者たちを困らせながら赤ぶどう酒《クラレット》を自宅で飲むよりは、彼らのどこかの家（彼の一族の者の家を意味する）でパンチを飲みたいのです。」これこそがすべての族長の心意気であるべきだ。地代を上げて得られるものといえば族長自身の家での益々の贅沢だけなのだ。自分の領地の利益は身内とある程度分け合って、社交と族長の影響力の双方を持っていた方がよいのではないか。

私たちは三マイルほど快適に馬を進めタリスカーに到着した。そこでマクラウド大佐が私たちを彼の令夫人に紹介してくれた。私たちはここで（タリスカーの甥である）コルの若き領主ドナルド・マクリーン氏と出会い、アバディーンで彼の叔父であるマクリーン教授から託された手紙を彼に渡した。マクリーン氏は小柄で活発な若者だった。彼はかなりの期間イングランドにいて農業を学び、小作人を虐げずに、あるいは古来のハイランドの流儀を失わずに、彼の父の土地の価値を高める決心をしているようであった。

タリスカーはスカイ島で普通に見られる場所よりもよい所である。そこは豊かな窪地である。前には広大な海が広がっており、両側には巨大な岩山がある。少し離れた海の中にはするどく尖った円柱状の岩が三つある。タリスカーの浜には大波が勢いよく大音響とともに打ち寄せる。ここにはよく育った樹木がたくさんある。タリスカーは広大な農場だ。その所有者は何世代にもわたってマクラウドの次の後継者になってきたが、それはその家族にはいつも息子が一人しかいなかったからだ。屋敷の前の庭には浜で見つかる青っぽい灰色の丸石が無粋に撒かれているので、地面に打ち込まれた大砲の弾の上でも歩いているような気分になる。

夕食後、私は教区民を訪れては個人的に教導するスコットランドの牧師の勤勉さについて話し、この点で彼らがイングランドの牧師よりいかに優れているかを述べた。ジョンソン博士はこの話を聞き流しはしなかった。博士は「教導にもいろいろやり方がある。イングランドの牧師は祈りを捧げたり説教をしたりする」と述べて、これを撥《は》ね付けようとした。マクラウドと私がこの話題を推し進めると、博士は激昂して堰《せき》を切ったようにしゃべり出した。「私はスコットランドの人々の方がよく教導されているなんて信じないね。もしそうなら、盲人が盲人を導いているようなものだ。スコットランドの牧師自身が教導されていないんだからね。」博士は少し言いすぎたと思って、自分を抑えて付け加えた。「私がスコットランドの牧師の無知について話しても、それは彼ら全般について言っているのであって、（マクイーン氏を見ながら）学問のある人がいないと言っているのではありません。モスクワ大公国の牧師の中にはそのような者がいるようです。イングランドの牧師は理論と実践の両方において、宗教を擁護する最も貴重な書物を著してきました。あなた方が長老教会主義に陥ってから、あなた方の牧師は何をしてきましたか。彼らが宗教をテーマに書いた本で少しでも価値のあるものを一冊挙げることができますか」と述べた。私たちは黙っていた。「助け船を出してあげましょう。フォーブズは実に見事なものを書いています。しかし、フォーブズは司教制度が完全に消滅する前に書いたのだと私は信じています。」それから、少し間をおいて、博士は「そうそう、スコットランドには悔悛に反対するウィシャートがいますね。」(149) ボズウェル、「しかし、先生、私たちはスコットランドの牧師の学問ではなく、彼らの勤勉さが優れていると主張しているのです。」しかし、博士は彼らの無知を激しく非難して、再び私たちを圧倒した後に、私に向かってこう言った。「私には君たちがよい教導を受けていないことが分かるんだ。君たちには博愛心が見られないからね。」博士は私が見せた勝ち誇ったような態度にかなり興奮せざるをえなかったのだ。なぜなら、博士はまず、「君はとことんやるつもりだな」と言ったからだ。博士は再び善良なるマクイーン氏のことを思い、彼の手を取って「いやいや、私はあなたを軽んじるつもりで言ったのではありませんよ」と言った。

ここで私は、博士が私の持ち出した議論に対抗するのではなく、彼の立場を捨てることによって勝利を収めたのだということを述べなければならない。スコットランドの牧師にはそれほど学問がないということを博士が取り上げたことは彼の巧妙さを示してはいるが論理の誤りであった。それはまるで、ある人の髪の毛をきちんと手入れしているかどうかという議論に際してジョンソン博士が「君、その人の髪がきちんと手入れされているはずがないよ。だって彼は汚いシャツを着ているのだから。綺麗なシャツを着ていない者は髪をきちんと手入れなんかしないものさ」と言っているようなものだ。数日後に博士がこの条《くだり》を読んだとき、「違うよ、君。私は、ある人の髪がきちんと手入れされていないのは、彼が綺麗なシャツを身に付けていないからではなく禿げているからだと言ったのだよ」と言った。

九月二十三日　木曜日

博士はスコットランドの牧師には学識があるということに反論する論拠を一つ用いたが、それは正しくなかったと私は思う。博士が言うには、「我々は生きていると分かるまではその人が死んでいると信じるように、人に学があると分かるまではその人は無知であると信じているのだ。」ところが、私たちの法律における金言は、死んでいると分かるまではその人が生きていると見なすということである。しかしながら、実際に、ある人が生きていたとまずは知らなければならないし、スコットランドの牧師の学識については知らなかったのだと答えることができるだろう。マクイーン氏はジョンソン博士は議論の論点を放棄したという意見だったが、博士の言ったことにはひどく喜び、まさにそのとおりであると思うと私に告白した。それに、マクラウド夫人は博士の雄弁に魅了されたので、私に「あなたは悪しき主張のよき弁護士です」と言った。

九月二十四日　金曜日

今日はよい日であった。ジョンソン博士は朝食時に、キツネ狩りでは誰よりも懸命に馬を走らせたと私たちに語った。「イングランド人は（と、博士は述べた）、懸命に馬を走らせて狩をする唯一の国民だ。フランス人は調教した馬で出かけ野原を跳ね回るが、生垣を飛び越えるようなことは考えない。城壁の突破口を乗り越えようなどとは思わないようにね。パワーズコート卿はフランスで、ある短い時間でかなりの長距離を馬で走ることができるという賭けをした。フランスのアカデミー会員たちは計算してみて空気の抵抗のためにそれは不可能であると判断した。しかし、卿はそれをやりおおせたのだ。」

私たちの所持金がほぼ底を突いたので、ブラカデールで下ろすようにサー・ウィリアム・フォーブズ商会宛てに三十ポンドの手形を組んだ。使いの者はそれを現金化するのがひどく困難であることを知った。だが、彼はやっとのことで移民を運ぶ船の船長からその金額を手に入れた。スカイ島では正貨がとても不足しているのだ。マクイーン氏は、召使いの給金の支払いや調達しなければならないちょっとした買い物の支払いにもひどく苦労していると言った。地代は手形で支払われるが、それは家畜商人が振り出す。住民は大量の嗅ぎ煙草や紙巻煙草を消費するが、それは現金で払わなければならない。島には商店がないので行商人が品物を売りに来るのだが、彼らが現金を持って行ってしまうのだ。漁業や製造業が奨励されれば、貨幣が流通し始めるかもしれない。私は銀貨で二十一シリングをポートリーで手に入れたが、それはかなりの蓄えであると思われた。

九月二十四日　金曜日

タリスカーとマクイーン氏と私は外出して、家の近く、しかも四分の一マイルほどの範囲内で十五もの様々な滝を目にした。私たちはまたクーチュリンの井戸を見たが、それはこの古代の英雄のお気に入りの泉だったと言われている。私はその水を飲んでみた。とてもうまい。海岸には中心に結晶が詰まっている石がたくさんある。

私たちの世話好きな友人であるマクリーン氏はまだ若い領主にすぎないが、コルという称号が必ず付けられていた。正餐後、彼と私はとても高い岩山であるプリーシュウェルの山頂に登ったが、そこからはバラ島、ロング・アイランドの島々、バーネラ島、ダンベガン湾、ラム島の一部、ラーセイ島の一部、そしてスカイ島の大凡《おおよそ》が望めた。コルはダンベガンに滞在したり、かなりの時間をスカイ島で過ごそうとこの島に来ていたのだが、親切にもまず私たちをマル島まで案内し、それからスカイ島へ戻る決意をしていた。これはもっけの幸いだった。というのは、彼は私たちのために、ただマル島へ行くだけでなく、もっと変化のある探査旅行を計画してくれたからである。彼はエッグ、マック、コル、タイリーの島々を見聞して回ることを提案した。彼は、このすべての島々で彼は見る価値のあるものはすべて私たちに見せることができるだろうし、マル島には彼の父が土地を持っており、彼自身も農場を所有しているので我が家にいるようなものだ、と言った。

ジョンソン博士は今日はあまり多くを語らず、コルが立案したこれからの旅の計画に熱心に聞き入っている様子だった。しかし、バーチ博士の名前が出ると、彼は他の誰よりも逸話を多く知っていたと言った。私は、パーシーは実に物知りでここの小川のように逸話で溢れていた、と言った。ジョンソン、「パーシーがここの小川のようなら、バーチはテムズ川のようだったよ。バーチはその点でパーシーを凌いでいた、パーシーがゴールドスミスを凌ぐようにね。」私はヘイルズ卿は逸話好きの人だと言った。博士は、ヘイルズ卿がスチュアート家に好意的でない回想録や書簡だけを出版したので、彼を快く思っていなかった。「もし（と、博士は言った）、一人の男が君に『私はすべての悪行を語るつもりだ。君は善行を見つけたまえ』と公平な忠告をするのならよろしい。しかし、彼が、一つの御世についての意見を述べるのが自分の目的だと公言するなら、彼は真実をすべて語るべきだ。私は二人のジョージ王についての真実、あるいはあの悪党ウィリアム王についての真実を語るだろう。グレインジャーの『列伝イングランド史』は奇妙な逸話だらけだが、もっとうまく書けたかもしれない。あいつはホイッグだ。私は服を着たホイッグでもあまり見たくはないが、ホイッグが教区牧師のガウンを纏《まと》っているのを見るのは特に嫌いだ。」

九月二十五日　土曜日

私たちは出立することにしたが、それはスレートに戻って、順風になったときはいつでも船に乗れるようにするためであった。ジョンソン博士は部屋に残って手紙を書いていたので博士の御輿を上げるのに手間取った。博士は朝食に来ずに朝食を部屋に運ばせた。博士が手紙を書き終えたときは十二時になっていたが、私たちは十時には出発しているはずだったのだ。私が博士の所へ行くと、博士は

「君は、
　　あらゆる島が牢獄だ
　　海に堅く守られて

王も王子も、それゆえに
我々同様囚人だ(150)

で始まる歌を覚えているかね」と言った。博士は閉じ込められている私たちの状況を考えていたのだと思う。博士はできることならスレートまで馬で戻らず、いっそのことこの島から船で脱出したいとよほど思っていたのだろう。そのような案も出された。博士は「その考えをおとなしく引っ込めたりはしたくないがね」と言った。しかし、それはできない相談だった。

私たちはマクラウドとタリスカーに暇乞いをして、名残を惜しみつつ別れた。タリスカーは医者になるように育てられたので会話には学者らしいところがあり、それがジョンソン博士を喜ばせた。それに、彼はとてもよい本を何冊か持っていた。また、オランダ軍の大佐だったので、彼と令夫人は外国暮らしの結果としてこの荒涼とした地域に大陸の気楽さと丁重さをもたらしていた。

ヤング・コルが今や私たちの先導者であった。マクイーン氏はあと半日私たちに付き添うことになった。私たちはある小さな小屋で足を止めたが、そこで老婦人が昔からの高地地方の道具である手ひき臼《クァーン》で粉を挽いているのを見た。その臼はローマ人が使っていたものだと言われているが、作業に時間がかかるのでほとんど使われなくなっている。

スカイ島の家の壁は、たくさんの石をぎっしりと積み上げたものではなく二層の石でできていて、その間に土が詰められているのでとても暖かい。屋根は一般にお粗末だ。ときに麦わら、ときにヒース、またときにはシダで葺いてある。屋根は麦わらの縄、またはヒースの縄で押さえられていて、その縄をしっかり固定するためにそれぞれの縄の端に石が括《くく》り付けられている。この石が軒からぶら下がっているので、紙で結ばれた婦人の髪のように私には見える。しかし、風が吹くと、その石が落ちてきて人の頭に当たる恐れがあると思う。

私たちはスコンサーの宿で食事をとったが、そこには嬉しいことに妻からの手紙が届いていた。ここで私たちは一緒にいた学識のあるドナルド・マクイーン氏と別れた。ジョンソン博士は、「マクイーンさん、どうぞ私を忘れないでください」と気持ちを込めて別れを告げた。マクイーン氏がスカイ島の解説を書くべきだということになり、それをジョンソン博士が修正することを約束した。博士は、マクイーン氏は彼自身が知っていること、伝統的なこと、そして憶測によることを区別して書けることはすべて書くべきだと言った。

私たちは悪路を避けるために、馬を岬の向こうに送った。そして、そこまで船で進むことにした。私たちが船に乗り込んだのは七時だった。何度も雨が降り、やがてかなり暗くなった。ジョンソン博士は黙って辛抱強く座っていた。博士はスカイ島の黒い海岸——薄暗がりの中で見える石の海岸なので実際に黒かったのだ——に目をやり、一度だけ口を開いて、「実に荘厳だ」と言った。私たちの船の漕ぎ手は荒々しく歌を歌って野蛮なインディアンのように見えたので、ほんのちょっと想像力を働かせるだけで私たちはアメリカのどこかの川にいるような気分になれた。私たちはストロリマスで上陸し、そこからコリハタハンまでは道案内に付いて二マイル歩いた。荷物運搬用の馬が確保できなかったので、私は旅行鞄を一つ抱えジョゼフが一つ持った。私たちの夜道を照らしてくれたのはただ一つの星だけだった。到着したのは十一時頃だった。私たちは主人夫妻にとても温かく迎えられた。二人はちょうど床に就こうとしていたのだが、心からの親切心ですぐに火を十分に起こし、夜中の十二時には食卓に夕食が用意された。

ノッカウのジェイムズ・マクドナルド、つまり、私たちがキングズバラでお目にかかっていたキングズバラの兄がそこにいた。彼は私に故サー・ジェイムズ・マクドナルドが老キングズバラに与えた証文を見せてくれたが、その前文は追慕されているかの紳士の優しさを如実に表しているので、私はそれを書き写す価値があると思った。それは次のようなものであった。

私こと、マクドナルドのサー・ジェイムズ・マクドナルドは、今や成年に達した。私がキングズバラのアレクサンダー・マクドナルドに対して抱いている友情と、彼が私の亡父に対して行った長きにわたる忠実な献身、および彼が私の家庭教師兼保護者の一人であった未成年期に私に対して行った献身へのお礼として、上記のアレクサンダー・マクドナルドはもはや高齢に達したこともあり、彼の晩年を穏やかで快適なものにすべく私なりの努力をすることを決意し、それゆえに彼に五十ポンドの年金を与えることとする。

ジョンソン博士はすぐに床に就いた。鉢《ボール》一杯のパンチが飲み干されたとき、私は席を立ち二階の寝室へ向かおうとドアの近くにいたのだが、コリハタハンに、コルが初めて家に来たので彼用のパンチ一鉢を飲むから、私も一緒に飲まないかと誘われた。善良なこの家の主人の温かさと非常に世話になっている案内人のコルに礼を尽くしたいという気持ちから、私は再び腰を下ろした。コルの鉢が空になる頃には私たちはすっかりできあがっていた。三杯目がすぐに作られ、それも空になった。私たちはすっかり打ち解けて大いに愉快になった。しかし、何があったのか私は正確には何も覚えていない。私はコリハタハンを、彼の友人たちがそうしているように、親しみのこもったコリーという愛称で呼んだのを覚えている。四杯目が作られたが、その頃にはコルとコリハタハンの息子である若いマキノンはそっと寝てしまっていた。私はコリーとノッカウと少しだけ飲み続けてその後やっと二人の許を去った。私が床に就いたのは朝の五時頃だった。

九月二十六日　日曜日

私は正午に目を覚ましたがひどい頭痛がした。あんなに浮かれ騒いでしまったことを大いに後悔し、ジョンソン博士に叱られるのではないかと思った。こうやってランブラー氏の旅の道連れである間にあのような馬鹿騒ぎをしたことは、私が取るべき態度とはひどく矛盾していると考えた。一時頃博士が私の部屋に入ってきて、「何だ、まだ酔っているのかね」と声を掛けてきた。その口調は厳しい譴責《けんせき》調ではなかったので私は少しばかりほっとした。「先生（と、私は言った）、皆が私を寝かしてくれなかったのですよ。」博士は「そうじゃない、君が皆を寝かせなかったんだろう、この飲んだくれが」とやり返した。これを博士は陽気なイギリス人的滑稽さを滲《にじ》ませて言った。その後まもなくして、コリハタハン、コル、そして他の友人たちが私のベッドの周りに集まってきた。コリーはブランディーの瓶とグラスを持っていて、私に一口飲めと強く勧めた。「そう（と、ジョンソン博士は言った）、また彼を酒びたりにしてやれ。朝から酔わせれば、一日中彼を笑いものにすることができるだろう。宵のうちに酔っ払ってこっそりベッドに入り込み、友人たちにからかう楽しみを与えないのはつまらぬことだ。」博士がこのように戯けているのを見て、私はますます気が楽になった。それで、私が起きると言うと、博士はとても陽気に「今はそんなに急ぐ必要はないよ」(151)と言った。この家の主人の助言を聞き入れてブランディーを少し飲んでみると、頭痛を直す効き目があった。起き出してジョンソン博士の部屋へ入り、マキノン夫人の祈禱書を手に取って三位一体の祝日後二十番目の日曜日を開いてみると、使徒の書簡の中に、「そして、酒に酔うことなかれ、度を過ごしやすいゆえ」とあった。これを神の介入と思った人もいるだろう。

マキノン夫人が正餐のときに私たちに述べたところによると、彼女の父親である老キングズバラは、フローラ・マクドナルド嬢と一緒に女装して彼の家にやって来た人の服装について、マグストットでキャンベル将軍に詳細な取り調べを受けたとのことだ。将軍は変装についての情報を得ていたのだ。ロング・アイランドからフローラ嬢と一緒に出かけて行ったアイルランドの少女の服装とどの程度一致していたかが分かるようにその詳細が記録に留められた。彼女が言うには、老キングズバラには十八番《おはこ》の歌があり、彼は酒を飲んで愉快になるといつもそれを歌った。彼女はその歌詞を私に口述したが、それは実に馬鹿々々しいものだ。

バイオリン弾き弾き逃げて行こ
起きないうちに一緒になって
私の恋人どこにいる
浮気女《グリーンスリーブズ》と腸詰パイ《プリン》

異国で二人は結ばれる
王様お早くお帰りを
紛《まが》いの王は身震いし
さあ、王様に乾杯だ

九月二十六日　日曜日

傷手《いたで》に悩む我が同志《とも》よ
ツイード河の両岸で
紛いの王は身震いし
さあ、王様に乾杯だ
　浮気女《グリーンスリーブズ》……

取り調べが行われている間に、マクラウドの民兵の一人としてそこにいた現タリスカーは、「彼女は浮気女《グリーンスリーブズ》だったのかい」とキングズバラに軽口を叩く誘惑に逆らうことができなかった。キングズバラは彼に返事をしなかった。レディー・マーガレット・マクドナルドは、キングズバラが命の危険に晒されているのだからこのような深刻な場面で冗談を言うなんて、とタリスカーに対しひどく腹を立てた。マキノン夫人は、レディー・マーガレットはスカイ島で大変敬愛されていました、と付け加えた。さらに、マーガレット夫人が島内を行くときには、島民たちが大勢彼女の前に走り出て、彼女の馬が躓《つまづ》いたり彼女が怪我をしたりしないようにと道から石を取り除いたものです、とも付け加えた。彼女の夫、サー・アレクサンダーも尊敬の念をもって追慕されている。彼の食卓では毎週大樽《ホグズヘッド》ひとつ分の赤ぶどう酒《クラレット》が飲まれていたということだ。

この日もまた雨と颪の一日だった。しかし、陽気で楽しい語らいが時を紛らわせてくれた。午後私はすっかり寛いだ気分になった。そして、昨夜の乱痴気騒ぎは道徳的にあまり咎められない付き合い上の行きすぎにすぎないと考え、飲みすぎからくる熱は概して健康によいのだと主張する医者もいるということを思い出した。同じことに対する反省も時期が違えばそのように変わってくるものだ。そして、間違いだと分かっていることを言い繕《つくろ》う弁解とはこのようなものなのだ。

九月二十七日　月曜日

私たちの元々の案内人だったドナルド・マクラウド氏は、ダンベガンで私たちと別れていたのだが、今日再び私たちに合流した。天気が依然悪かったので旅を進めることはできなかった。私はここで、散在している本以外にたくさんの本が入っている戸棚を見つけた。ジョンソン博士はタリスカーで自分の部屋に蔵書があったと言い、さらに、たくさんの本があることがスカイ島の注目すべき点の一つだと述べた。

コリハタハンには豊富な食料があったが庭というものが全くなくて、カブ、ニンジン、キャベツさえなかったのは注目すべきことだ。正餐後、私たちは前にも述べたスカイ島の曲がり鋤を話題にした。彼らは、それは普通の庭鋤より優れ物で、上下に動かすには骨《こつ》があり、それに慣れた者は作業がごく簡単にできる、と主張した。「いや（と、ジョンソン博士は言った）、それは掘り起こす石がたくさんある所では役に立つかもしれないが、土壌のよい所を掘るにはおそらく適した農具ではないだろう。確かにぐいと持ち上げることができるかもしれないが、軽い鋤の方がずっとうまくやれるだろう。重さがそれを厄介な道具にしているのだ。それがあればどんな土地でも掘ることができるが、よい土地を耕すのにそのような重い物は要らないのだ。スズメを撃つのに大砲を持ち出すことはできるが、家に持ち帰るスズメを全部合わせてもそのような弾薬に値しないだろう。」博士は全く社交的で彼らに打ち解けていた。そして、博士は酒を飲まなかったが進んで高地地方の美人たちに乾杯した。博士の陽気さに魅了されて、彼女らは博士への好意を示そうと互いに張り合い、強いゲール語なまりで、「トクター　ションソン、トクター　ションソン、あなたに乾杯」と叫んだ。

今宵、快活で綺麗な小柄の既婚女性が愛想よくジョンソン博士の膝の上に座り、仲間にけしかけられて博士の首に手を回して口付けした。「もう一度してくれ（と、博士は言った）、どちらが先に飽きるのかな。」博士はその女性をしばらく膝に乗せたまま一緒にお茶を飲んだ。博士は今やまさに伊達《バッ》男《ク》のようであった。周りの皆が博士の気さくな戯《おど》けぶりに大喜びだった。私には謹厳な賢人ランブラー氏が、高地地方の美人と戯《たわむ》れるのを見るのは実に可笑しかった。しかし、他に博士に何ができたであろうか。今振舞ったように振舞っていなかったら博士は不機嫌で沈んでもいただろう。博士は嗤《わら》われて愛されもせず、それほど尊敬もされなかっただろう。

博士は今夜は皆と一緒に座りながら、私の「日誌」をかなり読んで、「これを読めば読むほど君のことを高く評価するよ」と私に言った。男たちは博士と私が部屋に退いた後も長い間パンチを飲んでいた。彼らのもてなし方は私には奇妙に思えた。鈴が壊れていたので、気の利くすばしこい若者が部屋の隅のテーブルに腰掛けて、薬缶《やかん》を持ってこいと言われればすぐに立ち上がってそれを運ぶ。男たちは朝の五時近くまで飲み続け、アース語の歌を歌い続け、それから彼ら全員が私の部屋へ移動して来た。彼らの何人かのベッドがそこにあったからだ。私には災難だったが、彼らは部屋の隅にパンチの瓶を見つけてそれも飲んだ。さらにコリハタハンがもう一本持って来てそれもまた空になった。彼らは私の邪魔をしたことを何度も謝った。私は、彼らの酒盛りで眠れないのでまた起きて再び彼らに加わろうかと思った、と彼らに言った。善良なコリハタハンは「あなたがそのようになさっていたら、私は牛を一頭差し上げたでしょう」と述べた。

九月二十八日　火曜日

天気は昨日よりも悪かった。私はまるで投獄されているかのような気分になった。ジョンソン博士は、このように引き止められることにうんざりする、と言った。しかし、博士は私よりも不快感を持たない、あるいは我慢強いように思われた。ここで私たちの状況を悪化させたのは、私たちが自由に使える部屋がないということだった。ここの善良な人々は、人には寝る場所以外にも部屋が必要だという観念を持っていなかったのだ。そのため、日中は寝室を家中の人が使っていた。召使いたちがジョンソン博士の部屋で食事をし、私の部屋は子供たちや犬も含めて一つ屋根の下のあらゆる者が使う一種の溜まり場となった。紳士たちが居間を占有したので、ジョンソン博士の部屋を除いて、婦人たちが日中居る場所がなかった。私はいつも博士が起きる前にそこでものを書く静かな時間を過ごしていた。そして、私は「日誌」を書くために朝食後私がそこに座るのを気にしないように婦人たちを徐々に慣らしていった。

今朝ジョンソン博士は、天候が不安定で何週間も一つの場所に引き止められるかもしれないなどということを考えもせずに、できるだけ多くの島を見に行きたいと言った。博士は私に向かって、「私は君よりも冒険心があるのだ」と言った。私としては、マル島へ何としても行きたかったのだ。そこからなら本土へはほとんどいつでも行けるだろうから。

ジョンソン博士は、自分の家柄をこの上なく誇りにしている、昔ながらのアイルランド紳士が少数ながら残っている、と述べた。博士の友人で母親がアイルランド人であるサンフォード氏が博士に伝えたところによると、オハラ（オハラは父方と母方の両方が正真正銘のアイルランド人であった）と、ポンソンビー氏——イングランドのベスバラ伯爵の子息であり、三人のうちでは最も身分の高い人である——と一緒にそのような昔ながらのアイルランド人の一人に会いに行った。その男は、「オハラさん、ようこそお出でくださいました。サンフォードさん、あなたの母上のご子息を歓迎します。ポンソンビーさん、あなたは座っても結構です」とこのように三人を扱ったというのだ。

博士は脱穀と屋根葺《ふ》きの両方の話をした。博士は脱穀する者とどんなふうに手を打つかを決めるのが難しいと言った。「日給で脱穀する者を雇えば、無理をしてまでは働かないであろう。しかし、怠け者は間違いなくたいていの労働者よりも簡単に見破られる。というのは、働いている間はいつも音を出さざるをえないからだ。出来高、つまり脱穀する穀粒の量で彼に支払うなら、穀粒がどんどん出てくる間だけ脱穀するだろうし、穂の中に一杯穀粒が残っていても、もう一度藁《わら》を脱穀する価値がない。また、それを十分行うように厳しい態度を取ることもできない。というのは、彼が脱穀すべき量よりもいかにわずかきり脱穀していないかを検証することが大変難しいからだ。ここが悩みどころだ。しかし、私としては日給で雇うだろう。私は彼の欺瞞よりもむしろ怠惰の方を取りたい。」博士は、リンカーンシャーにいたときに聞いたとのことだが、そこの葦《あし》で葺いた屋根は七十年持つ、と言った。そして博士がロンドンでこのことを腕のいい屋根葺き職人に言ったところ、彼はそのとおりだと思いますよ、と言った。ジョンソン博士はあらゆる問題について最良の情報を得るためにこんなことまでしているのだ。

博士は続けて、「イングランドでは最下層の工員でも間違いなく日雇い労働者より稼ぎがよいので、農夫が日雇い農夫を見つけるのが困難である。工員の賃金がどれくらい高いかは少しも重要ではないが、目の前の生活必需品を調達しようとする人々の賃金を上げることは、大変悪い結果をもたらすことになるであろう。というのは、それは食糧の値段を上げることになるだろうから。これこそが政治家にとっての問題なのだ。最も役立っている人々が最低の賃金きりもらっていないということは筋が通らないことである。しかし、これ以外のやりようがあるとも思えない。これ以外のやり方が見つけられたらよいのだが。それまでは、食糧が高いときには貧しい労働者の賃金を上げるよりも、救援給付金で一時的に援助した方がよい。賃金は一度上がると決して二度とは下がらないのだから」と言った。

幸いなことに午後一時から二時の間に空が晴れ上がり、私たちは出発する準備をした。しかし、私たちの親切な主人と女主人は、彼らが大急ぎの食事《スナッチ》と呼んでいる食事をとらずに私たちを行かせようとはしなかったし、それは実際大変おいしい正餐であった。パンチが回っている間、ジョンソン博士はマキノン夫人と親しそうにひそひそ話をしていた。しかしながら、それはチャールズ王子の逃亡についての詳しい話であることが私たちに聞こえるくらいに大きな声であった。我々は皆面白がってそれを見詰めていた。その話題に関して、サミュエル・ジョンソン博士の心とスカイ島の農夫の妻の心の間に何か通じ合うものがあったのだ。生活一般の有り様においてお互いがどんなにかけ離れていても、互いに共通するある特定の問題について身を寄せ合う人々を見るのは興味深いことである。私たちは、ジョンソン博士がコリハタハンの妻とひそひそ話をしていることでコリハタハンと冗談を言って楽しんだ。彼女はこれに気付いて、「私は博士に恋しています。愛することなしに生きていてもつまりませんわ」とユーモアたっぷりに叫んだ。彼女が何か言ったとき、博士は彼女の手をぎゅっと握りしめて恭《うやうや》しくそれにキスをした。その言葉が何だったのか私には聞こえなかった、あるいは思い出せないのだが。
私たちが出発しようとしたとき、親愛の情と敬愛の表現である「よい方《オネストマン》！」というスコットランドの決まり文句が一同からジョンソン博士に向かって何度も投げかけられた。私もまた大変丁重に見送ってもらった。そして私は、博士へのたゆまぬ配慮と博士がどこへ行っても寛《くつろ》いでいられるように取り計らったことを自分の少なからぬ功績としたい。博士が何かを食べるようにあるいは飲むようにと二度勧められないようにすること（それはいつも博士をげんなりさせた）、食事のときには必ず水を出すことなど多くのちょっとしたことに気を配らないと博士は苛立つのだった。私はまた会話を先導したことでも手柄を主張することが許されるだろう。私はオーケストラのように第一バイオリンを奏でて主導しているなどと言っているのではなく、証人を尋問するときのように、つまり話題の口火を切り、別の人にそれを続けさせることを言っているのである。私にとって博士は大きな碾《ひ》き臼のようなものであり、その中に話題が投げ込まれて碾かれていくのだ。実際、この碾き臼に材料を投ずるためには豊かな思考力を必要とする。私はこの碾き臼が使われていないと分かるといつも残念に思うのだが、ときどき自分が全く無力で何も投げ込むものがないと思うときがある。ポープは自分の心を詩を捻《ひね》り出す碾き臼に喩《たと》えているけれども、私はこの碾き臼が喩えとしてふさわしいかどうか分からない。

九月二十八日　火曜日

私たちは午後四時頃出発した。若いコリハタハンが私たちに同行した。気持ちのよい夕べで、よい頃合いにスレートの聖職者であるマーティン・マクファーソン氏の住居であるオスティグに到着した。それは教会近くの農地に彼の父親によって建てられた大変立派な家である。私たちはここでマクファーソン夫妻とマクファーソン氏の妹であるマクファーソン嬢に大変丁重に迎えられた。令嬢はアース語で歌を歌い、ギターを奏でてジョンソン博士を大いに喜ばせた。博士は後日彼女に自著『ラセラス』を贈っている。博士の寝室にはギリシア語、ラテン語、フランス語、それに英語の本が並んだ書棚があり、その本の大部分は私たちをもてなしてくれているマクファーソン氏の父君である博識なマクファーソン博士の蔵書であったものだ。同博士の『スコットランド古代遺物論』が不出来な作品であると先の頁で述べたが、彼は卓越した才人であった。ジョンソン博士は彼が書いて一七四七年に『スコットランド・マガジン』誌に発表したモーゼの歌のラテン語の意訳を見て、「これは彼にとって名誉になるものだ。彼は多くのラテン語をしかも立派なラテン語を知っている」と言った。マクファーソン博士はまた一七三九年六月、自作のラテン語頌詩を同雑誌に発表しているが、それは数年間聖職者であったバラ島にいる間に書いたのだ。それは大変詩的で、あらゆるものがいかに比較次第であるかということの顕著な証拠を示している。というのは、バラ島は彼の産土《うぶすな》であるスカイ島よりさらにいっそう悪しき所であったようで、彼はスカイ島の「神聖な山々」に思い焦がれ、自分がその身を置いている未開人のはざまで生き埋めにされていると考えたようだ。読者諸賢はおそらくこの頌詩《オード》の実例を目にするのを不快とはされないであろう。

ああ、悲しいかな。私は何と大きな悲しみに耐えながら
祝福に満ちたあの尾根をはるかに見渡していることか
私はただ一人
荒涼たるバラ島の不毛の砂地を歩んでいる

私は嘆き、怒り
地の果てに住む未開人の中で苦しんでいる
私は身も心も弱まり
暗い監獄に閉じ込められて、息絶えんとしている

彼によるとセント・キルダ島を除いてスコットランドの最も西にあり、彼が地の果て《スーレ》と呼んでいるバラ島から、愛する故郷に飛んで行く翼を願い、社交の喜びと孤独のもたらす様々な苦難を記述した後、彼はついに彼らしい適切さで、物思う人々の唯一の確かな救いである「心を挙げて《スルスム・コルダ》」によって、よりよきあの世を望み諦念へと心を向けている。

九月二十八日　火曜日

主よ、永久《とわ》に御心が行われますように
私の希望《のぞみ》は湧き上がる
天井の都エルサレムへと
主の御心の宮《みや》を継がんために

彼は正統的敬神の見事な言い回しで結んでいる。

そしてついに命が、命が召されねばならない
そのとき我々は聖なる天使と畏敬の念で満ちた
聖者たちを賛美しながら
楽しい友に会うことを許されるのだ

九月二十九日　水曜日

私はぐっすり眠った後、ここ数日味わったこともないほどの爽やかな気分で起床した。私たちは今や海岸にほど近い所にいたので窓からは海が見え、いよいよ船旅が迫っているのだと感じた。マクファーソン氏の礼儀作法や話し方には大いに好感が持てた。彼は高名な客の並外れた能力を認識する

だけの知性と分別を持った男だと思われた。彼は「ジョンソン博士は人類にとって誉れであるし、それにこう言ってよければ、宗教にとっての誉れである」と私に言った。

昨日所用でカムスクロスに行っていたコルが今朝の朝食で私たちに加わった。他にも何人かの紳士がジョンソン博士の話を楽しもうとやって来た。今日は風が強く雨天だったので、私たちは前夜幸運な間隙を捉えて移動したのだ。私たちはここでコリハタハンよりもよい泊り心地とたっぷりとした自分の時間が持てた。時間がいつの間にか過ぎて行った。私たちはシェンストンを話題にした。ジョンソン博士は、彼は立派な造園家だったが、一流の詩人としての地位を彼に認めるわけにはいかない、と言った。博士は、彼の『愛の牧歌』をすべて読もうとしたが、読み通せなかった、と言った。私はそのスタンザを繰り返した。

私がゆっくりと退散するのを彼女は見つめていた
　私は自分がどこを歩いているのかが分からなかった
彼女がとても愛想よく別れを告げたので
　引き返すようにと私に告げたのだと思った

博士は、「これはうまいものだ」と言った。私はシェンストンの散文の短い金言から見ると彼には

九月二十九日　水曜日

かなりの思考力があるように思われますと言ったが、博士は彼にそのような長所があることを認めようとはしなかった。しかしながら、彼と文通をしていた男の兄が彼の手紙を燃やしたのは間違っているという点で、博士はシェンストンと同意見であった。「というのは（と、博士は言った）、シェンストンはその書簡が誉れであるような人だからだ。」博士は今日の午後は厳しい批評ばかりを口にし、当たるを幸い痛罵を浴びせかけた。博士はハモンドの『愛の悲歌』はつまらんと言った。生き生きとして気品はあるが放縦すぎる我らが抒情詩人ハンブリー・ウィリアムズについて、博士は軽蔑するように「彼は一緒に酒を飲んだ若造の間だけで有名だったのだ」と言った。

博士がこの気分に浸っている間、私は全く不当だと思わざるをえないのだが、「その残忍な剣のひゅうと風を切る音」(152)の中に不運にも入ってしまったのだ。私は博士が今までに寝帽《ナイトキャップ》を被るのを習慣にしたことがあるかどうか尋ねた。博士は「ないね」と言った。私は寝帽を被らない方がよいのでしょうかと尋ねた。ジョンソン、「君、私はたまたま被ったことがあるだけだし、寝るときに寝帽を被った方がいいのか、被らない方がいいのかなんて多分誰にも分からないだろう。」その後すぐに、博士は高地地方に見られる欠陥を笑いものにして、「人は靴や靴下を履かなくてもいいのだ」と言った。博士自身の欠陥を少しばかり皮肉ってやろうと思って、私は敢えて「あるいは寝帽を被らなくてもですね、先生」と言い足した。しかし私は黙っていた方がよかったのだ。というのは、博士は直ちに言い返した。「（笑いながら）私にはそこの関連が分からない。寝帽を被るのがよいかどうかなどと尋ねた馬鹿者はこれまでにいないよ。これは少しばかりの頭の悪さから来ているのだ。」博士はその場にいる人たちを納得させたようだ。しかし、本当のところは、もし博士が習慣どおりにいつも寝帽を被っていて高地人が寝帽を被らないことに気付いたら、博士は彼らの粗野さに驚いただろう、ということである。したがって私の皮肉は十分に理にかなっていたのだ。

九月三十日　木曜日

これまでにないほど風が強く大雨だったので、私たちは家に籠《こも》らざるをえなかったが、その分ジョンソン博士の話を十分に聞くことができた。博士は、バークが下院でもいちばんの男であることを認めるのに吝《やぶさ》かではない、と言った、あの男はどこに行ってもいちばんだからだ、と。しかし、人中《ひとなか》では目立たず、薬味瓶の首ほどに了見の狭い男が、多少の礼儀作法を身に付けて、たまたまほんの少しの知識があるだけで、下院において異彩を放つのは許せないと博士は苦言を呈した。(153) ジョンソン博士が言うには、初めてヤング博士に会ったのは『クラリッサ』の作者であるリチャードソン氏宅であったそうだ。ヤング博士は自分の『独創的な文章について』をジョンソン博士に読み聞かせるために家に呼び、ヤング博士がそれを読んで、ジョンソン博士が批評をした。ジョンソン博士はごくありふれた格言と思えることをヤングが目新しいものとして受け入れているのが分かって驚いた。博士はヤングが立派な学者ではなく、また文章術をきちんと学んでいないと述べ、彼の『夜の想い』には大変すばらしいものがあるが、二十行も読むと必ず途方もない箇所にぶつかると言った。ジョンソン博士はヤングの『評判の愛』から二つの条《くだり》を朗誦し、ブルネッタとステラという登場人物を非常に賞賛した。博士によるとヤングにウェルウィンへ来るようにと大いに急《せ》き立てられたという。博士はいつでも行くつもりだったが、結局は行かなかった。ヤングが亡くなったとき博士は残念に思った。ヤングと息子の諍《いさか》いの原因は、ヤングが一緒に住んでいる聖職者の未亡人を追い出すべきだ、彼女がヤングに大きな影響力を持っていて自分に対して横柄だから、と息子が主張したという点にあったと博士は私たちに言った。ジョンソン博士によると、息子が「老いた男は誰にも左右されるべきではない」とヤングに言ったので、未亡人は憤りを隠すことができなかったそうだ。私は博士に、二人の間には何か不適切な関係があったのでしょうか、と尋ねた。「いや、君、二つの彫像のように何の関係もなかったよ。ヤングは八十歳を過ぎていたし、彼女は粗雑な女性だった。彼女はヤングに本を読んでやったり、コーヒーを入れてやったり、チョコレートを泡立たせてやったりして、老いた男が望むことをしてやったのだと思うよ。」

ドッドリッジ博士が話題になり、ジョンソン博士はこう言った、「彼は英語による最もすばらしい寸鉄詩の作者だった。その詩はオートンの『ドッドリッジ言行録』の中にある。その主題はドッドリッジ家の家訓である「命ある限り生きよ」というもので、その主たる意味では確かにキリスト教の聖職者にあまりふさわしいとは言えないが、ドッドリッジはそれをこのように言い換えたのだ。」

生きている間は生きよ、と享楽主義者《エピキュア》は言うだろう
そして今日の日の喜びを捕らえよと
生きている間は生きよ、と聖なる説教者は叫ぶ
そして飛び去る瞬間瞬間を神に捧げよと
主よ、私が思いますに、両者を結び付けましょう
私はあなたのために生きるとき喜びに満ちて生きるのです

九月三十日　木曜日

私は、政府は非常に多くの異端的な文章を咎《とが》めもせずに認めていますが、これはおかしくありませんか、と尋ねた。ジョンソン、「君、それはひどく馬鹿げているよ。彼らは自分たちの力を知らないのだ。現在の王家は国民の十分の九の意に反して王位に就いた。その十分の九の人々が正しかったのか間違っていたのかは、今、私たちが問うべきことではない。しかし、王家がそのような状況にあったので、彼らは味方になりそうな者たちを進んで支援したのだ。君も知ってのとおり、あらゆる悪党、だらしのない考えを持っているあらゆる輩《やから》がホイッグ党員なのだ。教会はこぞってこの王家に反対だった。私がいつも言っているように、王家は進んでどんな味方も支援した。それで、今の王家が王位を継承して以来、その主義が間違っているからといって遠ざけられた人はいない。こうして今のような不信心が氾濫しているのさ。」私は、ヒューム氏の著書の幾つかが宗教には好ましくないのだ

が、彼はトーリー党員でした、と述べた。ジョンソン、「君、ヒュームはスコットランド人なので、偶然にもトーリー党員なのだ。しかし、義務というような主義からではない。彼には主義がないからね。彼がいっぱし何者かであるとしたら、ホッブス主義者だね。」

夕食後、博士はどことなく気分が落ち着かないようだった。エジンバラにあまり留まらずに、ロンドンへ急ぎたいと言ったのだ。私は博士にオートン将軍や他の多くの人たちに会わねばならないことを思い出してもらった。ジョンソン、「いや、行きたくもないのに行ったり、留まりたくもないのに留まったりはしたくないよ。しかるべきことをするだけだ。」ボズウェル、「はい先生、しかし、それをいつなさるかを私に決めさせていただきたいとお願いしているだけなのです。」ジョンソン、「君、私は君に相談なんかしないよ。」ボズウェル、「先生が自由になるとすぐにお逃げになるのなら、先生を島に閉じ込めてしまいますよ。」とはいえ、博士は総じて一緒にいると楽しい人だった。ドナルド・マクラウド氏は、ジョンソン博士との知己を運よく得た人々が次第に作り上げて行く博士の印象を次のように大変うまく言い表した。「初めて博士に会うと、畏敬の念に打たれる。それから博士を賞賛し、次に心底から博士を愛するようになる。」

私は今夜ヴォルテールの『一七四一年の戦史』の一部と「消滅しない王位継承権」に対するケイムズ卿の反論を読んだ。こんなことはまさに取るに足らないことなので読者諸賢を煩わせたくはないのだが、すべて自分が読んだものは何でも記録しておくべきであるということだけは述べておきたい。

人は学んだことに関するあらゆる事柄を記録しておくべきなのだ。どんな書物を調べたのか、それをどれほど読んだのか、どんなときにどれほど頻繁に同じ作家を読んだのか、そして、その作家たちに対して人生のどんな時期にどのような意見を抱いたのかを。このような記録こそがその人の心の歴史を大いに明らかに示してくれるのだ。

十月一日　金曜日

私はジョンソン博士にある雑誌で見つけた詩句を見せた。それは博士の辞書からめったに使われない単語を拾い出して構成されていた。

彼は人間の感受性《アンスロポパシ》をほとんど持っていない……

博士はそれをほんのわずか読んだだけで、「私は自分の辞書の中にあるすべての単語に答えられるわけではない」と述べた。私は博士に、ギャリックは自分を賞賛したり罵ったりしたすべての人について記録していました、と言った。博士は自身の評判について、「今では私のことが話題になっているのが分かったので、私もそうしておけばよかったと思うのだが、非常に多くの事柄が新聞のあちこちにばらばらに出ているので、今となってはもうできないよ」と言った。ジョンソン博士は、ケンリックに反論して博士の弁護論を書いていたオックスフォードのある若者に腹を立てていたそうだ。博士がケンリックに答えるのにそれが邪魔になるからだ。後になって博士はその若者が許しを乞いに来ると知らされた。博士は最初その事に干渉した若者を冷たくあしらおうと思ったが、その若者が自分にできるだけの支援をしようとしたのだと考えた。ところが博士は思い直し、その若者にできるだけのことをしてやろうと伝え、それを実行して若者を満足させた。博士が言うには、その若者の書いた小冊子の弁護論をほとんど読んでいなかったので、それがどのような出来なのかを知らなかったそうだ。その若者はオックスフォードで異彩を放っていたが夭折《ようせつ》してしまった。博士は、作家たちにとって攻撃されるのは大いに有難いことなのだ、と言った。「私の芝居がひどい出来だと私に言ってくれる人の方が、それを黙殺する人よりも私にとっては味方なのだ。人の口に上るような仕事をしている人は、攻撃されることで大いに助けられているのだ。」ギャリックはしばしばそのようにして助けられましたね、と私は述べた。ジョンソン、「そうだよ、君。ギャリックは多くの人に自分の姿を見せることで、人々に自分のことを覚えてもらう機会を誰よりも多く持っていたんだ。でも、彼があれほど多くの攻撃に晒《さら》されなかったら今のような評価は得られなかっただろう。すべての攻撃は防御を生み、それが注目の的となる。人々が皆同じ意見だったら、単に賞賛されるだけで何の面白味もない。」ボズウェル、「それではヒュームはビーティーに攻撃されても何ともないのですか。」ジョンソン、「ヒュームには痛手だよ。ビーティーにやり込められたのだからね。作家にとって痛手となる攻撃がないなどとは言わないよ。ヒュームはビーティーから痛手を受けたけれども、他の攻撃からは利益を得ているのだ。」（ヒュームがその中にアダムズ博士やタイトラー氏のような人々の攻撃を含めることができないのは確かだった。）ボズウェル、「ゴールドスミスは攻撃されてかえって助けられています。」ジョンソン、「そのとおりだ、君。しかし、ゴールドスミスはまだそうは考えていないよ。ゴールドスミスと私がそれぞれ同じ時にあるものを雑誌に連載していたんだ[154]が、そのとき、お互いに論評し合ってもよいと言われたんだ。ゴールドスミスはその申し出を受けるつもりだった。私は、やらない、と言った、論評者たちを無視しろ、と。老ベントリーが攻撃されたとき、『どうせ奴らはあなたのことを悪く書くのでしょう』と本人に言ったら、『いや、君、請け合ってもいいが、悪く書かれるのは本人のせいなのだよ』とベントリーは答えたものだ。」博士がその後私に述べたところでは、作家が攻撃されても得をするのは主に好みの問題の場合であり、どちらの側でもいろいろのことが言えるのでやり込められることはない、ということだった。博士が言うには、『一ギニーの冒険』の作者が誰だかを知らなかった[155]のだが、出版業者がその第一巻の原稿を送ってきて出版すべきかどうか意見を求めてきたので自分は出版すべきだと考えた、とのことだ。

さて、天気が幾分よくなったので、スレートでサー・アレクサンダー・マクドナルドの土地差配人《ファクター》をしているジェイムズ・マクドナルド氏は、オスティグにいる人たち全員がアーミデルの館へ行くべきだと主張した。サー・アレクサンダーが夫人と共にエジンバラへ行ってその館を留守にしているので、マル島へ出帆する機会がくるまでその館の客になるべきだ、というわけだ。そこで私たちはそこの館へ行って正餐をとり、全員で十四人もいてしごく陽気にその日を過ごしたのであった。

十月二日　土曜日

ジョンソン博士は次のように述べた。「族長と夫人はその館を宮廷同様にすべきだ。紳士の娘たちを数人家において教育を授け、家政婦からは焼き菓子などの作り方、そして夫人からは作法を学ばせるのだ。ウェールズの上流家庭はそうしている、レディー・ソールズベリーやスレイル夫人の祖母、そしてレディー・フィリップの所などではね。私は家庭の良し悪しは夫人によって判断するんだ。家庭はまさしく夫人たちの領分なのだからね。サー・ジョン・フィリップスの所にはいつも六人の若い淑女がいた。そのうちの一人が結婚すると、代わりの女性がその後に入った。大きな教室があって、淑女たちが針仕事や他の事を学ぶのだ。」私は、ドイツの幾つかの宮廷には紳士の子息である近習のための教育の場があり、彼らは両親には金銭の負担もかけずに教育を受けています、と述べた。ジョンソン博士はそのような宮廷でこそ作法が最もよく学べるのだと言った。「大公の面前に出るのはかなり容易だが、大公には深い敬意をもって接しなければならない。君主の宮廷では距離がありすぎて、何の得るところもない。」私は「全くそのとおりです。ベルサイユ宮殿はまるで劇場の舞台のように見られています」と言った。博士はこういった。「今までにない最良の行儀作法の本であるカス

十月二日　土曜日

ティリョーネの『廷臣論』はウルビノの小さな宮殿でまとめられたものだ。[156] 君はそれを読んだらいい。」書物についての博士の意見を聞くのはいつも楽しい。博士はマクファーソン氏の家で、ウィットビーの『新約聖書解説』を誉めて、それがかなり散漫だと言われるのを聞いたが自分はそうは思わないと言った。博士はラーセイ島で『世俗の人』という小説を拾い読みしていたが、見るべきものは何もないと思った。博士は今日、私の「日誌」を読みながら、「これは数年経つと私たちの大切な宝となるだろう」と言った。

知り合いのけちけち紳士[157]を話題にして、あいつはモリエールの守銭奴以上だと博士は言った。私も同意見で、その紳士をフットの笑劇に登場させればうまく演じるでしょうと言った。さらに、そうするのに最もよい方法は、フットに彼の家で一週間もてなしを受けさせることです、そうすればフットは憤慨して笑劇を書くことになるでしょう、と述べた。ジョンソン、「君、フットがあの男を捕まえてくれたらと思うよ。でも、私はあの男に一宿の恩があるから奴をフットに引き渡したりはしないよ。だがフットがあいつを無理なく捕まえてくれれば嬉しいよ。」

博士によれば、オグルソープ将軍の所で何も言わずに座っていたスレイルには腹が立ったそうだ。博士は、その場にまるでいないかのように自分を貶《おとし》めてしまう人を咎《とが》めたのだ。私はゴールドスミスはその正反対ですねと言った。というのは、彼はやみくもにしゃべりまくるからだ。ジョンソン、「そうだよ、君。ゴールドスミスは黙ってないで、自分でも知らないと分かっていることを話そうとするのだ。自分の無知を晒《さら》す結果になるだけなのにね。」「ゴールドスミスは自分の無知を晒していることに気付いているのでしょうか（と、私は言った）。彼が二人の仕立屋と一緒だったら……」「あるいは、二人の鋳物師《いもじ》と一緒だったら（と、私を遮りながらジョンソン博士は言った）、彼は大砲の作り方についてしゃべり始めるだろうね。もっとも相手は二人とも大砲がどんな金属でできているのかをゴールドスミスが知らないとすぐに分かるだろうがね。」私たちは今日の午前中、博士の部屋で大変打ち解けて楽しい一時《ひととき》を過ごした。夜には皆がいつものように踊った。私たちはたいそう活発に踊ったが、その踊りはスカイ島からの移住にまつわるものだろうと私は思う。人々はそれを「アメリカ」と呼んでいる。それぞれのカップルが、普通の巻き込み《インボルーション》と旋回《エボルーション》の後、次々とぐるぐる回り始め、やがて全員が踊り回る。この踊りは移住がいかに流行して近隣の地域全体にまで広がっているかを示そうとしているように思われる。マキノン夫人の話では、昨年、船がアメリカへ向けてポートリーから出帆《しゅっぱん》したとき、海岸に立って親族が去るのを見ていた人々は気も狂わんばかりだったそうだ。人々は地面に倒れ転げ回り、そして歯で草を噛み切った。しかし、今年は一滴の涙も流さなかった。海岸に立っている人々は、自分たちもすぐに彼らの後を追うと考えているようだった。この落ち着きこそが我が国にとっての致命的な徴候なのだ。

私たちは今夜バグパイプの音楽に合わせて踊り、バグパイプの音色に合わせて力強くステップを踏んだ。私は浮世離れした学者のように振舞うよりも、心から人々の娯楽に加わってスカイ島の人々の好意を得る努力をした方がよいと考えた。私はこの「ヘブリディーズ諸島」への旅をジョンソン博士と私との共同企画と見なしていた。おのおのがその成功を期してできるだけのことをすべきなのだ。私には自分の陽気な努力が私たち双方に非常に役立っていると自負する理由がある。ジョンソン博士の計りしれない豊富な知識と知性は人々の賞賛と楽しみのすばらしい源となっていた。しかしながら、人々はそれをたまにしか味わえなかった。人々はその合間を愉快に過ごし、博士の博学な発言のほんのわずかな説明さえも聞き逃さないようにしなければならなかった。私は幸いにも、博士が黙っていたであろうときに、しばしば博士を引っ張り出して話させることができた。泉は私がその口を開けるまでしばしば閉ざされていたのだ。博士が部屋を出ている間に何か言い争いになると、ヘブリディーズの島民たちが、「ジョンソン博士が戻って来るまで待ちなさい。それをあの方に言ってみなさい」と言うのを耳にするのは興味深いことだった。

十月二日　土曜日

昨日のこと、ジョンソン博士は、「六十にもなってヘブリディーズ諸島を歩き回っている自分のことを考えると笑わずにはいられない。八十になったらどこを歩き回っているのやら」と言った。今夜、博士は余所者《よそもの》が島に来るとセント・キルダ島の住民が必ず風邪を引くと言われていることの真偽を論じた。「肉体的な原因がないのにどうして肉体的な結果がありうるのか（と、博士は言った）。」博士は笑いながら、「余所者で満員の船が到着したら、島民は皆死んでしまうだろうね。だって余所者一人で風邪が一つ持ち込まれるというのなら、余所者二人では風邪が二つ持ち込まれることになるからね。そしてその割合でいけばだよ」と言い足した。マコーレーが著作でそのことを取り上げており、博士がそれに対してマコーレーを誉めていたので、私は博士がこの件を嘲《あざけ》るのを聞いて驚いた。つまり、博士は、いかに奇妙でも自分がそれを信じているならその事実を伝えることは男らしいことだ、と言っていたのだ。博士は、そのことはありそうもないと言うには証言が不十分だし、かなり懐疑的な医師がセント・キルダ島へ行って事実を報告するということにすれば、その医師はよく調べることだろう、と言った。人々が言うには、マクラウドの財産管理人によってこれは毎年証明されているそうだ。管理人が到着するとすぐに島民が一人残らず風邪を引くとのことだった。博士は戯けて、「財産管理人はいつも人々に何かを要求するためにやって来る。だから人々が咳き込むのだ。（ある[158]人名を挙げながら）あの男がやって来るとスカイ島の島民全員が風邪を引くだろうよ」と言った。彼が来るのは夏だけです、と人々が言った。ジョンソン、「それはあなたがたへの思い遣りですよ。悪天候とあの男に一緒に来られたのではたまったものじゃないでしょうからね。」

十月三日　日曜日

風はまだ逆風ですとジョゼフが知らせてきた。ジョンソン博士は、「風が吹くか吹かないか、それが問題だ」と言った。博士はときおりちょっとした言葉遊び、あるいはむしろ文章をもてあそんで楽しむことができるのだ。私たちがアバーブロシックでお茶を飲んでいたとき博士がカップを伏せて、ラテン語で「若者よ、さあ流れを閉じよ」と呟《つぶや》いたことを私は覚えている。厳格な読者諸賢にはこのような微々たることを書き記す態度を幾重にも謝らなければならないが、これは私の日誌がいかに几帳面で忠実であるかを証明している。ジョンソン博士の言葉によると、私の日誌は博士の生活の一面を非常に正確に描写しているとのことだ。

十月三日　日曜日

少なくとも終日をここで過ごさなければならない人がするように、私たちがのんびりとおしゃべりをしていたとき、風が順風で小さなニシン船団がマル島に向かって通り過ぎており、シンプソン氏の船も出港するということが告げられて、私たちは急に色めき立った。船長のヒュー・マクドナルドがやって来て支度をせかせたので、私たちは素早く準備をした。ジョンソン博士はエピクテトスの「人は死の航海を目前に控えている。彼は何をおいても主人の呼び出しに応じなければならない。老人はすぐに駆けつけられるように決して海辺から遠くにいてはならないのだ」という言葉を落ち着いて重々しく繰り返した。博士は馬に乗り、私と他の紳士たちは船の待つ海岸へと一イングランド・マイルほどを歩いて行った。ジョンソン博士はスカイ島のことは決して忘れないだろうと言って、すべての丁重なもてなしに感謝の念を示した。私たちは小船で本船に運ばれ、一時頃に意気揚々と出帆した。私は数時間船の揺れ具合をとても楽しんだ。ジョンソン博士は船酔いして、雨も激しくなってきたので船室へと下りて行った。私は風に吹かれるために甲板に留まり、船の揺れには平気だと船酔いに強い自分に満足した。一方、ジョンソン博士ときたら息も絶え絶えという有り様だった。だが私はすぐにしゅんとなってしまった。というのも、この調子だとアメリカや東インド諸島にさえ楽々行けると思った直後にひどい船酔いになってしまったからだ。しかし、私は激しい雨の中で甲板の上に頑張り続けた。

私たちは悪天候によってスカイ島に非常に長く閉じ込められていたので、コルが練ってくれた幾つかの島を訪れるという計画は諦めて、マル島およびその周辺に位置するイーコルムキル島とインチケネス島を見に行くという旅程だけで満足することにした。

風が順風なのでシンプソン氏はしばらくの間はしごく楽観的であった。彼は、私たちを今晩にもイーコルムキル島に上陸させましょう、と言った。ところが風向きが変わり、マル海峡に向かって進みトバーモリの港で上陸することになった。船はしばらく五艘のニシン船の近くを進んだが、そのうちに四艘が先になり小さな船が一艘だけ後になった。アードナマーカンの岬がはっきりと見えるようになったとき風向きが変わり、海峡に入るのに全くの逆風になってしまった。かくして船は間切りを続けながら、このうんざりするやり方でジグザグに進まざるをえなかった。船が進むにつれて嵐はますます激しくなり、海はますます荒れてきた。するとコルは、エッグ島やカンナ島、あるいは彼自身の島に向かおうと言い始めた。我らが船長は、マル海峡にお連れしますと言った。長い間そのために頑張ったがそれもならず、船長は、マル島の陸地の近くまで何とか進みそこで投錨して朝を待ちましょう、と言った。これまでは月もよく見えて、マルの陸地ばかりでなく海峡の奥まで、その一端にはモーバーン地方までがくっきりと見えていたのだが、今や真っ暗な夜になってしまっていた。乗組員は船長のマクドナルドという男と二人の水夫で、そのうちの一人は片目だった。これをシンプソン自身、コル、それに彼の従者のヒュー・マクドナルドが助けていた。シンプソンは、ヤング・コルか彼の従者が水先案内をして船を港に入れてくれるならコル島に向かいたいですねと言った。しかし、コル島は土地が低いので暗闇の中をそこに向かうのは危険であった。コルと彼の従者は自信がなさそうであった。それでカンナ島に向かうという考えが受け入れられそうに思えたが、この島は十リーグも離れていて針路からは全く外れていた。さらに、エッグ島の港への入港は怖くて敢行できなかった。これらの計画がすべて次々に侃諤《かんがく》と論じられた。老船長はまだマルの陸地を目指して必死に頑張っていたが、その島には安全な投錨地がないことが考慮された。嵐に逆らって航行したのでかなりの時間が無駄に費やされた。ついに暴風がひどくなりますます荒れ狂う恐れがあったので、コルと彼の従者は、コル島のどこかの港に着くように思い切ってやってみましょう、と言った。「それじゃ、運を天に任せてそこに向かいます」と船長が言い、直ちにその方向に針路を変えた。私たちの船の後になっていた小船が悪戦苦闘していた。その船長が、我々の船がコル島に行くのなら自分の方に灯りを出してくれと頼んできた。それで水夫の一人がしばらくの間真っ赤に燃えている泥炭《ピート》を振りかざした。湧き上がる様々な苦難に私はすっかり不安になったが、船が順風に乗って港に向かうことを知ってほっとしたのだった。しかし、私の安堵感は長続きはしなかった。というのも、この船の帆がひど

十月三日　日曜日

く弱くて千切れる恐れがあり、そうなればコル島の岩の多い浜辺に打ち上げられてしまうだろうということをまもなく聞いたからである。夜闇はとても暗く、雨が激しく絶え間なく降っていた。燃える泥炭《ピート》の火花がさかんに飛び散ったので、船が燃え出すのではないかと私は恐れた。それから、コルが狩猟をするので船内には火薬があり、私たちが吹き飛ばされるのではないかとも想像した。シンプソンとコルが少し怯えているように見えたので、私もますます怖気付いた。さらに、絶えずアース語の会話、というよりも叫び声が聞こえるのでいっそう不安になった。知らない言葉が話されていると人は常に疑心暗鬼に駆られるものだ。さらに、そのとき恐怖心に駆られているならその不安はますます強くなるものだ。船がしばしばひどく傾いたので、私は転覆しはしないかと身震いした。実際あとになって彼らが私に語ったところでは、船は海面まであと一インチもないほどに傾いたらしく、それほどに彼らは夜の嵐がさらにひどくなる前に全速力で進もうとしていたのだ。今や私はこれまでに見たこともないもの――とても避けられそうにない大波が船に襲い掛かる物凄い荒海――を目の当たりにしていた。壮大で身の毛もよだつような光景であった。それを一度は目にしたことを私は今では嬉しいと思う。この恐るべき状況のさなかで私は心を落ち着けようと努めたのだが、それはなかなかに難しかった。というのも、ヘブリディーズ諸島の世にも名高い危険な海について私が耳にしていた話がすべて私の記憶にまざまざと甦ってきたのだ。最も近しい人々、もし私が死んだらひどく悲しむであろう人々のことを思ったとき、私は自分をこのような危険に晒《さら》す十分な理由がないのにとこの身を責めた。信心が慰めを与えてくれたが、特定の神佑《しんゆう》天助を否定する異論や個人あるいは会衆の祈願でさえ主《しゅ》に届くことを願うのは無駄であると主張する人々の議論に私は心を乱された。これらの異論はしばしば主張されており、ホークスワース博士も最近『南洋航海記』への序文の中でこれを甦らせたが、オグデン博士の神のとりなしの効果に関する素晴らしい教義がこれらの異論を打ち破った。

コル島への針路を取ったときには十一時半になっていた。私は彼ら全員が忙しそうに働いているのを見て、コルに自分のできることは何ですかと真剣に尋ねた。彼はすぐさま気を利かせてマストの天辺に結わえてある一本の綱を私の手に握らせ、引けと言われるまで握っているようにと命じた。考えてみればこんなことをしても何の役にも立たないことは分かっただろうが、彼の目的は私が船を操るのに手一杯の人たちの邪魔にならないようにすることと、同時に私に何か仕事をさせて自分が役に立っていると思うことで恐怖心を逸《そ》らそうとすることだった。かくして私は自分の持ち場をしっかりと守っていた。風と雨に打たれ綱を引けという合図をじっと待ちながら。

片目の男が舵を取り、老マクドナルドとコルと彼の従者が船首楼《フォクスル》に立って港が見えないかと一心に目を凝らしていた。船をコル島の海岸から離しておくために布を一杯に張る、すなわち、帆を一杯に張ることが必要だった。そのため船は激しく上下した。そうするうちついにロヒアンの港を見つけてコルが「有難い、これで助かった」と叫んだ。船は港の入り口まで進み、やがて入港して錨《いかり》を下ろした。

十月三日　日曜日

ジョンソン博士はこの間もずっと静かに超然としていた。博士はベッドに横になり、船酔いも直ったので機嫌がよかった。実のところ、博士は我々が直面している危険には全く気付いていなかったのだ。だが、恐れを知らぬ超然とした人なので、自分の『ランブラー』への題辞《モットー》として選んだこの言葉を呟いていたかもしれない、

荒れ狂う嵐にこの身を委ねて

一度こんなことがあった。私たちがどうしようかという相談をしているとき、博士はどこに向かっているのかねと尋ね、マル島かコル島か分かりませんという返事を聞いて、「コル島に賭けるよ」と叫んだのだ。私は今やコルとシンプソン氏と一緒に博士の所に下りて行った。博士は悟りきったように平然としてコルの猟犬《グレイハウンド》と背中合わせにぬくぬくと横たわっていた。コルはまさに「犬を愛する若者」である。彼はタリスカーを出るとき、グレーハウンドとテリアを二頭ずつ、ポインターとニューファウンドランドを一頭ずつ連れてきていた。道すがらテリアを一頭見失っていたが、まだ五頭を連れていた。私はとても気分が悪くなりぜひ上陸したいと思った。嵐がさらに激しくなったのでその夜は上陸できないことになった。私はそう聞かされてひどく惨めに見えたらしく、コルが後日私に語ったところでは、シェイクスピアが食糧不足のイングランド兵についてフランス兵に言わせたように、

「何と哀れな、まるで濡れ鼠のようだ」(159)がまさにぴたりと当てはまる様子だったらしい。港には私たちの船より先にケネス・モリソン船長のベティー号というキャンベル・タウンの船が入っていて、海藻《ケルプ》を積んでアイルランドに向かうところであった。私たちは小船を出して二人の紳士の寝る場所が欲しいと船長に伝え、我々の小船よりも大きなそちらの船をよこしてくれと頼んだ。船長は快諾し、コルと私は翌朝まで彼の船に泊まった。

十月四日　月曜日

八時頃、コルと私は小船でシンプソン船長の船に戻り、ジョンソン博士をその小船に乗せた。博士は土曜の夜のお茶のとき以来何も口にしていなかったのだがすこぶる元気だった。私たちがこのことに驚きを見せると、博士は、「テンプル(160)に住んでいて不規則な生活をしていた頃は二日間何も口にしないことがあったよ。その間にもあちこち人を訪ねたものだ。正餐や夕食の時間は外してね。お茶は飲んだがパンは食べなかった。これは意図的な断食ではなく、筆一本で生活していた頃に起こったことにすぎない」と言った。

海辺には小さくて貧弱な宿屋があり、昨夜上陸していたらそこに行ったはずだ。しかし、今朝コルは私たちをすぐにラクラン・マクリーン大尉の家に連れて行こうとした。大尉はコル一族の末裔であり、東インド諸島で財を成してコル島に農場を買ったのだ。そこまでは一イングランド・マイルほどであった。コルとジョゼフと他の数人が、荒野《ヒース》にいるシェルティーと当地で呼ばれている野生の小さな馬を追いかけて一頭を捕まえてきた。私たちは鞍を持っていたのでそれを馬に付け、藁の端綱《はづな》を頭部にかけた。それからジョンソン博士がそれに乗り、ジョゼフがゆっくりといかめしく馬を引いた。私はジョンソン博士に、「クラブの人たちに先生のこの様子を見せたいものですね(161)」と言った。

ひどい土砂降りで私はずぶ濡れになった。マクリーン大尉はごく貧弱な一時しのぎの家というよりはむしろ小屋に住んでいた。しかしながら、私たちにとってはこれは絶好の休息所であった。泥炭《ピート》の火が赤々と燃え、教区牧師の娘であるマクリーン夫人がお茶を出してくれた。私はまだ船に揺られているような感じがしていた。ジョンソン博士は、これは気のせいではなくて体内の液体がまだ揺れ続けているのだ、嵐が過ぎても海がそうなるようにね、と言った。

炉棚に数冊の書物があった。ジョンソン博士はバーネットの『現代史』を手に取って、「この本の第一巻は英語で書かれた最も面白い本の一つで、まさにドラマチックだ。彼はあらゆる所に行き、あらゆる所を見、あらゆる所で聞きまくったのだ。第一巻というのは、彼が語っていることを実際に体験していると思われる限りではという意味だがね。そしてこれは簡単に見分けがつくんだ」と言った。マクリーン大尉はバーネットを批判して、彼は自分自身の歴史書の中でローダーデールをひどい悪人だと描いておきながら献辞の中では彼を誉めそやしている、と言った。ジョンソン、「私自身は、歴史書の中で言えなかった事を献辞で言うべきだとは思わない。しかし、斟酌があってしかるべきだ、違いは大きいのだから。献辞の一般的な文体はへつらいだ。献辞はへつらうと公言しているのだからね。人が献辞の中で言うことと歴史書の中で言うことの違いは、弁護士が訴訟理由を申し立てるのとそれを伝えることとの違いに等しい。」

この日はとても楽しく過ぎた。夕方には風がマル島へ向かって吹き、シンプソン氏は翌朝船を出すことに決めた。しかし、私たちはコル島に吹き流されてきたのだから、この島を調べて回らずに済ます気にはなれなかった。とりわけ、キャンベル・タウンの船が一両日中にマル島に向かって出帆する予定であることを私たちは考慮したのだ。こういうわけで、私たちは島に留まることにした。

十月五日　火曜日

起床後、九時頃まで日誌を書いた。それからジョンソン博士の所に行くと、博士はベッドの上に起き上がって私と談笑した。私は博士に、十年前私たちが初めてヘブリディーズ諸島の旅行を考えたときのことを思うと妙な気がしますね、あのときはこの計画がとても実現できそうもない何と遠い未来のことと思えたことでしょうか、ところが今私たちは二人とも現にここにいるのですからね、と言った。「いや君（と、博士が言った）、口に出していればほとんどどんな事でも実現できるものだよ。口に出していればアイサ島に家を建てることさえ実現できると心底信じているよ。もっとも、もう一度ここに来てその家を見ることはおそらくないだろうがね。レノルズを説得してこんなことをさせるのはたやすいことだし、あの男にそうするように説得しても大した罰《ばち》は当たらないだろう。彼ならこう考えるだろう、『二夏か三夏に一度そこに行くのにどれくらいの費用がかかるだろう。まあ、おそらく五百ポンドかな。自分で行ったり友人に貸したりできる格好の隠れ家を持つのに較べたら、大したことじゃない』と。ロンドンから二十マイル以内にこんなものが持てるとは彼は気が付かないだろう。それから言ってやろう、ご大家の令嬢であるマクラウド家のお嬢さんの誰かと結婚もできるよ、と。すぐそばで手に入るものを求めて人々が遠くまで出かけることには全くびっくりするよ。娘を一人連れてリンカーンシャーからロンドンのナイツブリッジに出て来て、宿と温かい風呂のために週五ギニー払ったご婦人を知っているがね。ただのお湯のためだよ。それがリンカーンシャーでは手に入らない、というわけだよ。向こうでは熱すぎたり冷たすぎたりするんですよ、と彼女は言っていたがね。」

朝食後、ジョンソン博士と私とジョゼフは馬に乗り、コルと大尉は一マイル弱を徒歩で島を横切り尊師ヘクター・マクリーン氏を訪問した。同師の教区はコル島とタイリー島である。師は七十七歳ほどであり、たっぷりとした黒い服に黒い鬘《ウイッグ》を付けた品のよい聖職者で、まるでオランダの牧師かウエストミンスターの聖職者集団の一員のようであった。ジョンソン博士は後に、「彼はすばらしい老人で身なりもちゃんとしており、その様子には大聖堂の主席司祭にも劣らぬほどの威厳があった」と私に語った。彼には貴重な蔵書があるとのことだったが、大きな箱に入れて置かざるをえないので粗末な保管ぶりであった。彼とジョンソン博士が一緒にいるところを見るのは奇妙であった。二人とも耳が遠くて、それぞれが同時に自分勝手にしゃべった。マクリーン氏は、ライプニッツに従ってベールには反対したいと言った。ジョンソン、「ベールに反対するですって。ベールのどこにですか。彼の書いたものの大部分には反論できません、史実に基づいていて正確ですから。」マクリーン氏は「非宗教的な部分ですよ」と言って、ライプニッツとクラークの論争について語り始め、ライプニッツを偉大な人と呼んだ。ジョンソン、「いやあなた、ライプニッツは訂正されたにもかかわらず、ニュートンが空間を神の感覚器と呼んだと言い続けたのです。さらにニュートンの言葉は擬似神の感覚器だと言いたかったのです。違いますよ、ライプニッツは私が知っている限りで最も軽蔑すべき男でした。彼を庇護したキャロライン王妃への敬意から、クラークは彼には恭しく接しすぎたのです。」

ジョンソン博士がこのように話している間、老牧師は暖炉に背を向けてまっすぐに立ち、鬘《ウイッグ》の先を引き下げて、ライプニッツがいかに偉大な男であるかを語り続けていた。この場面を伝えるには二段組みの一頁が必要であろう。あるいはむしろ、二人の名優によって演じてもらうべきだろう。ご老体は、クラークはアリウス主義に踏み込みすぎた極悪人だった、と言った。「悪人とは言いません(と、ジョンソン博士)、彼は間違っているかもしれませんがね。」マクリーン、「聖書に目をつむるなんてあいつは悪人だったのです。そしてイングランドの立派な方々は以来どの点においても彼を論破してきました。」ジョンソン、「どの点においても彼を論破したのがどこの誰だか私には分かりませんな。」ここでもまた、お互いに相手の言うことをちゃんと聞かずに自説を主張し続けるという話の平行線が生じていた。

私はジョンソン博士が様々な人々に自分を合わせるというやり方をしていなかったのを遺憾に思った。博士がこの立派な老人に対してもっと穏やかだったら、もっと会話が弾んでいたことだろう。しかし、博士の強い向こう意気と激烈な態度は老若男女の誰をも容赦しないのだと言えるのだろう。スレイル夫人でさえ茫然自失するのを私は見たことがある。しかし私は、博士が自分自身のやり方を変えない方がよいのだとしばしば主張してきた。柔らかな物腰などは博士のかくも高貴な成果を生み出している壮大な知力には相反するものだと私は信じている。聳え立つ大樹《オーク》はしなやかな柳のようにしなったりはしないものだ。

博士は後になって、自分は老人の頑固さが好きだし、マクリーン氏があれほどに正統派であるのを見て嬉しかった、と私に語った。「彼ほどの高齢《とし》になれば、己の信念について自問してももう手遅れなのだよ。」

私たちは馬で島の北側に進み、そこで教会あるいは礼拝堂の残骸を見た。それからグリシポル、すなわち、荒地の水たまり《プール》、という場所へとやって来た。

グリシポルで立派な農家を目にしたが、これはコルの領主のものでマクスウィーン氏が住んでいた。ここの浜辺には実に様々の奇妙な石がある。私は小さなキュウリの形をした石を一つ拾った。キュウリと言えば、ジョンソン博士はこんなことを私に言ったことがある。ゲイの『乞食オペラ』の台詞「男たちがキュウリを出すと、云々」は、人々がキュウリが体を冷やしすぎると捨ててしまうことにまつわるふざけた意味は持っていない、そう思っている人もいるようだが、と。その理由として、イングランドの医師の間では、キュウリはよく刻んで胡椒と酢をかけるものだとしばしば言われている。しかし結局は無用なものとして捨てられてしまうのだ。マクスウィーン氏の祖先はマクラウドの地所にかなり昔から住んでいた。おそらくマクラウドがその地所を手に入れる以前からだろう。この名前がノルウェー語であることは確実で、ノルウェーの王スエノから来ているのだ。現在のマクスウィーン氏は先代のマクラウドが地代を上げたのを潮《しお》にスカイ島を去った。そしてコルからこの農地を得たのだ。

　マクスウィーンは八十歳そこそこらしかったが、見るからに壮健で五十男のように逞《たくま》しかった。息子のヒューの方が老けて見えたし、ジョンソン博士が言ったように、父親よりも態度が老人くさかった。私はしばしばこの手の話を耳にはしていたが、実際に見たのはこれが初めてだった。マクスウィーン夫人は品のよい老婦人だった。彼女はタータンをまとい、アース語以外は話せなかった。彼女はサー・ジェイムズ・マクドナルドにアース語を教えたことがあると言い、私にもすぐ教えてくれると言った。私はシェリフムアで倒れた有名なクランラナルドの隊長アランを称えて作られた「立ち上がるのが我が宿命《さだめ》」という歌を今ではアース語で歌うことができる。主人の遺体を見守りながら戦場に倒れていたアランの従者は、次の日あれは誰かと尋ねられて「昨日は男の中の男でした」と答えたという。

私たちはここで素朴だが心からのもてなしを受けた。ウイスキーが古来のハイランドの仕来たりどおりに貝殻で回し飲みされた。ジョンソン博士はそれを飲もうとはしなかったが、「遥かな時代」の仕来たりに敬意を表したいとその貝殻で少量の水を飲んだ。

今日の午前中にジョンソン博士は、「ヘブリディーズのどこかの島に住むにはかなり諦めの境地になる必要があるだろう」と述べた。ボズウェル、「さあ、どうでしょうか。私は自分がほとんど肉体的存在にすぎず、食べたり飲んだり眠ったり歩き回ったりしていろんなことを考えて満足しているという状態になっていると感じることが間々あります。そんな状態がいつまでも続くだろうとは想像できますよ。」ジョンソン、「そうだね、君。しかしここに閉じ込められたら君自身の考えることが君を苦しめるだろうね。エジンバラやロンドンのことをあれこれ考えて。しかしそこに行けないのだと思うだろうよ。」

正餐が済んでから私たちはコルの領主の家族が住んでいるブレカッハを目指して出発した。馬を既に手配していた若い領主ともっと年若いマクスウィーン氏が同道したが、彼の妻は私たちの接待の準備をするために我々より一足先にそこに行っていた。領主とその家族がアバディーンに行っていて不在だったのだ。そこはブレカッハ、すなわち「まだらの原」と呼ばれているが、これはヤング・コルが私に語ったところでは、夏になるとクローバーとヒナギクで色とりどりになるからである。我々は非常に大きな石、いや岩と呼んでもいいような「アイアスにとってのひどい重荷」(162)のある場所を通り過ぎた。伝説では、一人の巨人が少し離れた丘の天辺にいる愛人めがけてこのような岩を投げつけ、彼女がお返しにこの岩をその巨人めがけて投げ返したということである。ふざけあっていたのだ。

浮気女が俺に林檎をぶつける(163)

進むにつれて広々とした平地へとやって来た。私は長いことこんな場所を見たことがなかった。コルと私はそこで全速力で馬を走らせて競走をした。長い間山の多い土地を小幅に歩いてきた後なので、私にはとても気のせいせいすることだった。それはまるで、短いベッドに縮こまっていた後で足を長々と伸ばすようなものだった。私たちはまたほぼ二マイル四方の砂丘のすぐそばを通った。ジョンソン博士は、「これまでは想像もしなかったよ。不毛と危険がこれほどならば恐ろしいことだよ」と言った。ブレカッハの家に着いた後、博士が部屋を歩き回りながら、

そして、砂まじりのつむじ風に息詰まりやがて息絶える(164)

十月五日　火曜日

と繰り返し独り言を言っているのを私は聞いた。おそらく博士は『カトー』の最終行にある比喩を考えていたのだろうが、砂の荒地がそれほど博士の心に強烈な印象を与えたのだ。このところ砂が広い牧草地の上を吹き荒れており、島の人々の話では、彼らの父親は現在砂に覆われている土地の大部分が耕作地だったことを覚えているとのことだ。コルの家はブレカッハ湾という入江のそばに立っている。私たちはエロル卿の館に泊まったとき以来の最も小奇麗で新築したばかりの紳士の住居に出会ったのだ。ジョンソン博士は最初のうちはこの住居にとても満足していたが、まもなく「ここには族長にふさわしいものは何もない。ただの商人の家にすぎない」と私に言った。博士は今や本当に寛いだ気分になっているようで、何の躊躇もなくハイランド風に呼びかけたりしていた。というのも、私たちがここに着くとすぐに博士は親しみを込めて元気よく、「さあ、コル、お茶を出してくれるかな」と言ったものだ。ジョンソン博士と私にはそれぞれすばらしい寝室が与えられた。二人でどっちの部屋のカーテンが上等かを議論し合った。博士の部屋のカーテンの方がリネンでできていて少しばかり上等だった。しかし、私のベッドの支柱の方が上等で、それは否定できませんよ、と私は言い張った。「よろしい、(と博士は言った)、君のベッドの支柱の方が上等なら、君をそれに縛りつけて鞭で打つことにしよう。」私がこんな些細な事を書くのも、博士がどんなにつまらない事でも、相手を嘲笑すべき立場に追い込んでやっつけることにいかに熱心であるかを知ってもらいたいからである。真剣な議論の場でも、博士は窮地に立つと同様な技を使うのを私はときどき目撃している。博士から受けた数々の手痛い敗北に対する報復として、ゴールドスミスがシバーの喜劇にある強烈な台詞を博士に当てはめたのを私は覚えている。これは博士の負けん気に強い光を投げかけるものだ。「ジョンソンと議論はできないよ。彼はピストルが不発なら台尻で相手を殴り倒すのだからね。」

十月六日　水曜日

私たちは十分な睡眠をとった後、朝食で顔を合わせた。まるで兵舎住まいのようだった。各人が自由に振舞っていた。私たちはコル島の古城を見に行った。その城はこの館からそれほど遠くない海辺にあり、岩の上に築かれていた。これまで領主の大邸宅として使われたことがないので、特に説明を要するものはない。同時代の他の古い不便な建物と同様に、この城もグレイの詩に描かれた姿そのものであった。

光の入らぬ広い窓
そして行き先のない廊下(165)

私たちは三階の丸天井の部屋を見たが、これが昔も今も座敷牢であることは触れておく価値があろう。ここ十年の間に盗みで領主によってこの部屋に入れられた女がいたが、今でも犯罪者がいればここに閉じ込められる。というのは、この島は法の定めた権力からはほど遠い所にあるので、事の必要性から領主がある程度まで司法権を行使しなければならないからだ。

私たちは丸天井の部屋の一隅にある穴蔵を見せられた。コルによると、昔は比較的重い罪を犯した者がそこに入れられたという。今ではその穴蔵の中にいろいろながらくたが詰め込まれている。穴蔵はかなり深いとコルが言った。「そのとおりです（と、ジョンソン博士は笑いながら言った）、物が一杯詰め込まれている場所はどれも昔は相当の深さがあったものです。」博士は不注意な説明や誇張した話は信用しないということをすかさず態度で示すのだ。城を見物した後、近くの小さな小屋を見た。それは「フランス人の家」と呼ばれている。コルはその家の由来を知らなかった。そのときそこには貧しい男が妻と子供たちと住んでいた。私たちは中へ入り、ジョンソン博士が彼らに何がしかの施しを与えた。家族全員にベッドは一台しかなく、小屋の中はひどく煙《けぶ》っていた。博士が小屋から出て来て、「賢者の意見に従えばここにも幸福が宿る」と私に言った。ボズウェル、「賢者は幸福が小屋に宿ると考えたとき、清潔で煙らないことを想定したのですね。」ジョンソン、「君、彼らはそのどちらも考えなかったのさ。」

私たちは領主の庭を少し歩いた。そこでは樹木を育てる努力がなされていたが、庭を囲む塀の高さを越えた樹木は枯れていた。ジョンソン博士は、耐寒性のある木を植えるのではなくその種を蒔くことを奨励した。

コルと私は今朝、馬に乗って出かけて島の一部を見て回った。途中、カブ畑を見たが、コルが自らの手で耕したものだ。コルはこの種の農業を最初に西方諸島に導入した人だ。私たちはまた露出した鉱脈も見たが、これはかなり有望だと思われた。この鉱脈は昔から知られている。というのは、その件に関して、私はサー・ジョン・アースキンとサー・アレクサンダー・マリーが亡き領主へ宛てた手紙を見つけたからだ。

正餐後、コル家の末息子でアイル・オブ・マックの弟であるコーネックのマクリーン氏がやって来た。彼はコル島の両端を借地しているが、そこはアーガイル公爵の領地である。キャンベル家の一人がマクリーン氏とほぼ同じ地代で土地を借りると言ったので、マクリーン氏は島内にキャンベル家の地歩を築かせるよりはましと、非常に高い地代で最近土地を借りたのだ。ジョンソン博士はいみじくも言った。「地主が土地の可能な生産高ばかりを計算するのは大間違いだ。小作料は土地の生産高と小作人による土地の生産力に比例したものでなければならない。小作人は土地だけでは立ち行かない。麦と家畜に頼らなければならないのだ。小作人に今の二倍の土地を与えても家畜の数を増やさなければ、彼には何の利益にもならない。したがって、堅実な小作人が去っていくのを放っておくハイランドの地主は判断が誤っていることは明白だ。零細で貧しい小作人は、物の道理から言っても高い地代は払えないからだ。彼らには農地からこれ以上の収穫を上げる手立てはない。」ジョンソン博士は、マクリーン氏はこの諸島で出会った人の中で最も傑出した人物だと言った。同氏は現実から目を

十月六日　水曜日

そむけたり耳をふさいだりはしない。ところが、私たちが最近会った大方の人たちは概してそうではない、と博士は考えているようだった。

十月七日　木曜日

今朝、朝食にマクリーン大尉が私たちと同席した。激しい暴風雨が襲来して一日中続き、夜はいっそう強まった。凪は私たちのマル島行きを真っ向から遮るものであった。私たちは世間から隔絶された奇妙な状態に置かれていた。友人との手紙の遣り取りもできなかった。コルはマクリーン師の蔵書からダーユの『元老院議会』、ルカスの『幸福論』、モアの『問答集』を、マクリーン大尉の蔵書からはバーネットの『現代史』を持ち込んでおり、農業に関する自分の数冊の本とグレゴリーの『幾何学』も持っていた。ジョンソン博士はバーネットとグレゴリーを大分読み、私は博士が手帳の後ろに幾何学のメモを取っているのに気付いた。私はヤングの『南諸州六週間の旅』を少々と、インバネスで買ったオウィディウスの『書簡詩』を読んだが、これは退屈な長い時間を慰めてくれた。

私たちは今朝ジョンソン博士と鉱山を見に行くことになっていたが、嵐で行けなかった。嵐が猛威を振るっているとき、博士は「私たちは鉱山に閉じ込められなくてよかったかもしれんぞ」と言った。

十月八日　金曜日

ジョンソン博士はこの缶詰状態にひどくうんざりしているようであった。博士は「本土へ戻って生活したい。これでは人生の無駄遣いだ」と言った。

博士が折に触れて述べた言葉を、年代順には構わず幾つかここに書き込むことにしよう。

「しばらく前のこと、私の弟を名乗ってノーサンプトンシャーの紳士たちの間で二年間厚遇された男がいた。この男は最後には威光を笠に着て小作人を農地から追い出すほど横柄になった。同じ州出身の印刷業者アレンが私の所に来て、本当に弟さんがいるのですかと尋ねた。生きている兄弟のいないことを確かめると、彼は私の名が騙《かた》られていますと言って直ちに国許へ手紙を書き男は追放された。だが、自分の名を使って得るものがこれほど多いことを聞けば嬉しくなるものだ。（笑いながら）本人とその兄の両方に役立つ名前なんてめったにあるものじゃない。私はその男に会ってみたいと思った。ところが、彼に対抗する手段は取れなかったろう。名前を使われたり新聞で笑い者にされても、損害を被ったことを証明できないならば弁償はしてもらえない。数年前につまらぬ本が出版され、S・ジョンソン著とされていた。これには怒るべきだと言ってきた友人もいるが、私が抗議しても無駄だろう。返ってくる答えは、S・ジョンソンはサイモン・ジョンソンとかシミアン・ジョンソンとかソロモン・ジョンソンになりかねないからね。それに、ずばりサミュエル・ジョンソンが使われていても、『人違いです。もっと賢い方《ほう》です』などと言いかねないじゃないか。」

「ある日、ボークレアと私、それにラングトンと私たちの友人の母であるシドニー・ボークレア夫人が、当時放置されていたクーパー庭園[166]の傍らを馬車で通りかかった。私が冗談まじりに、ボークレアとラングトンにその庭園を取得しようと提案し、全員で各自の役割を考えて楽しんだ。レディー・シドニーは腹を立てて、『いい年をした人が若い人たちにそんなことを吹き込むものではありませんわ』と言った。彼女は冗談がさっぱり分からなくてね、君。晩年にさしかかっていて、頭がかなり硬くなっていたんだよ。」

「カートの『オーモンド公爵伝』は権威書と見なされているが、文章が稚拙だ。内容も冗長でまとまりがない。活気、簡潔、力強さが全くない。あの二つ折判の二巻本から十二折判の立派な二巻本を作ることができるだろうよ。」

当地で私たちが足留めを食っている話になった。私たちはまさにセネカがコルシカ島に追放されている間に切々と胸の内を吐露したような悲痛な状態にあるのだから、自分たちの不満や苛立ちはそれほど理不尽とは思えないと私が述べた。「そうだ（と、ジョンソン博士が言った）、それに当時のセネカは今の私たちほどには故国から遠く離れていなかったのだ。」実際、セネカの方がずっと近くにいたのである。

今日は大雨で、依然として逆風であった。私がコル家の収蔵文書を楽しみながら調べている間、マクリーン氏は私の傍らにいてくれた。初代の領主はマクリーン族長の次男で、世襲財産としてこの島

十月八日　金曜日

の中間部分を得た。ジョンソン博士はコル家とマクロニッヒと称するキャメロン家の分家との関係について詳細に述べているので、（私がコルの飾り棚の中に見つけた）後の時代に至るまでの文書を、この話の続きの証拠として差し挟むだけにしておきたい。

拝啓

本状の持参人ユーイン・キャメロンを貴下のご助力とご指導に委ねるに当たり、貴下の立派な先人と我が先人の間で結ばれた長年の堅固な愛情溢れる友情のお蔭で、我々は貴下のご助力と真の友情に確信をもって全幅の信頼を置くことができます。ユーイン・キャメロンは、かつてのグレンピアン、インナメールの故ダゴール・マクニルの息子で、我々の従兄弟《いとこ》に当たり、清廉かつ思慮深き人物であります。ただ生憎《あいにく》、キャメロンには十四年ほど前にマクマーチン家の一人を殺害した共犯者とされる不幸があり、その容疑に対して現在マクマーチン一族がどうしても復讐すると息巻き、断固キャメロンの命を奪う決意を固めています。これを未然に防ぐためには、極めて有能な士としてかつ適切な手立てとして、貴下にお縋《すが》りする他ありません。それゆえ、キャメロンの不都合な行為のない限り、貴下のご助力と保護を賜りたく伏してお願い申し上げます。もし彼の振舞いに至らぬところがあれば、何とぞ同人を詮無き者としてお見限りのほどをお願い申し上げます。

コル家の領主殿

拝啓

キャメロンは前述の容疑でロヒールの希望どおりフランスへ追放され、マクマーチン一族の溜飲が下がりました。五年ほど前にキャメロンは帰国して結婚しました。しかし現在、彼はマクマーチン一族に脅迫されており、現在の居場所アードナマーカンも安全ではなく、そのことで貴下にはご迷惑をおかけしている次第であります。貴下、令夫人並びにご尊家の繁栄と幸福を最も深き愛情を込めてお祈り申し上げます。

敬具

一七三七年三月十一日　ストローンにて

貴下の最も愛情ある卑しき従者

ストローンのダゴール・キャメロン
バーのダゴール・キャメロン
インヴェリスクヴゥーリンのダゴール・キャメロン
インヴィンヴァリーのダゴール・キャメロン

コルの領主殿

ユーイン・キャメロンは保護され、現在その息子がマル島でコルの領主の農地を所有している。

コル家は高貴なモントローズ侯爵の時代に大変忠誠を尽くした。私はモントローズ直筆の書簡を二通発見した。最初の一通は次のとおりである。

拝啓
貴下が熱意をもって欣然《きんぜん》として兵役に就かれ、特に貴下のご子息を軍隊に派遣されたことに衷心より感謝申し上げねばなりません。ご子息に深甚なる敬意を表するとともに、貴下が引き続き軍隊の向上のためよき担い手であらんことを期待致します。併せて貴下のこれまでのあらゆる忠実なる行動は、陛下の愛顧を得ることによって必ずや証明されることでしょう。

一六四六年一月二十日、ストレスアーンにて

貴下の忠実なる友　モントローズ

我がこよなく愛するコルの領主殿

以下、もう一通。

拝啓
戦場の貴下へ手紙を書く機会を持つに当たり、兵役に対する貴下の熱意と好意を忘れることはあ

十月八日　金曜日

りません。このことに心から感謝の意を表するとともに、私にできることなら何でも貴下のお役に立ちたいと願う次第です。同時に、引き続き貴下の衷心からのご尽力を賜わることを期待し、貴下の周囲の怠慢なる人々が兵役にいっそう従順かつ忠実であらんことを願っています。私はいつまでも貴下の忠実な友であることをお誓いするものです。

一六四六年四月十七日　ペティーにて

敬具

モントローズ

コルの領主殿

私は現領主の父の死に寄せた「コルのドナルド・マクリーンの死を哀悼する自然の歌」と題する無骨な詩を発見した。それはここに載せる価値はない。ここには「彼の墓碑銘」と言われているものだけを示すが、ジョンソン博士はこれを「さほど悪くはない」と言った。

自然の寵児、美徳の驚異
学芸《アート》の指南番この地に眠る

学芸の「指南番」とはどんな意味ですかと私は尋ねた。「それはね、君、（と、博士が言った）、領主は感受性の強い人なので、学芸に間違いがあればそれを正したということだよ。」

私は父のパリ時代の旧友サー・ヘクター・マクリーンから故人コルへ宛てた手紙を数通見つけたが、その中の一通はジョージアに植民地を建設していた頃に書かれたものだ。手紙には、人々をその地へ行かせないようコルを説得して、国内でもっとよい仕事に就ける機会がまもなく必ずや到来するであろうと記されている。したがって、ハイランドからの移民は最近のように一度に多数ではなく、昔からずっと続いていたようだ。ジョンソン博士は「領主たちが自国を改善しないで、領民を減らしてしまったのだ」と言った。

コル島には砂の多い不毛の地が数箇所ある。淡水湖は四十八あるが、その多くはごく小さくてただの水溜りにすぎない。しかし、その約半数にはマスとウナギがいる。島には多数の馬がいるが概ね小形だ。馬が増えすぎたのでその一部はタイリー島や本土で売る。島の黒牛は大体が毛深くて上物とされている。冬の気候は大変温暖なので、家畜を屋内に入れることはない。湖水は決して人の重さに耐えるほどには氷結せず、雪も数時間で消える。島民はかなり多くの羊を飼い、それをほとんど自分たちで食べ、売るのはごくわずかである。所々で山羊を飼っている。キツネ、ヘビ、ヒキガエルまたはカエルはいないし、毒を持つ生き物もいない。ここにはラッコやハツカネズミはいるが、大ネズミ《ラット》はアメリカの船が最近持ち込むまではいなかった。アーガイル公爵所属の島の北東には養兎場がある。

ヤング・コルは、現在一匹もいないノウサギを島に入れようと考えている。クロライチョウ、アカライチョウ、ヤマウズラもいないが、冬にはタシギ、ノガモ、ガン、ハクチョウがおり、ノバト、チドリ、そして夥《おびただ》しい数のムクドリがいて、その何羽かを射って食べたがなかなか美味だった。島には一本の樹木もないが、ヤマシギがここへ来る。この島には川と呼べるものはないが小川なら何本かあり、そこに多種多様な魚が生息する。全島で丘は三つしかなく、それもハイランド地方としては目立つものではない。島民は実に勤勉だ。男はすべて皮のなめしができる。彼らはカシ、シラカバ、ライムの木は本土から手に入れる。穴蔵を持つ人もいるが、普通は桶を使う。私はよくなめした皮の靴《ブログ》を見たが、男なら誰でもそれを作ることができる。島民は誰もが獣脂から蠟をとって型に入れ、糸の芯を浸して蠟燭を作ったり魚の肝臓から油も作る。カディーという小魚から大量の油が取れる。若干の油は島外に売られるが、その多くは小さな鉄のランプで室内照明に使われている。このランプは大部分がイングランドから取り寄せたものだが、最近は島の鍛冶屋が作っている。この男は腕のよい職人なのだが、馬に蹄鉄を打つ仕事はない。当地の馬は現在マル島にいるヤング・コル所有の上等な馬を除き蹄鉄を着けないからだ。コル島には大工が二人いるが、たいていの住人は船大工の仕事ができる。彼らは皆染色もやる。ヒースは黄色に使われ、赤は石に生えているコケが使われる。広幅生地《ブロード・クロス》、タータン、リンネルは自分たちの羊毛と亜麻から作るので、自分たちが使う分にはこれで十分だ。長靴下《ストッキング》も同様である。丸帽《ボンネット》は本土から来る。金物と雑貨類は毎年グリーノックから持ち込まれ、島内唯一の店で売られる。店は島民の礼拝所というよりは小屋とでもいうべき建物の傍らにある。だがこの島には教会がない。コル島の人口は、教区戸籍簿からも明らかなようにこの三十年でかなり増加した。島内のコルの領地には主要な領地仲介人《タックスマン》は三人しかいない。それ以外の土地は小作人に貸され、彼らの中には四ギニーか三ギニー、中には二ギニーという安い地代を払っている者もいる。最高の地代はある農民の納める七ポンドで、その息子は教育を受けるために毎年アバディーンまで歩いて行き、夏に戻って来て、コル島で教師を務めている。ジョンソン博士は、「勉学のためとはいえ、若者が毎年二百マイルを徒歩で往復することには何とも言えぬ気高さがある」と言った。

この日多勢の人々が互いの権利侵害の苦情を抱えてコルの許にやって来た。コーネックのマクリーン氏は厄介払いをするために、彼らに対して、エジンバラから当地に弁護士が来ており、もし皆の意見がまとまらなければお前らを咎めるだろうと伝えた。彼らはこれを聞いてびっくりして、自分たちは裁判沙汰には慣れていないからコル自身に決着をつけてもらいたいと言った。夕方マクリーン氏は私たちの許を去った。

十月九日　土曜日

このような缶詰状態では、珍しいと言われているものがあればどんなものでも注目の的になるもので、私はコルに、巨人が山の天辺に投げたと先の頁で述べた巨岩を見せてもらいたいと言った。ジョンソン博士は一人で取り残されるのを好まず、馬の行ける所までは同行すると言った。私たちは馬で丘を少し上がって行き、その先はコルと私とで這い上がった。召使いが馬を預かり、ジョンソン博士は大きな石を背にして地面に腰を下ろしていた。風が強いため、博士は帽子のつばをおろし、ハンカチで顎の下に結んだ。巨石はわざわざ見に来るほどのものではなかったが、それを私たちが調べている間、ジョンソン博士は前の時代の学術書ギャタカーの『運命』と『キリスト教の合言葉』を読んで楽しんでいた。その本はコルの館の屋根裏部屋で見つけたもので、ジョンソン博士はここでは貴重な本だと言った。博士の姿を丘の上から認めたとき博士はいかにも隠者然と見えたが、私たちが博士の所に戻ってみると、博士は、ギャタカーにすっかり夢中になっていたので私たちがいないことを何とも思わなかったよ、と言った。博士はコル島に滞在中いろいろな本を見たいとたびたび口にし、手近に本がほとんどないとの不満を漏らした。これについて私は博士に、あのような立派な本を書こうと思えば何時《いつ》でも書けるご本人が、本の不足を託《かこ》つなんて妙なものですね、と言った。

私たちは次に鉛の鉱床へ向かった。その途中広い浜に出たので、私たちは馬を疾走させて楽しんだ。ジョンソン博士も大張切りで加わった。博士は蹄鉄を着けない大きな鹿毛《かげ》の馬に跨《また》がった。子馬が後についたのだがなかなか博士の馬について行けず、何とも見ものであった。

鉱床を見物してから、一面が砂山の荒涼たる地域を通って戻った。下りは見るからに急勾配で馬の足元から砂が絶えずさらさらと滑り落ちていたが、馬のお陰で私たちは無事に進むことができた。コルと他の二人が住居の跡を指し示して、それは吹き積った砂山に埋もれていたのだと断言した。しかし、住居跡の一つに近づきながらジョンソン博士は、「これは明らかにただの廃屋であり、その石が他の目的のために持ち運ばれてしまったのだ。土台を成す大きな石は今も砂より突き出ている。その石が砂に埋まっていないとすると、それより高いものが砂に埋没するはずのないことは明らかだ」と述べて、その考えが不合理であることを示した。これは私には十分に納得のゆくものであったが、コルと他の二人には暖簾《のれん》に腕押しだった。いくら口をすっぱくして説いても、ハイランドの伝説を捨てるような人たちではなかったからだ。

十月九日　土曜日

六時から七時になってようやく夕食のテーブルに着いた。ここでゆったりと過ごし、真の歓待を受けた。このような季節では、よく燃える暖炉の火は極めて貴重なものであった。泥炭《ピート》は良質で気持ちよく燃えていた。ダンベガンの泥炭は湿気を含んでいたため、ジョンソン博士はそれを「不機嫌な燃料」と呼んだのだった。ここではスコットランド的言い回しが妙に博士にぴったりだった。一同の一人が、嵐の晩に外に出て積んである泥炭を運び込んだのですと言うと、マクスウィーン氏は「いや《メイン》ご立派《オネスト》」と応じた。

ふとした折にブレナム[167]が話題になり、博士は私にこう言った。あそこを見たことはないし、これまでに行ったこともない。今となっては単なる一般の見物人として金をかけてまでは行く気がしない。モールバラ公爵の身辺にいる誰かに「ジョンソンが当地に来たよ。彼だとは分かったのだが、気にも留めなかったよ」などと言われたくないしね。ちゃんと招待でもされれば見物するのに吝《やぶさ》かではないが、自分からそれを求めるほどの価値はないから、十中八九この話は実現しないだろう、と。私は、公爵とごく近しい私たちの共通の友人がいとも簡単に招いてくれるかもしれませんよ、と言った。博士は感情の細やかさを見せて答えた。「私たちの友人がそこへ人を案内して行けるほど公爵と親しい間柄であるかどうか疑問だし、その友人が公爵とそんな間柄ではないことに私が気付いたと知って不愉快になったり、彼がそのことを思い出して不愉快になったりすることさえ厭だからね。」

十月十日　日曜日

今日は記憶にないほどの暴風雨だった。その嵐は一同に非常に恐ろしい印象を与えたので、家の中に一種不気味な沈黙がしばらく続いたほどだった。この日はあまり会話もなく過ぎた。しかし、小作人に土地を貸し渋って彼らをいつまでも悲惨な従属状態に留めておきたいとする人の心にはきっと邪《よこしま》なものがあるのでしょう、と私が言うと、博士は、「そのとおりだよ。できるだけ多くの人に安楽と安心を与えるのが人間の務めだからね。小作人をただのカゲロウ、はかないものにしておきたいと思ってはいけない」と言った。ボズウェル、「しかし先生、小作人は土地を貸すとだんだん横柄になる危険はありませんか。イングランドの小作人は独立心が強く、怒ると地主へ地代を投げつけると先生ご自身がかつて私に話されたことを覚えています。」ジョンソン、「いいかね君、地主が地代を投げつけられるようでは地主本人が悪いんだよ。小作人に土地を貸しても、いつも彼らから頼られるようにできるんだからね。地代を滞納しない者は確かによい小作人に違いないよ。たとえ地主が滞納を認めていてもね。現実に地代が遅れれば、地主は小作人を意のままにする。実際、地主であれ小作人であれ、貧乏人はいつも金持ちの為すがままだ。小作人が地主に少しばかりの地代を前払いするか金を貸したりすれば、地主は小作人の支配下に入る。金を地主に貸している小作人ほど偉い者はない。小作人は自分の従属すべき相手を従属させているのだからね。」

十月十一日　月曜日

私たちは数日前、停泊中の港からマル島まで乗せて行ってくれるようにとキャンベル・タウンの船に頼んでおいた。この日の朝は天気清朗で、風は穏やかな順風となり、いよいよこの島を離れることができると思った。

ここではマクスウィーン夫人が領主夫人の代役を務めてくれたが、彼女は本土へ行ったことがなかった。ジョンソン博士はこの話を聞くや夫人の面前で、「それでは人生において遅れを取ってしまう。私ならせめてグレネグルぐらいまでは見に行くがね」と私に向かって言った。ボズウェル、「先生、先生ご自身だって生まれた島以外には今まで何処《どこ》も見ていらっしゃいませんね。」ジョンソン、「でもね、君、ロンドンを見ているので、世界中で見ることのできる生活はすべて見ているよ。」ボズウェル、「北京はご覧になっていませんね。」ジョンソン、「北京が何だね。一万のロンドンっ子で北京人を一人残らず追い出してしまうさ。鹿を追い立てるようにね。」

私たちは港に向け十一時頃出発した。ところがそこに着かぬうちに猛烈な嵐となって、再度マクリーン大尉の家に逃げ込まざるをえなくなり、そこで正餐をとり夜を過ごした。

十月十二日　火曜日

朝食後、私たちは再び港へ行こうとしたがすぐにまた暴風雨となり、行っても無駄であることを確信した。マクリーン大尉の家では夫人がお産の床に就くことになり取り込んでいたので、私たちはマクスウィーン氏宅へ行くことにし、びしょ濡れでへとへとでぺこぺこな空きっ腹を抱えてそこに着いた。この状況の中で私たちは、夜遅くまで正餐はとれないが、それまでの間軽食《ティー》には有り付けると聞かされていささか困惑した。ジョンソン博士はこの計らいに反対したが、皆が強く望んだので心よく軽食をとった。博士は後になって私に次のように言った。「君、ここでは正餐が大事《おおごと》であることを考えないとね。まず計画を立ててそれから実行しなければならないのだよ。私の想像だが、あの羊肉は数マイル離れた所で羊が屠殺されたことが分かったのでそこから持って来たものだろうね。」

ここで世話になっている善良な人々の話になって、博士が言った。「マクスウィーン家の生活は一世代では少しも進歩がなかった。息子は父親を見習ってそのまま成長したからだ。父親の言うことを息子も言い、父親の見るものを息子も見ているのだからね。」

今夜はほとんど会話がなかったので、過去に私が書き落としているかもしれない事を思い出してみなければならない。ラーセイ島でのことだが、私は自分には独立不羈《ふき》の精神があり、袖の下は通用しませんと自慢した。すると博士は、「いや、君はお世辞でまるめ込まれるかもしれんぞ」と言った。

ジョンソン博士はマクリーン師宅で、コルの島民には迷信があるかどうかを師に尋ねた。同師は「いいえ」と言った。満月に泥炭《ピート》を切り取るということが迷信の一例として挙がったが、師はそれを認めようとはせず、それは迷信ではなく奇想だと言った。ジョンソン博士は両者の違いを認めようとしなかった。博士は宗教と結び付かない迷信はたくさんありこれもその一つだ、と主張した。月曜日に私たちは大尉宅で、砂山が人の手で固定できるかどうかを議論した。ジョンソン博士は「ばかったれ、できるもんか」と言ったが、すぐに「どうすればできるのかね」と言い直した。私は博士がその種の言葉を使うのをそれまで聞いたことがなかった。

十月十二日　火曜日

博士には説明不可能な変わったところがある。前に述べたように、博士は決して寝帽《ナイトキャップ》を被らず、寝るときは頭にハンカチを被る。タリスカーを去る日、博士は私たちに馬を先に進めるよう命じた。博士はそれから馬の頭をタリスカーの方に向けてしばらく止まっていたが、やがて私たちと同じ方向に向きを変えて後から元気よくついて来た。博士は厳寒の昼間でも夜間でも、窓を開け放してその前に佇《たたず》む。これは博士の体質に関係がありそうだ。たいていの人は、私もその中の一人だが、寓話のカエルのように「これはあなたにとっては気晴らしかもしれませんが、私たちにとっては命にかかわることなのです」と言うだろう。博士の変わったところの一つ一つに意味を見出そうとしても無駄だ。これは偶然身に付いた単なる習慣だと思うし、人目につくかつかないかの差こそあれ誰にもあるものだ。博士の独言というよりは暗誦は、じっくり考えることに慣れた学究肌の人には共通の習慣であり、彼らがこのように没頭する結果、じっくりと考えている事柄が楽しいものであれば一人笑いもするだろう。ジョンソン博士が独言を言っているようなときは、祈りの言葉を我知らず発しているときがよくある。ときには博士の声が次第に大きくなってゆき、主の祈りが千切れ千切れに聞こえるのだ。私はそのような折には尋常ならざる敬虔な気持ちで博士の隣に座ってきた(168)。

旅の途中、私は博士が粗野な風習に出くわすといつもうんざりしている姿を目撃した。博士は私に、「なぜか分らんが、粗野な生活には我慢がならんのだ。私は自分と同じような気難し屋の人間が毛色の変わった人々と付き合いを重ねるとそんな生活にも寛容になるのを見ている。君も私が皆とうまく溶け込んでいると思うのではないかね」と言った。

博士が私にくれた小さなノートに記した「日誌」を博士は今日かなり読み、喜んでくれた。博士は「君の記録はこの二倍あってもよかったね」と言った。博士が何を言ったか自信がないときに私がとりあえず残しておいた空白を博士は埋めてくれたり、私の間違いをすべて正したりしてくれた。「世間では私のことを学者と言うけれど(と、博士は言った)、私の言うことには何て文学の香りがないんだ。」ボズウェル、「それは先生、きっと先生のお相手次第ですよ。先生は文学の分からない人に文学を語ろうとなさらないのですよ。エリバンク卿に会うまでお帰りにならないでくださいよ。」

私たちはやっとすばらしい正餐いやむしろ夕食に与り、その歓待ぶりに大満足したのであった。

十月十三日　水曜日

コルがマル島へ渡る絶好の日であるという知らせを持って私を起こしに来た。私たちが起床するのを見計らうかのように、その船の船員が迎えに来た。私たちは大急ぎで準備万端を整えた。ジョンソン博士は私の慌てぶりと右往左往ぶりが気に入らなかった。博士は、「そんなに慌《あわ》てても無駄だよ。船の上で馬に乗るようなものだ。子供は皆そんなことをするものだが、君はいつまでたっても子供だね」と言った。博士自身には敏捷《びんしょう》さ、あるいはそれらしいところは全く見られなかった。したがって、「謹厳な人は陽気な人を嫌う(169)」ように、博士は敏捷さを嫌うのかもしれない。

港に到着する前に再び風が強まった。しかし小船が待っており、私たちはそれに乗り込んだ。しばらくの間どうしたものかと迷っていたが、日も暮れ始めていたし、夜の間にこんな小船でこのような天気の中で海に出るのは危険なので、朝の潮時まで出港を控えることにした。朝になればおそらく風も弱まっているだろうと考えたのだ。私たちは岸には戻らず、このままこの場に待機することにした。船室にはジョンソン博士と私にそれぞれのベッドが用意してあった。コルは、船長、ジョゼフ、その他の人たちと船首楼の暖炉の所に座った。私は船室で乾いたオートミールの入った樽を見つけ、それを少し食べてみた。オートミールを食べるのは子供のとき以来のことだった。ジョンソン博士も幼少の頃にそれが好きだったことを認めたが、博士の口からそれを聞くのは鬼の首でも取ったように喜ばしいことであった。博士の辞書にある「カラス麦《オーツ》」の項の冗談にもかかわらず、博士自身がこの種の食料はスコットランドの人々に特有のものではないと言える機会を与えてくれたのだから。

十月十四日　木曜日

ジョンソン博士は今朝目覚めたとき「ランキー」と大声で呼んだ。私が察するに、博士はラングトンのことを思っていたのだろうが、すぐに言い直して「ボジー」と叫んだ。博士には友人の名を短縮する癖がある。ゴールドスミスは今ではそれを不快に感じるほど自分が偉くなったと思っている。ジョンソン博士が「私たちは皆ゴールディの芝居の題名に苦心している」と述べたということをトム・デーヴィスが語っているとき、ゴールドスミスが「しばしば思うんだが、私のことをゴールディと博士に呼んで欲しくないね」と叫んだことがあった。

六時から七時の間に碇を上げ、順風で出帆して楽しい航海の後、私たちは無事に心地よくトバーモリの港に入った。ここ数日間正午頃になると風がいつも強まっていたのだがそうなる前であった。

トバーモリは素晴らしい港である。港の入り口には小島があり、港は段丘に囲まれている。その島は平坦すぎるが、そうでなければ極めて安全な港になることだろう。しかし、その島は十分な防壁にはなっておらず、港には嵐が激しく吹き荒れるときがある。それほど昔のことではないが、十五隻の船が係留所から強風で流されてしまった。港には船舶が六十か七十隻になることもあるが、今日は十二隻から十四隻であった。この集結した船舶の光景は市街地の光景にも劣らぬものだ。船はクライド、キャンベル・タウン、ニューカッスルなど、様々な場所からやって来ていた。ハンブルグからランカスターへ戻る船もあった。私はコル島にとても長い間閉じ込められていたので、様々な場所に向かおうとしている様々な人々が乗り込んでいるこのような船の大群を見て大いに心が浮き立った。私たちが上陸したとき、ジョンソン博士は、「ボズウェルは今や完全に生き返った。アンタイオス[170]さながらにね。ボズウェルは陸に上がるといつも新たな活力を得るのだ」と言った。港に面する丘の頂上に行くと、港がよく見えた。私たちは当地でまずまずの宿を取った。ジョンソン博士は今朝私に、自分が不機嫌であることを認めた。確かに博士は船内で大いにその不機嫌さを示していた。というのも、マル島へ上陸できる見込みに私が喜びを表明したとき、博士は本土に着くのが五日後であることを思い出して、嬉しくないねと述べたからである。私は博士が突然イーコルムキル島訪問を諦めようとするのではないかと不安になった。博士の不機嫌さは一杯のお茶とおいしいバター付きパンのお陰で消え去った。私は旅行中に出会った人たちが皆、「あの方はご立派な方だ。あらゆることを喜ばれ、いつも満ち足りておられる」と言うのを面白く聞いていた。私はそのことを博士に言って、「彼らはよく分かっていないのです」とも言った。博士は声を出して笑って、「この悪党め」と応じた。

私たちは使いを出して、マル島を横断してインチケネス島の対岸まで乗っていく馬を借りた。インチケネス島にはサー・アラン・マクリーンの住まいがある。サー・アランはヤング・コルの叔父で、マクリーン氏族の族長でもあり、私たちはその屋敷に翌日行くつもりであった。我らが友であるコルは、トバーモリから一マイルほどの所に住んでいるアレクサンダー・マクリーン医師の夫人を訪問するために出かけた。彼女はコルの伯母であった。

ジョンソン博士と私は宿屋の部屋で二人きりとなり、大いにおしゃべりをした。私は博士に、アディソンが『イタリア各地雑感』の中で披露している多くのことをレアンドロ・アルベルティーの『イタリア点描』の中に見出したと述べた。博士曰く、「古典の名文集は別のイタリア人も作っているが、そういう場合、ある人物を剽窃者と断じるのは不可能だ。そういう名文集を企てる人は皆同じ一節に目を付けるに違いないからね。でも別の本にも同じ引用が多数見つかるなら、そのときはアディソンの『イタリア各地雑感』の学識は地に落ちてしまう。あれは退屈な本だから、アディソンのそれまでの評判と結び付いていないなら、たいしたものだとは思われないだろう。彼が他に何も書いていなかったら、彼の名は残っていなかっただろう。彼はイタリア文学には造詣が深くなかったようだね。その後の著作ではその方面の学識を何ら示していないよ。フランスに関する学識は大いに示しているのだがね。おそらく他のどの言語よりもフランス語で広まっている知識の方が多いのだろう。英語にはもっと独創的な知識があるのだがね。」「でも（と、私は言った）、フランス人たちは文学に味付けする技を持っています。」ジョンソン、「そのとおりだよ、君、イギリスにはモレリーの『辞典』のような書物はないからね。」ボズウェル、「彼らの『語録』はよくできています。」ジョンソン、「上出来なものも幾つかあるがね、イギリスにはそのどれにも負けない同種の本が一冊あるよ。セルデンの『座談』だよ。独創的な文学に関しては、フランスには世界にあまねく知れわたっているラシーヌやコルネイユといった二人の悲劇詩人とモリエールという一人の喜劇詩人がいる。」ボズウェル、「フェヌロンがいます。」ジョンソン、「もちろんさ、君。『テレマックの冒険』は見事だよ。」ボズウェル、「そして、ヴォルテールです、先生。」ジョンソン、「彼はまだ世間の試練を受けていない。そしてヴォルテールが主に読まれているのは、彼の『万国史』のような選集だ。」ボズウェル、「モーの司教についてはいかがでしょうか。」ジョンソン、「君ね、彼の本を読む人はいないよ[171]。」博士はマシヨンとブールダールが世間で評判になっているのを認めようとはしなかった。しかし、概して博士はフランス人の勤勉さを大いに賞賛した。

博士はその『ランブラー』誌のいずれかの号で、ウェルギリウスの地獄への入り口の描写を出版にあてつけて述べたかどうかを私に尋ねた。「というのは（と、博士が言った）、私はそれをよく覚えていないのだ。」私は博士に、「いいえ」と答えた。それに対して博士は次の一節を諳《そら》んじた。

まさに地獄の門、そのとば口に
執念深い悩みと陰気な悲しみがたたずみ
青白い病と不平たらたらの老いらく
欠乏、恐怖、そして飢餓の猛威
辛苦と死と死の腹違いの兄弟たる眠りなど
見るも恐ろしい者たちが、ここで見張っている

「さて（と、博士が言った）、これらはほとんどすべてが作家にぴたりと当てはまるし、印刷屋にも付き物だ。」私は博士にそのことについて一文《エッセイ》を口述するように提案し、それを筆記することを申し出た。博士は今はよそう、しかしいずれ近いうちに一つ書くとしよう、と言った。

アバディーンで私たち二人だけで過ごした日曜日の夕方、私は博士に幼少の頃の生活について幾つか細かいことを尋ねた。博士はすぐに話してくれ、私は博士の面前でそれを書き取っていた。今日、私はその質問を続け、同様に博士の面前で書き記した。私はそれを別々の紙に書き留めている。私は『ジョンソン伝』のための確かな材料を集めるつもりであり、もし私が博士よりも長生きすれば博士の思い出を輝かしいものにするために誠心誠意努力するであろう。今や私は博士と面識を得た一七六二年(172)から折に触れて行った博士との会話という貴重な宝を有しており、博士について知らないことは

根気強く尋ねることで、博士との面識を得る以前のことの埋め合わせをすることができるのだ。(173)

たまたま同じ宿にいたニューカッスルの船長が私たちの所に割り込んできた。彼は酩酊状態で、ウイクルスと自由を支持していること、内閣に反対していることについて戯言《たわごと》を吐いた。ジョンソン博士は腹を立てて、「いかなる席にもふさわしくない奴が我々と同席するなんて」と言った。船長はすぐに退散した。

コルが伯母の所から戻って来て私たちに言うには、彼の伯母は私たちに今夜ぜひ来て欲しいと願っているとのことであった。コルはタイリー島でアーガイル公爵の土地差配人を勤めるキャンベル氏を私たちに紹介した。氏は上品で感じのよい人であった。氏はインヴェラリーへ行く予定で、私たちのために手紙を郵便局へ届けることを約束してくれた。私は今になってジョンソン博士の本土の土を踏みたいという願いが、手紙を友人に届ける機会を得たいという望みから来ていることを悟った。

私たちは正餐後、宿屋から一マイルほどの所にあるマクリーン医師宅へ向かった。彼は不在であったが、夫人と娘に迎えられ、ジョンソン博士はそのもてなし上手にしごく満足の体であった。正餐をとっていたとき、博士は手紙を書くので紙が欲しいと私に言った。私は博士に、明朝は早く出立しなければならないので、長たらしいものではなく短い手紙にしてくださいとお願いした。博士はむっとして、「やらねばならぬことは、やらねばならぬのだ。冗談じゃないぞ」と言った。「はい、先生（と、私は言った）、どうぞお好きなだけお書きください。本土に六日遅れて着いても私を責めないでください。先生は午前中はいらいらなさっておられましたが、いったん居心地のよい所に落ち着くと、たちまち出立することをお忘れになりますね。」私は博士に紙を十分に渡し、博士の機嫌をよくして部屋を出た。

ここでこれまでに書き漏らした諸々について回想することをお許しいただきたい。午前中、トバーモリに上陸する前に、私は博士に、「マクリーン氏族の歴史を書いたマクリーン医師に会いましょう」と言った。ジョンソン、「私はマクリーン氏族の歴史をじっと聞いているほど辛抱強くはないよ。スレイル家の歴史を聞くのならまだしもだがね。」マル島で私が、「さあ、先生、ここはヘブリディーズ諸島で四番目に上陸した島です」と言ったとき、「いや、訪れた島の数を自慢することはできないよ。もっとたくさん訪れようと思っていたんだからね。島から島へ簡単に船で回れると思っていたし、もっと季節のよいときに来ていたなら当然そうしたはずだがね。でも、私たちはおめでたくも、私たちのいるところは年中夏だろうなどと考えたのだ。しかし、君、もう十分に見てきたから、島の生活の有り様がどのようなものか十分に分かったよ」と博士は答えた。

博士がときどき軽い読書を楽しんでいたことも忘れてはいけない。軽いとは言っても、博士がそれから少なからぬ恩恵を蒙っていることは博士の言葉から窺われた。マクリーン大尉宅で、博士は編者不詳の詩歌集『魅惑者《チャーマー》』をかなり読んだ。

十月十五日　金曜日

今朝は暴雨風で川を渡ることができず、先に進むことができないことが分かった。私が監禁状態に不満を漏らしたとき、ジョンソン博士は、「本土へ手紙を書く機会に恵まれたわけだから、そんなに慌てないよ」と言った。私は博士があっさりと満足することを面白く思った。というのも、実は私たちの手紙を届けてくれることになっていた例の紳士は、私に伝えられたところでは、しばらくインヴェラリーには向かわないということであった。おそらく彼と私たちは同じ頃にインヴェラリーに到着することになるだろう。しかし、私は博士には本当のことを知らせないで、思い込みを楽しませておくことにした。

夕方、ジョンソン博士は、マクリーン医師宅の書物を見せてくれと頼んだ。博士はウィリスの『動物の霊魂』を取り出し、それに読み耽った。

マクリーン嬢はつい数年前に亡くなったマル島の有名な吟唱詩人ジョン・マクリーン作のアース語による詩を持ち出して来た。その詩人は読み書きができなかった。彼女はその詩を二つ読んで翻訳したが、一つはサー・ジョン・マクリーンが一七一五年に祖国を去らざるをえなくなった際の一種の挽歌で、もう一つは修道女になるか結婚するかのどちらがよいかについてのローマ・カトリック教徒の若い姉妹の対話であった。私はその翻訳の中に詩的心象《イメジャリ》はそれほど感じなかった。しかし、アース語を理解する一同の者たちは、その原語の詩に魅せられているようだった。おそらく翻訳では表すことのできない巧みな表現、絶妙な語順があるのだろう。

私たちがアース語の詩を最後まで聞き終えてもジョンソン博士はそれについては何も言わず、次いでマクリーン嬢はスピネットで数曲披露した。そのスピネットは一六六七年という古い時代に作られたにもかかわらず、依然としてすばらしい音色であった。彼女はそれに合わせて歌を歌った。ジョンソン博士はその曲が気に入らないということとほとんど分からないということを認めながらも、楽しんでいるように思えた。スレートのマクファーソン氏宅で、博士は私たちに、「太鼓とラッパ、そしてバグパイプとギターの区別はできるが、私の音楽の知識とはその程度のものだ」と述べた。今晩、博士は、「音楽を学んでいたら、演奏以外には何もしないのではないかという不安にかられたことだろう。音楽は物を考えるという苦労を全くしなくても、自分をいい気持ちにさせてくれるからね」と述べた。

私たちはアーミデル、ダンベガン、コル島で毎日バグパイプの演奏を聞いた。ジョンソン博士はそれが気に入っていたように見えたし、しばらくの間その重低音《ドローン》に耳を近づけて立つこともしばしばあった。

以前にもそれとなく述べた知人のけちい紳士(174)のことが、今晩も話題に上った。ジョンソン博士は、私が彼のけちぶりをまとめて書き留めておくべきだ、それはほとんど信じがたいことだからね、と言った。コルの話では、有名なアイルランド人のハープ弾きであるオー・ケインがかつてその紳士の屋敷に滞在していたという。この紳士はオー・ケインに金を与える気になれなかったのでハープの調律具《キー》を与えたが、それは金銀宝石で美しく飾られており、八十ないしは百ギニーの価値があった。紳士はその価値を知らなかったのだ。それが分かれば彼は力ずくでも取り戻したかっただろうが、オー・ケインはそうされないように用心した。ジョンソン、「皆キーの価値を過大評価しているのだ。あの男が騙し取られることを皆がひどく望んでいるのだね。そのキーの価値が八十ギニーか百ギニーあればいいと思うが、そんな風にはいかないだろうよ。」ボズウェル、「オー・ケインにはそれを返す義務があったとは思いません。」ジョンソン、「ないさ、君。本人が承知の上で、しかも何の騙しの手口も使わずに私に物をくれるのなら、その人がその価値に気付いてもそれを返したりはしないよ。貪欲がいかに自滅するか、そしてあの守銭奴が金を手放すまいとしてそれ以上に貴重なものを与えてしまうのを見たいものだ。」コルが言うには、その紳士の親族はそのハープの調律具は同家に長い間あったので、彼がそれを手放したことに腹を立てたとのことだった。ジョンソン、「君、あの男には古いなじみより新しい金《ギニー》の方が大事なんだよ。」

コルの話では、例の紳士が街道の工事をしていた軍曹と二十人の部下に出会い、その軍曹と言葉を交わした後、部下たちの酒代にと六ペンスを軍曹に渡したそうだ。その軍曹は「あの男は誰だ」と尋ねた。軍曹は彼が誰かを知らされると、「あの男が誰だか分かっていたら、その端金《はしたがね》を奴の顔に投げつけてやったのに」と言った。ジョンソン、「全くもって無分別な話だ。あの男は軍曹と言葉を交わす必要など全然なかったんだ。急いでいたのかもしれないのだから早足で通り過ぎればよかったんだ。彼はまだ守銭奴になりきっていないんだ。奴を徒弟に出さなければならないと思うよ。」ボズウェル、「彼は仕込んでもらうのに半ギニーでも出し渋ると思います。」ジョンソン、「いや、君、ただで仕込まねばならない。奴には君の教訓を実行する機会を与えなければならないんだよ。」

ジョンソン語録に戻って、博士の言葉を拾い集めてみよう。スレートから出港する前の土曜日の午後、私は静かでしんみりした気分で、しばらくの間ジョンソン博士と一緒に博士の部屋にいた。私は、死ぬ準備がきちんとできている人などはまずいません、誰しも何らかのやり残したものがあり、混乱したままのものがあるものですと言って、父の知り合いのある男（ライムキリンのカーライル）について述べた。聞くところによると、その人の死後、すべての書類が整然とした状態で見つかり、その遺言書においても言い残しは全くなかったとのことだった。ジョンソン、「君ね、同じように亡くなった叔父が私にもいるが、そうとう暇があって意志が固くないとそんな対処はできないね。絶えず死を考えなければならないとすると、生きることは滞ってしまう。宗教とはあまりにも厳しいものだと思わせることには私は与《くみ》しない。多くの善良な人たちが厳格な宗教観を示して害を与えてきた。学問に関しても同様だ。私は学問が苦難の道だと言って、若い人たちを脅かしたりすることは決してしない。それどころか、彼らに学問がとても見事に、また容易に成就するだろうと言っている。彼らがベントリー一族のようになるかもしれないとはもちろん言わないがね。」

コルの屋敷へ馬で行った日の夜、私は、「エリバンク卿はおそらく、今頃私たちがどうしているかと心配しているでしょう」と言った。ジョンソン、「いやいや、卿は私たちのことなど考えてはいないよ。」ボズウェル、「でも、卿のあの温かい手紙の書きようを思い出してください。お会いしたいという強い望みを持っていますと言われれば、そのように言ってくれた人のことを信じなければならないのではないでしょうか。私が先生にスコットランドに来ていただきたくて、とても待ち遠しく思っていたことを信じないのですか。」ジョンソン、「信じるさ、君。君が待ち遠しく思っていたことは信じるし、私も君の所へ来たいと思っていたんだよ。若い人はそう感じるが、年寄りはそう感じることはめったにないんだよ。」それでも私はエリバンク卿が若者の気分をかなり残していて、そのように感じているだろうということを博士に納得させた。博士は私に私たちの旅が期待どおりだったかどうかを尋ねた。私は期待以上でしたと言った。私は博士に大いに手を焼くだろうと予想していたが、そうではなかった。「そして（と、博士は付け加えた）、どこへ行っても、私たちは巡幸中の君主のように歓迎されているね。」

博士は、ハイランドではうんざりした気分にならないようにと望んでいるわけではない、と言った。さらに、そうでないと判断力を失うことになるだろうし、ハイランドの真ん中で投げ出してしまうかもしれないからね、とも言った。博士は嫌悪感を隠したかっただけなのだ。

マクリーン大尉宅で私はポープの友人スペンスに言及した。ジョンソン、「彼は意志の弱い、己惚《うぬぼ》れの強い男だ。(175)」ボズウェル、「立派な学者ですよ、先生。」ジョンソン、「いや、そうでもないさ、君。」ボズウェル、「立派な学識のある方でした。」ジョンソン、「ほぼそんなところだね。」

昨晩のこと、宿屋で、タイリー島の土地差配人《ファクター》がイーコルムキル島では屋根のある建物はごく一部にすぎないという話を聞いたと述べたとき、私はうっかり「屋根のある大聖堂が見つかれば幸運ですね」と言った。私がこの発言をしたのは、ジョンソン博士の好奇心をさらに掻き立てたいという愚かな望みからであった。博士は即座に遮った。「何だって、よくそんなことが言えるね。屋根のある大聖堂が見つかればだって。まるで私たちが人跡未踏の地へ向かっているみたいだね。イーコルムキル島にあるものはどれもよく知られているというのに。君はテムズ川の河口へやって来たニュー・イングランド人たちのようだね。『さあ(と、彼らは言った)、ここにはどんな住人がいるのかな、上流に行って見てみよう。』彼らはアメリカのサスケハナ川か何か他のアメリカの川を遡りに来たかのように話したのさ。」

十月十六日　土曜日

今日は新月で天気も回復に向かっていた。ジョンソン博士はマクリーン嬢についてこう述べた。「ハイランドでいちばんたしなみのある婦人だ。フランス語、音楽、絵画ができ、裁縫もうまければ貝細工もこなすし乳搾りもする、要するに何でもござれだ。話にも分別があるし、アース語の詩を逐語訳できる私が会った最初の人だった。」私たちはマル島の小さな馬に乗って出発した。マル島は私がいつも思い描いていた風景に違わず、山が多く、ヒースと雑草と多くの小川があって変化に富んでいた。ジョンソン博士はご機嫌が麗しくなかった。博士は、ここはわびしい所だ、スカイ島よりもずっとひどい、と言った。私は博士とは違っていた。「先生（と、私は言った）、ひどく物悲しい所です。」

十月十六日　土曜日

今日の旅はとても辛かった。私のシェットランド・ポニーには馬勒《ばろく》がなくて端綱《はづな》のみであり、ジョゼフは裸馬に乗った。湖水が道まで溢れ出て、かなり深い水の中を進まなければならない所もあった。ジョンソン博士は、当地で旅をしていて万一事故にでも遭ったら人は何と無力なことだろうか、と述べ、「鞍と馬勒の国に行きたいものだ」と言った。博士は小さな馬が自分の体重を支えきれないということが分かって苛立っていたし、さらに今日はある物を失ってこの旅に出てから最も不機嫌であった。失った物自体は小さかったが、マル島の険しい凸凹の坂道を移動する際は歩かざるをえないときもあり、その遺失は重大であった。私が言っている遺失とは例の大きな樫の杖のことで、以前にも述べたように、博士はそれをロンドンから持参していたのであった。それはこの険しい旅において、博士には大いに役立っていた。というのも、先の一七六六年の病気以来、博士は膝が弱くなっており、楽に歩くことができなくなっていたのだった。しかもそれには一本の釘が一フィートの長さのところに、もう一本の釘が一ヤードのところに打ち込んであり、物差しの役目も果たしていたのである。博士はその杖が役に立ったお礼として、それをどこかの博物館に贈呈するつもりだと今朝言ったのだったが、まさかそれをすぐに失うことになるとは思いもよらなかったのだ。博士が小枝の鞭を使って馬を進めたがったので、ある男に少し離れた所から付いて来ていた荷物係りに博士の杖を渡してくれと頼んだのだが、二度とその杖を目にすることはなかった。それが盗まれたという博士の疑いを晴らそうと説得したが駄目だった。「いやいや、我が友よ（と、博士は言った）、杖を得たマル島の島民がそれを手放すとは思われないね。考えてみたまえ、君、そのような木材一本のこの島での価値を。」

午前中に旅を進めていたとき、私たちはマクリーン医師に出会ったが、彼は私たちが彼の家に滞在していたときに生憎不在であったことをひどく残念がった。

私たちはインチケネス島のサー・アラン・マクリーン宅に今晩着きたいと思っていたが、八マイルと聞かされていた道程《みちのり》は遠すぎて、夜の七時になってやっとマル島の反対側の岸辺に辿り着いたのだった。午前十一時頃には出発していたのにだ。そして私たちが実際に岸辺に到着したときには、強い向かい風が吹いていた。コルはその夜はマル島とインチケネス島の間にあるアルバ島のマカーリー宅で過ごすことに決め、私たちの船を確保するために渡し場へ召使いを送った。しかし、船は既にアルバ島側に渡っており、風がとても強くて向かいのアルバ島には召使いの呼ぶ声は届かず、さらに暗い夜なので合図《シグナル》にも気付いてもらえなかった。幸運にもアルバ海峡にアイルランド船であるロンドンデリーのボネッタ号（マクルーア船長）が停泊していたが、そうでなかったら、私たちはひどく悪い状況に陥ったことだろう。船長自身はマカーリー宅にいたが、彼の部下たちが親切にもロングボートで来てくれて、私たちをアルバ島まで渡してくれた。

マカーリーの家は粗末であったが、家主の風貌は快い驚きであった。彼は知的で礼儀正しく世事に通じた人であったからだ。彼の氏族は多くはないが、マカーリーは古くからの族長であり、イーコルムキル島に墓地を持っている。彼が言うには、彼の一家はアルバ島を九百年にわたって所有してきたとのことであったが、その島が借金返済のためにまもなく売却されるということを聞いて私は胸が痛んだ。

私たちが当家でお目にかかったマクルーア船長はスコットランド系の人で、バーネラのサー・ノーマンドとウスターの戦いに出陣したマクラウド族の後裔《こうえい》なのだから、正しくはマクラウドなのだ。彼は王党派の敗北の後アイルランドへ逃れ、身を隠すために別の姓を名乗った。彼の話では、ロンドンデリーにはたくさんの輩《ともがら》がおり、かなりの資産家もいるとのことだった。私は元の名に戻すべきだと言った。領主のマクラウドが出かけていって彼らを集め、大きな角に酒を満たして彼らに飲ませるべきだ。そうすれば、そのときから彼らはマクラウド族になるのだ。船長の話では、彼の船の名をボネッタと名づけたのは「神慮」への感謝からとのことであった。というのも、かつて多くの乗客を乗せてアメリカへ航海しているとき、彼が操縦していた船が凪《なぎ》で五週間止まってしまい、その間じゅう鰹《ボネッタ》がたくさん船の近くに集まってきたので、捕って食料としたからであった。そのようなわけで、彼は次に手に入れる船はボネッタという名にしようと決めていたのだ。

十月十六日　土曜日

マカーリーは第二の視覚に関する有力な例を私たちに話してくれた。彼がエジンバラへ行ったとき、一人の下僕を伴っていた。そんなある日、家にいた老婦人が「マカーリーは明日帰宅するでしょう。そして、二人の紳士を連れて来るでしょう」と言った。さらに彼女は彼の下僕が赤と緑の衣服を着て戻るのが見えたと言った。案の定、翌日マカーリーが帰宅した。彼は二人の紳士を伴っていたし、彼の下僕は赤と緑の真新しいお仕着せを纏《まと》っていた。そのお仕着せはマカーリーがエジンバラでふと思いついて彼に買い与えたもので、家を出るときには下僕にお仕着せを着せようなどとは全く考えてもいなかった。だから、この老婦人がこの事についての話を予め聞いたはずはなかったのだ。これは本当の話なのです、と彼は私たちに断言した。

マカーリーは、イングランドの古い憲章にある女性の婚姻料は、荘園の領主または男爵が持っていた特権を実際に意味していた。そしてそれはすべての家臣の妻たちと初夜を過ごせるというものであったと主張した。ジョンソン博士は、そのような慣習が存在していたということはイングランドでも信じられているが、イングランドには末子相続制《バライングリッシュ》と呼ばれる土地保有形態があり、それによると、長男は借地人の息子である疑いがあるので相続はしないのだ、と述べた[176]。マカーリーが言うには、今でも彼の借地人の結婚式では、それぞれから一頭の羊が彼の許に届けられ、それに対するお返しは五シリングに決まっているとのことだ。アルバ島はこの慣習が残っている唯一の島ではないかと私は思う。

ある旧家の土地の売却話になった。その土地はその家族の信頼している弁護士が実際の価値よりかなり低く購入したと言われており、またその売却は救済裁判でおそらく無効にされるだろうとのことだった。ジョンソン博士は、「私はこの売却が無効となることに異存はないが、その訴訟がうまく行くものか甚だ疑問に思うね。売却を無効にする論拠が、値段が低すぎるとか売り手が買い手になる人に格段の信用を置いているなど、曖昧な原則に基づいているからね。ところで、価格はどれくらいまで下げるべきものなのか、あるいはその取引が無効になるにはどの程度の信用が必要なのかね。取引と言っても、それは一対一の駆け引きだからね。確かに、何らかの詐欺的行為が証明できれば、それでうまく決着するのだろうが」と述べた。

夜になり、ジョンソン博士と私の二人だけになったとき、私がマカーリーについて、「あの男は度量が大きそうです」とラテン語で言うと、博士は「さらに、心が高貴だね」とラテン語で付け加えた。高地地方の家は小さいので筒抜けに聞こえてしまうのを恐れて、私が自分で話せる程度のラテン語で、しかもできるだけ英語のような抑揚をつけて博士と話を交わすことがよくあったのだ。そうすれば、会話の声が家の広さの割に大きすぎても話の内容が家の人に理解されることはないだろうと思ったのだ。

十月十六日　土曜日

私たちは同じ部屋にそれぞれが立派なベッドをあてがわれたが、まさにこの部屋で博士が奇妙な誤解を受ける事態が起こったのであった。『西方諸島の旅』における博士の部屋の描写から、博士のベッドが小さすぎたために寝ている間に足がぬかるみに浸かったかのような誤解が生じたのだ。しかし、博士がそこで述べたのは、服を脱いだとき足がぬかるみに浸かるのを感じたということ、つまり、博士がベッドに入る前に立っていた部屋の土間の窓が壊れていて雨が入ったために濡れていた、というだけのことだったのだ。

十月十七日　日曜日

アルバ島には見るに値するものは何もないとのことだったので、私たちは小船に乗りインチケネス島へ進んだ。この島で友人のコルが私たちを彼の氏族の長であるサー・アラン・マクリーンとその二人の娘に紹介してくれた。インチケネス島は長さが一マイル、幅が半マイルほどのとても小さな島であるが、全体に土地が肥沃である。

私たちが岸から上がったとき、ジョンソン博士の心は、本土にあるのと同じような轍《わだち》、つまり私たちが長いこと目にしなかったものを見て元気付いた。それは、旅人が無人島ではないかと不安に思いながらさ迷っているときに、人間の足跡に気付いて感じるのと同じような喜びを私たちに与えてくれたのだった。

軍人たちは便利な物なら何でも身の周りに備えておくというすばらしい習慣を身に付けている。サー・アラン・マクリーンは長いこと軍隊にいたが、今はこの島の賃借権を持ち、ほんの二、三の小さな平屋の建物群からなる便利な住まいを構えていた。彼は幾つかの小さな部屋に、一頁や二頁ではとても列挙できないほどの物を所有していた。

暮らしを快適にする諸々の中でも、私たちがエジンバラを発ってからの『カレドニアン・マーキュリー』紙[177]の束をここで見つけたのは少なからぬ喜びであった。忙しい活気に溢れた世間からしばし隔離されている者なら誰もが感じるあの喜びをもって私はこれを読んだ。

ジョンソン博士はここで何冊かの本を見つけた。博士は私に、ガストレル主教の『キリスト教の慣例』を買ってくれと言ったことがあるのだが、その本がこの部屋にあった。博士はこう言った、「日曜日には神学に関するもの以外は読みたくない。だからといって、新聞に出ていると友人が教えてくれるようなものに目を通すのを頑として拒むというわけではなく、一般に神学に関するものだけを読みたいということだ。私はドラモンドの『旅行記』を少し読んだところだ。ここにどのような本があるのか知らなかったからね。それからダラムの『身体神学』に目を通したよ。」

この島に関する詳細はジョンソン博士が実に見事に描写しているので、私がこの島で観察したことをこの日誌の中で世間に示すのは余計なことだろう。

十月十七日　日曜日

私はたちどころにサー・アランと意気投合した。彼は私の父と彼の先代であるサー・ヘクターが非常に懇意であったことを知っていたし、サー・アラン自身がとても気さくな人だったのだ。正餐後にサー・アランが述べたところでは、彼はキャンベル博士のために、博士の『ブリタニアの解明』（その後、『大ブリテン島の政治概観』という表題で出版された著書）の予約購読者を百人ほど集めたが、出版が大幅に遅れたので確かそのうちの二十人ほどが物故者になってしまったと思う、とのことだった。ジョンソン、「その出版の遅延はこういうことによるのではないかと思いますよ、つまり、出版されてしまえばもはや購読を予約する人はいませんし、本を入手するために追加の金《ギニー》を送ろうとする人もほとんどいなくなるからです。その場合、悪いのは予約購読者の方です。なぜなら、その著書には教えられることがたくさんあるでしょうからね。私はキャンベルを高く評価しています。第一に、彼はとても優れた素質を有しています。第二に、彼の読書範囲は広い。おそらく、正しくは文学と呼ばれるようなものではなく、歴史とか政治と呼ばれるもの、要するに、人を非常に有用な人物にする一般的な知識に関するものを読んでいます。第三に、彼はいわゆる民の声から多くを学んでいます。彼は非常に多くの人々と話をしているのです。」

ラーセイ島でキャンベル博士を話題にしたとき、ジョンソン博士は、ある日彼を訪ねてタルの『農業学』について語り合ったと述べた。その折に、キャンベル博士が何か意見を言い、ジョンソン博士がそれに異論を唱え始めた。「まあまあ（と、キャンベル博士は言った）、私たちはお互いに相手を論破したいと思っているわけではありません。お互いの考えを深めたいと思っているのです。」ジョンソン博士はそれを真摯に受けとめて、それからは二人の会話は冷静かつ有益に進んだとのことだ。この逸話を語る際のジョンソン博士の率直さは彼の評判を大いに高めるものであり、この折の博士の言動は、相手を「やりこめる」よりももっと高尚な目的で議論するようお願いすれば博士がいかに容易に従うかを示している。

ジョンソン博士はこの島で高地人《ハイランダー》の心意気を大いに見せたので、サー・アランの心を虜《とりこ》にしてしまった。実のところ、博士はそのような心意気を旅の間じゅうずっと見せてきたのだった。コル島でのある晩のこと、博士は段平《ブロードソード》と円盾《ターゲット》を手に部屋中を威嚇するように歩き回り、恐ろしい形相をしたものだった。そして、また別の晩には、私は失礼をも顧みず博士の頭に大きな青い丸帽《ボンネット》を被せてもみた。博士の年齢、体躯、そしてもじゃもじゃの灰色の鬘《ウィッグ》にこの帽子を載せると、博士は立派な語り部《セナチ》の容貌になった。そして、低地地方のスコットランド人には気に入らないのだが、博士はかつてのカレドニア人の格好をするのを大いに喜んでいる様子だった。ただ、博士をうまく誘って酒に付き合わせることができなかったのが残念だった。飲酒に反対する博士の持論は、私には説得力がないように思える。博士は「酒を飲む前と飲んだ後で人が変わるのなら、酒はそれだけよくないのだ。酒はそれほどまでに理性に影響を及ぼすのだ」と力説した。しかし、人は酒のために逆にまともになるかもしれないとか、あるいは酒を飲んだ人の気持ちは理性を損なわずに陽気になるかもしれないのだと答えることができないだろうか。とはいえ、私は飲酒という一般的な話題に関して、積極的に禁酒に反対の立場を取るつもりはない。私は疑えども意固地ではないのだ。

十月十七日　日曜日

夕方になって、サー・アランは日曜日には必ず礼拝をするのが彼の家の仕来たりだと私たちに教えてくれた。そして、マクリーン嬢が宵の礼拝を主宰し、私たち全員がそれに応唱した。私はそれからオグデンの『説教集』の第二と第九の説教を読み上げたが、それには他の際立って優れた点とともに、短いという長所があったからだ。ジョンソン博士はこれまでになく楽しい日曜日であったと言った。そして、この日曜日が博士の心に強烈な印象を刻んだので、後に[178]インチケネス島について次のようなラテン語の詩を書いた。

聖なるインチケネスの島

実に狭き領土だが、先人の深い信仰で名を馳せつつ
カレドニアの海に浮かぶ
言い伝えによれば、ケネスの島は蛮人を教化し
邪神を退けた
紺碧《こんぺき》の海を穏やかにここへと運ばれてきて
この地の新しい出来事を知りたいと願った
マクリーンは偉大な祖先を持つ名字だが
質素な宿に住まい島を治めた

十月十七日　日曜日

この陋屋《ろうおく》に父と二人の娘が住み
愛の神が娘たちを海の女神にした
二人は、ドナウのほとりの蛮人のように
冷たい洞窟に潜んだりはしない
寂寞《せきばく》とした日々の中にも楽しみを欠かさず
余暇には書を読み竪琴を楽しんだ
天国の掟に通じた者どもが
人の望みと憂いを捨てよと叫ぶ時節が到来した
立ち騒ぐ波の間で、島の信仰には不安もあったが
聖なる修養は止まなかった
聖なる書の頁を乙女たちがめくるとき
その純真な心は聖者の祈りを捧げる
この上私はどこを彷徨《さまよ》うべきか
あらゆるところに求められているものが
この地にはある
ここには平穏な安らぎと、汚れなき愛が満ち満ちている

十月十八日　月曜日

私たちはこの日をサー・アランの家で過ごすことにした。サー・アランは明日の航海の準備をすべて整えてくれた。

やがて愛すべきヤング・コルと別れなければならないので、彼の美点がことごとく思い出された。アルバ島では別人のような姿を見せて、風邪によく利く処方を施してくれた。私が彼のことを熱意を込めて話すと、ジョンソン博士は、「コルは私たちのために何でもしてくれる。コルの彫像を建てることにしよう」と言った。「そうですねえ（と、私が言った）、マーキュリーか異教の神々のような様々な特質、性格を備えたコルにしましょう。水先案内人としてのコル、漁師、猟師、農夫、そして医者としてのコルです。」

私は今朝、サー・アラン・マクリーンの家の近くにある壊れた礼拝堂の床に鋤で小さな墓穴を掘り、その場で見つけた幾つかの人骨を埋めた。ジョンソン博士は私の行いを褒めてくれて、自分にはそんなことはできなかっただろうと告白した。博士はラーセイ島の礼拝堂で死者の骨を怖がる姿を見せた。博士はコルの家でもそれを再び見せた。文書室にひときわ大きな脛《すね》の骨があり、それは領主のジョン・ガーブの骨であるとのことだった。ジョンソン博士はそれを見ようともせずに慌てて跳び退いたのだ。

朝食のとき、私は、「商人が富を蓄えていることになぜ私たちは腹を立てるのでしょうか」と尋ねた。ジョンソン、「いや、君、その理由は（理由があるということを証明しようというつもりはないのだが）、商業には優れた人を生み出すいかなる特質も見当たらないということだ。軍人が富を得ても私たちは怒りはしない。彼らが私たちにはない特質を持っているということを私たちが知っているからだ。一人の男が片手を失いもう一方の手に金を握って戦場から戻ってくるなら、私たちはその男がその金を受けるに足る人物であると感じる。しかし、一日中机に向かっているだけの人に、私たちを超える資格があるとは考えられない。」ボズウェル、「しかし、先生、アディソンが『スペクテーター』の中でサー・アンドルー・フリーポートがそうであったと書いていますが、商人は心の広い人たちだと考えることはできませんか。」ジョンソン、「いや、君、架空の性格ならどんなものでも想像できるよ。自分の労働が地上の豊穣に、そして同僚を支えることに寄与していると考えて幸せな気分になれるような達観した日雇い労働者を想像しても構わない。が、そのような達観した労働者などいないものだ。商人は、もしかしたら心が広いかもしれない。しかし、商業にはそのような広い度量と結び付くものなどは何もありはしないのだ。」

私は、ソランダー博士が自分はスウェーデンのラップランド人であると言うのを聞いたことがあります、と言った。ジョンソン、「君、彼がラップランド人だなんて私は信じないよ。ラップランド人は四フィートそこその身長だよ。彼は君と同じくらいの背丈だ。それに彼はラップランド人のような赤ら顔はしていない。」ボズウェル、「しかし、どんなつもりで自分をラップランド人だなんて言ったのでしょうか。」ジョンソン、「それは、君、ラップランド人という言葉を非常に広い意味で使ったか、あるいは、自らの出自を下げたかのどちらかだろう。バークさながらに『私は今は君が思っているような偉人かもしれないが、元来は野蛮人だったのだ。私は野蛮なアイルランド人の末裔なのだ』と言ったようなものだ。バークは今は有頂天になっているからそんなことを言いかねないよ。」

ジョンソン博士はインチケネスのような島を所有したいという願望を口にしてから、本当にそのような状況になったら何が必要だろうかを考え始めた。「君、私がここに住むようになったら、きっと要塞を作るだろう。要塞がなければ無法者の一団が夜間に上陸して、家の中の物をことごとく持ち去るのを防げないだろうからね。隔絶した孤島では、家にあるものは牛や羊よりはるかに価値があるからね。さらに、喉を搔っ切られる危険も加わるしね。」ボズウェル、「私なら大きな犬を飼うでしょう。」ジョンソン、「それは一向に構わんが、大きな犬だっていざというときに吠えるくらいなものだよ。」しかし、博士は犬の力を軽んじすぎているのではないかと思う。私は博士が犬は怖くないと言うのを聞いたことがある。「私なら犬の後足を持って持ち上げるだろう。それで犬を全く無力にして、それから頭を石にぶつけて打ちのめすだろうよ。」トッパム・ボークレアが私に話してくれたのだが、彼の田舎の家で、二匹の大きな猛犬が喧嘩をしていた。ジョンソン博士はほんのしばらくの間、犬をじっと見ていたが、そちらに駆け寄り、愚かにもお互いに傷つけ合っている二人の小さな子供を引き離すように、犬の頭にげんこつを食らわして二匹を引き離して追い払った。しかし、博士のような剛勇、ヘラクレス的怪力、あるいは精神の冷静さを持ち合わせている人などめったにいない。たいていの泥棒は大型番犬《マスチフ》に出くわせばきっと恐れをなすことだろう。

私はヤング・コルが彼の家族が所有する土地の話をするとき、いつも「私の土地」と言っていたことに気付いた。これに対して彼にはもっともな言い分があった。彼の話によると、この家族には、長男が成人すると領主は領地を長男に譲り渡し、自分には一種の終身賃貸権だけを残すという慣習があるとのことだからだ。彼は、それは任意の慣習であると言ったが、私は結婚契約書にそのような義務があったという例を文書室で見つけたように思う。その慣習が任意であるなら、それは奇妙なだけであるが、もしそれが義務に基づいているのなら危険であるかもしれない。というのは、私は、タヒチでは、子供が（息子だと思うが）生まれるたびに、父親は土地の権利と名誉を失う。そのため、この不自然なまたは馬鹿げた慣習が多くの子供の殺害を引き起こしていると聞いたことがあるからだ。

ヤング・コルはグレーハウンド犬に追いつくことができると私たちに言った。「なぜなら（と、彼は言った）、犬は早く走りすぎて息が切れてしまうのです。そのときに犬に追いつくのです。」私はコルには判断力があり、自分の速さを調整することができるが、犬にはそういう能力が十分に備わっていないからだと述べて、犬に対するコルの優位を説明した。ジョンソン博士は次のように言った。「コルは気高い動物だ。彼のような完璧な島民は想像できない。彼は農夫であり、船乗りであり、猟師であり、漁師である。彼は立派に犬に追いついてみせる。尻尾のある人間がいたら、それこそがコ

十月十八日　月曜日

ルだ。彼は人当たりがよく、話題を理解していようといまいと、怖いものなしの話し手だ。もう少し知性があればいいがね。」

ジョンソン博士は、外国にいるフランス人にならどんなことでも信じ込ませてみせるよと言った。「フランス人をセントポール寺院の傍らに連れて行き、『我々の法によって、あなたは教会を半周することはできるが、まる一周すれば極刑をもって処罰されるだろう』と言えば、そのフランス人はすぐに私の言葉を信じるだろう。ところが、イングランド人は誰もそのようなことを鵜呑みにはしないだろう。イングランド人なら誰か他の人に確かめるだろう。」私は、フランス人の軽信は盲目的な服従に慣れているからでしょう、と述べた。一方、イングランド人は自国の法律を論理的に考え、立法府を構成している国会議員たちを指図するのだ。

今日はインチケネス島に隣接する小島を訪ねたが、そこには見るべきものは何もなかった。当地のささやかな家族が提供できる和やかで陽気なもてなしを受けて終日を過ごした。

十月十九日　火曜日

朝食後、私たちはお嬢さんたち、および私たちが非常に世話になってきたすばらしい友人コルに別れを告げた。コルは今や私たちを彼の領主の手に委ね、スカイ島へと急いで戻ろうとしていた。私たちは深い感謝の念と惜別の情をもって彼と別れた。いずれ私たちの感謝の念を彼に明らかにする機会が来ることを望んだのだが、翌年不幸なことに彼はアルバ島とマル島間の瀬戸で命を落としてしまったのだ。だから、本文のこの不十分ながらも本文のこの追悼が、ジョンソン博士によってその名が優しくかつ丁重に記されるという大きな名誉とともに、人の世の無常に直面した私たちがこの立派な若者に為しうる唯一の返礼となってしまったのだ。

サー・アランは四人の強靭な漕ぎ手のいる頑丈な船を持っていて、親切にもイーコルムキル島まで私たちに付き添うことを引き受けてくれた。私たちはマル島の沿岸を進みグリボン岩に到着した。そこにはマキノンの洞穴と呼ばれるものがあるが、これに比べるとウリニッシュ島の洞穴などは取るに足りないものだ。マキノンの洞穴は海のそばの絶壁の中にある。その入り口の左には、岩の上から下までほとんど垂直に流れ落ちる滝がある。この滝は洞穴の住人たちに水を供するために人為的に引かれてきたという言い伝えがある。ジョンソン博士はこの言い伝えを全く信用しなかった。博士のキリスト教への信仰は確かな根拠にしっかりと基づいている一方で、信じるに足る十分な根拠がないときは、博士は懐疑的であり、この点では現代の不信心者と正反対である。彼らは宗教の証を評価するときには厳格かつ入念でありすぎるのに、この上なく馬鹿げていてありそうもない別種の話となるとあっけなく信じてしまうことがよくあるので、ヘイルズ卿は「不信心者の軽信性について」おもしろい随筆が書けそうだとうまいことを述べたほどだ。

十月十九日　火曜日

私にはこの洞穴の高さがあまり正確には分からないが、それは非常に高くかなり均整のとれたアーチ状であるように見えた。私たちは蠟燭の明かりでかなり奥まで進んだが、私たちの測ったところでは四百八十五フィートもあった。言い伝えによると、一人のバグパイプ奏者と十二人の男たちがかつてこの洞穴に入り、どれくらい奥まで行ったかは誰にも分からないのだが、誰も戻って来なかったという。私たちが進んだ地点では空気はとても澄んでいた。蠟燭の炎が小さくなる様子を少しも見せずに赤々と燃えていたからだ。しかし、私たちは蠟燭を一本しか持っていなかったので、それが消えれば安全性を確かめる手段がなくなるので、敢えて先に進むのは危険だと考えた。ジョンソン博士はこれほどすばらしい自然の奇観は見たことがないと言った。

そこからあまり遠くない所にスタファ島[179]が見えたが、岩の多い海岸でうねりがとても高かったので、私たちはその島に上陸することはできなかった。

サー・アランはマル島の名誉のためとばかりにマル島の森林についていつも話していたが、島沿いを進んでいたときに遠くのすそに森が姿を見せると、ジョンソン博士に指差した。ジョンソン、「あなた、トバーモリで森と呼ばれるものを見ましたが、それは残念ながらヒースだと思いました。ハリエニシダだと私が思うものを見せてくだされば、それはちょっとしたものでしょう。」

午後、私たちはマル島の海岸に上陸して、持参してきた冷えた食事をとった。上陸した場所の近くにあるパブから漕ぎ手や下僕のためにラム酒かブランディーを調達したいと思ったのだが、運の悪いことに二、三日前に葬式があってパブには酒類がすっかりなくなっていた。しかし、アーガイル公爵

十月十九日　火曜日

の領地仲買人《タックスマン》の一人であるキャンベル氏が近くに住んでいて、サー・アランから伝言を受けるとすぐに私たちに食料をふんだんに届けてくれた。

私たちはマル島沿いに航行を続けて、尼僧島《ナンズアイランド》を通り過ぎた。その島はイーコルムキル島の尼僧たちのものだったと言われており、その島からイーコルムキル島の建築用の石材が得られたとのことだった。月明かりを頼りに、しばしば黒々とした陰鬱な岩が現れる幾分荒れた海を進んでいたとき、ジョンソン博士が、「これこそヘブリディーズの流離《さすらい》だ」と言った。博士が前にもしばしば用いた言葉の繰り返しが私の想像力に強い印象を与えた。そして、思考の自然の流れで、今の冒険が将来私の心にどのように映るかを考えたのだった。

人が通り過ぎた光景は、記憶の中に留まっている間により美しくなるということを私はしばしば経験した。光景が円熟するのだ。「過ぎ去った苦労は甘い。(180)」これは、その光景を現在のけだるい安楽と比較することから来るのかもしれない。過酷な光景でさえ時を経れば優しさを帯びる(181)。大音響のように、ある程度離れるまでは人を喜ばせない、あるいは少なくとも人を非常に喜ばせたりしないものもある。これは近くでは見るに堪えない強烈で粗野な絵画に喩えられるかもしれない。美しい光景ですら時間とともにいっそう美しくなるのだし、記憶の中で薄れていかないならば、目の前にあるときよりも回想によってずっとその光景がすばらしくなるように思われる。おそらく、人間のあらゆる喜びは、それが目の前にある間は多くの障害を伴っていて多くの屑《くず》が交じり合っているので、時間によって洗練される必要があるのだ。だが、なぜ時間が善と悪を同じ割合で溶かしてしまわないのか、なぜ陰は薄れ光は残るのか私には分からない。

マル島のくねくねした海岸沿いを進む退屈な船旅は四十マイルほどに及び、イーコルムキル島の村に明かりを認めたときには少なからぬ喜びを覚えた。この島ではほとんどすべての島民が、昔の建物が立っている場所の近くに住んでいる。海岸に近づくと、聖堂の塔が空にかすかに見えて絵のように美しかった。

私の記憶にある限り常に尊敬の念をもって思い続けてきた聖地に上陸したとき、ジョンソン博士と私は嬉しさのあまり抱き合ってしまった。私たちはイーコルムキル島を訪れることを長い間話してきたのだが、季節が進んでしまったので、その目的を達成することができるかどうか大いに疑わしくなったときもあった。この島を私一人だけで見たとしても、大きな満足を感じたであろう。しかし、この尊ぶべき光景は、偉大で敬虔な畏友が一緒だったことではるかに喜ばしいものになった。博士も私に劣らずこの光景に感動していて、それが心に及ぼす印象を豊かな想像力と力強い言葉で叙述しているので、私よりもはるかに力強く私自身の感情を伝えるものとして、博士の言葉を引用しよう。

「私たちはついにかつてのカレドニア地方の聖地、未開な氏族《クラン》と流浪の野蛮人たちが知識の恩恵と宗教の祝福を得たかの高名なる島を足下にした。場所の与えるすべての感動から心を切り離すことはいくらそうしようと努めても不可能であり、たとえできたとしても愚かなことであろう。我々を感覚の支配から引き離してくれるものは何であれ、すなわち、過去、遠隔の地、または未来をして現在を支配させるものが何であれ、物思う人間の尊厳を高めてくれる。知恵、勇気、あるいは美徳によって神聖化された土地の上を無関心かつ無感動に歩かせるような学問とは私も私の友人たちも無縁であれ。マラトンの平原に立って国を念う心が高揚しない輩《やから》、あるいはまた、アイオナ島の廃墟にたたずんで神を敬う心がさらに熱くならない輩は羨むに足らない。[182]」

今ではアーガイル卿がこの島を領有しているのだが、島民たちは今でも自分たちをマクリーン族だと見なしているので、サー・アラン・マクリーンが到着したのを聞きつけて、皆彼の許に待ち兼ねたように走り寄って来た。

この島には満足できそうな宿がなく、今宵は大きな納屋に泊まった。ほどよい干草がいくらか納屋の片隅にベッドとして敷かれて、そこに私たちは服を着たまま横たわった。私たちのために村から毛布が持ち込まれ、それぞれが鞄を枕にして寝た。翌朝目覚めて周りを見回したとき、マクリーン族の族長、偉大なイングランドの道徳家、そして私自身がそのような状態で大の字になって横たわっていたと思うと微笑を禁じえなかった。

十月二十日　水曜日

早朝、私たちは文盲の男を案内人《チチエローネ》として伴い、この島の古い遺跡を調査した。彼は自らを当地の宗教組織の創始者、聖コランバの従兄弟《いとこ》の子孫と称していた。私は多くの人が既にこの遺跡を調べていることは分かっていたし、ジョンソン博士が廃墟の幾つかを調べたり測ったりしているのを見てきたばかりか、それについてその後博士が十分に説明をしているので私は気楽であった。私は綿密に調査などはせずにのんびりと廃墟の中をぶらつき、神聖な遺跡の持つ全般的な印象と、私の関心を自《おの》ずから引き付けるようなものの特別な感慨だけを心に留めることにした。

私たちは古い凸凹した参道沿いにある尼僧院から大教会、すなわち当地の人が言うところの大聖堂まで歩いた。島民たちが言うには、ここはかつては大通りであり、両側には立派な家々が建っていたとのことであった。ジョンソン博士はその通りが尼僧たちのために石を敷いた道にすぎないのではないかと疑っていた。修道士の修道院、大教会、オランの礼拝堂、それに他の四つの礼拝堂はまだ見分けることができる。しかし、イーコルムキル島は期待外れであったことを認めねばならない。というのも、私が幼い頃から読んだり聞いたり想像したりしていたので期待が大きかったからだ。ジョンソン博士は予想どおりだと言った。というのも博士は、ここには見るべきものがあまりないというサシェヴェレルの『マン島の歴史』に付けられていた説明からそのように想像していたからだ。私たちは二人ともスコットランド、アイルランド、デンマークの王たち、それにフランスの王の墓碑と称されるものを見せられたときには失望してしまった。地面に平べったい墓石が幾つかあるだけで、全く碑文を読むことはできなかった。ここにはウェストミンスター寺院にあるような大理石の墓碑があると予想していたのだが、何という期待外れだろう。サー・アラン・マクリーン家の墓石とマカーリーの墓石は王の墓石と同じくらい立派だったが、王の墓といわれる物が本物かどうかは疑わしかった。

私は旅行中に聞いたことをあまりにもたやすく信じすぎた。ジョンソン博士特有の正確な調査は、昔から伝えられている多くの作り話やひどい間違いを暴き出した。もう少し質問すれば間違いであることが分かることを、何の躊躇《ためらい》もなく自信満々で無造作に博士に語る人々に博士が腹を立てるのも驚くにはあたらない。このような例については枚挙に遑《いとま》がなかった。

私は朝食を食べている博士とサー・アランを納屋に残し、一人で敬虔な黙想に耽るためにこっそりと大聖堂に戻った。由緒ある廃墟をじっと見詰めているうちに、敬虔にして厳粛な光景は人生の心配事や愚行のためにそこを訪れることができなかったり、あるいはその影響力が「既に過ぎ去りたる昨日のごとく」(183)二度と認識されないだろうと思わせるかもしれないが、その神聖さと感化力は決して失われないと考えて私は大いに満足した。私はこの神聖な地に来たからには立派な行為をいつまでも実行し続けることができるようにと願った。人間にはある時点をよりよい人生行路の出発点に定めるという不思議な性向があるものだ。

私は島の反対側の聖コランバが上陸したと言われている海岸を訪れたいと思っていたので、マギニスという男から馬を調達したところ、その男は私の案内人として一緒に走って付いて来てくれた。マギニス族はマクリーン族の分家であると言われている。サー・アランは、この男が卿にラム酒を届け

十月二十日　水曜日

るのを拒んだということを聞いて大変憤慨した。「こいつめ！（と、卿は言った）、その気になればお前をしばり首にさえできるのが分からないのか。」私は氏族民に対する族長の力に思いが及ばず、サー・アランはその男が犯した極刑に値する何らかの罪を承知していて、その男を犯人だと咎《とが》めたのだと想像し、「なぜでしょうか」と尋ねた。「もちろん（と、サー・アランは言った）、彼らは皆私の氏族じゃないですか。」私は自分の思い違いに気付き、封建的権威の存続のためにできるだけのことはするつもりで、「まさにそのとおりです」と言った。サー・アランは続けて、「私にラム酒を届けるのを拒むとは、このならず者め。わしがお前に人の咽を掻っ切って来いと命じたら、お前はそうしなければならないことぐらい分からないか」と言った。「はい、存じております。もちろん私の首を差し上げます。」その哀れな男はラム酒を届けるのを拒否したことを否定した。その男がこんなふうに告白したのは、族長の面前での単なる言い訳ではなかった。というのは、サー・アランには聞こえない所でその男は、「卿がラム酒を取りに犬を送ってよこしたら、私はそれを渡したでしょう。私は卿のためなら我が身の骨を切り取ります」と私に言ったからだ。サー・アランは当時島との関係は全くなく、十四年間もその地を訪れていなかったのだが、族長に対するそのような忠誠ぶりを目の当たりするのはまことに目覚しいことであった。サー・アランはその男を叱責するつもりで、「お前はキャンベル族だろう」と言った。

私が見に行った場所は村から二マイルの所にある。人々は聖コランバが乗って来た平底船《ウエリー》にちなんでそこをポートウェリーと呼んでいる。だが、二つの積み石で浜辺に印されているその船の長さを示すときには、「これが船《クラッハ》の長さです」とアース語で言っている。

イーコルムキルは肥沃な島である。島民たちは牛と穀物を島の外に売っている。鉄と塩以外は何ひとつ島外から買っていないとのことだ。彼らは勤勉であり、自分たち用に羊毛とリネンの布を作っている。島では他の島に見られないほど多量のビールも造っていた。

私たちは正午頃再び船に乗り、夕方マル島の尊師ニール・マクラウド氏宅近くに上陸した。尊師はサー・アランからの伝言で私たちの来島を知らされていたので迎えに出て来ていた。私たちはこの夜、彼の館で大変心地よいもてなしを受けた。ジョンソン博士は尊師が西方諸島で会った人の中で最も頭脳明晰な人だと私に語った。同氏はジョンソン博士の著作に精通しているようで、「これまでお目にかかる光栄に浴したことはございませんが、博士にはご恩を受けております」と丁重に言った。同氏はセント・キルダ島で牧師すなわち公教要理教師の指導の下でしばらく生活し、そこで初めてホラティウスとウェルギリウスを読んだとのことだ。二人が描く光景は尊師の周りのうら悲しい大海原とは著しく対照的であったに違いない。

十月二十二日　木曜日

今朝は政治が話題に上った。ジョンソン、「パルトニーは全くつまらない奴だった。奴はホイッグ党員で正直なふりをしていたのだからね。いいかい、ホイッグ党員が正直ぶるなんて可笑しいよ。そんなことをしても長続きはしないよ。」博士はピット氏を流星、サー・ロバート・ウォルポールを恒星と呼んだ。博士は、「店員たちはウィルクスが彼らの店から物を盗むのは知っていたし、彼らの娘たちを堕落させるであろうことも分かっていたのだ。それにもかかわらず、ウィルクスがロンドン市長に選ばれるのを阻止するのに政府のあらゆる力を必要としたと考えると驚いてしまうよ」(184)と言った。

ボズウェル、「ヒュームの『イングランド史』は非常に変わっているので、現在のようにその正しさが保証されていなかったらまず信用されないでしょう。」ジョンソン、「君、『イングランド史』が『ユダヤ王列伝』のように、準備もほとんどせず様々な出来事を取り入れてあっさりと語られていたら、本当らしくないという異論は免れないだろうね。」マクラウド氏はその考えの正しさと斬新さを大いに喜んだ。ジョンソン博士は自分の言ったことを次のように説明した。「例えば、チャールズ一世の議会に対する譲歩を考えてみたまえ。議会が尊大になり信頼されなくなるにつれて、王の譲歩がますます大きくなった。そこに至るまでの状況について何ら詳しい記述もなく、王の譲歩だけがありのままに述べられていたら、そんな譲歩はとても信じられなかっただろう。」

サー・アラン・マクリーンは、スコットランドの方が水は豊富だから、イングランドより優位な立場にあると豪語した。ジョンソン、「あなた、イングランドはあなた方の水なんか要りませんよ、水が出てくる湿地まであるんじゃね。あなた方は水がありすぎるんですよ。とは言ったって、溺れる人には私たちのどちらよりも水がありすぎるのでしょうがね。」そう言って博士は笑った。（しかし、これは確かに乱暴な詭弁であった。というのは、スコットランドを訪れたことのある自然美を好むイングランド人は、スコットランドの様々な川や湖がスコットランドをイングランドより美しくしていることを認めているからだ。）サー・アランへの勝利をさらに追い求めながら博士は続けた。「あなたの国には二つのもの、石と水しかありません。もちろん石の上に少しばかりの土がありますが、ほんのわずかなので石がいつも露出しています。襤褸《ぼろ》を着た人よろしく裸の素肌が覗いていますよ。」

博士は、「尊師、私はあなたのおもてなしとあなたとお話ができたことに感謝申し上げます」と言ってマクラウド氏に別れを告げた。

昨日非常に優雅な物腰を見せたキャンベル氏が今朝私たちと朝食をとるためやって来て、親切にも私たちが宿泊を予定しているロッホブイのマクリーン氏宅への旅を進めるための馬を用意してくれた。私たちはマル島のもう一人の医師アレクサンダー・マクリーン博士宅で食事をした。彼はジョンソン博士の比類のない会話に大変感銘し、「この方はまさに良識の大樽です」と私に言った。

ジョンソン博士は部屋の中に置いてあった『トルコのスパイ』について、この本にはその当時誰でも知っているようなことしか書かれておらず、わざわざよい条《くだり》を探して読むほどの価値はないと言った。

十月二十一日　木曜日

私たちは今までに見たこともないほど憂鬱で荒涼とした所を心底うんざりしながら馬を進めた後、

ロッホブイ領主の領地であるモイに午後七時から八時の間に到着した。ブイはアース語で「黄色」を意味し、私は当初この湖か海の入江が紅海と同じくその色から名づけられたものと思ったのだが、実は入江のすぐそばにある丘が黄色がかっているのでブイという名になったことをその後知った。

　私たちはロッホブイ翁がひどく騒々しい自慢屋で、体も態度もサー・ジョン・フォールスタフのようだということをいろいろと聞いていたが、そんな話が彼をありえない大きさにまで膨らませ、架空の長所で飾り立てていたことが分かった。コルによるロッホブイの人物評はかなり違っていたが、同じように馬鹿げていた。コルはロッホブイがドン・キホーテそっくりだと私たちに言い、どうしても彼にジョンソン博士を引き合わせたいとも言った。実のところ、ロッホブイは単にぶっきらぼうで見かけが厳めしいだけの騒々しい老紳士で、家系のよさを誇りとし、大変親切でもてなし上手の領主であることが分かった。ロッホブイ夫人はサー・アラン・マクリーンの姉であったが、卿よりかなり年上だった。コルは「彼らは全く時代遅れの人たちです」と私に言った。ロッホブイはジョンソン博士が耳が遠いと聞かされていたので、博士に向かって大声で「あなたはグレンクローのジョンストン族かね、それともアードナマーカンのかね」と叫んだ。ジョンソン博士は彼に意味ありげな一瞥を投げかけたが、返答はしなかった。私は博士がジョンストンではなくジョンソンで、イングランド人であるとロッホブイに言った。

　ロッホブイは数年前、自分の認めた借地契約を無効にしようとして、自分を詐欺に引っかかりやすい愚かな男、スコットランドで言うところの軽率《ファサル》な男であることを証明しようとしたが、その企ては成功しなかった。私がジョンソン博士にこのことを話したところ、博士はそのような訴えがスコットランド法では認められていることに大いに驚いた様子で、「イングランドでは自らの無能力を申し立てることは許されないよ」(185)と述べた。

今夜はサー・アラン、ロッホブイ、それに私の三人が専《もっぱ》ら会話を楽しんだ。ジョンソン博士は疲労困憊していたので、夕食後早々に床に就いた。

十月二十二日　金曜日

ロッホブイ夫人はジョンソン博士が朝食に来る前に、「博士は知恵の地下牢《ダンジョン》です」と言った。それは理解力の深さを言い表すスコットランドのよくある表現なのだが、博士はその後私に、そんな言い方は一度も聞いたことがないと言った。夫人は博士に朝食に羊の頭の冷肉を食べてみてはどうかと勧めた。サー・アランは姉の悪趣味を不愉快に思ったらしく、どうしてそんな考えが頭に浮かぶのかと訝《いぶか》った。私はいたずら好きの茶目っ気を出して夫人の側につき、真面目くさって、「博士にそれをお勧めするのは別段悪いことではないと思いますよ。博士がそれを好まなければ手を付けないでしょうから」と言った。「私もそう思います」と夫人は勝ち誇ったような素振りで弟を見ながら言った。サー・アランは事態が絶望的であると見て取って、つんとして部屋を歩き回りながら嗅ぎ煙草を吸っていた。ジョンソン博士が入って来たとき、夫人は博士に、「先生、冷たい羊の頭などはいかがでしょうか」と大声で勧めた。「要りませんよ、奥様」と博士は驚きと怒りの口調で言った。「先生、もうここにございますのよ」と夫人は言った。夫人は博士がそれをわざわざ持ってくる手間を省くために断わったのだと思ってこう言ったのだ。博士が誤解されないような言い方で拒絶の意を明確にさせるまで二人はこのように擦れ違いの珍問答を繰り返し、その間、私は傍らに静かに座って思惑がうまく行ったのを楽しんでいた。

朝食後、私たちは古い城を見て回ったが、そこにはロッホブイが数年前に数人の人々を投獄した地下室すなわち地下牢があった。彼は司法裁判所からかなりの罰金を科されたが、それにほとんど動じることなく、私たちが地下牢を調べている間、にこにこしながら「あなたの父上はこのことをよくご存知ですよ」と私に言った。(彼の裁判で私の父が判事の一人であったことにそれとなく言及したのだ。)サー・アランは私に小声で、相続してきた裁判権がもはやなくなってしまったことをこの領主に納得させるのは不可能だと言った。

私たちはそれから渡し場へ向かい、本土のアーガイルシャーへ渡ることになった。ロッホブイとサー・アランが私たちに同行した。この名立たるドン・キホーテ殿がよく跨《また》がったという戦《いくさ》用の鞍についてさんざ聞かされたのだが、私たちが実際にそれを見ることはなかった。というのは、その若い領主がそれに跨がって黒牛の群れと一緒にフォールカークの市場まで行くというさほど立派でない目的に使っていたからだ。

私たちはマル島の海岸で、ロッホブイと大変親切に案内してくれたサー・アラン・マクリーンに別れを告げて渡し船へ乗り込んだ。その船底には木の枝や灌木が敷いてあり、私たちはその上に座った。天気もよく快適な船足で、夕方オーバンに上陸しまずまずの宿を見つけた。いつ抜け出すことができるかいつも不確かだったヘブリディーズの島々に期間はまちまちだが長い間足留めを食った後だけに、今や本土に戻り、健康で一定の日数さえかければスコットランドやイングランドのどんな所にも行くことができると思うと気が楽になった。

本土の人々があれこれと推測していることから、彼らが私たちの動静について全く知らなかったということがここに来て分かった。というのは、グラスゴーの新聞[186]に小さな記事を見つけたからであるが、その中にジョンソン博士についての正当かつ巧みな賛辞が含まれているので、それをここにご披露しよう。

「ジョンソン博士が悪天候のためにスカイ島に閉じ込められているのは確かなことだ。この時期にその地ではごくあたりまえの嵐の大波に小船で敢然と立ち向かうのは危険である。不毛とも言える島に引き止められたこの賢人は、浜に打ち上げられた鯨のようだ。鯨はその油や骨などのために皆に歓迎されるであろうし、賢人はその仲間たちや未開の島民たちを優れた知識と知恵、沈着な諦観、そして惜しみのない慈悲心で魅了することであろう。」

十月二十二日　金曜日

十月二十三日　土曜日

私たちは一晩ぐっすり眠った後ゆっくり朝食をとった。ゴールドスミスの『旅人』が話題になり、ジョンソン博士はそれを激賞した。博士が大きな外套を着るのを私が手伝ってやっている間に、博士はその『旅人』から英国の国民性の条《くだり》を朗誦したが、非常に心がこもっていたのでその目には涙が浮かんできたほどだった。

各人の胸に理性が厳然と君臨し
常道を外れて大きい大胆な目的を志している
その姿には誇りを、その眼には不敵を示しつつ
人類の領主たちが通り過ぎるのが見える
高遠な意図に熱中した思慮深い一団だ
自然の手から出たばかりで型にはまらぬ形を取る
生まれながらの魂の剛直さを猛々しく守り
正義と思うものに忠実で他に制約されない
田夫《でんぷ》ですらこれらの権利を精査することを誇りとし
自らを人間として重んずることを学ぶ(187)

ここでは馬鞍《ばろく》は一つしか手に入らなかったが、「最もふさわしい者にこれを与えよ」という格言に従って、ジョンソン博士の小馬《シェルティ》に付けられた。私とジョゼフは端綱を使った。渡し船で広いオー湖を渡り、その向こう岸に私たちの宿とするのにふさわしい小屋を見つけた。私たちはずぶ濡れだった。私は着ている服を一部着替え、ひと苦労して身体をよく乾かした。ジョンソン博士は断固として濡れた服を脱がず、煙る泥炭の火の前でその服から湯気を出していた。私は博士のやり方は間違っていると思ったが、その頑固さは一種の英雄的行為《ヒロイズム》だったのだろう。

私たちがどんな会話を交わしたのかほとんど覚えていない。私はポープが誰よりも意味を凝縮する技を持っているというシェンストンのポープ評を取り上げた。ジョンソン博士は、「君、それは当たらないよ。ポープの一頁（あるいは一文か十行だったか、よく覚えていない）よりカウリーの一行の方が意味が凝縮されているよ。」博士はアーガイル公爵アーチボルドが狭量な人だったと主張した。私はこれには驚き、インヴェラリーにあのような大邸宅を建てるのはけちな人のやることではないと述べた。「君（と、博士は言った）、狭量の人が家を建てることを決意すると、別人が建てるような家を建てるものだ。だが、アーガイル公爵アーチボルドは普段の支出、日々《クオティディアン》の支出になるとけちん坊だったのさ。」

この違いは図星だ。日常生活の支出においてこそ、人の気前のよさや心の狭さが分かるものだ。私はこの意味における「日々の」という語を一度も聞いたことがなく、ジョンソン博士自身の造語であ

ると考えた。しかし、後日私はその語をヤングの『夜の想い』（第五夜）の、

死は日々の収穫の破壊者だ

の中と、博士の『辞典』の中のチャールズ一世とダン博士からの用例の中に見つけた。

正餐後の道中では激しい雨に降られた。夕闇の中を進んで行ったときの山々からの激流の轟きや、この夜の道行きにまつわるその他の状況は、ジョンソン博士の『西方諸島の旅』の中で見事に活写されているので、私はこれに関しては何も言うつもりはない。

私たちはインヴェラリーに夜になって着き、すばらしい宿を見つけた。ここでさえ、ジョンソン博士は濡れた服を着替えようとはしなかった。

私たちは快適な宿に泊まれるのではないかという期待に浮き浮きしていた。たっぷりと夕食をとり、その後でジョンソン博士が一ジル[188]のウイスキーを所望した。私はこの旅の間、博士が一滴でも酒を飲むところは見たことがなかった。「さあ（と、博士は言った）、スコットランド人を幸せにするものがどんなものか教えてくれ。」博士はそれをほとんど飲み干した。私は博士と一緒にウイスキーを飲んだと言えるようにと、そのおこぼれを自分のグラスに注ぐ許しを乞うた。私はスレイル夫人のために乾杯しましょうと言った。博士はスレイル夫人のためではなく、「ある島の婦人」のためにウイ

スキーで乾杯したいと言った。そのため、私たちは最近島で別れて来たある婦人のために乾杯をした。博士はイングランドの宿屋に劣らぬほど立派な部屋とベッドを得たことを今夜は認めた。嬉しいことに家から手紙が届いており、私は何週間も家族からの知らせがなかったために感じていた不安から解放されてほっとした。私にはまたギャリック氏からも手紙が来ており、それは砂漠で味わうパイナップルのように嬉しいものであった。彼は長年にわたって私に手紙をくれていた。ジョンソン博士と私がインバネスにいたとき、私は彼に次のような手紙を認《したた》めていた。

拝啓
私は今「この地に」います。何と、サミュエル・ジョンソン氏も一緒です。私たちは一晩フォレスに泊まりましたが、そこに来る途中に夕闇の中でマクベスが魔女たちと出会った荒涼としたもの寂しい荒野を通りました。貴下の旧師がいとも重々しくこの台詞を朗誦しました。

フォレスまでは、まだどのくらいあるのか。何だあれは、
ひねこびた姿形、気違いじみた形振《なりふ》り……(189)

今日、私たちはインバネスでマクベス城の廃墟を訪れました。私はスコットランドでジョンソン

十月二十三日　土曜日

氏がシェイクスピアの古典的場面にいるのを見て夢のような深い満足感を味わいました。私はこれを「バーナムの森がダンシネインに迫る」のと同じくらいにありえない出来事と本当に思ったのです。実際、私は昔から博士を終生のロンドン人として見慣れていますので、当地を進みながらセントポール寺院を目にしても、そんなに驚きはしないでしょう。今まで私たちは馬車で旅をしてきましたが、明日は馬に乗ってフォート・オーガスタスを経て山を登り渡し場まで行き、そこからスカイ島へ渡る予定です。その島を十分に見てからヘブリディーズの島々をさらに幾つか訪ねる計画です。その後アーガイルシャーに上陸し、グラスゴーを経てアフレックまで進み、そこで心ゆくまで休息してエジンバラへ帰り、そこからジョンソン博士は頃合いを見計って再び故郷のイングランドへ発つでしょう。今まで私たちは大変順調な旅をして参りました。「最初の一歩のごとく最後まで進むべし」(190)と私は心密かに信じています。博士は上機嫌ですし、私は博士の言葉を大量に日記に書き留めています。デヴィーよ、(191)リッチフィールドを返り見よ。ジョンソン氏を知って以来過ぎ去りし時を回顧せよ。そして、博士のこの驚くべき旅を私と共に楽しむべし。私はこの地から貴下に手紙を書きたいという気持ちを抑えることができませんでした。この古城の場面はシェイクスピアの記述とぴったり一致しています。私たちが今日そこにいたとき、奇妙にもオオガラスが煙突の上に止まってカーカーと鳴いたのです。すかさず今度は私が朗誦しました。

十月二十三日　土曜日

烏の声もしわがれる
運命に見入られたダンカンが
私の城に乗り込んで来るのを告げようとして(192)

私は貴下が私たちに同行されておられればよかったのにと思います。サミュエル・ジョンソン氏がアフレックで私の祖先たちの霊妙な岩や森の中を歩く姿を見て、私がどれほど深い至福感を味わうかを考えてみてください。エジンバラの私宛てに手紙をください。貴下は偉大なジョージ二世と調子よきシバーに関する博士の詩のことで私に借りがありますし、音楽家フィリップスに関するすばらしい詩を書くきっかけとなったあのへボ詩についても私に借りがあるのです。約束を忘れないで私にその詩を教えてください。ギャリック夫人へくれぐれもよろしくお伝えください。

一七七三年八月二十九日　日曜日　インバネスにて

貴下の心からの賞賛者である友人　ジェイムズ・ボズウェル

ロンドン、デイヴィッド・ギャリック殿

彼の返信は次のようなものであった。

拝復

貴下がこっそりとロンドンを立ち去ってしまい、私たちは皆見捨てられてしまいました。それと言いますのは、私たちは貴下があの夜クラブに来るものと思っておりましたし、貴下の鹿島立ちについては何も知りませんでしたから。貴下が私のために購入してくれました本[193]の代金をお支払いしていましたら、私は貴下と同席できなかったことだけを嘆いて、心に何のやましいところもなく安眠できたことでしょう。しかし、私は心を痛めておりまして、今度お会いするまではこの状態は変わらないでしょう。もっとも、貴下のお許しがあれば、我々のよき友人であるジョンソン氏が私に代わって支払いをしてくれることでしょうし、私はそう信じております。貴下の旅のフォレス、オオガラス、古城などのお話しぶりに私は気も狂わんばかりになりました。好天を望むにはこの時季は遅すぎるのではないでしょうか。好天こそが名所見物になくてはならないものです。私は貴下の喜びが「最初の一歩のごとく」続くことを願っております。

貴下の友人[194]は私をひどく脅迫しています。私は彼が脅迫を実行すればよいとひたすら願うばかりですし、彼が自分の劇を出版すれば私は彼を許すでしょう。私は彼が次のような不平を言ったことを覚えております。私が予約した彼の本の代金を版元が集金に来ましたが、出直してくれと私が言ったというのです。実のところは、妻が留守をしておりましたし、この数週間私には手持ちの金が十シリングもないという有り様だったのです。しかし、たとえそうでなかったとしても、こんなことで彼が私に対する報復の詩[195]を書くほどの罪であるとは思いませんが。私は彼がやりかねないどんなことをも軽蔑しますし、彼とその忘恩をやすやすと厄介払いできることが嬉しいのです。私は悪態にも忘恩にも平ちゃらです。

私は貴下が今後は私の礼儀と好意を当てにしてへぼ詩人《ポエスター》たちを私に押し付けたりはしないと信じております。

私は貴下に哀れな老モレルが翻訳出版したアイスキュロスの劇『プロメテウス』を推薦しましょうか。モレルは立派な学者であり、私の知り合いでもあります。価格はたった半ギニーです。貴下のお名前は私が彼のために作成している名簿に掲載されます。名簿には立派な方々が名を連ねております。

さて次は碑文です。［これらの碑文は、不完全な形で出回っているジョージ二世と桂冠詩人コーリー・シバーに関する詩とともに、私の『ジョンソン伝』の中に登場する。］

もはや紙幅がありません。さらに多くを申し上げたかったのですが。ジョンソン氏によろしくお伝えください。

敬具

一七七三年九月十四日、ハンプトンにて

D・ギャリック

これ以上書けません。手に痛風があるのです。

エジンバラ、ジェイムズ・ボズウェル殿

十月二十四日　日曜日

私たちは午前中を穏やかに落ち着いて過ごした。ジョンソン博士にオグデンの『説教集』の六番目を朗読するようにお願いしたところ、博士は明瞭な口調で心地よく厳かに読んでくれた。博士は私のお気に入りのこの説教師とその優雅な言葉と驚くべき鋭敏さを賞賛し、彼は不信心者の武器を使って不信心者たちと戦っている、と言った。

オグデン流の一例として、ジョンソン博士が今読んだ説教から次の一節を載せておくことにする。説教師オグデンは永遠の必然性つまり不変の予定説という固い信条に従って次のように主張されている空虚な見解に反駁する。その見解とは、私たちは他人のために祈るように熱心に勧められているが、他人のために祈る唯一の効果は、私たち自身の中に他人に対する優しい気持ちが生じるということである。そうしてオグデンは次のように自分の考えを述べている。

「素朴な人はこう尋ねるであろう。私が他人のために祈れと教えられるとき、聖書の中で命じられているとはいえ、それが私の真の狙いと意図であるならば、なぜ私は率直にそうであると言わないのか。なぜ祈りの形式がその意図にさらに近づかないのか。私は天にまします我らの父に向かって、よきことを彼らにお与えくださいと伝える。しかし私は、これは神の御心のままなので私が変えるものではないということが理解できる。では、私のやっていることは何なのだろうか。私は自分自身が慈悲深くなりたいと望んでいるのに、なぜ率直にそう言ってはいけないのだろうか。それは恥ずべきことなのか、あるいは不敬なことなのか。この望みは賞賛に値するのに、どうして私はそれを隠そうとしなければならないのだろうか。

あるいは、それは間接的な手段でこのように巧妙なやり方で成し遂げる方がよいのだろうか。ああ、私がつけこもうとしているのは誰であろうか。私がこの霊的交渉において何かを隠すことを望むのなら、それは誰から隠したいと願うことができるのだろうか。私の救世主が私に命ずるように、私が私の私室に入って扉を閉めると、私の信心に関与する当事者は神と私自身の心の二つだけだ。その二つのどちらを私は欺いているのだろうか。」

博士はもっと本を読みたいと思ってその家に本がまだあるかと尋ねたところ、給仕が何冊か持っているとの返事だったのでそれを持ってこさせた。しかし、ハーヴェイの『瞑想録』以外は思い出せない。博士はこの賞賛されている本を軽蔑していた。博士はそれをあざ笑いながら論じ、臨終の床にある「夫であり父でもある者」の場面すら哀れを誘うものとは認めようとしなかった。私には偏見があるのだろう。というのも私は若い頃ハーヴェイの『瞑想録』に愛着を抱いていたからだ。博士は月に関する一節を嘲るように朗読した。ハーヴェイと同じ文体で、人間を裏切るものとして月を描写し、逆の瞑想に耽ることがいかに容易であるかを示したのだ。博士はこれをとても滑稽にやってのけたのだが、私はその詳細を記録していない。博士はそれから陽気な空想に耽って『プリンに寄せる瞑想』を作り、私はそれを博士の面前で急いで書き取った。不完全ではあるがその記録を見れば、読者諸賢はそれがどのようなものであるかが大凡《おおよそ》お分かりになるだろう。

プリンに寄せる瞑想

プリンが何から成っているかを真剣に考察してみよう。その素材は、かつては黄金の穀粒となって風に揺れ朝露を飲んだ小麦粉と、麗《うるわ》しき乳絞りの娘の優しい手によって大きな乳房から絞られた牛乳から成っているのだ。その娘の美しさと天真爛漫さはこれよりも粗悪な飲み物さえも好ましいものにしたことであろう。その娘はこの乳を搾りながら、宮殿を巡るなどという野心に耽ることはなく、仲間を破滅させようなどと企んだりもしなかった。野の草を食べ、詩人たちがこぞって黄金期と呼んでいる時代に人類最大の食料となっていたものを私たちに与えてくれているあの有用な動物である牛から絞られた乳。プリンは理論家のバーネットが天地創造に喩えた自然の奇跡である卵も含んでいる。卵はその美しい滑らかな表面の内部に水を含んでおり、まだ形を成していない塊は親の抱卵によって、骨と腱を備え羽毛で覆われた立派な動物になる。考えてみよう。「プリンに寄せる瞑想」を完成させるのに足りないものがさらにあるだろうか。もしさらにあるなら、さらに見出されるであろう。

プリンは海が腐敗するのを防いでいる塩を含んでいる。塩は知的卓越の象徴とされながら、プリンを作るのに貢献しているのだ。

十月二十四日　日曜日

私は『エジンバラ・ウィークリー』誌の中で、次のような趣旨のジョンソン博士の言葉を見つけた。人生の最も至福の時とは、朝目覚めてからベッドの中で横になって過ごす時間だ。私はそれを博士に読んで聞かせた。博士は、「おそらく、そんなことを言ったかもしれないね。ときどきではあるが、私ほど気ままな物言いをする男はいないからね」と言った。私は思い切って、博士ほど権威のある人がそんなことを言うと危険ですよ、とそれとなく言った。

私は田舎住まいを話題にし、近隣の人とどのような関係であるべきかについて話した。自分の時間が自分のものではなくなるのではないかとの不安から、近所の人と親しすぎる関係になるのを恐れている人たちがいることを私は述べた。博士は、近所の人たちと親しい関係になるのが望ましいかどうかは、どのような人が近所にいるかによって大いに変わると自明のことを述べた。私はある准男爵の名を挙げたが、その人が私に言うには、田舎では近所の人と言葉を交わさなくても済むような関係になるまでは楽しくないので、そういう関係を様々な方法でうまく作り出したとのことだった。「ゴードン卿は（と、准男爵は言った）、長いこと粘っていたがね。でも、とうとうあの男は私のブタを自分の囲いに閉じ込めたので、私は奴を追っ払ってやったよ。」ジョンソン、「違うよ、君。その男の方がサー・ジョンを追い払ったのだ。自分がいかにサー・ジョンを重んじていないかを、ブタを囲いに入れることによって示したのさ。」

私はインヴェラリーでどう振舞うべきか悩んでおり、それをジョンソン博士に話した。私がダグラス事件(196)に熱心に取り組んだので、当然アーガイル公爵夫人は私を嫌っていると思われたのだ。しかし、アーガイル公爵はいつも極めて丁重に私に接してくれていた。公爵夫妻は目下私たちの宿から歩いてすぐの城にいたが、問題は城へ挨拶に伺うべきかどうかであった。ジョンソン博士にこのような事情を述べたところ、博士は行くべきだと断言したが、例によって、自分が招待されたいと思っていることを悟られないように用心していた。博士は従属関係が社会にもたらす恩恵を確信しており、たまたま上流階級の人たちと同席したときには彼らに大いに敬意を表してはいるが、自尊心の高い性格が頭をもたげ、偉い人たちに媚を売っている様子を少しでも見せないように常に身構えるのだった。そのうえ、博士は一日も早くグラスゴーへ行きたくてうずうずしていた。そこで手紙を受け取るのを期待していたのだ。同時に、私が思うに、博士はあれほどの大族長、あれほどの高位の貴族に注目してもらえることにはまんざらでもなかったのだ。博士は、招待を要求しているように見えるから今日の正餐前には城へ行くべきではない、と言い張った。「でも、(と、私は言った)、公爵が明日の正餐に招待してくれるなら受けましょうか。」「受けようよ、君。」私は博士が、「もちろんだよ」と言ったと思う。しかし博士は、「公爵は私たちを招待しないだろうよ」とも付け加えた。私は自分が一緒だと公爵夫人は不愉快に思うかもしれないという不安をほのめかした。博士はこの問題をひどく軽蔑したようにあしらった。「そんなことは、君、公爵が夫人との間で話をつけなければならないことだよ。」私たちは楽しく正餐をとった。私は女性たちが食事を終えたと思われる頃合いを見計らって城へ赴いた。名を告げて部屋の中へ通されると、公爵が数人の紳士たちと愛想よくテーブルの上座に座っているのが目に入った。私はしごく丁重に迎えられ、ジョンソン博士を道連れにした旅の珍事を閣下に幾つか話した。一同がテーブルから立ち上がると、公爵は私に「明日、貴君とジョンソン博士を食事に招待したいと思います」と言った。私は閣下に礼を言い、博士は急いでロンドンに戻りたがっておりますと述べた。公爵は親切かつ丁寧に、「一日泊まっていただきましょう。博士にこの場所を気に入っていただけるように配慮いたします」と述べた。私は閣下のご招待は必ず博士にお伝えしますと応じた。私が去ろうとしたとき、公爵が「ボズウェルさん、お茶はいかがですか」と誘ってくれた。私は今晩のうちに公爵夫人と顔を合わせておくのが最善だと思い、謹んでその誘いを受けた。公爵は私を居間へ案内し私の名を告げたが、娘のベティ・ハミルトン嬢や他の数人の婦人たちと席についていた公爵夫人は私を一顧だにしなかった。私は公爵の温かい配慮に慰められなかったら、世間の人々同様に常に強く憧れてきた夫人からこのように冷たく迎えられて屈辱を感じていたことだろう。

十月二十四日　日曜日

私は宿に戻り、ジョンソン博士にアーガイル公爵の招待を伝えたところ、博士は大いに喜んで即座に承諾した。私たちはエアシャーの次期総選挙を目指して当時行われていた激しい論争について話した。その論争で候補者の一人は、昔から続いている既得権を減らそうと、貴族の影響に逆らって州の独立を目指して戦う闘士としての自分の名を巧みに売り出し、貴族が支持しているあらゆる候補者に対抗するよう数人の紳士に迫っていた。「愚かな奴らめ（と、ジョンソン博士は言った）、奴らはどのみち貴族に依存しているのが分からないのか。貴族たちがある候補者に反対しさえすれば、その候補者の当選は確実になるのだ。豚を先に進ませるには、豚の尻尾を後ろに引っ張りさえすればよいと言われているだろう。奴らは豚扱いされてしかるべきだ。」

十月二十五日　月曜日

私の知人である尊師ジョン・マコーレー氏はインヴェラリーの牧師で、コーダーにいる私たちの友人の兄であるが、今朝私たちの所にやって来て城まで同伴してくれた。城で私はジョンソン博士をアーガイル公爵に紹介した。私たちは屋敷内を案内してもらったが、小奇麗な家庭着を着て軽快に歩き回っている侍女たちが私の想像力にもたらした印象を忘れることはないだろう。私は長い間田舎じみた生活以外はほとんど目にしていなかったので、彼女たちの生き生きとした態度、感じのよい陽気な様子にとても心が浮き立ち、一瞬自分が彼女たちを護《まも》る騎士になってもよいと思ったほどだった。(197)

私たちは公爵が仕立ててくれた一頭立ての馬車に乗り込み、屋敷内を見て回った。ジョンソン博士はこの王侯然とした屋敷の壮麗さと優雅さに大いに感動していた。しかしながら、博士はその城の高さが十分ではないのでもう一階付け加えたらよいのにと思ったようだ。博士は「私がここで敬服するのは全く金に糸目をつけないことだ」と言った。私はスコットランドの東海岸で博士に強い印象を与えた樹木の払底状態の埋め合わせをしようと、すばらしい多くの古木を博士に見せて大いに誇らしく思った。

正餐前に屋敷に戻ると、公爵と数人の紳士が大広間にいた。ジョンソン博士はそこに見事に展示してある大量の武器に大いに注目した。サー・アレクサンダー・マクドナルドの先祖たちは武器が錆びるのを放っておかなかったが、私はそのことについて博士が同卿に述べたことを話題にした。(198)「そうね、(と、博士は言った)、しかし、武器が錆びかねない時代に生きているというのは有難いことだね。攻撃されることなど全く恐れずに、今日閣下の食卓につけるのだからね。おそらく、負傷したり不具になったりする危険もないだろうよ。」公爵はジョンソン博士を自分の隣の席に座らせた。私はとてもよい気分になり、不運にも公爵夫人の不興を買っていることに気付いてはいたものの、何らうろたえることもなく目の前にあった料理を夫人に差し出したのだった。できることなら全く平然としているのが正しかったことは認めざるをえない。私はアーガイル公爵の客であったのだし、その公爵がハミルトン公爵夫人の偏見や恨みを共有していると考える根拠は全くなかったのである。

十月二十五日　月曜日

私は今日の上流社会の仕来たりでは誰に対しても乾杯を捧げないことを承知していたが、今回だけは公爵夫人の顔を直視する喜びを味わうために杯《さかずき》を手に取り、恭しい態度で令夫人に向かって、「公爵夫人、奥様のご健康を祝して謹んで乾杯をさせていただきます」と述べた。私はその言葉をよく聞こえるように落ち着きはらって繰り返した。おそらくこれはやりすぎだったのだろうが、人の気持ちも分かっていただきたいものだ。

公爵夫人はジョンソン博士にとても気を配っていた。私はどういう経緯《いきさつ》から（死から復活までの）中間状態が話題になったのか分からない。公爵夫人はその点についてジョンソン博士の話を聞きたがった。「奥様、（と、博士は言った）、それについては奥様のご親族のアーチボルド・キャンベル氏の方が私よりも上手にお話できますよ。氏は宣誓拒否者《ノンジュアラー》派の主教ですし、その問題に関して著作もされていますからね。」博士は公爵夫人のためにその本を手に入れることを約束した。後に博士はアーチボルド・キャンベルの経歴を私に話してくれたが、残念ながら詳細を思い出せない。博士は、キャンベル氏は過激なホイッグ党員として育てられたが、その後「よい仲間」と付き合い、トーリー党員になったのだ」と言った。博士はこのことを微笑みながら、私が思うに博士自身の政治的信条と公爵一族のそれとの対立を愉快にほのめかしつつ述べたのだった。博士は、キャンベル氏は名誉革命後にはその信条のために投獄されたが、老タウンゼント卿への書状による申し出によって釈放されたということ、そして氏はいつも卿に大いに感謝して、「ホイッグ党員だが、卿は人情味がある」と述べていたことを言い添えた。

ジョンソン博士と私は一七八四年六月にしばらくの間オックスフォードのペンブルック・カレッジでその学寮長の尊師アダムズ博士と過ごしたが、私はその折にアーチボルド・キャンベル氏に関する私の覚え書きが不完全であることに対して遺憾の意を表した。ジョンソン博士は親切にも、私が日誌でこれまでに述べてきた事項を含む頁の向かい側の空白の頁に、自らの手でその一節を書いてくれた。それでも博士がインヴェラリーで述べてくれたものほど完全ではない。

「アーチボルド・キャンベル閣下は、アーガイル侯爵の甥であったと思う。閣下はモンマスの乱にかかわることから人生の第一歩を踏み出し、法の支配を逃れるためにしばらく南米のスリナムに住んだ。戻って来たとき、主教制と君主制を熱望するようになり、名誉革命時には宣誓拒否者《ノンジュアラー》たちばかりでなく、イングランド国教会と通じることを拒んだ人たちや、王位簒奪《さんだつ》者を国王と呼ぶような礼拝にはいっさい出席しない人たちを熱心に支持した。私が思うに、閣下はウィリアム王の治世に一度ならず逮捕され、ジョージ王の即位の折にも逮捕された。閣下はヒックスやネルソンの親しい友であり文人であったが、無分別で好奇心が極めて強く、詮索好きで軽信の気味があった。閣下は一七四三年か四四年には健在で、年齢は七十五歳ぐらいであった。」

贅沢が話題となり、ジョンソン博士はそれを擁護した。「私たちは今（と、博士は言った）、豪華な正餐を目の前にしている。この料理のどこが不健全だと言うのですか。」公爵は、スペイン大公たちが贅沢をして背丈が小さくなっているのを目の当たりにした、と言い張った。ジョンソン博士は公爵自身の言葉に直接反対するのを礼儀上差し控えたが、「よい生活をして小さくなるとすれば、人間は他の動物とは大いに異なっているということになりますね。他の動物はすべてよい生活をして大きくなりますからね」と言った。私は第二の視覚を信じていることをほのめかすような意見をちょっと述べた。公爵夫人は、「あなたはメソジストになると思いますよ」と言った。これは公爵夫人がかたじけなくも私に向かって発してくださった唯一の言葉であり、私はそれをダグラス訴訟事件での私の軽信に対する夫人の的を射た当てこすりであると当然ながら受け取った。

正餐の後で、公爵は同席していたある紳士に別の部屋へ行って珍しい大理石を取ってくるように頼んだ。公爵はその石を私たちに見せたいと思ったのだ。ところが、その紳士が別の石を持って来たので公爵は再度それを取りに行かせた。その紳士は断れなかったが、言いなりなっていると思われないように口笛を吹きながら部屋から出て行き、隷従《れいじゅう》はしていないところを見せた。このことを後にジョンソン博士にちょっと話したところ、博士はそれは賞賛すべき性格の発露だと言った。

ジョンソン博士は大いに語り一同をとても楽しませたので、正餐の後、レディー・ベティ・ハミルトンは自分の椅子を博士の椅子の近くに寄せて博士の椅子の背に身を乗り出し、博士の話に熱心に聞き入ったほどだった。この折の「賢者ジョンソン」と同夫人のそれぞれの姿を描いたら見事な一幅の絵になったことだろう。博士はその間じゅう自分がいかに敬意を表されているかに気付いていなかった。私は後に博士にこのことを告げた。今日ほど温和で慇懃な博士は見たことがない。

お茶の時間になった。公爵と私は話をしながら居間の中を行ったり来たりした。公爵夫人は依然として私に対して冷淡な態度をあからさまに示し続け、私はそれに苦痛を感じていた。しかし、夫人が自分の息子の利害が深くかかわっていると思っている訴訟において、私がダグラスに肩入れしたことを考えて大目に見てやったのであった。公爵夫人が私に対して不快な気持ちをちらりとも見せなかったら、私は夫人には感受性が欠如していると、あるいは偽善者であると思ったことだろう。

公爵夫人はジョンソン博士を自分のそばに座らせて、このような遅い時期に旅をしている訳《わけ》を尋ねた。「そうですね、奥様（と、博士は言った）、ボズウェル氏が民事控訴院に出なければならないことはご存知でしょう。その閉廷は八月十二日なのです。」夫人はかなりとげとげしく、「ボズウェル氏のことなど一切存じませんわ」と言った。私はこのことを今は亡きルーシー・ダグラス夫人に述べたところ、夫人は「あの方はボズウェル氏のことを十分すぎるほどご存知でしたわ」と言った。私は公爵夫人の発言について何も述べるつもりはない。もちろんその発言は厳しすぎると感じたが、気品に満ちた麗人が私を罰したのだと思うと、絹の紐で絞め殺される男が感じると思われるような慰めを私は感じたのだった。ジョンソン博士は夫人にこの上ない気配りを示した。博士は後に夫人がハミルトン、ブランドン、アーガイルの三つの称号を享受していることについて戯《おど》けた表現を使った。博士は

十月二十五日　月曜日

トルコ帝国の姿を借用して、夫人を三本の尾を持つ公爵夫人と(199)呼んだのであった。

アーガイル公爵は私たちのインヴェラリー城訪問をとても喜んでくれた。公爵は博士を極めて丁重に扱い、博士がここまで乗ってきたシェットランド・ポニーが自分には小さすぎると不満を漏らすと、明日は立派な馬を用意しましょうと言った。

ジョン・マコーレー氏がこの晩は私たちと宿で一緒に過ごした。ジョンソン博士が主義は立派だが実践が伴わない人々について述べたとき、マコーレー氏は、立派なことを真面目に言っておきながら、行為がそれに伴わないような人がいるとは考えられないと述べた。博士は激高して、「人には立派な主義を心から信じているのに、それをちゃんと実践していないことがあるものです。そんなことも知らないほどあなたは人間というものが分かっていないのですか」と言った。

ジョンソン博士は間違いなく正しかった。人によって程度の差こそあれ主義と実践が一致しないことは、素直に我が身を眺めてみれば、誰もが確信するだろう。

私はこの夜の会話についてほとんど思い出せない。旅も終わりに近づいて怠け心に襲われた結果、旅の間じゅう持っていたあの熱意で過ぎ去った出来事を書き記しておかなかったことを遺憾に思う。

十月二十六日　火曜日

マコーレー氏が私たちと朝食を共にしたが、氏は昨晩叱正されたことで心が傷ついたりしょげたりはしていなかった。氏は良識ある男で、ジョンソン博士にしかるべき敬意を払っていたのである。

昨日の朝あるいは今朝だったろうか、ビーティ博士が二百ポンドの年金を受けたというマコーレー氏からの情報をジョンソン博士に伝えたところ、博士はベッドに起き上がり手を叩いて、「おお、そりゃいい」と、博士独特の喜びの叫び声を上げた[200]。

私たちが腰を下ろしてお茶を飲んだとき、ヒューム氏の悲劇『ダグラス』が話題になった。ジョンソン博士はかつてオックスフォードのコーヒー・ハウスで老シェリダン氏に、「いったいなぜあんな馬鹿げた芝居を書いたヒュームに金のメダルを与えたんだね」と大声で叫んで、シェリダン氏にその中の名台詞を十行出せるものなら出してみよと挑んだことがあった。私はそのことを博士に思い起こさせた。博士は十行まとまってなくてもよいが、芝居全体の中でも名台詞は十行とないだろうと主張した。博士は今でもこのことに固執していた。私はその感動的で美しい悲劇を弁護しようと努め、次の一節を暗唱した。

誠実よ
汝、美徳の頭《かしら》よ、汝の進む道から
人をして去らしめることなかれ
大地が裂けて破滅が地獄の底から

偽りの九十九折《つづらおり》を行けと叫ぼうとも(201)

ジョンソン、「君、これはだめだよ。真実と蓋然性《がいぜんせい》に合っていないものはだめなんだよ。これは合っていないんだ。ユウェナリスはもちろん、不変の美徳の気高い姿を描いてくれているよ。」

頑強な兵士、誠実な公僕、公平な司直であれ
汝の立場を聖なる信任と見なし
汝の見事な剣で汝の国の大義を守れ
あらゆる行為において国の掟を尊べ
不正に誓いを強いられ、偽証をそそのかされ
拷問が汝を待ち構えていようとも、断固として耐え忍べ
名誉の放棄を最大の恥とし
名声を失えば命があまりにも高くつくことを思え
さらに、命を保つために汝の美徳と共に差し出すな
人間のみが生き甲斐とするものを(202)

博士は力強く威厳をもってその詩行を朗唱し、それから「そして、この後にジョニー・ヒュームが大地が裂けて破滅が叫ぶを引っさげて登場するという次第さ、プーッ」と付け加えた(203)。

私たちは最近目にした神聖な建物の多くが廃墟と化していることを嘆いたが、その際私は特別な感情をもってホリルード宮殿付属の礼拝堂が蔑《ないがし》ろにされていることについて話した。そこにはスコットランドの多くの国王や貴族の亡骸が眠っているのだ。私はそれが修復されないのはスコットランドの恥だと言い、名門中の名門で広大な領地を有する私の友人ダグラスがご母堂の埋葬されている神聖な場所を屋根が落ちたままにし、苛酷な風雨に晒されるがままにしているのを特に嘆いた。ジョンソン博士はどういう経緯かは分からないが、ダグラス訴訟ではハミルトン側に立った意見を抱いていて、「君ね、その紳士にあまり辛く当たりなさんな。孝心がないからといって非難しなさんな。レディー・ジェイン・ダグラスは彼の母親ではなかったんだからね」と悪戯っぽい調子で言った。かっとなって私は博士に、その事件については何もご存知ないのでしょうと言ってやったが、事実そのとおりだったと今でも心から信じている。

私たちは今や「馬具と鞍の国」にいるので、必要なものを十分に備えて出立した。アーガイル公爵は親切にも自らの厩《うまや》の立派な馬にジョンソン博士を乗せてくれた。博士は大いに喜び、ジョゼフはその姿を見て、「まさに主教様のようですね」と言った。

十月二十六日　火曜日

私たちはターバットの宿で食事をし、夜になってローモンド湖畔のジェイムズ・コクーン卿の美しいお屋敷ロスデューに到着した。私と私が紹介した友人たちは、この屋敷でいつも親切で優雅な歓待を受けてきていた。

十月二十七日　水曜日

私は今朝ジョンソン博士の部屋へ入り、インヴェラリーで博士がいかに礼儀をわきまえていたかを述べ、「公爵夫人と同席しているときは全くもってすばらしい紳士でした」と言った。博士は上機嫌で、「君ね、私は自分をとても礼儀正しい男だと思っているのだよ」と答えた。そして、まさしくその語本来の意味で、博士の言葉は正しかった。その直近の証拠として、博士がアーガイル公爵の馬を送り返す際に感謝の手紙を添えたことを述べておこう。それを私は書き写しておいた。

アーガイル公爵閣下

閣下のご厚意により私にお貸しくださいました駿馬《しゅんめ》をお返しするにあたり、そのお陰で私の旅が順調であったことをお聞きくだされればお喜びいただけることと存じます。

公爵夫人がかたじけなくも私にお与えくださいました小さなご依頼を忠実に果たしまして、私の受けましたご厚意を私がいかに尊んでいるか、そして私がどれほどに忠実な僕であるかをお示し致すべく努力致す所存です。

頓首

サミュエル・ジョンソン

一七七三年十月二十九日　ロスデューにて

公爵はこの立派な客人への行き届いた心遣いからその日の内に返事を書き、それを博士はアフレックで落手した。

エアシャー、アフレック、ジョンソン博士宛

拝復

お貸し致しました駄馬につきまして、当地からの貴台の旅が不快でなかったとお聞きし嬉しく思います。できることなら好天も差し上げたかったという思いです。貴台が天気にご不満を感じておられたご様子ですので。

アーガイル公爵夫人からもよろしくとのことですし、依頼を覚えていてくださり彼女も大変感謝致しております。

敬具

一七七三年十月二十九日　インヴェラリー

十月二十七日　水曜日

私は博士が浴した栄誉ある記録をすべて盛り込むことができて嬉しい。実のところ、私は博士が著名人から受け取った手紙を保存しておきたいと常に望んでいた。博士は他のすべての書類と同様にそういう手紙にも無頓着なので、私はあるとき博士に記録保管係としてそれらの管理を私に任せてくださいと申し出たことがある。博士がその要求に応じてくれていたらよかったのにと思っている。そうしていれば、今では紛失してしまった多くの貴重な文書が保存されていたことであろう。[204]

朝食後、ジョンソン博士と私は船に乗ってローモンド湖を巡り、点在する幾つかの島に上陸した。博士はその風景に大満足であったが、ここの風景は様々な旅人の話によってよく知られているので、私がその描写を試みることは不要であろう。

博士が言ったことで私が覚えているのは次のことだけである。服装について博士はこう述べた、「そうだね、上等なものが何でも手に入るのなら、本当に上等なものでなければならないね。指輪をはめるなら、安物じゃなくて高価な宝石でなければならない。レースか刺繍のついたチョッキを着るとしたら、非常に豪華なものでなければならない。私もかつては非常に豪華なレースのチョッキを持っていたことがあり、自分の悲劇が上演される初日にはそれを着て行ったものだよ。[205]」

レディー・ヘレン・コクーンは非常に信心深い女性なので、正餐後の会話は宗教に関するものになった。同夫人が長老派の教会礼拝式のやり方を弁護すると、ジョンソン博士は直ちに『西方諸島の旅』の中で述べている祈りの形式のすばらしい擁護論を開陳した。礼拝式の祈りの形式は一般にこの上なく穏当かつ教化的であると私自身は深く信じている。聖句は一種の規範的な神聖さを有しており、即興の説教よりも人の心に深い感銘を与えるものだ。即興の話は方向が分からないので俄《にわか》には従えないからだ。しかし、私はまた場合によっては準備なしの説教もある程度までは認めることに吝《やぶさ》かではない。これはフランスのプロテスタント教会で行われていることだ。そして、神の玉座に請願を行うというのは、私が思うに、あまりにも重い負託なので、すべての聖職者の裁量に見境もなく委ねるべきではない。しかし、「祈禱書」を使わない人々が行う祈りに加わっても心からの帰依が体験できるということを私は否定するつもりはない。

サー・ジェイムズ・コクーンは、夕方、スモレット兵站《へいたん》将校の屋敷キャメロンへ行くための馬車を用意してくれた。快適な馬車にまた乗れるという喜びはとても大きかった。私たちは文明の便益を心地よく確信し、自然のままであることの利点を納得させようとする愚かな妄想家どもの戯言《たわごと》を心の底から笑い合ったのだった。

スモレット氏は生気に満ちたかなりの学識を持つ人物であった。それゆえ、彼はジョンソン博士にとって格好の話し相手となり、博士は私に「これほど中身の濃い話はしたことがない」と述べた。

十月二十七日　水曜日

この日の夕方、ジョンソン博士が私たちに「悪の起源」について、さらには道徳的悪が神の全能および善性と両立することについて堂々たる熱弁を振るったのを覚えている。博士は、それがいかにして我々の自主性から発しているか、そしてまた、我々が経験する悪の中で自主性が消えることほど大きな悪はないことを私たちに教えてくれた。博士が全くの新説を述べたとは思わないが、博士は多くのことを驚くほど見事に論じた。そして私たちが皆喜びと満足を感じているのを見て、これまで多くの立派な人たちを悩ましてきた異論への勝利感に溢れた様子で、「さてこれが、悪はどこから来たのかという問題に対する答えです」とその長広舌を締めくくった。スモレット夫人は、こんなにすばらしい説教は今まで聴いたことがありませんと私にささやいた。それを記録するのを怠った自分に私は強い自責の念を感じている。

十月二十八日　木曜日

スモレット氏は「共和制」時代の新聞の束を取り出して来てジョンソン博士を喜ばせたが、それによるとあの恐るべき無政府状態の間はあらゆる種類の犯罪が頻発していたらしい。彼は創意に富んだ従兄弟《いとこ》であるスモレット医師の記念碑を、グラスゴーに向かう街道の傍らの同氏宅から少し離れた所に建てていた。そして、彼はジョンソン博士にその碑文についての相談をもちかけた。ケイムズ卿は知識が実に豊富で大いなる才能と並々ならぬ機敏な精神に恵まれた人物だったが、深みのある学者ではなかったので英語による碑文をスモレット氏に薦めたらしい。ジョンソン博士はこれをひどく軽蔑して、「英語の碑文はスモレット医師に対する侮辱になるだろう」と言った。そして、一般に理解されやすいから英語の碑文にする方がよいというケイムズ卿の主張への反論として、スモレット医師の功績を尊敬し手本とする人なら碑文をラテン語にしても英語同様に理解するだろうし、碑文はその道を行き交う高地の牛追いやら何やらに読ませるものではないはずですと言った。

それから、私たちはこの記念碑用に考えられたラテン語の碑文を示された。ジョンソン博士はそれを修正しようと熱意に満ちた悠揚迫らぬ様子で座り込み、幾つかの加筆と修正を行って碑文を格段に立派なものにしたのだった。私は運悪く前の碑文の写しを取っておかなかったのだが、ジョンソン博士が書いたものは幸いにも仔細漏らさず記録してある。

十月二十八日　木曜日

この日の朝、私たちはジョンソン博士の迅速かつ正確な記憶力のまたとない実例を目の当たりにした。窓辺にマルティアリスのヘイ訳が置いてあった。よくできていると思いますと言って私はその風刺詩の十行、いや確か八行だったかを博士に見せた。博士はそれを読んで本をぽんと投げ出し、「いやいや、そんなによくないよ」と言った。私が自説を言い張ると、博士は「いや君、原文はこれこれだが」とそれを口にし、「この男の訳文はこれこれだよ」とそれもまた正確に繰り返したのだ。博士はそれまでこの訳文を読んだことはなかったし、一度読んだだけでそれを暗記しようというつもりなどは全くなかったのだ。

さて、グラスゴーから呼んでおいた駅馬車が来たので、私たちは意気揚々と馬車を走らせた。ダンバートンに止まり、そこの城への道はかなりの急坂ではあったが、ジョンソン博士は足早に登って見るべきものを見て回った。この旅行では博士は終始並々ならぬ精気に溢れ、弱々しい老人扱いをされることに我慢がならずどんな手助けをも嫌がった。その最たる例は、イーコルムキル島に上陸するときのことで、船を岸辺に着けることができずにサー・アラン・マクリーンと私はやむなく男たちに背負われて小船から岸に運んでもらったのだが、博士は海水の中に跳び降りて元気よく岸まで歩いて上陸したのだった。

　グラスゴーのサラセンズ・ヘッド亭に到着すると、嬉しいことに家からのよい便りが来ていた。ジョンソン博士はアバディーンを発ってから一通の手紙も受け取っていなかったのだが、ここでかなり多くの手紙[206]を受け取りそれを読んで大いに楽しんだ。博士は今や私たちが意のままにできる快適さを思い浮かべてご満悦となり、機嫌は上々のようだった。私の記憶によると、博士は暖炉の鉄格子の両側に足をのせて、わざとしかつめらしく聞こえよがしに「イングランド人が石炭の炎の前にこうして座っている」と独り言を言った。

十月二十九日　金曜日

　グラスゴー大学の教授たちが私たちの到着を聞きつけ、スティーヴンソン博士、リード博士、それにアンダーソン氏の三人がやって来て朝食を共にした。アンダーソン氏はジョンソン博士がこの美しい町を見物している間じゅう私たちに同行した。同氏は私にこんなことを教えてくれた。ある日、ロンドンでアダム・スミス博士がグラスゴーの町を自慢すると、ジョンソン博士は彼の方を向いて「ブレントフォード[207]をご覧になったことがありますか」と言ったらしい。これは疑いもなく、博士の覇気と反発精神の発露である。博士が今日この町の美しい建物を賞賛しているとき、私は博士にこのことを思い出させてささやいた、「少々後ろめたくはありませんか」と。

　私たちは多くの教授たちによって大学に迎えられ、彼らはこぞってジョンソン博士に十二分の敬意を表した。それから私たちは学長のリーチマン博士を自宅に訪ね、そこでジョンソン博士は、ハイランドのある教区の集会で自分の名が感謝を込めて称えられたということを聞いてご満悦であった。これは、「新約聖書」のアース語訳が許されたのは主として博士の尽力によるものだったからだ。スコットランドでキリスト教の知識の普及に努めている団体の政治的意図を持った一部の会員が、高地人《ハイランダーズ》と低地人《ローランダーズ》とを区別し続けかねないとしてこの賞賛すべき企てに反対したらしい。ジョンソン博士はこのことについてある友人に長い手紙を認《したた》め、それを読んで彼らは恥じ入り、このことが一般に知れわたることを恐れた。かくして彼らは承知せざるをえなくなった。この手紙は現在私の手元にある。これはおそらく博士の大家らしい筆致による最良の文章の一つであろう[208]。

　リード教授とアンダーソン教授、それに「グラスゴーのエルゼヴィア」ことファウルズ兄弟が私たちの宿で食事とお茶を共にし、その後両教授は辞去した。私は手紙を書かなければならないので博士をファウルズ兄弟に任せて部屋を出た。この兄弟は善良で才気はあるのだが、イングランドの学校や大学で教育をきちんと受けた人なら耐えられないほどの散漫で思いつきだけの会話を進めたのだ。彼らは「賢人」の至言に耳を傾けもせず、愚問と詭弁で博士を悩ませていた。博士は私の所へ慌ててやって来て、あの二人には我慢できないから戻ってきてくれと頼んだ。「これは、これは（と、私は言った）、私の所に逃げ込んだというわけですか。」博士はどんな場合でも即座の切り返しに困ることはなかった。博士は素早く快活に「二つの災いのうちでましなほうを選んでいるのだよ」と応じた。私は博士の心を覆う暗雲からひらめいた閃光に打たれて直ちに手紙を閉じ一座に加わった。

　私たちはアンダーソン教授宅で夕食をとった。私の記憶するところでは、グラスゴーではあまり会話が弾まなかったという漠然とした印象がある。教授連がアバディーンの教授たちと同様に、自分たちの方に向けられかねないことが分かっている砲列の前に敢えて身を晒そうとはしなかったのだ。ジョンソン博士は自分の優越性を十分に自覚しており、この点におけるロバートソン学長の慎重さを後日賞賛している。博士は私にこう言ったのだ。「君、ロバートソンは正しかったよ。ロバートソンは卓越した人物であり、エジンバラ大学の学長だよ。彼には堅持すべき役割があり、それが翳《かげ》る危険を冒さないのは賢明だったよ。」

十月三十日　土曜日

私たちはエアシャーに向かった。私はラウドンにジョゼフを遣って、伯爵がご在宅ならジョンソン博士と共に食事をする光栄を得たいのですが、と伝えておいた。ジョゼフが途中で私たちを待ち構えていて、伯爵は飛び上がって喜び「お二人にぜひお会いしたい」と言っていた、と知らせてくれた。私たちは伯爵と伯爵未亡人であられるご母堂によってしごく丁重に迎えられた。彼女は九十五歳だったが、(209)衰えを全然見せず矍鑠《かくしゃく》としていた。これは長寿をことのほか願っているジョンソン博士にとって非常に喜ばしい光景であった。彼女は分別もあり知識も豊富で世間もかなり見ていた。彼女の夫君は幾つかの顕職を歴任しており、彼女自身は偉大なるステア伯爵の妹であった。

私はここでラウドンのジョン伯爵の人柄に対して正当な賛辞を呈するのを抑えることができない。伯爵はエアシャーの個々の州民ばかりでなく、州全体に対して過去の誰よりも大きな貢献をしたのだ。伯爵が地位の高低にかかわらず様々な人々から受けた非常なる忘恩行為を考えるとこの胸が痛むのだが、彼の気性はあのようであり「下劣な人類」(210)を知り尽くしていたので、そんな仕打ちは想定内とばかりに少しも気落ちすることなく、最後まで上機嫌で善意に満ちていた。その心根の優しさは、一七四五―六年に彼がハイランドにおいて指揮官という要職にあって不運な人々に対して寛大な思い遣りをもって行動したことに表われている。彼以上に善良な政治家を私は想像することができない。彼の国事への関心は深くて概ね成果を挙げていたが、彼は偽りの約束で人々を騙したりはしないどころか、彼らが過大な期待で自らを騙したりしないことを願っていたからだ。彼のご母堂に対する優しく従順な気遣いは途切れることがなかった。彼の家庭には真のもてなしがあり、食卓は豪華ではないが豊富で、すべての客が全く自由に振舞えてしごく気楽で愉快な気分になった。私は生涯この愛すべき人物の思い出を大切にするであろう。

夜、私たちはトリーズバンクのキャンベル氏宅の方にもう数マイル進んだ。彼は私の妻の妹と結婚しており、私たちはこの立派な夫妻にとても心地よい接待を受けた。

十月三十一日　日曜日

ここで私たちはゆっくりと休んだ。ジョンソン博士は数も多ければ内容も優れた蔵書を目にして喜んでいたが、これは大部分が当家の主人の兄である尊師ジョン・キャンベル氏のものであった。私は今日、サー・ジョン・カニンガムをジョンソン博士に会わせたいと思っていた。彼の城がここから二マイル先にあったのだ。彼は卓越した学者であり、外国住まいも長く、その間にはホラティウス批評家としてベントリーの好敵手であった碩学カニンガムともかなり長いこと一緒に暮らした人である。彼は見事なラテン語を書き、驚くべきことに毎年ホメロスとアリオストを全巻読み返していた。私は彼にお出かけくださいという手紙を書いたのだが、生憎彼は体調を崩しておりそれは叶《かな》わなかった。

十一月一日　月曜日

ジョンソン博士は不精を決め込んで出かけたがらなかったが、私は一緒にエグリントン伯爵夫人を訪問しましょうと言い張った。彼女は先代の伯爵と現伯爵のご母堂である。私は博士にわざわざ出かけても決して後悔することにはならないことを請合った。博士は不承不承ではあるが、私の懇願を聞き入れてくれた。馬は快調に進み、道程《みちのり》もそんなに遠くなかった。博士は慈善を賢く行うには十分な注意が必要だと言った。「軽率にしてしまうと、最も慈善を受けるに値する人々を無視することになりかねないのだ。そして、人は誰でもごくわずかしか与えることができないのだから、最初に現れた人たちに気前よく遣ってしまうと、もっと受け取るべき人たちには何にも残っていないということになりかねない。人はまず、どのようなつながりであれ、密接な関係にある人を助けるべきであり、それから余裕があれば、施しの範囲をもっと広げるべきだ。」

ダンドナルド城のすぐそばを通っていたとき、ジョンソン博士は特にここを見てみたいと希望した。この城はスコットランド国王たちの多くの居城の一つであり、ロバート二世が住んでその終焉の地ともなった所なのだ。それは幾つかの場所からはるかに遠望できる美しい丘の上に立っていて、そこからはカニンガムの豊かな地域、西の海、アラン島、さらにはアイルランドの北海岸の一部までも見渡すことができる。この城は長い間屋根がなかったし、かなりの大きさなのだが、どんなに想像力を働かせてもこれが国王にふさわしい居城だったとはとても思えなかった。ジョンソン博士は私の往古のスコットランドへの熱い思いを苛立たせようとばかりに、「ボブ王」の粗末な住まいに冗談を言い散らし、廃墟に木霊《こだま》するほどに呵呵大笑した。

レディー・エグリントンは今や八十五歳となり、ほぼ半世紀に及ぶ田舎の隠居住まいにもかかわらず、依然としてとても感じのよいご婦人であった。彼女は高貴なケネディー家の出で、このような出自の意識がかもし出すあらゆる気品を保っていた。その容姿には威厳があり、物腰も高貴なら読書の範囲も広く、話すことも上品だった。彼女は華やかな社交界の賞賛の的であり、詩人たちの庇護者《パトロネス》であった。ここで彼女に迎えられてジョンソン博士はご満悦であった。教会と国政に対する彼女の主張は博士の主張に似ていた。彼女は博士の優れた点をすべて承知しており、あらゆる分野の才能ある人々と好んで交友を深めていた息子のアレクサンダー伯爵から博士のことをいろいろと耳にしていたのだ。

故伯爵を知っていた人は誰でも、彼の理解力と教養が並たいていのものではなかったことを認めるであろう。彼は若気の至りで陥った放埒な習慣から、心根がはるかに卑しい男たちとの付き合いと歓楽とにあまりにも多くの時間を費やしたのだった。後になって彼はこのことに気付き、大切な事柄に心を向けるようになった。しかるに彼は夭折《ようせつ》してしまったのだ。私は若い日々を共に過ごしてその親切さから大いなる恩を受けた人のことを、この上なく深い愛情と哀悼の思いなしには語ることができない。

私は本土に戻った直後から、以前ほど詳しく「日誌」を書き続ける煩わしさから尻込みしてしまい、その怠慢を自分に許してきたことでしばしば自らを叱らねばならなかった。「ヘブリディーズ諸島」が終わったという考えに逃げ込んでしまい、洗練された社会に戻ったときにこそジョンソン博士の「言行録」はもっと価値がありえるのだとは思わなかったのだ。かくして多くのことが失われ、今や取り戻す術《すべ》もない。

今日の私たちの会話の中で、レディー・エグリントンはジョンソン博士が生まれた年の前年に結婚したことが明らかになった。彼女はすぐさま、あなたの母親になっていたかもしれませんね、じゃあここであなたを養子にしましょう、と博士に優しく言った。さらに、私たちの去り際に彼女は博士を抱きしめて、「可愛い息子よ、さようなら」と言った。我が友は今日のもてなしにたいそう喜んで、無理やり誘い出してもらってよかったよと述べた。

十一月二日　火曜日

私たちは今や「鞍と馬勒《ばろく》」ばかりでなく四輪馬車の通う土地にいるのだ。かくして私たちは、キルマーノックから馬車をあつらえて正餐前にアフレックに着いた。

私の父はジョンソン博士よりも一歳半ほど年上だったが、スコットランドの判事としての重責を良心的に果たしていたことと、類を見ないほど敬虔で善意の人であった我が母を失ったことが相俟って、このときまでにかなり精神的に落ち込んでしまい、全力を尽くそうという気力を失っていた。ちなみに、ここスコットランドでは法律の手続きはそのほとんどが文書でなされており、これは父の最期までの深い嘆きの種であった。父は元来が非常に強靭な精神と陽気な気質の持ち主だった。父は私に、自分は現実的な理由がなければ一瞬たりともいわゆる意気消沈したり不安に陥ったりしたことはない、と断言したことがある。父は非常に多くの面白い話を知っており、それを並々ならぬ巧みさで語ったし、モンボドー卿がその特徴を捉えて言っていたように、父の「威厳を傷つけぬユーモア」は非凡であった。父は年齢と職務と性格からどのような人々と一緒にいても彼らから多大な配慮を受けるのが当然だと長きにわたって思っていたし、それが少しでも軽視されることに耐えられなかった。父は熱心なホイッグ党支持者であり長老派の信者であったが、それはジョンソン博士が熱心なトーリー党支持者でありイングランド国教徒であったのにも負けないほどだった。そして、父は多忙だったのでジョンソン博士の著作を読んでその大いなる価値を知ることもなく、博士に対してはその想像される政治的信条に基づいて偏った批判的な見方をしていた。博士の政治的信条は父自身のものからひどく隔たっていたので、父は博士に対して当然払うべき敬意を込めて話すどころか、博士を「ジャコバイト野郎」と呼ぶのが常であった。このことをすべて知っていたので、私の父が私への配慮からジョンソン博士を館に呼ぶよう言わなかったら、私は二人を一緒にするような危険は決して冒さなかったであろう。

私は万事がうまく行くようにと心から願っていた。さらに、二人の意見が大幅に違っている三つの話題、つまりホイッグ主義、長老派制度、そしてジョン・プリングルのことを避けるようにと博士に頼んでおいた。博士は「私をもてなしてくれている紳士にとって不快な話題だと教えられている話を持ち出したりすることはもちろんしないよ、特にお父上ならなおさらね」と礼儀正しく言った。

一日目はしごく順調に過ぎて行った。雨が降ったので外出できなかったが、父がジョンソン博士に蔵書を見せた。それはギリシアとローマの古典の珍しい版で、私が思うに、英国のどの個人のコレクションにも劣らぬものである。父はオランダのライデンで学び、グロノビーや他の学者たちと非常に親しかった。父は堅実な学者であり、特にアナクレオンやその他のギリシアの抒情詩人の草稿と様々な版を注意深く校合していた。したがって、我が友と父は意見が違う剣呑《けんのん》な話題に触れなくても話す材料には少しも事欠かなかったのだ。

ジョンソン博士はここでバクスターの『アナクレオン』を見つけたのだが、博士の話では、この本は長い間探しても見つからなかったので、そんな本は実在しないのではないかと思い始めていたそうだ。バクスターはバーンズの激しい敵対者であった。彼の略伝は『英国人名事典《ビオグラフィア・ブリタニカ》』にある。父はこの本に多くの注《ノート》を付けており、ジョンソン博士と私はこの事典の再版について話し合った。

十一月三日　水曜日

一日中雨が降り、スコットランド西部の気候の悪さをジョンソン博士に印象付けることになった。それについては『西方諸島の旅』において博士が注目して取り上げているとおりである。しかし、泊まる場所は快適で様々な本も置いてあり、博士は不満を感じることはなかった。

近くの紳士たちが数人私の父を訪れたが、会話はほとんどなかった。紳士の一人がジョンソン博士に、高地地方《ハイランド》はいかがでしたかと尋ねた。この質問は博士を苛立たせたらしい。というのも博士が、「私を温かくもてなしてくれた国のことをどうして悪く言えますか。誰が高地地方を好きになれるでしょう。私はそこの住民は大好きなのですがね」と応じたからだ。その紳士はそれ以上尋ねることはしなかった。

さて、ここでまた今までの語録から拾い集めて、現在の怠慢の埋め合わせをさせていただこう。モンボドー卿宅でのこと、郷はイングランドにおける学問の衰退の話をした後で、ソールズベリーのハリス氏の『ヘルメス』を自分が非常に尊敬している現存の作家の著作であると述べた。そのときはジョンソン博士は何も言わなかったが、馬車に乗ってから、自分はハリスを「知ったかぶり《コクスコウム》」だと思っていると言った。これは人間としてではなく、著者としての彼のことを言ったのだ。私は人物と書物に関する博士の意見を私個人の意見とは関係なく忠実に書き記している。私はハリス氏の書き方には常にどこか気取ったところがあるように思えたことを正直に認める。単純な思想を分析的で断定的な形式に包む習性のようなものだ。しかし、彼の著作のすべてには学識が染み込んでおり、そのすべてから彼を人間として際立たせている善意と愛すべき性質が発散している。

また、旅の途中の別の折に、博士は高地地方の例の強欲な族長の性格をテオフラストスからラ・ブリュエールのような激しさで描写し、このような言葉で結んだ。「あの男には、通りに二十軒の家を抱えていてそこからどれぐらいの上がりがあるかを考えている周旋屋ほどの族長魂もない。」

この日、二人だけになったとき博士はこう言った。本で読んだことをそのまま話し、自分の考えではなく他人の考えを受け売りすることが何と一般的であることか。要するに、独自の考えもなくしゃべっているだけなのだ、と。博士は嬉しそうにこうも言った。「君と僕だけは本の受け売りなんかしないよね。」

十一月四日　木曜日

嬉しいことにとうとう我が一族の屋敷をジョンソン博士に披露する絶好の日和《ひより》となった。博士はその『西方諸島の旅』で、光栄にもこの屋敷に多大な関心を寄せてくれた。しかしアフレックというケルト名が自然の様子と何の関係もないと考えたのは間違いだ。ケルトの地名はどれも非常に叙景的であることが分かると思う。「アフレック」とは博士が言っているような石の多い野原ではなく、板石の野原という意味である。この地には多くの岩があり、岩の層が至る所にある。博士は「古城の重々しい威厳」と雄渾《ゆうこん》に表現したこの館にご満悦であった。この古い館の廃墟がある岩の片側にルガー川が流れ、その川幅はここではかなり広い。川辺には別の高い岩があるが林に隠れている。反対側には、小川が同じように岩に沿ってひっそりと流れている。これほどに幻想的《ロマンチック》な光景を私は想像できない。

ここで私は鼻高々と、我が家の古き家柄と名誉ある姻戚関係、そして元祖のトマス・ボズウェルの功績をこの卓越した「我が師《メントール》」に長々と説いた。トマス・ボズウェルはスコットランド王ジェイムズ四世にことのほか引き立てられ、フロデンの戦いで国王と共に倒れたのだ。[211] 商業の時代には家系自慢と思われることは分かっているが気持ちが高ぶったので、博士が軽視するわけがないと思われること、つまり王族と私との関係に私はすかさず言及した。博士は新王の即位[212]とその寛大な心によって、安楽で自立した年金生活を手に入れたのであった。私は先の頁で、自分の由緒ある血筋への誇りを自ら認め、ジョンソン博士に励まされたことがある。それゆえ、読者諸賢は私が今回我が血筋の誇りに浸ったからといって驚きはしないであろう。

館からほど遠からぬ所に神聖な土地があり、聖ヴィンセントを祀った古い礼拝堂の土台がはっきりと見分けられる。ここはその昔、一門の「墓地」であった所だ。この神聖な遺跡は相当大きなものであったが、悲しいことに中世のアフレック邸を建てるときに剝がされ、その建物の一部に再利用されたと思う。この館はジョンソン博士が温かく述べてくれているあの「優雅で現代的な邸宅」を父が建てるまでは一家の住居であった。おそらく礼拝堂はいつか再建されるであろう。

私はジョンソン博士に祖先たちがかつてはその木陰を歩いた森厳な古木の木立を見せたところ、博士は満足げであった。博士は私の父がさかんに実践していたのにならって、私にも熱心に植林をするように勧めた。

尊敬する博士とアフレックの森を逍遥《しょうよう》していたとき、私は博士に、もし私が博士より長生きしたら私にとってはすべてが古典的風景であるこの地のどこかに博士の記念碑を建てるつもりです、と言った。というのは、私は若い頃ローマの詩人たちの多くの描写をこの場の風景に当てはめていたのだ。博士はいかなる形でも死を目の前に突きつけられることに耐えられなかった。博士の生来の憂鬱症が恐怖の王である死に対していっそうの恐怖を誘ったからだ。博士は話を逸《そ》らせて、「君、君のお孫さんの顔が見てみたいな」と言った。

この日の午前中、博士は角のない牛を観察した。博士は『西方諸島の旅』の中でそのことに言及したが、特別な品種かどうか決めかねているようであった。博士の疑問には全く根拠がなかったらしい。というのは、農業に専念しながら古典文学と交友にも時間を割いている我が尊敬すべき隣人のフェアリー氏は、この牛は特別な品種であり、その子牛に角がついていれば種の交配があったことが分かると私に確言しているからだ。フェアリー氏は自分の意見の確証としてタキトゥスの次の言葉、「通常の見事な額を持たない牛さえいる」(『ゲルマニア』第五章、「風習について」)を私に指摘し

十一月四日　木曜日

て、ジョンソン博士がこの言葉を忘れているのを不思議がった。アフレックの館の正面には次のような銘文が掲げられている。

汝に分別さえあれば
汝の求めるものはここウルブリスにもある(213)

いかにも私の父らしい言葉だが、残念ながら分別は相続できないし、遺贈されるものでもない。父はいつも私に、分別を身に付けるのは本人次第であるかのように言っていた。しかし、ジョンソン博士の話によると、博士が父と二人だけになったとき、父は次のように打ち明けたという。分別は多分に生まれつきのもの、すなわち本人の与《あずか》り知らぬ原因から生じるものであり、ホラティウスが「分別は自分で身に付けるもの(214)」と述べているのは己惚れも甚だしいと信じている、と。

十一月五日　金曜日

教区牧師の尊師ダン氏は昨日私たちおよび数人の友人と食事を共にしたが、今日はぜひ博士と私と三人で食事をしたいと言った。そのお蔭で私は、教会への道を博士にお目にかける機会を得たのであった。その道は父が自分の領地に多額の費用をかけて造成した三マイル以上にわたるもので、きちんと囲まれた広い農地の中を通っており、両側には並木がある。父はこれに「聖なる道」と名づけて大変気に入っていた。ジョンソン博士は長老派牧師とは考え方がかなりかけ離れていたが、彼らとも仲よくやっていけた。ところが、実は博士はときどき彼らを攻撃することもあったのだ。イングランド国教会の高位聖職者の中には第一級の学者、高潔な人、敬虔な人、真に使徒的性格の人が見られるが、長老派牧師の一人[215]はそういった高位の聖職者に関する知識が狭いことを露呈してしまった。その牧師はジョンソン博士の前で太った主教や眠たそうな首席司祭について話したのだが、要するに、自称風刺家や野卑な毒舌家の度量の狭い冒瀆的嘲笑を信じているように思われたのである。ジョンソン博士はひどく憤慨して、「おやおや、あなたがイングランド国教会のことをご存知ないのは、ホッテントット並ですな」と牧師に言った。この牧師が自らこの痛罵を招いたのは気の毒であった。

十一月六日　土曜日

ジョンソン博士と私の父が衝突したのは、この日だったかそれ以前だったか定かではない。私の記憶が正しければ、この諍《いさか》いが始まったのは父が収集したメダルを披露しているときだった。生憎オリヴァー・クロムウェルのコインが出てきて、チャールズ一世とトーリー党主義の話になったのだ。二人ともひどく激高して猛《たけ》り立ち、私は尊敬する両者の間に挟まれてこのような激論の場に居合わせる悲しみに打ちひしがれた。私にはとても二人の間に割って入る勇気はなかった。私の誉れ高い父と私の尊敬する友人を知的剣闘士《グラディエイター》として世人の娯楽に供することは、間違いなく私の取るべき態度ではないであろう。それゆえに私は、スコットランドの大半を巡るジョンソンの物語というこの劇的な絵巻物の興味深い一場面になりそうなことを敢えて割愛する。

とはいうものの、父の鮮やかな切り返しの例としてある場面を挙げることは差しつかえないだろう。タリスカーでも私たち全員に求めたように、博士は父にスコットランドの長老派牧師の書いた神学の名著を挙げるよう求めた。その方面の勉強が手薄だった父は、後に私に打ち明けたところでは、ちょっと返答に窮したのだが、幸いダラムの『「ガラテヤ人への手紙」注釈』の書名を書籍目録で読んでいたのを思い出し、即座に「失礼ですが、博士、ダラム氏の素晴らしい『「ガラテア人への手紙」注釈』をお読みになりましたか」と思い切って尋ねた。「いいえ、読んでいません」とジョンソン博士が言った。この即座の機転で父は博士の攻撃を食い止め、しばし勝利の喜びをかみしめた。(216) しかしながら敵も然る者、すぐ逆襲に転じたのだがこの話をするのは差し控えたい。

激論の中では、ホイッグ党と長老派、トーリー党と監督派の主張が激しく対立した。親の代からの我が友人サー・ジョン・プリングルはその名が出なかったので、幸いにも傷を負わずに済んだ。

ジョンソン博士に対する父の人物評は、父が後になって博士に付けた「大熊」というあだ名から推測されるだろう。しかし、私が博士は天分と文学をちりばめた星座だと言ったためにそのようなあだ名がついたと伝えられているのは事実と異なっている。このあだ名は民事控訴院の同僚の一人に向かってとっさに父が言った茶目っ気のある言葉であって、そのときジョンソン博士はそこに居合わせたのだが、博士に聞こえる所で言われたわけではない。

十一月七日　日曜日

父と私は長老派教区教会の公開礼拝式に出かけたが、ジョンソン博士が同道しなかったのは残念だった。というのは、この教会には祈りの形式も格調高い荘厳さもないが、神は聖霊と真理として礼拝され、イングランド国教会と同じ教義が説かれているので、博士が出席していればもう少し寛容な態度を示すことになったと思われるからだ。しかし博士はきっとその時間を一人静かに極めて有意義に使ったはずである。私は博士のいつも変わらぬ熱烈な敬神には、いちいち触れなかったがこの旅の間多くの機会で証明されていた。博士が長老派の礼拝に出席しない理由は先に述べたとおりである。

十一月八日　月曜日

父は先の口論にもかかわらず、老男爵さながらに威厳のある礼儀を心得ており、ジョンソン博士に礼儀を尽くしてエジンバラ行きの四輪馬車まで丁重に付き添った。

こうして二人は別れた。今や二人は天上界にいる。二人ともよきキリスト教徒であったのだから幸福な状態で出会ったと思う。しかし博士と私自身の政治的信条を公平に評すれば、二人はホイッグ党主義が入る余地のないところで出会っていると私は言わねばならない。

私たちはこの夜ハミルトンで上等な宿屋に着いた。私の記憶に残っているのはそこまでである。

十一月九日　火曜日

町の近くにあって一般にハミルトン宮殿と呼ばれているハミルトン公爵邸をジョンソン博士に見ていただきたいと思ったが実現しなかった。この屋敷は子供の頃からアフレックとエジンバラを行き来するときに豪華な屋敷として教えられていたので、私の心の中では今でも壮大な存在である。博士はちょっと止ってこの御殿を外から眺めることには同意したものの中に入るよう説得しても聞かなかった。

私たちはこの夜、八十三日ぶりにエジンバラに戻った。大嵐の五週間にわたって私たちの消息が何一つ届いていなかった。私は再び我が家に戻れた嬉しさをどう表せばよいか言葉が見つからない。

十一月十日　水曜日

書籍商の老ドラモンド氏が朝食に訪れた。ジョンソン博士と同氏は十年ぶりの再会であった。ドラモンド氏は博士に敬意を表し、ジョンソン博士は彼に好意を示した。その後まもなくしてエリバンク卿が拙宅に来て、スコットランドでジョンソン博士に会えたことに大喜びした。卿は「よもやここで博士にお目にかかれるとは思いもしませんでした」と言った。ジョンソン博士は同卿を非常に高く評価していた。博士は卿を話題にしたとき、彼の人となりを私に次のように述べた。「エリバンク卿は多読家だ。なるほど卿の読んだものはすべて本の中で知ることはできるが、卿は本の中に書かれている多くのことを実生活の試金石によって試しているのだ。」実際エリバンク卿ほど想像力に満ち溢れた知識を会話の中で開陳する人はあまりいない。卿は小著ながら優れた価値のある本を数冊出しており、他に草稿のままのものが数編ある。その中には将校として従軍したカルタゴ遠征記もある。卿の著作は収集に値するものだ。卿はかつて歴史家ロバートソン博士と悲劇詩人ヒューム氏の後援者であった。両人ともまだ田舎の教区牧師であった頃、エリバンク邸の近くに住んでいたのだ。卿は、「この青年たちには才能があることが分かったし、二人はよく私に会いに来ていた」と私に語った。彼らは卿のよき思い出を感謝を込めて語ることだろう。

十一月十日　水曜日

午前中は主にジョンソン博士が卿に私たちの旅の話をして過ごした。政治的信条の違いが話題になった。ジョンソン、「それは対立によって非常に強まるのだ。過激なホイッグ党員がいてね、その男とよく口角泡を飛ばして議論したものだよ。ところが、彼の死後は自分のトーリー主義も大分勢いが衰えたような気がする。」その党員とはリッチフィールドのウォームズリー氏を指しているのだと私は思う。博士は「エドマンド・スミス伝[217]」の中で同氏の性格を鮮やかに描き出している。

ネアン氏がやって来た。彼と私がジョンソン博士のお供をしてエジンバラ城へ行ったとき、博士はここが「素晴しい所」であることを認めた。しかし、数日後エリバンク卿が、スコットランド人あるいは自国の堂々たる要塞を誇る人なら誰でも当然のことだが、得々とこの城の話をすると、ジョンソン博士は「イングランドだったらこれは立派な牢獄になるでしょうな」と言ってこの要塞を侮る素振りを見せた。このことは、ジョンソン博士特有の強烈な反駁精神の顕著な一例として挙げておかなければならない。

我がスコットランドに対して博士の飛ばした皮肉の一つを握り潰したと思われないように、この日の博士の発言についてこれまで流布している誤伝をここで正しておいても悪くはないだろう。博士がエジンバラのカースルヒルからの壮大な眺めをぜひご覧くださいと言われて、「君、スコットランド人が見る最も壮大な眺望は、ロンドンへ至る本街道だよ」と答えたと言われてきた。この強烈な皮肉は何年も前にロンドンの居酒屋で私も同席していたときに発せられたものだ。(218)

今日我が家の正餐に私たちと同席した面々は、ケリー伯爵の姉妹であるコルヴィル伯爵未亡人とレディー・アン・アースキン、このたび爵位を継承したアーチボールド・アースキン閣下、エリバンク卿、尊師ブレア博士、スコットランド女王メアリーの熱心な弁護者であるタイトラー氏、その他数人の友人であった。

『フィンガル』が話題になり、初めから「オシアン」も「パタゴニアの巨人たち」も認めぬことを自負していたジョンソン博士は、その信憑性に疑念があることを明確に断言した。エリバンク卿が言った。「確かにマクファーソンのものではないと思います。ジョンソン博士、私が博士と親しくさせていただいていることは周知の事実です。私は自分ではとても言えないことを博士からお借りして自説として伝えることもできますが、私がそんなことをしても世間の人にはそれが誰のものか分かるでしょう。」博士はこのお世辞に和むことはなかった。博士は、『フィンガル』の価値を否定し、それを現代に生きているお陰で有利な立場に立った人の作と考え、「その文体でひとたび書き出すと、そのまま書き続けることほど楽なことはない」(219)と言った。一座の一人の紳士が、「『フィンガル』のかなりの部分を原文の朗読で聴いたことがありますので、これはまさしく本物でしょう」と意見を述べると、ジョンソン博士は憤然として、原文が分かっているのですかと尋ね、「いいえ」という返事が返ってきたので、「とすれば(と、ジョンソン博士は言った)、この証言がどんなものか知れていますな。この程度のものですよ。」

ジョンソン博士は常日頃から厳格な検証を行っていたのだが、この話を記して、人の心はこのような検証によって守らなければいかに騙されやすいかを証明する特筆すべき一例としたい。この意見を述べた紳士の才能と正直さは疑う余地がない。しかし、言語が分からなければ、朗唱されているものがその言語であるかどうか分からないということをジョンソン博士がこの紳士に認識させていなかったら、彼は「『フィンガル』の大部分が原語で朗唱されるのを聞いた」と信じて今に至るまでそう伝えていたことだろう。

ツイード川以北の人々はスコットランド人の軽信や不正確さに対するジョンソン博士の評価を厳しすぎると感じるかもしれないので、彼らを納得させるために、同類の鵜呑みがイングランドにも見られると博士が認めたことを付け加えておくことはしごく公平なことであろう。「私は（と、博士が言った）、「ロビンフッド」の物語の叙事詩を書いてみたいのだが、イングランド人の半数は私がそこに挙げる人名や地名によく馴染んでいるものだから、その話を子供の頃から聞いていると思い込み、よく知っていると断言してしまうだろう。」

ウリニッシュでの会話の中でジョンソン博士は、『フィンガル』の信憑性に異議を唱えたが、私の「日誌」には記していない。だが私はそれを完全に覚えている。それはこうだった。「その存在の証拠を提示したりするよりはどうして原文をどこかの公立図書館に収めておかないのかね。裁判所で人の生死が問題になっているとしよう。君が彼は生きていると主張して、五十人の証人にそれを宣誓させたら、私は『なぜ本人を出廷させないのか』と応じるね。」これは『証拠法』の基本原則の一つに基づく議論であって、その著者ギルバートもこれを論争の余地がないものと考えていたはずだ。

私がこの問題についてどの意見をより信じているかに関して、明確で断定的な意見を披瀝する義務は私にはないと思う。この問題は今や一般の人にはあまり興味がなくなったようだ。私の聞いた話では、『フィンガル』は最初から最後までゲール語からの翻訳ではなくて、編者が全体をつなぐために数節を補ったということを、その信憑性の熱心な擁護者でさえ認めているということだ。これが事実だとしたら、なぜそれをはっきりと確かめられないのか。好古家やこの詩の賞賛者は、自分たちの立場が次のような不幸な男の立場に似ている、と不満を漏らすであろう。その男は、臨終間際の妻から嫡出子とされる子供の一人はあなたの子ではないと告げられ、それならどの子なのかはっきり言ってくれと妻に迫るのだが、妻は「それだけはどうしても言えない」と応じ、すべての子供について取り返しのつかない疑惑を男に残したまま息を引き取ってしまうのだ。

ここで「第二の視覚」について少し話をさせていただこう。これについては今までに二つの実例を述べたことがあるが、これはそのときに私の心に強く訴えたからであった。この種の話の多くを私は証拠を細かく検討せずにあまりにもおとなしくそのまま聞き、かなり信用してヘブリディーズ諸島から帰ったことは認める。しかしそれ以来、私はこの手の話はあまり信じなくなってはいるのだが、それはありふれた事柄の中にも不注意な間違いがあることを知ったからである。ここからもっと異常なことにも同様な間違いがあるはずだという結論を引き出しても許されてしかるべきだろう。ただし、第二の視覚を信じることがスコットランドの高地と島々に特有なものではないことを付け加えておくのが妥当であろう。

私たちの「旅」から数年後、民事控訴院で一つの訴訟事件が審理された。そこで確認されるべき主要な事実は、スコットランドの高地と島々をよく訪ねていた船長が溺死したのはある特定の年かそれともその翌年かというものであった。当該地域から多数の証人が呼ばれて双方の側からの尋問を受け、この単純な問題に互いに直接対立する証言をしたのだ。その中の一人に非常に立派な族長[220]もおり、彼は私に第二の視覚の話をしてくれていた。私はその話にこれまで言及したことはないのだが心の底から信じていたものだ。ところがこの族長がこの事件の正式な裁判が始まる前に、裁判所が船長の溺死を最終的に特定した年の翌年に船長を目撃したと述べたばかりか、署名を付けて証言していたのである。彼は裁判所の厳しい追及と宣誓の威圧のもとで尋問を受けると、気を取り直して前言を取り消し、判事に「人は宣誓なしだとどんなことでもしゃべってしまうものです」と言って自分の誤りを謝罪した。彼は多くの人から厳しく非難され、紳士たるものは宣誓の拘束力の有無にかかわらず事実には厳格であるべきだということが一般に強調された。ジョンソン博士自身は常に真実を誠実に堅守することで知られていたが、この主張を否定した。そして博士は、この主張は本来そうあるべきなのだがこの場合はそれに当たらないことを証明するものとして、グレンヴィル氏の新法[221]による票決が以前のものとは大きく異なることを力説した。「議員は、宣誓の拘束力がなければ議会で発言したり投票したりしたであろうことを、宣誓すればしなくなるものだ。」

今日では、超自然的霊感を信じる人たちは考え方の違う人たちを納得させることがいかに難しくとも、第二の視覚を信じることは迷信だとする相手の理論などやすやすと論駁できる。遠隔地のあるいは将来起こる出来事が見えるという幻想を抱くことは迷信と呼んでよい。しかし、事実や出来事とそのような幻想との一致がいかに驚異的であっても、それが証明されるならば磁気や電気同様に迷信とは何の関係もないのだ。
正餐後、いろいろな話題が論じられたが一つしか覚えていない。ジョンソン博士は仲間としてギャリックとフットの異なる才能を比較し、優雅さではギャリックに軍配を上げたが、フットには人を楽しませる特別な才能を認めた。博士はこう言った。「ギャリックは何らかの原則に縛られているが、フットは自由闊達なところがいい。ギャリックは感情が繊細だから、彼をやっつけ抑え付けることもできる。ところが、フットは私の仲間内で抑え付けるのが最も難しい男だ。彼を隅に追いつめたからもう大丈夫だと思っていると、脚の間をすり抜けたり頭を飛び越えたりして逃げてしまうのだ。」

十一月十日　水曜日

エジンバラの非常に立派な二人の牧師、アースキン博士とロバート・ウォーカー氏が私たちと夕食を共にし、尊師ウェブスター博士も同席した。モラビアの布教活動とメソジスト教徒たちのことが話題になった。ジョンソン博士は、宣教師たちは未開人に対する自分たちの成果を楽観的に話しすぎることが多く、彼らの言うことはあまり信用できない、と一般論を述べた。博士はメソジスト教徒が人のために役立ったことや民衆の間に宗教心を広めたことは認めた。しかし言葉を継いで、彼らは他のキリスト教徒に対してはひどく頑《かたく》な態度を取る、さらにあるメソジスト教徒に他教徒よりも優れている点を説明させようとしたができなかったし、最後にはきまって彼らの説教師の一人からやむなく説教を拝聴する仕儀となってしまうのだ、と述べた。

十一月十一日　木曜日

ロバートソン学長が朝食中に訪ねて来て、ジョンソン博士の前に進み出ると、ウェルギリウスの詩の一行を朗唱した。私はその詩句を忘れてしまったが、次のいずれかだったと思う。

我らは様々な危険と事件を潜り抜け(222)

あるいは

彼は海路と陸路の長き難儀に耐えたり(223)

誰もが私たちの帰還に対して練りに練った祝いの言葉で話しかけた。ジョンソン博士は、「祝いの言葉をもらって本当に恥かしいよ。まるでノヴァヤ・ゼムリャ(224)まで航海し、日本で五回の迫害(225)を受けたかのように声をかけられてね」と言った。それから博士は後にこうも言った。「私たちは疲れもせず危険な目にも遭わなかったのに、慇懃な態度でラテン語の詩を携えてつかつかと近づく人を見ると癪《しゃく》に障るよ。」私は博士に、先生は危険には気付かず嵐の最中に船の中に隠れて横になり、まるで頭を羽の下に隠して安心している雛鳥のようでしたよ、と言ってやった。

十一月十一日　木曜日

私たちの所にエリバンク卿とサー・ウィリアム・フォーブズが訪ねてきた。一七四五年の性急な反乱が話題になったとき、これはすばらしい歴史の一齣《ひとこま》になるでしょうと私が言った。ジョンソン博士もそのとおりと言った。エリバンク卿が、今どきの人がはたしてこれを公平に伝えることができるものだろうかという疑問を呈した。ジョンソン、「陣営を異にしていた当事者たちと話をして聞いたことを漏らさず書き留めておけばやがてよい話の材料が集まります。歴史はすべて最初は口伝えであったことを考慮すべきです。ヴォルテールは『ルイ十四世史』の資料を集めるのに五十年かかったと思いますが、彼はそれを私が今言っているようなやり方で行ったのです。」ロバートソン、「そのとおりですね。ヴォルテールはその治世にかかわったすべての重要な人物と深く付き合って、彼らのあらゆる話を聞きました。それから聞いたことをボズウェル氏流に記録するか、あるいはこれもよい方法ですが、記憶するかのどちらかの方法を採りました。彼には抜群の記憶力がありますから。」しかし、この勝れた歴史家には失礼ではあるが、事実や発言は新しいうちに書き留めれば正確に保存されるかもしれないが、人間の記憶力ではそれと同じように保存するのはとうてい不可能である。ロバートソン博士が言った。「今やジョンソン博士のおっしゃるような収集を行うべき時期に来ています。当時武器を取った人の多くが次第に亡くなっているのですから。それにホイッグ党員もジャゴバイト派も今では節度をもって話し合うようになりました。」エリバンク卿が彼に言った。「ロバートソンさん、私があなたを高く評価する第一の点は、一七四五年直後両派が激高していたとき、あなたが反乱に参じたるをもって人品を卑しとせず、と「上流談話会」(226)の人たちに話したことです。これは双方が互いに嫌悪感を抱いている最中に寛大な気持ちを大胆に発言したものです。」

ジョンソン博士は、他者の正当な要求を慮《おもんばか》って反乱の蜂起に加わるのは邪悪な行為とは無縁であり、その証拠に強盗や殺人事件ならば拍手を送る人はいないが反乱者の赦免には全人類が拍手喝采を送るものだ、と述べた。ジョンソン博士は、すべての反乱は人間にとって自然なものなのに、不自然な反乱という言葉がこれほど多く使われているのには驚くよ、と微笑を浮かべながら言い切った。

私は今朝以降の出来事については全く日誌をつけていなかったので、今日からジョンソン博士がロンドンに出立する日までの日々を記憶を頼りに一括りにして述べることとする。(227)全部で九日間のことで、博士はその間にレディー・コルヴィル宅、ヘイルズ卿宅、サー・アドルファス・オートン宅、サー・アレクサンダー・ディック宅、ロバートソン学長宅、マクローリン氏宅で食事をし、私たちが二晩を共に過ごした郊外のエリバンク卿の邸宅で三度正餐をとった。現在はスコットランドの判事でロックビル卿という称号のアレクサンダー・ゴードン閣下宅、同じく判事でダンシナン卿という称号のネアン氏宅、ブレア博士宅、タイトラー氏宅で博士は夕食をとり、拙宅で三度夕食をとった。そのうちの一回は多くの人たち、主として法曹界の面々の同席があり、もう一回はカルデアズのメンジーズ氏と、先約を取り消して博士に会いに来たモンボドー卿と共に、そして三回目はエリバンク卿宅か

ら戻った夕刻に、私の妻と私と博士の三人だけで夕食をとった。

博士はウェブスター博士と老ドラモンド氏宅とブラックロック博士宅で朝食をとり、ある日の午前中を私の叔父のボズウェル医師宅で過ごし、その折に叔父はジョンソン博士を自分の奇妙な収集品の陳列室に案内した。叔父は品のよい学者でありオランダのブールハーフェの許で学んだ医者でもあるので、ジョンソン博士は叔父との同席を喜んだ。

博士が拙宅で朝食をとった朝は、十時から一、二時まで多芸多才な人たちとひっきりなしに面会した。私は民事控訴院に出席しなければならないので博士に付き添うことができなかったが、妻が午前中の大部分を博士とその訪問者のためにかいがいしくお茶を出して献身的に尽くしてくれた。

以上のように博士はエジンバラでの日々を過ごした。博士はある晩、疲れて苛立っていたのか、「君ね、招待攻めにはうんざりだね」と私に言った。私はしぶしぶながら認めた。「そうなんだよ、君(と、博士は応じた)。でも、無視されていたらもっと嫌だっただろうな。」

私が記録を怠ったために、様々な貴重な発言がこの「日誌」から漏れてしまっていることは十分に考えられる。その幾つかをできる限り思い起こしてみよう。

スコットランドで見出される威厳と優雅さとはどのようなものであるかを知ってもらうために、私はレディー・コルヴィルを著名な方ならどなたにも紹介することを誇りにしているのだが、彼女のお屋敷で一人の将校が、マンスフィールド卿はイングランドの法律をあまり知らないと聞いたことがあります、と述べた。ジョンソン、「違いますね、将校殿。マンスフィールド卿が現にお持ちになっている卓越した才能を仮にお持ちでないとしても、イングランドの法律に通暁《つうぎょう》していることは間違いありません。長いこと法曹界にいましたし、法曹界でとても多くの要職を担ってきていますからね。マンスフィールド卿がイングランドの法律を知らないと主張するのは、エジンバラとベリック間を三十年にわたって荷馬車を走らせている運送屋がその道路を知らないのだと主張するのと同じことになりますよ。」

博士はネアン氏宅で、『クラリッサ』の作者リチャードソンの特徴を力強いが繊細な言葉で描写した。しかしはなはだ遺憾ながら、私はそれを記録しておかなかった。私は博士がリチャードソンの才能と美点を高く買っていることを表明したことだけは覚えており、博士はこう述べたのだ。「彼はたゆまず些細な不便を解消し些細な喜びを獲得しようと努めていた。彼は絶えず優越感を持っていたいという気持ちが非常に強く、自分の話を黙って聞いて敢えて反論しない女性たちにいつも囲まれているように気を配っていた。そして、著名人でありたいという気持ちも極めて強く、オンズロウ下院議長の召使いたちに丁重に接してもらいたいがために、彼らに多額の心づけを渡すのが常だった。」

同日の夕方のこと、イングランドでは判事には極めて気品ある私生活が求められていると私は考えていたが、博士はそれを認めようとはしなかった。「だって、先生（と、私は言った）、先生のご説明では、イングランドの判事は紳士さながらの生活を送っているようです。」ジョンソン、「そのとおりだよ、君。その人がそうできるならば、ということだがね。」

私はタイトラー氏宅でたまたま次のようなことを言った。何年も前のある夕べのこと、私はヒュー・ブレア博士とドルアリー・レーン劇場の平土間に一緒に座っていたとき、若気の至りで牛の鳴き声を真似て観客に馬鹿受けしたことがある、と。この話をしてしばらく経ってからのこと、今は忘れてしまったのだが、あることに関してジョンソン博士と意見を異にした。私は自信満々だったのだが、博士は私を容赦しなかった。「いや、違うよ、君（と、博士は言った）、君が人間としてもっと上手く話すことができないのなら、君に牛のように鳴いてもらいたいものだね。」(228)

ジョンソン博士はウェブスター博士宅で、人は死ぬ間際まで体裁を気にするものだと思っていると言った。この見解には十分に根拠があるし、記録に残っている多くの著名人の臨終の言葉を説明しているように思われる。

ある晩のこと、拙宅において博士が言うには、ロバット卿が自分には財産はないが、いついかなるときでも戦場に呼び寄せることができる二千人の男たちがいるとイングランドのある貴族に自慢したとのことだ。すると、アレクサンダー・ゴードン閣下が、その二千人の部下が卿を断頭台に送ったのですと述べた。「そのとおりです、閣下（と、ジョンソン博士は言った）。ですがそれは、崖っぷちを歩いていてその崖から転げ落ちた人のことを『彼の二本の足がそうさせたのだ』と言うようなものですよ。足は二本あった方がましなのではないでしょうか。」

私はある審議会に出席するため、ブレア博士宅にジョンソン博士を残してきたが、その間は博士と愛想のよい主人の二人きりとなった。私が夕食に戻ってみると、そこにロバートソン学長とネアン氏、他に数人の紳士がいた。私の記憶では、ロバートソン博士とブレア博士が従属関係と政治について滔滔《とうとう》と論じた。博士と我が家に向かって歩いているとき、博士は「君、あの二人の博士はいい人たちだし、賢い人たちだね」と私に言った。私はブレア博士にこの晩ジョンソン博士と二人きりのときに交わした長い会話を思い出してくれるようにお願いしたところ、親切にも次のような手紙を私によこしてくれた。

拝復

お申し越しの拙宅におけるジョンソン博士との会話から長い年月が経ってしまいましたので、その折に交わしました会話はあらかた忘れてしまいました。しかし、その話が教訓に富み愉快なものであったことは覚えております。様々な話題の中で、近代のラテン詩人に話が及び、博士はブキャナンに対してとても好意的な意見を表明され、彼の『雑録作品集』の十一番目にある「幸あれ、聖なる喜びのために奉献された聖なる女性たちよ」という文言で始まる「五月の一日《ついたち》に」と題する頌歌《オード》を即座に最初から最後まで諳《そら》んじました。それまで私はそれを知らなかったのですが、読んでみて、博士がその頌歌に与えたブキャナンの詩作の中で最も成功しているものの一つであるという賛辞は極めて正当であったと思います。博士は最近西方諸島の旅から戻られましたが、旅行中にある島で作ったラテン語の頌歌を私に諳んじました。私たちは博士のそれらの島々への周遊に関して大いに話をしましたし、博士は極めて愉快であったとのことです。そして、島民たちのもてなしについて好意的に話され、特に貴君を旅の道連れにして幸いであったとさかんに述べておられました。貴君のことを長く知れば知るほど、貴君が好きになり、尊ぶようになったとも述べていました。この会話はお茶と夕食の合間のことでしたが、その折は私たち二人だけでした。夕食時に同席していた貴君および一同の人たちは、その晩、博士がいつになく穏やかかつ陽気で、一座のすべての人たちに大いなる喜びを与えてくれることにしばしば気付いていたものです。長い会話でしたが私が明確に思い出せるのは以上です。

敬具

ヒュー・ブレア

一七八五年三月三日

十一月十二日　以後

私たちはヘイルズ卿宅でとても快適な一日を過ごしたが、私の怠慢から過ぎ去った出来事のほとんどすべてを忘却の彼方に霧散させてしまったことを再度嘆かなければならない。ジョンソン博士は同卿宅で、「軍隊の多くの将校たちには勉強したり知識を得たりする暇がいかに多くあるかを考えると、彼らの無知蒙昧ぶりには驚いてしまう」と述べた。私は博士の誤解だと思いたい。というのも、博士は将校の多くが、「例えば、多くの将校はマスケット銃による弾丸の射程距離を知らない」というように、彼らの職務に直接かかわっている事項について無知であると主張したからだ。その証拠として、博士はある特定の人物に言及したのだと私は思う。というのもヘイルズ卿にその日のことでどのようなことを思い出すことができるかと尋ねたところ、卿が次のように書いてきているからだ。

将校がマスケット銃の射程距離について無知であるとのジョンソン博士の発言に関してですが、その場に同席していた私の弟ダルリンプル大佐は博士の質問がまずかったのか、あるいは軍務を離れた人とその事について話したかのどちらかで博士が誤解したのではないかと思ったようです。

博士がチャールズ一世の生まれたダムファムリンの部屋を見たいという興味を全く表明しなかったのはこの折のことだったでしょうか。「私は王が生まれたことは知っています（と、博士は言いました）。場所なんかどこでも構いませんよ。」博士は国王の生誕地のことで私たちを羨ましく思ったのでしょうか。

ジョンソン博士はその『西方諸島の旅』の終わり近くで、ブレイドウッド聾唖学校に惜しみない賛辞を呈している。博士がそこを訪問したとき、我らが偉大な辞書編纂者ジョンソンならではの出来事が生じた。「お尋ねしますが（と、博士は言った）、生徒たちは長い単語を発音できますか。」ブレイドウッド先生はできると答えた。直ちにジョンソン博士が「長々とした言葉」を一つ書き、それを生徒たちが発音して博士を満足させた。読者諸賢はその語が何であったかを知りたいだろうが、私はその好奇心を満たすことはできない。ブレイドウッド先生が私に述べたところでは、それは長いこと学内にそのまま残されていたが、私が問い合わせたときには消されてしまっていたとのことである。[229]

ある一日ジョンソン博士は民事控訴院を訪れた。博士はその弁護方式はあまりにも激しすぎるし、判事の情に訴えすぎると思っていた。「ここは（と、博士は言った）、最高法廷《アレオパゴス》ではないのだ。」

老ドラモンド氏宅でサー・ジョン・ダルリンプルは、言葉巧みに、この世で最も気高い二つの生き物はスコットランドの高地人とイングランドの船乗りだと述べた。「ですがね、閣下（と、ジョンソン博士は言った）、スコットランドの高地人については何も言いませんが、イングランドの船乗りについては同意できませんね。」サー・ジョンは、船乗りは金を気前よく使います、と言った。ジョンソン、「閣下、何も考えずに何の功徳も施さずに金を捨てているのですよ。私は風が吹くたびに実を落とす木を気前がよいとは言いません。」サー・ジョンはその著『大ブリテンおよびアイルランドの回顧録』に対する批判に不満であるかのような素振りを見せたが、ジョンソン博士は、「いや、閣下、不平は禁物です。自著が批判されるのは賞賛されるのと同様に著者にとって有益なことなのです。名声は羽根突き《シャトル》の羽根《コック》です。一方だけが打っていたらすぐに地面に落ちてしまいます。それを落ちないようにするには両方から打たなければならないのです」と述べた。それ以来、私はこのことを思い起こし、私を非難する多くの人たちに腹を立てるのではなく、彼らは図らずも羽子板を用いて私の名声が「人の口から口へと飛ぶ[230]」ことに貢献してくれているのだと思って微笑むことにしている。

サー・アレクサンダー・ディック宅で、誰もがときどき陥る例の上《うわ》の空から、私はうかつにも、ジョンソン博士を養子にしたいというレディー・エグリントンの好意的な養子縁組のことを口にしてしまった。私は、同夫人は博士が生まれた年の翌年に結婚したから博士を息子として養子に迎えるのだ、などとついつい口走ってしまったのだ。ジョンソン博士は即座に私をたしなめた。「君ね、令夫人の名誉を毀損しているということに気付かないのかね。だって、私が夫人の息子であって、夫人が結婚したのが私の誕生の翌年と仮定すると、私は間違いなく夫人の庶出の息子ということになるじゃないか。」同席していたある若い名流婦人が「その息子さんは彼女の過ちを償《つぐな》って余りあるということにならないでしょうか」とはなはだうまいことを言った。博士はこのお愛想にしごくご満悦でそれを忘れることは決してなかった。博士がこの上なく上機嫌でスコットランドの旅の話をしていたとき、博士は私に「ボズウェル、例の若い名流婦人がサー・アレクサンダー・ディック宅で私のことをどう言ったんだったかね」と大声で言ったものだ。私が大喜びでその話を繰り返したことを疑う人はいないだろう。

博士は今や活動と活気に満ちた本舞台に再び戻りたいと望んで、十一月二十二日月曜日にロンドンへ向かって出発する馬車に席を取った。サー・ジョン・ダルリンプルはその前の土曜日にクランストンの卿の屋敷に来てくださいと博士にせがんだ。（ジョンソン博士はエジンバラまでの往路はベリック経由で樹木のない海岸沿いを来たのだが）クランストンはエジンバラから十二マイルのニューカッスルに通じる中央の道沿いにあり、エジンバラへの始発時間よりも楽な時間に馬車に乗ることができるので、博士の旅がもっと快適になるだろうと思われた。私はサー・ジョンがこのような客人を迎えたいと熱望していることに気付いていたが、卿はその栄誉を受けるに値しないと私は思っていた。というのも、まさにそのときに、卿が偏癖《へんぺき》な同郷人と一緒にジョンソン博士に陰口をたたいて、「よくもまあスコットランドの紳士があの博士と付き合えるものだ」と言っているのを十分に承知していたからである。それでも、ジョンソン博士には好都合なので、私は博士がその招待を受けるように上手く計らい、博士を案内する約束をした。私はサー・ジョンの屋敷へ行く途中、ロスリン城とホーソンデンを巡るべきだと思い、朝食後すぐに出発したいと思ったが、若いタイトラー氏が自分の書いたいくつかのエッセイをジョンソン博士に見てもらいたいとやって来た。博士はこんなふうに相談されるととても親身になるので、私たちは長いこと引き止められ、馬車に乗り込んだときには一時を過ぎていたと思う。約束していたサー・ジョン・ダルリンプル宅での正餐には大分遅れてしまうことが分かったが、私はホーソンデンに立つ博士を見るという、つまりベン・ジョンソンが学識ある詩人のドラモンドを訪問した当の場所(231)でサム・ジョンソンを見るという楽しみを絶対に逃したくはなかった。

　私たちはロスリン城とその周りの荒涼として騎士物語を髣髴《ほうふつ》とさせる景色とゴシック様式の美しい礼拝堂を見て回り、宿屋で食事をしてお茶を飲み、それからホーソンデンへ行って洞穴を見た。私はその間じゅう類い稀《レア》なるベンのことが頭にあり、この地をイングランドが生んだもう一人の名立たる偉才が訪問したのだと思って一人悦に入っていた。

　この頃までには、夜もだいぶ更けていたが、サー・ジョン・ダルリンプルの屋敷まではまだ数マイルあった。ジョンソン博士は私たちが准男爵に対して無礼な振舞いをしたことをそれほど気にしてはいないようだった。しかし、(卿は七歳の羊をわざわざ殺したと私たちに言っていたので)卿が私たちのために準備してくれた宴《うたげ》に私たちが現れなかったことは、卿には耐え難い失望であったに違いありませんと私が述べたとき、博士は愉快そうに、「君ね、敢えて言わせてもらうがね、卿はひどく落ち込んでいるだろうね。いや、もしかしたらその結果は致命的だったかもしれないぞ。彼の状況を彼自身の歴史書に倣《なら》って述べてみようかね。彼は何の証拠もないのに、百年前に人々がどんな風に考えて語ったかを私たちに述べる権利があるのだから、私にも同じように考えて語る権利があるんだ。歴史はすべてその時代に存在する証拠に裏付けられていなければ作り話《ロマンス》だ。さあ考えてみよう」と戯けて言った。博士はそれから(終始心の底から笑いつつ)卿の言葉遣いの真似を始めた。それは以下のような趣旨であったと確信しているが、今ではほぼ十二年の隔たりがあるので、すべての言葉を正確に覚えているなどと言い張るつもりはない。
「正餐の準備も整っているのに客人がまだ到着しないことを卿は訝《いぶか》った。その疑念はすぐに苛立ちとなった。卿は不安に心をかき乱されながら部屋の中を歩き回り、ときどき時計をちらりと見たり、熱い期待の眼差しで窓の外を眺めたりして人の世の様々な出来事を心の中で思い巡らした。家族の者たちは卿を気遣いながら無言で見詰めていた。『確かに（と、卿はため息交じりに言った）、彼らは私を裏切ったりはしないだろうが。』人間の心はある程度の圧力には耐えうるが、もう限界という一点がある。一本の縄が目に入り、卿はローマ人のように死んでいった。[232]」

私たちがサー・ジョン・ダルリンプルの屋敷に到着したときにはすっかり遅くなっていたし、卿はもちろん無理もないのだが、機嫌のよかろうはずがなかった。私たちの会話も華々しくは進まなかった。夕食を済まして古めかしい部屋で床を取ったが、その部屋は十一月のスコットランドの気候というよりも夏のイタリアの気候におあつらえ向きであったと思われる。

翌日の会話で、次のジョンソン博士の言葉以外には記録に残す価値のあるものは何も思い出せない。それは様々な付き合いの場で、多くの身分の高い老貴婦人やその他の立派な方々が一席弁じる貴重な一節となるであろう。博士は、「残念ながら、トランプ遊びは覚えなかったんだ。トランプ遊びは生きていく上でとても役に立つのだがね。思い遣りを生み出し付き合いを深めるからね」と言った。博士はもちろん夢中になるような遊びのことを言っているのではないだろう。

博士と私は二マイル先のブラックシールズの宿でならもっと寛ろげるだろうと思い、夕方そちらへ向かった。私は博士に大いに楽しませてもらったが、その楽しかったという思いとジョージ二世とシバーに関する博士の詩のこと、そしてパーネルに対する博士の碑文のこと以外は何も書き残していない。碑文については、博士は親切にもその折に口述してくれた。

翌朝、私たちは朝食を共にし、やがて馬車が来て博士はそれに乗りこんだ。博士にはニューカッスルまで、エジンバラの優れた植物学者で有徳の士ホープ博士が旅の道連れとなっていた。ジョンソン博士も彼もこの幸運な偶然の出会いをよく口にしていたものだ。というのも、二人は有益な会話を大いに楽しんだからであった。そのような会話は常にとても貴重な楽しみであり、特に思いもしなかった所ではいっそう楽しいものだ。

私はいよいよヘブリディーズ諸島への旅の記述を終えようとしている。私はジョンソン博士をスコットランドまで連れ出してきたのであるが、数時間後には博士をイングランドに連れ戻すことになる馬車に博士が乗り込むところを見ることになるのであった。博士は私に、この旅で過ごした時間は人生で最も楽しいときであったとしばしば言い、君は五百ポンドでその思い出を売り渡すかねと私に尋ねたものだ。私が売りませんよと答えると、博士は私が心の中に新しい心象《イメージ》を増やすことに大いに価値を置いていることを賞賛した。

私がいなかったら、ジョンソン博士はこのような旅に出ることはなかっただろうと私は確信している。英語の世界は、博士が戻ってから刊行した書物のお陰で豊かさが増しているが、その誘因になれたことを自らの手柄とするのを許していただけるだろう。その本がいかに乏しい素材から書かれたかを知る機会が私には多々あったので、その本を深い賞賛の念を抱かずに読むことはできないのである。

しかし私をこのように褒め称えるのは手前味噌と思われるかもしれないので、そうではないことを示す二つの証拠を提示しておくことにする。双方ともスコットランドの紳士であるヘイルズ卿とデムスター氏の手によるもので、お二人の意見には最高の敬意が払われるものと私は確信している。

拝啓

私は『西方諸島の旅』を読み、大いなる楽しみと教訓とを得ました。

本書の優雅で多様な描写と人々や習慣の真に迫る描写に感服致しております。私はいつもその道徳的な省察に、さらには政治的な省察にしばしば共鳴致しております。私は著者の真情に胸打たれるものであります。

粗《あら》探しをする人たちは、他のあらゆる文学作品と同様におそらくこの作品の中にも粗を見出すことでしょう。

例えば、スチュアート家に味方する人たちは、植樹の時代を二つの王国の合同時とするのは遅すぎると述べています。私はご承知のとおり、その旧家の味方ではありませんが、それでも私は植樹の時代を王政復古時、つまりチャールズ一世の処刑がそれに続く無政府状態の中で償われた後の時期にしたいと思うのです。

王政復古前は修道院の怠け者たちによる植樹以外はほとんど植樹はされませんでした。その後継者たち（は立派な愛国者たちでありましたが）、つまり准男爵たちは初めに木を切り倒し、次にその土地を売却しました。ファイフシャーには木は二本しかないといったセント・アンドルーズの紳士[233]は、この二十年間にバルメリノのニレの木が売られたがそれは消防用ポンプを作るためであったということを付け加えるべきでした。

ジョン・メイジャーの『スコットランド人の振舞いについて』最新版の第一巻第二章には、次のような奇妙な一節があります。

私の同胞デイヴィッド・クランストンが神学の初歩課程を学んでいたとき、仲間の学生や親しい友達にはセンズのジェイムズ・アルメインやドミニコ会修道士であるブリュッセルのピーターがいた。彼らはデイヴィッドと共に私の教養の授業に出席していた。ソルボンヌ大学の中庭での「創立者の日」の討論で、彼らは（ある修道士に吹き込まれていたので）仲間が見ている前で公然と、スコットランドの人々はカラス麦のパンを食べると主張してデイヴィッドを嘲弄した。彼らはデイヴィッドが短気であることを知っており、それほど辛辣ではない冗談で彼をからかってやろうというつもりでこうしたのだったが、彼は自国の面目が潰ぶされたかのように反論これ努めた。

どうぞ私たちの同胞である牧師デイヴィッド・クランストン氏をジョンソン氏にお引き合わせください。

三段論法は次のようであったと思われます。

オートミールを食べる人は野蛮人である
スコットランド人はオートミールを食べる
それゆえに《エルゴー》……

その牧師はこの小前提を否定したのです。

一七七五年二月六日　ニューヘイルズにて

敬具

貴下の最も従順なる僕　ダヴ・ダルリンプル

拝啓

ジョンソン博士の『西方諸島の旅』を読み、私と私の家族と私の客人は大いに楽しませていただきました。まずはそれに対しまして感謝の気持ちをお伝えしたいと思います。さて、同書への私の感想です。私は大いに同書を楽しみました。博士の描写は正確かつ鮮やかです。博士と一緒に「その旅」に出ているようでした。博士があなたの気質と快活さを正しく認識していることを私は嬉しく思います。「すべて風の音だけ」(234)は機知《ボンモウ》に富んだ言葉ですので、省略されていれば残念だったでしょうし、誰が言ったのかを明らかにしなかったら剽窃とされたことでしょう。

その著作の中には、スコットランド人が立腹すべき事柄は終始一貫皆無であります。この国について博士の言っていることはそのとおりですし、この国の人々についての博士の意見は、便利な首都ロンドンに住む賢明で観察力の鋭い考え深い人が当然思いつくことに違いありません。ロンドンでは年三十ポンドもあればコルやサー・アランよりも日常生活のちょっとした必需品が容易に手に入るでしょう。博士は第二の視覚についても率直に論じておりますが、願わくは、あらゆる既知の自然法則からこのように奇妙で無益な逸脱などありえるはずがないと果敢に述べる前に、もっと詳しく調べていただきたかったと思います。第二の視覚という概念は迷信に溺れる無知と軽信的な傾向の名残であると私は考えておりますし、学者はそういうものとして扱うことでしょう。その逆が明確に証明され、それから夢などと同様に、自然界に存在する確実だが説明できないその他のものの一つに分類されるまでは、ということですが。

言葉に関しては、そのすべてが博士独自のものであるという美点があります。一般的な語でも十分に間に合うと思われるところ、特にごくありふれた場面で外国由来の数多くの単語が用いられております。それでも私は、他の文体ではあれほど力強く自分の考えを表現することはできなかっただろうと信じております。私はアース語と現存するその手書きの原稿の古さに関する博士の追究ぶりに感銘を受けております。私は完全に納得いたしました。これからはマクファーソンの『オシアン』『フィンガル』および『オスカー』を我が国の真の歴史ではなく「おとぎ噺」の中に位置づけることにします。

全体として、ジョンソン博士の著作には衒《てら》いが見られないので、不快に思うようなことはありません。筆者は自分のことを地理学者や好古学者とか、あるいはスコットランド史に造詣が深いなどとは言っておりませんし、博物史家とも鉱物学者とも言っておりません。筆者が描こうと試みたり考えたりしたと思われることは、人々の風習やこの国の有り様だけです。さらに遠くのそしてもちろんさらに好奇心をそそる地域へ旅をした人たちがすべて博士のような良識を持っていたらどんなによかったことでしょうか。グラスゴー大学に関する学問の状況についての博士の意見は、博士がとても健全な判断をしたことを示しております。博士は我が国の風潮も理解し、自由と国内の安定のお陰でスコットランドが経てきた変化を、それが緩慢で私たちには感知できなくても、正確に観察していいます。私はセント・アンドルーズの老婆の物語には線を引いて消し去ることができたと思います。そこはこの本の中で唯一の馬鹿馬鹿しいところですから。博士はこの機会を捉えて卓絶した見解をその著書の中に盛り込みました。敢えて言わせていただければ、博士は人々と物事についてのこれらの見解をスコットランドの地に足を踏み入れる前に抱いていたのですが、この旅によってそれが内容豊かになっているのです。(235) 長期に及ぶ旅は高い五月柱《メイポール》のようなもので、柱それ自体は大して美しくなくとも花や花輪で飾られれば十分に美しいものです。それはあなたの心の華を掛ける一種の外套掛けを用意することなのです。そして、事前にさほど調べもせず役に立つ知識もなしに旅に出かける人は、十二月に五月柱を立てて無用な外套掛けを用意しているようなものです。

私は本書が多くのイングランド人に同様な旅を促し、彼らのうちでも比較的偏見を持たない人たちがますます我々と交じり合い、彼らの多くがスコットランド人に対して抱いているあの悪意に満ちた反感を幾分なりとも弱めるうえでの一助になればと願っています。スコットランド人はジョンソン博士が述べている団結を、お互いの保身のために、少なくとも外国人として扱われている国で成功するために必要でなかったなら、彼らの先祖以上に固めることはなかったでしょう。イングランド人は少なくとも親切なもてなしという点では私たちに不足したところがあるとは思わないでしょうし、また我々全体を罵《ののし》ることをこれ以後は恥じることになるでしょう。

『西方諸島の旅』に関してはこれでおしまいにします。私は今般生涯で初めて田舎でひと冬を過ごしました。そして、冬の三ヶ月がこれほど迅速かつ満足裏に過ぎ去ったことはありませんでした。私はエジンバラあるいはロンドン以外で冬を過ごさなければならない境遇にある人々に驚くばかりでなく哀れみをも禁じ得ませんでした。しかし、陽気な心の持ち主にはいかなる場所でもそれなりの魅力があるものです。私は植樹とか夏季の農作業の段取りを始めたりして忙しくしております。それに、政治の変革や確実な季節の移り変わりによって、私が世間の人々の面前から退くのがふさわしいときには、すばらしい楽しみが自分を待っていることに気付いてもおります。

先週が多忙な一週間であったとのこと、嬉しく存じます。私は幾つかの訴訟で弁護士としてのあなたを見ておりますが、そのお仕事はあなたのユーモラスな気質にとっては魅力ある分野となったに違いありません。あなたのユーモラスな気質は誰にでもあるものではありませんので、私はそれが理性をより真剣に用いるよりも有効であると心から信じておりますし、人前に出る人は学識を示す演説よりも適切な言葉《ボンモ》によって、喝采とときには金銭がより多く得られるものと信じております。ノース卿は生来のユーモアが豊富であり、そのお陰で彼は国会の人気者になりもすれば、とても人当たりがよいので有能な政党指導者にもなっているのです。

私は今や私の七頁の旅を書き終えました。最後に、私と我が愛妻の挨拶を貴君とボズウェル夫人に捧げさせてください。どうか寄せた眉根《まゆね》を緩めて次の手紙の中で少しばかり遊び戯れてください。

一七七五年二月十六日　ダニッヘンにて

あなたの親友　ジョージ・デムスター(236)

エジンバラ、ジェイムズ・ボズウェル殿

さらにラーセイ島の領主と私が遣り取りした書状を公開しよう。これは『西方諸島の旅』の一節に関する領主からのもので、ジョンソン博士の親しみやすい人柄を示している。

拝啓

この機会に私は貴台と奥様が私の娘に示してくださったご親切に心からの謝意を表します。娘が私には礼状を書く義務があると言っておりますが、私がジョンソン博士の『西方諸島の旅』を読んでいなかったら、このように礼状を書いて貴台を煩わすようなことはおそらく差し控えていたことでしょう。博士は、同書の中で私の家族のことを非常に好意的に述べてくださいましたが、それはお二人の私どものおもてなしを補って余りあるものですので、私は当然ながら博士に感謝申し上げなければなりません。しかしながら、同書の中に博士が省いてくれていたらよかったのにと思われる一節があります。おそらくそれは間違った情報によるものだとは思いますが、私の祖先たちが長年にわたって優位を争ってきたにもかかわらず私がマクラウドを私の族長として認めたという条《くだり》

です。(237)

私は現在の領主とも彼の祖父ともこの問題を真剣に議論する機会はありませんでしたし、ご両人のいずれにも権利を放棄させたいという誘惑に駆られたこともありません。我々の時代では氏族長であることの恩恵はそれほどのものではないということ、そしていかに古い氏族であろうと、その始祖にまでこの名誉を辿ることはおそらく非常に困難であろうということは認めます。

今問題にしていることの真相はこうです。マクラウド一族には二つの異なる分族があります。つまりルイス島のマクラウドとハリス島のマクラウドであり、私は前者の末裔です。前者は国王ジェイムズ六世の御世に非常に広大な領地を没収されてしまいましたが、依然として幾つかの立派な家族が現存し、そのすべてが私を一族の長であると認めていますので、私の行った愚かしい譲歩に対して彼らは当然ながら私を非難することでしょう。一族の長と認められることは、実際には形だけの名誉にかかわる問題にすぎないのですが、この国では今までのところそれほど軽視されてはいないのです。しかもそのことによって、私の友人たちは私のことを、現在私自身や友人たちが思っている真の私の姿よりも卑小なものだと決め付けることになるでしょう。このようなわけですので、博士が私にもたらした苦境をぜひ貴台から博士にお伝えいただきたいのです。このような馬鹿げた話は敵対する氏族の中を旅するときには、いとも簡単に通りすがりの旅人の耳に囁かれるかもしれないのです。しかしながら、実際はその話に根拠はないのですから、博士のお考えで人々にこの事実を悟らせてくださることを私は望みます。ここで言う人々とは主に私の友人たちと親戚の者なのですが、彼らはまず私に腹を立て、次に広く読まれる可能性が高い書物の中に私の卑小さの一例が記されているのを見て情けなく思うでしょう。ジョンソン博士が貴台にどのような返事を寄せられるか知らせてくださることを期待しつつ、ここに改めて貴台とボズウェル夫人に対する私たちの衷心からの敬意を表したいと思います。

一七七五年四月十日、ラーセイにて

貴台の忠実な僕　ジョン・マクラウド

ジェイムズ・ボズウェル様

拝復

一昨日、貴殿のお便りを落手するという栄誉に浴し、直ちにジョンソン博士にお伝え致しました。博士は貴殿の気骨が気に入り、自分が原因で貴殿を少しでも不愉快な気持ちにさせたことを遺憾に思っていると申しておりました。しかるべく申し入れれば、博士ほどに率直な人はこの世におりません。そのことは私がここに同封する博士からの貴殿宛ての手紙からもお分かりいただけることと思います。博士は私がその手紙の写しを取ることを許され、さらに、それを貴殿の氏族の方々に読んでやること、もし必要ならそれを公表することも許されました。博士に託されたこと、つまり博士が間違いを認めたことをエジンバラの新聞に載せるということを私は責任を持って行いますのでご安心ください。貴殿は間違いなくジョンソン博士の行動に十分納得されることでしょう。博士は貴殿が納得したことを確認したいと願っておりますので、新聞紙上で博士の謝罪広告をお読みになりましたら、私に一筆くださいますようお願い申し上げます。また、ご希望でしたら博士宛てのお手紙をお預かり致します。私は再来週にはエジンバラに戻っております。

妻と私がお嬢様に対して親切を尽くすことができましたのは、お嬢様ご自身の立派な人柄によるものであります。心地よくご一緒させていただき、大変に有難く思っております[238]。然《さ》はあれ、貴殿の私に対するあの手厚くて上品な歓待に私が感謝の気持ちを表すことを願わなかったとしたら、私は全くの恥知らずということになるでしょう。私が貴殿の優しさとラーセイ島で過ごした楽しい時間を決して忘れないことを何卒信じてください。

ご親切にも、貴殿とマクラウド医師は一七四五—六年の蜂起に関して覚えておられる詳細な事実をすべて書面にしてくださることをお約束してくださいました。何卒このことをお忘れなく。そして、できるだけ委細漏らさずにお書きくださいますようお願い申し上げます。どのようなことでもお書きください。私は好奇心に満ち満ちておりますので、できる限り多くのことを知りたいと心底より願っております。

私のこの上ない敬意をラーセイ夫人に、私からの挨拶を若いご家族とマクラウド医師へ、そして再び熱い握手を交わしたいと願っておりますマルコムへは心からご多幸を祈っているとお伝えくださいますようお願い申し上げます。

敬具

一七七五年五月八日、ロンドンにて

貴殿の忠実な僕であることを誇りとしている　ジェイムズ・ボズウェル

ラーセイ島領主殿

先の便りで言及され、ジョンソン博士が手ずから書いて博士の希望によってエジンバラの新聞(239)に掲載された広告はこのようなものであった。(240)

『西方諸島の旅』の著者はラーセイ島のマクラウドがスカイ島のマクラウドの族長の地位あるいは優位を認めていると書いたが、誤った情報を与えられたか誤解していたことを知った。今後の版ではこの間違いを訂正するつもりであり、さらに間違いが見つかれば知らせて欲しい。

ジョンソン博士の手紙は次のようなものであった。

十一月十二日　以後

拝啓

ボズウェル氏が今日一通の手紙を私に見せてくれましたが、その手紙の中で貴殿は『ヘブリディーズ諸島の旅』(241)の一節について不満を述べておられます。私の言わんとしたことが伝わらなかったようです。私は貴殿が個人的に一家の権利を譲ったとか、ダンベガンのマクラウドの優位を認めたとかと言うつもりはありませんでした。私はただ一般に認められていると思われること、つまり、ラーセイ一家がダンベガン一家の優位を認めている、ということだけを述べるつもりでした。今となってはこれでさえ間違っていると思いますので次の版では削除または撤回するつもりです。

私の言いましたことがたとえ事実であったとしましても、貴殿にとって不快でありましたら、言わずにおくべきだったのです。優位を正すなどは私のするべきことではないのですから。そもそもそれは実際に間違いなのですから貴殿に対する敬意と真実を尊ぶ私の気持ちの双方から、それを訂正したいと思います。

拙著がいつ再版されるのか分かりませんので、ボズウェル氏にエジンバラの新聞紙上で訂正の予告をするよう頼みました。これが打てる手立てのすべてです。

ラーセイ夫人、マルコム・マクラウド氏、ドナルド・マクイーン氏、そしてラーセイ島でお会いしましたすべての紳士淑女の皆様に私は挨拶を送り、かつ失礼ながら感謝の気持ちをお伝えしたいと願っております。ラーセイ島は大きな喜びと深い感謝の念とともに私が記憶している聖域なのです。したがいまして、私の無知または性急な意見が一瞬たりともその静寂を乱したとすればまことに申し訳なく存じます。

他意のない不本意な無礼を皆様全員がお許しくださり、私を皆様に最も世話になった最も卑しい下僕サム・ジョンソンと見なしてくださることを冀《こいねが》うものであります。

一七七五年　五月六日、ロンドンにて

ラーセイ島領主殿[242]

私自身の努力を自慢することは適切ではないであろうが、ピッツリゴのサー・ウィリアム・フォーブズのようなお方が私の「日誌」の元原稿に目を通された後に与えてくれたお褒めの言葉をぜひとも公表させていただきたい。

拝啓

丁重なるお手紙と、興味溢れる貴重なる玉稿を私にお預けくださるという私への並々ならぬご信頼に対して早々にお礼を申し上げるべきでした[243]。ご好意は十分に認識しておりますし、玉稿は間違いなくあなたの手許にお返し致します。そのいかなる部分も書き写したり他人に見せたりいたしませんのでご安心ください。

玉稿には社会の様子が興味深く描かれており、おそらくこれほど啓発を目指した日誌はありますまい。凡俗の観察者は個人的な交流によるよりもあなたの日誌を熟読することによってはるかにジョンソン博士のことやヘブリディーズ諸島の風習に精通できると思われますので。

敬具

一七七七年三月七日、エジンバラにて

あなたの最も忠実かつ好意に満ちた卑しい下僕　ウィリアム・フォーブズ

ジェイムズ・ボズウェル殿

この『旅日記』の中でその名が挙げられているいかに多くの方々が、「旅立ちし者の戻ってきたためしのない未知の国(244)」へもう既に旅立ってしまったかを考えると、厳粛かつ痛ましい気持ちになる。――彼らの安らかに眠らんことを。

会話を正確に記録して提示する能力を持つ者は社会にとって好ましい一員ではないという反論がなされるかもしれないし、現に私の友人の一人がかつてそう主張したことがある。その友人に与えた私の返答をここで繰り返しておこう。「自分の言ったことが記録されるのを恐れなければならない人はごくわずかしかいない。私がノンパレイユ林檎やボン・クレティエン梨(245)のような果物を集めたからといって、あらゆる生垣に育つものを私がわざわざ集めるということが想像されるだろうか。」
他方、そのような能力が十分に発揮されればいかに有益なことだろうか。私たちはその能力のお陰で、プルタルコス、クセノフォン、ウァレリウス・マクシムスが伝えてくれている興味ある警句や古代人の言行録《メモラビリア》を持ち合わせているのである。そのお陰でフランス人は著名な名に「……語録《アナ》」と付し、その名を冠する教訓的で娯楽的な著作群があるのだ。イギリスにはセルデンの『座談』、ベン・ジョンソンとホーソンデンのドラモンドとの間の『対話』、スペンスのポープの『逸話』やその他の英語の貴重な遺稿があるのだ。私たちはシェイクスピアやドライデンについては立派な作品以外にはほとんど何も知らないが、このような形で彼らと知り合えたらどれだけ楽しめたことだろうか。彼らの一寸した癖とか特徴的な仕草とか文章の練り方とか、あるいは彼らより以前のまたは同時代の作者に対する彼らの忌憚のない意見が分かったら、私たちにどれほどの喜びを与えてくれたことだろうか。これらはすべて今となっては失われてしまい取り返しがつかないのだ。高度の知性の持ち主たちの最も強力で最も輝かしい発言のいかに多くが消滅したかを考えると、卓越した知恵や機知に溢れたすべての人たちが彼らの言葉を味わう十分な趣味とそれを記録する十分な能力を持った友人によって身近に侍《はべ》られなかったのは何と悔やまれることだろうか。

数多の勇者がアガメムノン以前にも生きていた

しかし彼らはすべて永久の夜の帳《とばり》の中に
涙も流されず名も知られず
その武勲《いさおし》を謳う詩人もなしに埋もれている(246)

凡俗ながらその努力が偉大な人々の言葉を説明または例証するのに役立つものとして歴史に記録されている人たちは、このように大人物と関連付けられてその名が後生まで伝えられるのを誇りに思うことであろう。

本書を閉じるにあたり、存命中の人を本当に傷つけることになり兼ねないと思われることはすべて削除したということを述べておきたい(247)。虚栄心や己惚れは確かに傷つくこともあるだろう。述べ記されていることに関しては、「何事も軽んずることなく、何事も悪意をもって書き留めることはしない(248)」のが自分の務めであると私は考えた。また、ジョンソン博士の風刺のあのような軽妙な舌鋒に関しては、それがいかなる悪意から出てくるものでもなく暖かみのある電光石火の想像力から生まれるものであり、すばらしいがゆえに省くことはできないが、その標的になっている方々はその十分な良識と沈着さのゆえに不快に思うことはあるまいと私は信じている。

一言付け加えておきたいのは、今後私はいつまでも大きな喜びをもってこの「旅」を思い出すであろうということであり、またこの「旅日記」が、その徳行が常に人々の鑑《かがみ》であり続けてほしい人物、さらにその智力があまりにも並外れているので、このような人物が再び現われるまでにはいくつもの時代が巡るであろうその人の見識と教訓に満ちた会話の多くを残すための手段《てだて》であったということである。

注 〔原注には末尾に（原注）と注記した。原注と訳注がまじった注も少数あるが、（原注）以下の部分が訳注である。〕

（1）『コルシカ島事情』（一七六八）を指す。

（2）私たちの友人エドマンド・バークは、政治上の意見の相違からこれまでジョンソン博士からかなり手厳しい批評を受けていたので、私がこの部分を読み上げると「硫酸油だ！」と叫んだ。（原注）

（3）セント・アンドルーズ大学のカレッジ。

（4）ジェイムズ・ビーティー（後出）を指す。

（5）私にはそのように見えたが、初版からサー・ジョシュア・レノズルは私に、「ジョンソン博士の異常な動作は、博士がときどきのめり込む癖にすぎない。博士は人前にいて勝手に振舞えないときや会話に熱中しているときは決してそのような癖を出さない。これはその動作が無意識でないことの証拠だ」と言うのだが、私はやはりそれが無意識であったと思う。そうでなければ、人の通る公道ではその動作を抑えていたはずだから。（原注）

（6）ボズウェルはグラスゴー大学でアダム・スミスの修辞学の講義を聴いたことがある。

（7）『ハムレット』三幕四場六十行。

（8）「ヴェロニカ」という聖人の名は、キンカーディン伯爵夫人である私の曾祖母ヴェロニカによって我が一族に取り入れられた。曾祖母はオランダの名門ソムルスダイク家の伯爵夫人であった。ベールの『辞典』にそのことが詳しく書かれている。ソムルスダイク家はかつてスリナムに貴族の権利を持っていた。植民地総督は、オランダ議会、アムステルダム市、ソムルスダイク家によって任命された。オランダ議会がソムルスダイク家の権利を獲得してからも、一族は今なお大いなる威厳と財力を維持し、貴族間の結婚によって他の多くの貴族との姻戚関係が結ばれている。私はハーグに滞在していたとき、親族の惜しみない愛情をもって迎えられた。現在のソムルスダイク卿は共和国の要職にあり、誰にも劣らぬ人物である。光栄にも卿とはこの二〇年間文通し続けている。ヴェロニカ伯爵夫人の夫である私の曾祖父は、キンカーディン伯爵アレクサンダーであり、傑出した王党員としてその人となりはバーネットの『現代史』に記されている。彼を通じて私の体内には曾祖父からブルースの血が流れているのだ。このような家系に誇りを持たぬ者があるだろうか。そして「他者が知らなければないに等しい」が家系に関して特に当てはまるとすれば、系図の知られる好機を得て喜ばぬ者があるだろうか。（原注）

（9）ポープ『ホラティウスに倣いて』第二巻。

（10）この手紙は「キリスト教徒と呼ばれる者たちの一人」という資格を持つオックスフォード大学のホーン博士の機知の鋭い一撃によって撃破されたが、前哨隊の哀れな傷病兵のように、あるいはどんな性質の作品でも出版する書籍商が販売するいんちき薬の目録のように、相変わらずヒューム氏の優れたイングランド史の序文の中に置かれている。というのも、その手紙が彼の学問的著作と呼ばれるものとどのような関係にあろうと、それは彼の『歴史』とは何の関係もないからである。私の尊敬すべきロンドンの友人は、美徳で名を馳せるある貴婦人に、自分の息子に読ませる最良のイングランド史はどれかという相談を最近受けた。彼はヒュームのものを推薦した。しかし、彼はその前書きに我々の神聖なる宗教の名誉を汚そうとした人物についての至上の賛辞が述べられているのを思い出し、その推薦を取り消した。私はこの大げさな接合を実に残念に思う。というのも、私は『道徳感情の理論』に感嘆しており、『国富論』の大部分を高く評価していたからである。なぜそのような著作家が人間の慰安を忘れて、私たちを「実に惨めにする」ような陰気な不信心の肩を持つというのだろうか。（原注）

(11)『旧約聖書』「詩篇」一一九章九九節。

(12) これはジョンソン博士が奇妙にも異説を唱えている点の一つだった。というのも、バーク氏は実際に他の顕著な特質とともに、その機知しかもあらゆる類の機知で高名なのだから。ポープが機知と呼んでいる言語の力だけでなく、

（真の機知とは見事に装われた凡庸にすぎず
しばしば考えられながら、それほど巧みに言い表されたことがないものである。）

はっとさせるような引喩、快活さの燦爛《さんらん》たるほとばしり、そして愉快な奇想もある。彼の議会での演説にはそれらがちりばめられている。例えば、彼が選挙法改正案を提示したとき、広範囲にわたりながらも正確かつ詳細に彼が論じたあの多様さを考えてみよう。さらに、彼の会話は機知に富んでいる。一つの例を書き留めさせていただきたい。私はたくさんの女性が青踏《ブルーストッキング》の集まりで私たちの尊敬すべき長身の友人の周りに座って彼の文学談に耳を傾けているのを見たが、そのことをバークに述べた。「ああ（と彼は言った）、五月柱《メイ・ポール》の周りの少女たちのようにですね。」私は彼に、動物とは明確に区別できる人間の完全な定義を見出したと述べた。昔の学者が人間は「羽根のない二本足の動物である」と言ったが、それに対してその学者の好敵手の賢者は雄鶏の毛を抜かせて丸裸にし、それを学校で「賢明な人間」としてすべての弟子の前に置い

た。ベンジャミン・フランクリン博士は人間を「道具を作る動物」と言ったが、これは上出来である。というのも、物を作りその作った物を使って別の物を作ることのできる動物は人間を除いていないからだ。しかし、これは人種の内のほんのわずかにしか当てはまらない。私の人間についての定義は「料理する動物」である。野獣はある程度は記憶、判断力、そして私たちの心の機能や感情を持ってはいるが、料理をする野獣はいない。栗の実を焼くために猫の手を使う猿の巧みなやり方は「醜悪な野獣《トルピシマ・ベスティア》」における悪賢さにすぎず、私たちと似ていて私たちを悲しくも卑しめるのである。人間だけがおいしい料理を作ることができ、すべての人間は程度の差こそあれ、自分が食するものに味付けをするという点では調理人である。バーク氏は、君の定義はよろしいし、私は今になってよく知られている「卵を焼く《ロースト》には理由がある」ということわざの真の力が分かると言った。ウィルクス氏が荒れ狂う抵抗の時代に群衆の肩に担ぎ上げられたとき、バーク氏は（ウィルクス氏自身が古典への賞賛を込めて私に語ったとおり）、ホラティウスがピンダロスに言ったこと、

彼は作詩法を
守らざる脚韻にて進めり

を彼に当てはめた。

サー・ジョシュア・レノルズはバーク氏の機知の豊かさに関して私と意見が完全に一致しており、これは「地口《パン》に威厳を与えている」と述べた。彼はまたバークが一晩の間にうまいことを十回述べるのをしばしば聞いたことがあるとも述べたが、その一つ一つが（彼が名指しした）人物にそれを使えば著名な才人として十二ヶ月間生き残るのに役立つだろうほどのものなのだ。（原注）

(13) 今ではこのように言うことはできない、というのも、ジョン・ウェズリー氏はジョンソン博士の『課税は

圧制に非ず』というあの発火物を彼自身の名において熱心な群集の中に投じて我がアメリカの同朋と敵対し、さらに我が仲間のキリスト教徒であるローマ・カトリック教派に対して不寛容な精神を明らかにしたので、有能なる闘士オリアリ神父に痛打を食らったからである。しかし、同時に私は、ジョン・ウェズリー氏は「多くの人たちを暗闇から光へ、サタンの支配から生きる神に立ち返らせた」と信じており、彼の「イエス・キリストの老兵」としての長所を認めなければ私自身を恥ずべきだと思っているのだ。（原注）

(14) バークを指す。

(15) この発言にしかるべき注意が払われるなら、政治においてさえもさらなる美徳があるだろう。ジョンソン博士が正当にも非難したことは、遺憾ながら言わしてもらうが、現在の御代にあって大いに増大している。この会話から四年の歳月を経た一七七七年二月二十一日、ヨークの大主教猊下《げいか》は「外部における福音普及協会への説教」において、その当時の政党の状況に憤慨して次のように述べられた。

「かつて政党にそれぞれの主義があり、それはおそらく愚かしくも擁護できないものであったが、義務という概念を未だに保持しており、正直な心はそれによって容易に捉えられたのだ。

しかし、今や党派は個々人の結び付きとなり、彼らは地域の一員や下僕になるのではなく、私的な利権を図るための同盟を結んでいる。政治的名誉という概念を高く掲げることが彼らの仕事なのだ。そういう絆は卑しくてよこしまな結び付きを温存させる絆にすぎないと言っても中傷にはならないし、政治腐敗の最終段階を示していると私は強く思うし、固く信じている。」

ジョンソンの心から私たちにまさしく示された思想がこれほどの時を経て再び現れてきたこと、また双方の間に何らの遣り取りがなくても、マーカム大主教の心の中でそれが十分に大きく成長しているのを見るのは、学問的考察の興味ある対象である。このような二人の偉大で聡明な心の持ち主が片隅に目立たずにいたということ、そして、我らが共通の君主である国王への忠誠心は神聖に保たれるべきであるとしながらも、すべての財産を国内に留まっているイギリス臣民の意のままにしておくという惨めな状況に逆らうのはアメリカに定住したイギリス臣民たちの「よこしまな謀反」であると二人が考えたということは、私には「天にまします神」は人間の傲慢さの高ぶりを軽蔑している、あるいは悪霊――私はその存在を強く信じており、この時代にあってもジョン・フェルやリチャード・ハードによってその信念を私は強めている――が、一部の人々が認めている以上の力を持っている、ということの著しい証拠であるように思われる。(原注)

(16) 気付いておられるかもしれないが、我が偉大な友人がこの頃にはダブリンのトリニティ・カレッジから博士号を得ていたにもかかわらず、私は彼をジョンソン氏と呼ぶときもあれば、ジョンソン博士と呼ぶときもある。その後、オックスフォード大学は彼に名誉となる賛辞を学位記に記して博士号を授与した。それは私が彼を「博士」と呼ぶようになるしばらく前のことであったが、その称号で彼は長い間知られていたので、この『日誌』の以下の部分ではその称号を用いることにする。(原注)

(17) 「パートリッジ」はトム・ジョーンズの旅の道連れ。浮世離れした理髪師・医師。

(18) 一九のエッセイ集。一七七三年刊。

(19) 神と交信できると主張した女性。

(20) この語は「むっつりと」、「陰気に」を意味するために一般に用いられているし、ジョンソン博士の辞典にもその意味だけで出ている。博士はこの語を「むっつりとした男が持つのに類した断固たる決意で」という意味で使ったと私は思っている。(原注)

(21) 新大陸アメリカの領土を争った対仏植民地戦争。

(22) 私はここまで彼のことをまもなく登場するジェイムズ・ロバートソン博士と区別するためにウィリアム・

(23) ロバートソン博士と呼んできた。しかし、彼は私たちの大学の長であることから学長というのが通常の呼称であり、その方が短いので今後はそれを用いることにする。(原注)

博士がこの行を取り出した連は次のとおりである。

しかし、そのときすべてのエジンバラ市民が立ち上がった
幾千人となく蜂起した
卑怯なスコットランド人がジョンの後ろに迫って
色白の彼の体を突き刺した(原注)

(24) 『マクベス』二幕一場、「幻の剣」への言及である。
(25) ジョゼフ・バトラー『宗教の類比』(一七三六)。
(26) 同詩、三一九―三二二行。
(27) エドワード四世の愛妾《あいしょう》。(原注)
(28) ルイ十四世の愛妾。(原注)
(29) マクローリン氏の墓碑銘は、エジンバラのグレイ・フライアーズ教会墓地にある大理石の墓石に以下のように刻まれている。

コリン・マクローリンここに眠る
エジンバラ大学数学教授に選ばれしは
ニュートン自身の推挽《すいばん》によるものなり
その一子墓を築く
彼は父の名を敬うにあらず

かような助けは要らざればなり
されど悲しみと怖れが支配する
この不幸なる世でもまさしく
人に慰めのなきにしもあらず
彼の著作が世に広がり
肉体は滅びようとも
多くのことを為しうる精神は
生き延びると信ずればなり（原注）

(30) チャーチル『夜』二六三行以下の詩行。

(31) ジョンソン『スコットランド西方諸島の旅』（翻訳書、中央大学出版部）三頁。

(32) 同書、同頁。

(33) オウィディウス『恋の歌』。

(34) その水を飲むとすべてを忘れるという冥府にある川。

(35) 十一月四日の項参照。

(36) 私の友人であるマドラスの総督キャンベル将軍が私に伝えたところによると、インド、特にボンベイでは裂いて開いた日干しの魚を作っていて、そこではボンバローズと呼ばれているとのことである。（原注）

(37) ジョンソン博士によって引用された一節は一七五四年版、バトラーの『遺稿集』二三二頁、「議員の資格」の中にある。「バトラーは実際時期を選ばず説教する。というのは、彼は全土がほとんど長老派に占められているのにカトリック教に毒づいて、ノアの洪水の中で、火事だ、火事だ、と叫んだのだ。」（原注）

(38) この日からジョンソン博士が私の「日誌」に目を通した。(原注)
(39) ジョンソン博士自身がよくこうしたことをしていた。(原注)
(40) オーストリア軍に雇われたクロアチア兵。残忍さで知られた。
(41) 大聖堂の最初の建物とされている。現存し、天辺まで登ることができる。
(42) この文言は「ポロエミアエ」にある。
(43) 国王への忠誠の宣誓を拒否した牧師。ここでは、ジョージ王に対するそれを指すのであろう。
(44) ジョンソンが年上の友人である詩人リチャード・サヴェジ(一六九七―一七四三)を描いた伝記。一七四四年刊。後に『詩人伝』に収められた。
(45) ホラティウスの作品。"fugaces"は「飛んで、急いで」の意。
(46) カーコルディの南西約四マイルの地。
(47) 「イエス言い給う、誠に、誠に汝らに告ぐ、人の子の肉を食らわず、その血を飲まずば、汝らに生命なし。」「ヨハネによる福音書」六章五三節以下参照。(原注)
(48) ジョンソン博士のこの描写は、『トム・ジョーンズ』第十一巻第二章からの借用と思われる。「相手は幽霊のように話しかけられることだけを望み、即座に返答した」云々。(原注)
(49) 二人の間には、学殖、頭脳の明晰さ、話の正確さ、そして一般の人々が調べようともしない多くの事柄について探求することを好む、など幾つかの類似点があった。フットはモンボドー卿に敬意を表して、卿は「ジョンソンのエルゼビア版」だと言った。
フットはこの言葉によって、縮小版またはポケット版を意味したに違いないという意地の悪い見方もある。(原注)エルゼビアはオランダの出版社。古典のポケット版で知られる。

(50)『新約聖書』「ヘブル人への書」十三章二節。

(51)この言葉は曖昧だと思われているようだ。私が思うに、ジョンソン博士は議会選挙の際の遊説のように、私が熱心にまた真面目にクラブ員の何人かに自分を売り込んだと言わんとしたのだ。(原注)

(52)モンボドーは同名の六巻本を匿名で出版した(一七七九―九九)。

(53)これについての私の注はあまりにも短かすぎる。「私は短からんと努力して、晦渋《かいじゅう》に陥る。」だが、私はジョンソン博士が読んだ旅日誌そのものを公衆に提示しようと決意しているので、本文をそんなに長くしようとは思わない。もっとも、著作の中の省略を埋めるように、ときとして一語を加えて意味を補完することは許されてもよかろう。そのどちらも、本物の「旅日記」を変えるとは言われまい。当代の最良の批評家の一人(マローン)は、上記の不完全な一節は、おそらく、以下のものだったろうと推測している。「彼の本には戦時における国民と平時における国民の正確な描写が窺え、農夫は将軍と同じく真に迫って描かれている。それどころか、収穫祭や古代の窃盗の方法でさえ記述されている。」(原注)

(54)ジョンソン博士は、自分はそうすればよかったと思うほどにはホメロスを読んでいない、と謙遜して言った。しかし、この言葉は、博士がこのモエオミアの吟遊詩人にどんなによく通じていたかを示しているし、博士はその『ポープ伝』の中でポープのホメロス訳に関する批評においてそのことをさらによく示している。私のすぐれた友人ラングトン氏は私に次のように語った。彼はかつて、ジョンソン博士とバーク氏とのホメロスとウェルギリウスの優劣の論争の場に居合わせた。両者は並外れた能力を発揮してその議論を進めた。ジョンソン博士はホメロスの優位性を主張した、と。(原注)

(55)ボズウェルの母校ではない。

(56)ジョンソン博士のこの言葉の意図に関して、幾分かの疑念が持たれてきたらしい。博士は「ある国王がス

コットランドで再び歓待されるときには」ということを意味したのだ、と思っていただきたい。（原注）

(57) 九月十七日の項参照。

(58) 『人間論』第四書簡、二二四行。

(59) この詩行はミルトン『失楽園』のフォリオ版（一六八八）巻頭のミルトン像の下に記されたものである。

(60) ロンドン、一七七八年、五月二日。ジョンソン博士は、ここで言及された訳者が自分自身であることを認めた。そして、私にそれを以下のように口述した。

遠く離れた時代に生まれた三人の詩人たちは
ギリシア、ローマ、そしてイングランドを飾った
第一の詩人は崇高な詩作に優れ
次の詩人は荘重さに
そして最後の詩人はその双方に卓越していた
自然の力はそれ以上は進めず
先の二詩人をない交ぜて第三の詩人を創った（原注）

(61) 『旧約聖書』「創世記」九章六節参照。

(62) 立派で知的で率直な私の友人キッピス博士が私に教えたところでは、幾人かの神学者は我らの救い主の仲立ちを以上のように説明している。ジョンソン博士がここで述べたことは一時的見解にすぎなかった。というのは、博士は後に「和解のための贖罪」を全面的に信じるに至ったからである。私は、将来著わそうと思っている『サミュエル・ジョンソン伝』の中でそのことを詳細に示すつもりである。（原注）

(63)『新約聖書』「マルコ伝」十六章十六節。
(64)ビーティー博士はイングランドで厚遇されていたためまだ帰郷していなかった。(原注)
(65)ジョンソン博士の名誉市民証には次のように記されていた。
「一七七三年八月二十三日、アバディーン市。御臨席の方々は以下のとおり。市長ジェイムズ・ジョップ、盾持ちアダム・ダフ、ウィリアム・ヤング、ジョージ・マー、ウィリアム・フォーブズ、市の各参事官、ギルド長ウィリアム・レイニー、市出納長ジョン・ニコル。

本日、高潔な精神と学識で名高いサミュエル・ジョンソン博士は、アバディーン市民および市のギルド会員に迎えられて入会を認められた。同博士を歓迎すべく上記の名士共々、心からの愛情と好意を込め、深い敬愛を表しつつ。

アレックス・カーネギー記。」(原注)
(66)ボズウェルの先祖トマス・ボズウェルはジェイムズ四世からアフレックの領地を与えられた(一五〇四年)。
(67)ジョンソン博士はこのときよく覚えてないと言ったように、これはすべて博士自身の逞しい想像力によるその場の創作だった。なぜなら、ロック氏の献詩はそのことについて一言も触れていないからだ。(原注)
(68)私はこの話を間違いなく博士から聞いたとおりに述べたつもりだが、博士がこの話をするのをしばしば聞いた友人が私に伝えたところでは、博士は省いてはならない事情は紹介するのが常だったという。「最後に、君、グレアムは一人の顔を見ながら、もう一人に話しかけるという仕義にまで立ち至り、ドクター云々と言ったのだよ。」「この一言が(と、ジョンソン博士はよく付け加えたものだ)スズメバチのように短気なゴールドスミスにどんな影響を与えたかは容易に想像できるだろう。」(原注)

(69) ホラティウス『頌詩』第一巻二歌。

(70) デヴォンシャーのプリマスの対岸にある岬。風光明媚で知られている。

(71) チェスターフィールド卿は息子へ宛てた手紙の中で、あらゆる身分の人と分け隔てなく議論した人に不満不平を表明している。たぶん卿は、自分より能力のある人に出会うことがどういうことなのか幾分不安に感じていたのだろう。もし貴族が身分の低い者と議論をするなら、貴族は身分の低い者がその強みを存分に発揮するものと心得なければならない。そうでなければ、力量や技量を公正に試すことにはならない。同じことは判断力や機知を競う場合にも当てはまるだろう。ある国王（フレデリック大王）がヴォルテールと天才の覇を競った。結果、国王は偉大なすばらしい才能を持ちながらも、ヴォルテールの方が圧倒的に勝っているので、国王はそれに我慢ならなかった。かくして詩人は宮廷から放逐された、というより逃亡した。（原注）

(72) 『ハムレット』一幕二場一八五行。

(73) ボズウェルは父親の巡回裁判に同伴して一七五八年の秋にこの地を訪れていた。

(74) 彼は我らが判事の一人である故ストリッケン卿という立派な父親の立派な子息であり、同氏の心からの厚遇を私は非常に徳としている。ストリッケン卿は誠実であるばかりか度量の非常に大きい人であった。彼は一族の地所を引き継いでから、彼には支払う義務など少しもない祖先たちの多額の借金を清算したのだ。（原注）

(75) 初版刊行以来、ジョンソン博士や私よりもヴェシー氏をよく知っているクラブの会員の一人が、彼はしかるべき処遇がされていないとほのめかした。彼はアイルランドの遺跡やケルト学には全くの門外漢だが、建築のことは十分に心得ており、ダブリンから数マイルのルカンに彼自身の設計で建てた優雅な住宅は彼の建築に関する知識と趣味の絶好の見本となっているのだから、建築学の教授に任命されるのが妥当だっただろう、というのである。（原注）

(76) 我々のクラブは、最初はジェラード・ストリートのタークス・ヘッド亭、次いでサックビル・ストリートのプリンスズ亭、現在はドーヴァー・ストリートのバックスターズ亭で開かれるが、ギャリック氏の葬儀に際して初めて名前が付けられて「文学クラブ」として一七六四年に設立され、会員は現在三十五人である。クラブは一七七三年以来かなり増員された。そして、ゴールドスミス、ギャリック、ヌーゲント、シャミア、ボークレアを喪《うしな》ったので、卓越したクラブを構成する人材が消えてしまったというジョンソン博士の至言にもかかわらず、入会者として、フォックス氏、ジョージ・フォーダイス博士、サー・チャールズ・バンベリー、オソリー卿、ギボン氏、アダム・スミス博士、R・B・シェリダン氏、キラロウとセント・アサフの主教、マーレイ主席司祭、スティーヴンズ氏、ダニング氏、サー・ジョゼフ・バンクス、下院のスコット博士、スペンサー伯爵、ノーフォークのウィンダム氏、エリオット卿、マローン氏、ジョゼフ・ウォートン博士、尊師トマス・ウォートン氏、ルカン卿、バーク（ジュニア）氏、パーマーストン卿、バーニー博士、サー・ウイリアム・ハミルトン、そしてウォーレン医師の名を挙げれば、我々が第二の名門大学を設立できることが認められるであろう。（原注）

(77) 間が悪いことに、ここの窓には滑車がなく、いつも新鮮な空気を求めているジョンソン博士は窓を開けっ放しにしておこうとしてひどく骨を折った。かくしてスコットランドにはこの不快な不便が一般的であるという考えを博士は植え付けられてしまったのだ。その結果、博士は『西方諸島の旅』の中でそれを誤って強調したのである。印刷される前に私がそれに目を通すのを博士が許してくれないのを私は遺憾とした。私には変えるところはほとんどなかっただろうが、博士が批判に晒された数箇所では修正をほのめかしたはずだ。私は博士を説得して「スコットランドよりも真実を愛するスコットランド人はすこぶる頑強な道徳家であろう」という断言を削るか表現を和らげるかしてもらっただろうと思う。それには何の根拠もないし苛酷な発言であると私は心底思っている。(原注)

(78) 八月十六日エジンバラでの発言。

(79) 民事控訴院の判事がその領地から「卿《ロード》」の敬称を得るのはスコットランドの慣習である。かくして、バーネット氏はモンボドー卿であり、ヒューム氏はケイムズ卿であった。これには少々具合の悪いところがある。というのは彼らは証書の中では氏名に「民事控訴院判事」を付けて呼ばれ、裁定書においてさえもジェイムズ・バーネット、ヘンリー・ヒュームのように洗礼名と名字で署名するからである。(原注)

(80) カンバーランドシャーの豪族。後年ボズウェルは猟官のために当主のジェイムズ・ラウザーに近づき、カーライル市の裁判官に任命されたが結局喧嘩別れした。

(81) 「ノルマン人の征服」以前からの家系である名門ラウザー家の議会における権勢が当時どのようであったかを私は知らない。しかし、それが今日非常に広範囲に及んでいることは全国民が知っている。厳しさと優しさ、節約と気前のよさのほどよい調和が現在の当主の特徴となっている。(原注)

(82) ヘイルズ卿による注。「エルギン大聖堂がバーデノック卿によって焼き落とされたのは、マレーの司教が裁定を気に入らないと公言したためである。司教管区の赦免条件はバーデノック卿が大聖堂の大門の前に裸足で三日間立っているというものであった。この話はエルギンの記録文書の中にある。」(原注)

(83) 公爵が在宅しておられたのかどうか私は知らない。しかし、閣下の知遇を得るという名誉に預かっていない私は、かほどに高名な客を紹介するためであっても厚かましくも閣下の居城に伺うことはできなかった。とにかく、私たちはぜひ見たいと思っていた荒野へと急いでいたのだ。もしもこの高貴な一族が、カトリックだったときに保持していたトスカナ大公にも相当する隔絶した壮麗さを依然として維持していたならば、おそらく私たちはしかるべき紹介状を確保して、いくばくかの時間を由緒ある旧教の威厳を黙想するために費やしたいと思ったことであろう。（原注）

(84) マクベスが三人の魔女と出会ったとされているヒースを一行が通ったのは、正確にはこの翌日（八月二十七日）である。バンクォーの台詞は『マクベス』一幕三場（福田恒存訳、以下同様）。

(85) ダンカン王の記念碑は、デーン人のスコットランドからの撤退を記念して建てられた六メートルを越す石碑。

(86) この四行はジョンソンが『英語辞典』（一七七五）の"wheel"と"vicissitude"の項で重ねて引用している。ボズウェルは「以前聞いたことがある」のではなく「見たことがある」のだろう（本旅行記の初稿には「見たことがある」と書かれていた）。

(87) スコットランドでは、聖礼典を執り行うまでの準備が大変である。教区の牧師は人々の適性を審査し、認められる人たちにその教区の名が刻印してある小さな錫の札を標札《トークン》として渡し、信者はそれを聖礼典を受ける前に呈示しなければならない。これは牧師の権力の一例であり、ときどき濫用されることがある。この聖なる儀式に加わることを拒否されたために自分の教区の牧師を訴えた訴訟事件があった、と私は記憶している。（原注）

(88) 『マクベス』一幕三場七三行。

(89) キリストが弟子たちに教えたものである。

(90) ジョンソン博士は引き受けたことを放っては置かなかった。博士が暫くの間教育を受けたオックスフォード大学ペンブルック・カレッジの学寮長である（牧師）アダムズ博士の伝手で、博士は幼いマコーレーのた

めに給費生の地位を獲得してやった。しかし、マコーレーには別の考えがあったようで、外国へ行ってしまったらしい。（原注）

(91) 博士はどんな場合においても、スコットランド人の方がイングランド人よりも敬虔であると考えられることに我慢できなかった。私は感謝の祈りというのは他の食事のときと同様に、朝食にもふさわしいと考えている。朝食は私たちがとる最も楽しい食事である。ジョンソン博士はスコットランドの朝食に独特の長所を認めている。（原注）

(92) シェイクスピアには六つの異なる署名が見つかっている。

(93) ここでジョンソン博士はクイーンズ・パレスの図書館で交わされたジョージ三世と博士との会話の一部を私たちに話してくれたのだが、その会話の中でこの論争が考察されたのだ。私はその会話をできるだけ完全に記録しておくように腐心してきた。それはおそらく将来のある時点で公表されるだろう。（原注）

(94) 『ハムレット』三幕二場三八六行。

(95) ジョンソン博士がこの穏やかな諫言を読んでいながら私に対して何も言わなかったことは注目すべきことである。（原注）

(96) これは俗説で、本当のマクベス城は離れた所にあったが既に取り壊されていた。

(97) 『マクベス』一幕六場一―三行（ダンカンの台詞）。

(98) 同一幕五場三五―三七行（マクベス夫人の台詞）。

(99) フットの喜劇『雄弁家《オラター》』の登場人物。

(100) 「異国風《ペレグリニティ》」の話題が出たとき、博士はその『辞典』の編纂や大変誤った話が流布しているチェスターフィールド卿の庇護を断ったことに関する詳細を幾つか話してくれた。これらの詳細は、博士が私に口述してくれたチェスターフィールド卿への有名な手紙も含めて、それ以後私に話してくれた他のものとともに、『ジョンソン伝』のために残してある。（原注）

(101) ジョンソンが、最近オーストラリアで発見されたカンガルーの真似をして室内をピョンピョン跳ね回ったという「カンガルーの逸話」はこの折のものである。

(102) この単語はOED（『オックスフォード英語辞典』）によれば一五六二年が初出なので、ボズウェルの造語ではない。

(103) アーチャーはジョージ・ファーカーの喜劇『伊達男の計略』（一七〇七）の女たらしの主人公。この喜劇はジョンソンの故郷リッチフィールドが舞台になっている。

(104) 彼は結局アメリカには移民せずにこの地で九十過ぎまでの長寿をまっとうしたという。

(105) この本については数多くの問い合わせがあったが、結局滑稽な驚きで幕切れとなった。数人の婦人たちが偉大にして教養溢れるジョンソン博士が若い女性に最も適していると考えた類いの書物を知りたいと思い、博士がこのハイランドの娘にどんな本を選んだのかを知りたがった。「彼女たちは（と、博士は言った）、私がその点に関しては選択の余地がなかったということには注意を向けなかった。私はたまたま持ち合わせていた本を彼女にあげたんだと言ってやった。」ところで、その本は何だったのか。読者諸君、思わず吹き出してしまいますよ。何とコッカーの『算数』だったのです。このことが話題にされれば、どこででも必ず大笑いとなり、それに対してジョンソン博士もその場にいればときどき少しばかりむっとしたものである。ある日のこと、オグルソープ将軍宅で正餐をとっていたとき――実はここで私たちは多くの貴重な日々を過ごしていたのだが――私は勇を鼓して博士に、「でも先生、先生が旅先でコッカーの『算数』をたまたま持ち合わせておられたというのはやや奇妙ではありませんか。なぜそのような本をインバネスでお求めになろうと思われたのですか」と尋ねた。博士は誠に納得できる答えを与えてくれた。「だって、君ね、旅に本を一冊しか持って行けないとすれば、科学の本ということになるだろう。娯楽の本は読み終えると筋を覚えてしまうので何の役にも立たないが、科学の本は無尽蔵だよ。」(原注)

(106) 『ヘンリー四世二部』三幕一場十行。

(107) グレンシールの闘い。一七一九年六月十日、ジャコバイト(ハイランダーとスペイン軍の混成部隊)がこの谷で英国軍と戦火を交えて敗北した。

(108) ジョンソン博士はその『西方諸島の旅』においてここでの彼の置かれた状況を次のように美しく描写している。「私はロマンスの作家なら喜んで想像したであろうような土手に腰を下ろした。実際は囁きかけるような木々は頭上になかったのだが、きれいな小川が足許を流れていた。その日は穏やかでそよ風は心地よく、辺りは荒涼として静かで人界から隔絶していた。私の前面と両側には高い山がそびえて周囲を見回すことを妨げ、心それ自体の中に楽しみを見出すように心に強いるのであった。私はこの時間を有効に過ごせたかどうかは分からないが、ここで初めてこの紀行文の執筆を思い付いたのだった。」『クリティカル・レヴュー』誌はこの話題にふさわしい精神と表現で、次のように述べている。「この引用の結びとなっている出来事について皆さんにお喜び申し上げます。私たちを楽しませてくれるこの旅人がこの旅行記を思いついたこのときは、文芸を解する読者諸賢から文学史における幸運な出来事と考われるであろうことを十分に確信しております。詩的高揚を思いのまま楽しむことが目下私たちのかかわっている仕事にふさわしいのならば、私たちはカレドニアの山々の風が、最も穏やかなそよ風となって、私たちの作家が横になった堤に永遠に吹くことを祈願し、花の女神《フローラ》には一年中最も華々しく香りのよい産物でその堤を絶えることなく飾り立てるように求めることでしょう。」(原注)先の描写は『スコットランド西方諸島の旅』(翻訳書)の五四頁にある。

(109) マクラーズ、つまりマクレー族はそのとき以来、故シーフォース卿によって国王軍に組み込まれた。一七七八年彼らがエジンバラ城に宿営中に、ジャージー島へ出航するように命じられたとき、彼らはそれぞれの理由を持つその連隊の他の大勢の兵士たちと共に決然と反乱を起こし、アーサーズ・シートという高い山で野営した。彼らの反乱の理由の中では、彼ら自身の同意がなければグレート・ブリテン島以外には派兵されない兵籍となっているにもかかわらず東インド会社へ売り渡されるのではないかという不安が最も大きかった。彼らはそこに三日三晩留まり、スコットランドのすべての軍勢に対して挑戦的態度を示した。結局、彼らは山を下り、最高司令官サー・アドルファス・オートン、副司令官スキーン将軍、バクルー公爵、そしてダンモア伯爵の署名のある正式な協約書を得て宥《なだ》められ、平和裡に出航した。ローマの平民のモンス・セイサーへの退去以来、これほど勇気ある行動がなされたことはない。私は終始その事に大いに注意を払い、詳細に記述したことがある。この勇敢な男たちはジャージー島、そして、後になお十分に情報を与えられて自ら行くことに同意した東インド諸島においても、国のために見事に軍務を果たしてきた。(原注)

(110) 半クラウンは二シリング六ペンス相当の銀貨。一九七一年廃止。

(111) この人物がジョンソン博士と私に示した異なった印象を見ると愉快になる。博士はその『西方諸島の旅』でこの男をサイクロプスに喩えている。(原注) なお、このエドガーの台詞は『リア王』三幕四場一四三行。

(112) カナダのケベックで彼が戦死する直前に書いた手紙にこの表現がある。

(113) 夫人は妊娠中で、出産のためにエジンバラに向かう直前であった。

(114) 『ハムレット』一幕二場一二三行。

(115) 読者諸賢が、私の話を現在私が旅をしている地域の流儀で受け取れるように、氏族の長はマクラウド、マキノン、マッキントシュのように苗字だけで呼ばれていることを諸賢に伝えるのが適切であろう。苗字にミスターを添えるとマクラウドなどから名誉を奪うことになるだろう。私の旧友にして偉大な考古学者であるマクファーレンの領主は、ウェイド将軍からマクファーレン氏と呼ばれたとき大いに気を悪くした。ジョンソン博士はこのような呼び方を用いる気にはなれないと言った。その呼び方は他のすべての場所では親しい者や身分の低い者に対する呼びかけ方だから、博士には馴れ馴れしすぎると思えたのだ。族長たちが称号を持っているなら、サー・ジェイムズ・グラントやサー・アラン・マクリーンのようにその称号を付けて呼ばれる。その他の土地所有者であるハイランドの紳士たちは、ラーセイ、ボイスデールのように彼らの領地の名で呼ばれる。そして、彼らのすべての妻たちはレディーという称号を持っている。領地仲介人《タックスマン》、つまり主たる借地人は、キングズバラやコリハタハンのように彼らの農地名で呼ばれ、彼らの妻たちはキングズバラのミストレス、コリハタハンのミストレスと呼ばれる。このように説明したので、私はハイランドやヘブリディーズ諸島で広く一般に用いられている言い方を自由に用いることができる。（原注）

(116) トマス・グレー「イートン校を遠望するオード」四四行。

(117) 当時ニシン漁の奨励策として漁獲量一トン当たり三十シリングが支給されていた。

(118) ホラティウス『頌詩』第二巻十六歌。

(119) ダンは丘・山、カンは缶。「缶の形をした山」の意。

(120) 便所のことである。

(121) 「東側」とあるべきところ。ボズウェルの勘違いである。

(122) 彼女はしばらくエジンバラにいたことがあり、再びそこに戻って私の尊敬すべき隣人ミュア・キャンベル大佐、現ラウドン伯爵と結婚した。しかし、彼女はほどなく娘を一人残してこの世を去った。（原注）

(123)「人間の望みの空しさ」一五五―一五六行。なお、ジョンソンの詩では「苦痛（ペイン）」は「悲嘆（グリーフ）」となっている。ボズウェルの思い違いである。

(124) ホラティウス『書簡集』第一巻二歌。

(125) スコットランドで特別の使者を指す用語。例えば、かつて議員が至急便を託して送り出した者など。（原注）

(126) 私は彼をプリンス・オブ・ウェールズ、つまり皇太子とは呼ばないことにする。その理由は、スチュアート家が有していた王権は消滅したということを十分に納得しているからである。彼を王位詐称者《プリテンダー》とも呼ばないことにする。なぜなら、その呼び方は、非常に違った考え方をしていると思われるまだ存命中の人物に対する侮辱であるように思われるからだ。それは議会側から見た言い方ではあるかもしれないが紳士的な表現ではない。私はこの思い遣りに対して立腹する権利を有する世界で「唯一の人」も「私と同じように考えかつ感じている」ことを私は承知しており、そう述べる資格が私にあることを喜びとするものである。その御方はかつて王族でさえあったお方への私の温情を認めてくれる寛大さと雅量を十分にお持ちになっておられる。彼が儀礼上皇太子であることは否定すべくもないのだ。なぜなら、彼の母君はポーランドの王ソビエスキーの娘であったのだから。それゆえ、その理由だけで私は彼をチャールズ・エドワード王子という名で際立たせることにしたい。（原注）

(127) これはおそらく、ポープがアダーベリーのアーガイル公爵ジョンの館で、ロチェスター伯爵ウィルモットが就寝したのと同じベッドで休んだ折に作られたとされる数行を暗に指して述べられたのだろう。

詩的情熱に駆られることもなく
私はウィルモットが休んだベッドに横たわる

彼がここで愛そうが息絶えようが
厳粛なまたは陽気な詩行など何も湧いてこない（原注）

(128) 初版刊行以来、ある明敏な友人が私に教えてくれたところによると、ジョンソン博士はおそらくジェイムズ二世の令孫逮捕に政府が懸けた懸賞金のことを考えていたのだろう。さらに博士はこれらの言葉によってハイランドの人々への賛嘆の気持ちを表したかったのだろう。その忠誠と愛着は彼らに差し出された黄金の誘惑を拒絶したのだから。（原注）

(129) この老いたスコットランドの議員は一七八五年現在、健在とのことである。（原注）

(130) 引用は『イングランド法注解』第一巻三章より。

(131) 英国教会『祈禱書』中の言葉。

(132) 『アギス』、ジョン・ヒュームによる悲劇。（原注）

(133) 博士が途方もない臆測だとしたことが、もしマーチンを信じるならば、現実にスコットランド西方諸島で起こっている。マーチンはコル島とタイリー島の結婚を挙げ、これは教区記録簿で裏付けられていると述べている。（原注）

(134) これは、カダガン博士の大好評の本が最初に出版されたときの彼に対する一般の反響である。彼が他者へどんな処世訓を説こうとも、ご当人は自由に飲酒に耽っていると言われた。しかし私は光栄にも彼とそのとき以来の知り合いなのだが、もし彼自身の証言が信じられるならば（それに私はその証言が疑われたことを一度も聞いていない）、彼の人生行路はその信条と一致している。（原注）

(135) シリアの女神、軍神。

(136) ポープ『愚物列伝』第四巻二五二行。

(137) 古代小アジア西部にあった小王国。

(138) 私は非常に多くの事柄を詳細に忠実に記録してきたので、ここで読者諸賢にお目にかけていることに関して、このようにお世辞めいた賛辞を差し挟むことをお許しいただけるものと思っている。(原注)

(139) 十八世紀に起こったこの女性の実話は、陰気な空想の作り話のように恐ろしくもロマンチックである。彼女はスコットランドでも一流の家柄の男の妻であり、その男はスコットランドの控訴裁判所の判事であった。未だ解明されていない幾つかの不可解な理由で、彼女は誰とも知れぬ人に暗闇の中で拉致され、夜陰に乗じてハイランドの海岸へと運ばれ、そこから海路でセント・キルダという遠く離れた岩の島へ連れて行かれた。そこで彼女は、数少ない未開の原住民に混じって孤独な囚われの身となっていたが、食料は絶えることなく与えられ身近に仕える女も一人いた。彼女の安否が問われたのは、彼女が糸玉の中に隠した手紙をある伝道師の娘を通して信頼できる友人に届けさせる手段を見つけてからのことであった。このようにしてエジンバラに情報が伝わると、彼女を連れ戻すために船が出されたが、事が洩れて彼女はハリス島のマクラウドの島へ連れて行かれ、結局その地で没した。(原注)

(140) 私はフランス人の知識人に関するジョンソン博士の見解の正しさを疑っている。私が聞いたところでは、彼らの多くはその著作においてはもちろん、会話においても相当な美点を有している。特にビュフォン氏のそれは極めて示唆に富み、かつ楽しいものだと私は十分に確信している。(原注)

(141) マクドナルド卿夫人を指す。

(142) アウルス・ゲリウス『夜話』第五巻百章一四節。(原注) よく知られた「アンドロクルスとライオン」の話である。

(143) 船長。ジョンソンの友人でもあった。一七七三年四月—九月北極海に入り、翌一七七四年『北極への航海』を刊行した。

(144) コルシカ島の中央に位置する町。ボズウェルは一七六五年にここを訪れている。コルシカには二千メートル以上の高峰が多数そびえている。

(145) このおどけた引用句は、後で分かったのだが、「エリザベス女王の擁護者クイーン・エリザベス・チャンピオン」と呼ばれたエセックス伯爵を讃える歌からのもので、それは一七二〇年から一七三〇年の間にロンドンで刊行された三巻からなる『古謡集《オールドバラード》』に収録されている。(原注)

(146) ジョンソン博士はマクイーン氏の行為を不正確と熱狂によるものとしているのであって、彼を厳しく非難するつもりはなかったと私は信じている、と言うのが妥当であろう。(原注)

(147) 次のようなことが勝ち誇ったように尋ねられてきた。「シェイクスピアの劇は、ギャリック氏が出てくるまでは何年も忘れ去られてはいなかっただろうか。彼は最もすばらしいシェイクスピアの劇を三十年間にもわたり頻繁に見せてきており、彼自身の比類のない演技でそれを非常に人気のあるものにしてはこなかっただろうか」と。間違いなく彼はそうしてきた。しかし、ジョンソン博士の主張は誤解されている。今まさに述べられたことを彼に異議を唱える人と同様によく承知しているので、博士は「ギャリック氏は批評家としてシェイクスピアを有名にしたのではない。彼はシェイクスピア劇の一句たりと論考における鋭さ、または、解釈における確かな判断力をもって明らかにしたわけではない」ということを言おうとしていたのに違いない。そのようなやり方で見事になされたのが博士の「序文」の適切かつ直接の主題であった。この説明の傍証として、シェイクスピアの最も有能な解説者の一人で、ジョンソン博士をよく知っている人が私に語った次のような逸話を付け加えてもよいだろう。「もう舞台を降りたのだから、腰を落ち着けてシェイクスピアを読むぞ」とギャリックは叫び、「そうするときだね。君が今までにシェイクスピアの劇のいずれかを最初から最後まで吟味したことがあるのかどうか私は大いに疑わしく思っているのだからね」とジョンソンが叫んだというのだ。（原注）

（148）私がこのクラブにいるとどうして自分の品格を下げることになるのかその理由が分からない。しかし、ロンドンで自分自身を隠し通せると思うのは間違いだとするジョンソン博士の警告が、愚かなことばかりでなく犯罪的な多くのことを予防するのに大いに役立つであろう。（原注）

（149）これは博士の主張を支える巧妙な述べ方であった。というのは、博士がほのめかしたのは、エジンバラ大学の学長であった学識豊かなウィリアム・ウィシャートの『説教集』であり、それは人々に死に際の悔恨で秘密を打ち明けないように警告するものであり、その無効性について彼はジョンソン博士とはかなり異なる考えを持っていたからだ。（原注）

（150）ジョンソンが後日コル島で目にした『チャーマー』（一七四九）という編者不詳の歌謡集に収められている。

（151）たまたま大酒を飲んだこの折のことを私が正直に語ったために、厳しい批判と馬鹿げた冷やかしの的にされてしまった。これを冷やかす輩にはかかわりたくないが、真面目な批評家を自称する方々が、私の著作の主たる目的が他のあらゆる部分と同様にここでもジョンソン博士の立ち居振舞いや性格を叙述することであると理解する確かな判断力を持ち合わせていないのには驚いている。博士を正確に評するために、私は一つの逸話も省きはしない。なぜなら、そのような逸話は、ある程度は私自身を不利な立場に置くことになっても、博士が強い不満を感じている友人の暴飲に接する際の博士の寛大さとユーモアを強い光の下で披露することになるからだ。

幾つかの他の例でも、私が詳細に記録する真の動機について批評家たちは同じ様に誤解しているが、その詳細な記録に対する彼らの異議は私にも十分に分かっていた。しかし、著者が目論んでいる正確な目的をすべての機会に開陳することは著者にとって終わりのない仕事となるだろう。著者は分別と眼力のある読者諸賢の賞賛に満足しつつ、自分を理解できないまたは理解しようとしない読者がいると不満を漏らすべきではないのだ。(原注)
(152) 『ハムレット』二幕二場四六七行。
(153) 彼は特定の個人名は挙げなかったが、政界に精通している人ならば、この発言に当てはまる人物をおそらく数人は思い浮かべるであろう。(原注)
(154) ジョンソンの「アイドラー」とゴールドスミスの「世界市民」は一七六〇年同時期に雑誌に連載されていた。
(155) 著者はチャールズ・ジョンストン(一七一九?―一八〇〇?)。
(156) 『廷臣論』は一五二八年にベニスで出版され、一五六一年にその英訳が刊行された。ウルビノはイタリア中部の町。
(157) マクドナルド卿を指す。
(158) これも同卿を指す。
(159) 『ヘンリー六世二部』一幕二場一二行。
(160) ジョンソンは一七六〇年八月から一七六五年七月までインナー・テンプル・レーンに住んでいた。
(161) この珍妙な乗馬姿から、サー・ロバート・ウォルポールが政権を握っていた頃、ジョージ・リトルトン氏(後のリトルトン卿)に関して作られた滑稽な詩行を思い出す読者諸賢もおられるだろう、もっともご両人の姿が大違いであることは認めなければなるまいが。

ところで、ポニーにまたがったこの御仁は誰じゃ
この骨皮筋右衛門は誰じゃ
あれが、かの大雄弁家リットルトニー殿なのじゃ（原注）

(162) ポープ『批評論』三七〇行。

(163) ウェルギリウス『牧歌』三歌六四行。

(164) アディソンの悲劇『カトー』二幕六場。

(165) グレイ「ロング・ストーリー」（一七五〇）六―七行。

(166) ロンドンのテムズ川南岸の遊園地。政令で閉鎖されていた。

(167) オックスフォードシャーのウッドストックにあるマールバラ公爵の大邸宅。後年のウインストン・チャーチルの生誕地。

(168) ジョンソン博士は自分自身の特異な癖に関するこの条《くだり》を読んでいながらこれには一切触れなかったのは驚くべきことだ。私としては博士に何か言って欲しかったのだが。（原注）

(169) ホラティウス『書簡集』第一巻一八歌。

(170) 海神ポセイドンと地神ガイアの間に生まれた巨人。

(171) この判断に私が最も強く抗議することをお許しいただきたい。私はボシュエを宗教と文学の第一級の巨星だと信じている。彼の著作を読んでいない人がいるなら、今こそ読み始めるときだ。（原注）

(172) ジョンソンとボズウェルが初めて会ったのは一七六三年五月一六日だからこれは明らかにボズウェルの思い違いである。

(173) ジョンソン博士はこれを読んで私の意図を知ってからも、引き続き機会あるごとに自分の生涯における多

くの出来事をこと細かに話してくれた。このことを思い返すと私は少なからず満足である。それがなかったら、おそらくこれらの話は保存されることはなかったであろう。(原注)

(174) これもマクドナルド卿を指す。

(175) ラングトン氏はこれは不機嫌なときの性急な発言であったに違いないと考えている。というのも、彼はジョンソン博士がスペンスの批評眼について深く尊敬の念をもって話すのを聞いたことがあったからである。それは、この発言がスペンスに対する博士の持論ではないことを示していた。博士は『教訓者』の序文で、スペンスの『ポープのオデュッセイア詩論』を推薦しており、博士の見事な『詩人伝』はスペンスのポープに関する逸話で大いに内容が豊かになっているということを付け加えさせていただこう。(原注)

(176) サー・ウィリアム・ブラックストーンは彼の『イングランド法注解』で、「この慣習がイングランドで広まっていたということを見出すことはできない」と述べており、それゆえに、この慣習が末子相続制《バラインググリッシュ》を生み出すことはなかったというのが彼の意見である。(原注)

(177) スコットランドの新聞。週三回発行(一七二〇年—一八六七年)。

(178) 一七七五年一月にボズウェルにこの詩稿を郵送した。

(179) メンデルスゾーンの曲で知られる「フィンガルの洞窟」がある島。珍しい石柱と洞窟のことが前年(一七七二年)に『ジェントルマンズ・マガジン』誌で報告され一般に知られるようになった。

(180) キケロ『終末について』第二巻三二節。

(181) このような考えがカウリーによって見事に表現されているのに私は最近気付いた。

目の前にあるときは人を怒らせ怯えさせるものも
記憶の中では、美化されて喜びを生む (原注)

(182) 私たちの旅がこの崇高な一節以外は何も生み出さなかったとしても、世間はその旅が無駄ではなかったと認めたであろう。王立協会の敬愛すべきバンクス現会長はこの一節を読んでたいそう心を打たれて両手をぎゅっと握り合わせたまま無言で感嘆これを久しゅうしたという。(原注)

(183) 『旧約聖書』「詩篇」九〇章四節。

(184) 我が旧友、ウィルクス氏に対するこの痛烈で皮肉たっぷりの攻撃について意見を述べることは私の義務であると思う。博士と一緒にいたときの記憶では、私はこのように述べたはずだ。「その気になれば、彼が自分たちの店から物を盗むだろうことは彼らには分かっていた。それができるのなら、彼は自分の娘たちを堕落させるであろうことも彼らには分かっていた」と。これはフランス語的に言えば、ジョンソン博士を凌いでいると言えるだろう。しかし日誌を調べてみると、私の発言が上記のとおりであることが分かったし、これに何ら付け加えることもない。ウィルクス氏は感歎おくあたわざることに、この双方を読み上機嫌で受け入れたのだ。実際、彼も私も(私自身については、読者諸賢はこの『旅日記』の中で一度ならず目にする機会があったのだが)、たとえ私たち自身がその対象であったとしても、機知に富んだ言葉が大好きなのでそれをつい楽しんでしまうのだ。

ウィルクス氏を公平に評すれば、彼は次期のロンドン市長に選ばれ、この要職の重責を立派に果たして面目を大いに施し、市にも貢献したということを付け加えさせていただこう。ジョンソン博士が亡くなる数年前、私は幸運にも博士とウィルクス氏を対面させることができた。その結果、二人はそれ以後ずっと気の置けない親しい間柄になった。私はその詳細を『ジョンソン伝』の中でたっぷりと語るのを楽しみにしている。(原注)

(185) しかしながら、この事実は否定されている。ブラックストーンの『イングランド法注解』第二巻、二九二

頁参照。ここでその根拠が述べられている。（原注）

(186) 『グラスゴー・ジャーナル』紙。一七七三年十月一四日。

(187) 『旅人』三二五―三三四行。訳文は村上至孝『イギリス新古典の詩』（研究社）より。

(188) 一ジルは一四二ミリリットル、八勺弱。

(189) 八月二十六日の項、注(84)参照。

(190) ホラティウス『詩論』第一巻一二六節。

(191) 私が失礼をも顧みずにこの親しみのある呼び名を高名な友人に用いたのは、彼がジョンソン博士の生徒であった期間をもっと生き生きと彼の記憶に蘇らせるためである。（原注）

(192) 八月二十九日の項、注(98)参照。

(193) 一七七三年三月、ボズウェルはギャリックにイタリアの詩人アリオストの詩集を贈っている。

(194) ボズウェルは友人ウィリアム・ミクルの悲劇『マルセイユの包囲』をギャリックに推薦していた。

(195) ミクルはギャリックを嘲笑する詩を発表しようとしていた。

(196) 一八世紀のスコットランドで最大の民事裁判事件。一七六一年ダグラス公爵が死去し、直系がいなかったので妹の息子のアーチボルドが跡を継いだ。これに対し、男系相続人に当たるハミルトン公爵がアーチボルドは偽者であると訴えたが結局敗訴した。ヒュームやアダム・スミスさらにジョンソンまでもがハミルトン公爵の主張を正しいと見なしていた。ボズウェルは弁護士としてアーチボルドを支援し『ドランド』というこの事件をモデルにした小説まで発表していた（一七六七年）。この時のハミルトン公爵夫人が現アーガイル公爵夫人その人であった。彼女がボズウェルに恨みを抱いていたのは当然である。

(197) 数年の時を経た後で考えてみると、高潔なる旅の道連れジョンソン博士がこの一節を読んで私の軽率さを

非難しなかったのには驚きを禁じえない。（原注）

(198) 九月四日の項参照。

(199) アーガイル公爵夫人は一七五二年ハミルトン公爵兼ブランドン公爵と結婚し、彼の死後一七五九年にアーガイル公爵と再婚していた。彼女はロンドンの通りを歩くと男たちがぞろぞろついてくるほどの美人として知られていた。

(200) 私の日誌をジョンソン博士が読んでいたことを一度ならず述べてきたので、ここが博士が読んだ最後の一節であることを読者諸賢にお伝えしておきたい。（原注）

(201) 『ダグラス』第一幕一場。

(202) ユウェナリス『風刺詩』第八巻七九―八四行。

(203) 私はこの引用が不適切であったことを遺憾に思う。しかし、ジョンソン博士の痛烈な批評と激しい嘲笑にもかかわらず、ダグラスの悲劇はやはり広範にそして正当に賞賛され続けている。（原注）

(204) 博士の無頓着ぶりの著しい例として、サーロー卿からの博士宛ての手紙が博士の書斎で宛名が書いてある封筒もないまま、ばらばらに散らばっているのを見つけたのを覚えている。博士は貧しい文士仲間のために大法官としての同卿にある懇願の手紙を書いてやったのだった。卿の手紙はジョンソン博士を尊敬する立派な言葉で書かれていたので、博士の評判を思う熱意のあまり、私は博士の奇妙な無頓着さを熱心に諫め、その手紙を筆写する許しを得たのであった。おそらくそうすることによってこの手紙の現物は失われてしまったのだろうが、その内容はからくも保存され続けているのだ。（原注）

(205) ジョンソンの悲劇『アイリーン』は、ギャリックが支配人になっていたドルアリーン・レーン劇場で一七四九年二月六日初演。ただし、不評のため九日間だけの公演に終った。

(206) 正確には六通。
(207) ロンドン西部の地。一八世紀には最も魅力のない町の代名詞のように思われていた。
(208) 一七六六年八月一三日付けのジョンソンの手紙は『ジョンソン伝』(同八月の項)にその全文が紹介されている。
(209) 伯爵夫人は一六八四年八月生まれなので、正確には八九歳であった。
(210) 「下劣な人類のいやいやながらの感謝」(ポープ「ホラティウスに倣いて」)。(原注)
(211) 一五一三年九月九日、スコットランドとの国境に近いイングランド、ノーサンバーランドシャーのクロッデン・エッジでスコットランド軍とイングランド軍が戦いイングランド軍が圧勝した。スコットランドのジェイムズ四世もこの戦いにおいて戦死した。
(212) ジョージ三世の即位は一七六〇年。ジョンソンが三百ポンドの年金を受けたのはボズウェルと会う前年の一七六二年である。
(213) ウルブリスはローマから最も遠隔の地とされていた。
(214) ホラティウス『書簡集』第一巻一八歌一一二行。
(215) ダン牧師を指す。
(216) ダラムは「黙示録への注釈」は書いているが、「ガラテヤ人への手紙」については何も書いていない。ここではアフレック卿がジョンソンにはったりをかけたことになる。
(217) ジョンソンの『詩人伝』(五二人の詩人の評伝集)の一。
(218) ロンドンのフリート・ストリートにあったマイター亭。この皮肉な言葉は『ジョンソン伝』の一七六三年七月六日の項にある。

(219) 私は一言も私見を挟まずに記しているだけだが、ジョンソン博士の意見に完全に賛成というわけではないことをご理解いただきたい。しかし、それ以後『フィンガル』を模した作品が数多く出版されており、この見方がかなり妥当であることを裏付けている。（原注）

(220) サー・アラン・マクリーンを指す。

(221) 一七七〇年に制定。旧来の選挙法の改訂版。

(222) ウエルギリウス『アイネイアス』一歌二〇四行。

(223) 同書一歌三行。

(224) ロシア北西部北極海に浮かぶ群島。

(225) ヨーロッパでは一般に一五八七年（天正十五年）、一五九〇年（同十八年）、一五九七年（慶長二年）、一六三七年（寛永十四年）、一六三八年（同十五年）の五回とされていた。

(226) 第一級の著名人から成るエジンバラの談話会である。（原注）

(227) 十一月十二日から裁判所が開廷したのでボズウェルは多忙になった。

(228) 私は他の人の逸話を述べる際に正確であることに徹しているので、この話のどの部分もそれがどんなに滑稽であっても隠したりはしない。私はこの子供じみた戯れに大成功を収めたので、周りにいた人たち全員から「牛のアンコール、牛のアンコール」という叫び声があがった。私は得意になって他の動物の真似も幾つか試みたが、効果のほどは牛のようにはとてもいかなかった。私の敬うべき友は私の名声を気遣って、この上なく真剣かつ真面目に私に次のように言った。「ねえ、君。私ならその牛だけにしておくよ。」（原注）

(229) 今日の最良の批評家の一人（マローン氏）の言によると「ジョンソン博士の力強い著作が知られるまでの一世紀にわたって広く流布していた不正確で締まりのない文体を賞賛する人たちがこの話を聞いて吹き出す

のを阻止したいとは望んでいない。その笑いに私自身もすぐにでも同調するだろうから」。しかし、彼は「博士がその場にふさわしく長い単語を選んだのは、もちろん博士は多音節語にしかるべき敬意を抱いていたが、信じられているようにそのような単語への特別の好みからではなく、ブレイドウッド先生の技術を厳密に調べるために、そして生徒たちの器官を最も難しく行使させることによって先生の教育効果を試すためであったのだ」と私に述べるように求めている。(原注)

(230) ウエルギリウス『農耕詩』三歌九行。

(231) ベン・ジョンソンは一六一八年の年末から翌年にかけて数週間をホーソンデンのドラモンド宅で過ごし、「酒蔵を空っぽにした」と言われている。

(232) 「エセックスは当時、父のケイペル卿が処刑へと引き出された部屋、そして妻の祖父が自らに自発的な死を課したその同じ部屋に幽閉されていた。二人の共通の敵がその光景を楽しむなか、彼が確実な運命と見なしているものに友人が導かれてゆくのを目にしたとき、自分こそがラッセルにハワード卿を信じさせたのだと考え、人目を避けてローマ人の死によって自らの苦悩に終止符を打った。」ダルリンプル『大ブリテンおよびアイルランドの回顧録』第一巻、三六頁。(原注)

(233) ネアン大佐である。八月二十日の項参照。

(234) 『スコットランド西方諸島の旅』の「コル島の城」(訳書一七五頁)にボズウェルの言葉として記されている。

(235) 当代きっての歴史家の一人であるオーム氏も同意見である。彼は「あの本にはジョンソンの偉大な心の中で長い間考え抜かれて形作られ磨き上げられた思想が込められている。大海原でごろごろと転がった丸石のようにね」と私に語った。(原注)

(236) 読者諸賢はこぞって私と共にこの手紙の愛国心に溢れた書き手を心から賞賛することと私は確信していま す。私にはこの内のどちらをより賞賛すべきかが分かりません。彼がこの上ない熱烈さで支持した母国の欠陥を見つけ認めることができたあの優れた感性と自由な精神の方をか、それとも彼が本心から強烈に反対した牧師に賞賛さえ与えたあの虚心坦懐さの方かを。(原注)

(237) 『スコットランド西方諸島の旅』の「ラーセイ島」(訳書八二頁)の項にある。

(238) フローラ・マクラウドは一七七五年に三度エジンバラのボズウェル宅を訪問して歓待を受けた。

(239) 一七七五年五月『カレドニアン・マーキュリー』と『エジンバラ・アドヴァタイザー』の両紙に掲載された。

(240) 元の原稿は現在私が所有している。(原注)

(241) 『スコットランド西方諸島の旅』のつもりでこう書いてしまった。ジョンソンのミスである。

(242) ラーセイは大いに感謝し、後日、ロンドンの博士宅を訪ねて食事を共にした。(原注)

(243) サー・ウィリアム・フォーブズと私自身に公正を期すために次の二つのことを述べておくのが適切であろう。一つは、卿の精読に供された原稿はジョンソン博士と私がエジンバラを出発した時点からの旅に関することだけを含んでおり、それゆえにサー・ウィリアム・フォーブズへの賛辞は含まれておらず、その賛辞は本書の出版まで彼の目には触れていないということであり、もう一つは、卿が上記の手紙を書いたときはこの日記が出版されることを本人が知らなかったということである。(原注)

(244) 『ハムレット』三幕一場七九―八〇行。

(245) 「ノンパレイユ」は「比類のない」、「ボン・クレティエン」は「よきキリスト教徒」の意。

(246) ホラティウス『カルミナ』四巻九歌二五―二八行。

(247) 本書の初版改訂に際し、細心の注意を払ったにもかかわらず、幾つかの所見をうっかり削り忘れていたことに気付いた。それらの所見はその場の印象から生じたもので、公表するのはおそらく厳格な礼儀を逸脱していると見なされるかもしれない。したがって、私は直ちに以後の版ではこれらを削除するように指示した。それらを全部合わせても一頁に満たないことを知って私は嬉しく思った。同じ種類のものがまだ残っているなら、それはただ不注意によるものである。私ほど他人に苦痛を与えることが嫌いな男はいないのだから。

見下げ果てた三文文士として以外には私が何も知らないある男が、聖職者の衣を辱めて捨て去った後、偽名を使って下品な風刺文を書き、ロンドンでわずかの生活費を稼いでいる。その男がこの削除された数節は中傷であり、削除は自発的なものではなく強制されたものであるなどとずうずうしくも偽りの主張をしている。この当てこすりには私がわざわざ公式に論破してやった。しかし、ポープのいわゆる愚物《ダンス》の一人のように、その男はしつこく「論破された嘘」に固執した。中傷の咎を着せられたことに関して、それを論破する明瞭で確実な方法がある。労を厭わず一つの版を別の版と比較する人なら誰でも、削除された数節が少しもその類いのものではなく、この注の前半で示したようなもの、つまり一時的な感情の性急な吐露であり、礼儀をわきまえれば削除すべきものであったということを了解するであろう。(原注)

(248)『オセロー』五幕二場三四五―三四六行。

訳者あとがき

本書はジェイムズ・ボズウェル『ヘブリディーズ諸島旅日記』の全訳である。原タイトルは *The Journal of a Tour to the Hebrides, with Samuel Johnson, LL. D.* (1785) であるが、「サミュエル・ジョンソン博士とともに」を割愛してこの書名とした。

邦訳に使用した底本は、サミュエル・ジョンソン『スコットランド西方諸島の旅』と併せて一巻としたR・W・チャップマン編のオックスフォード版（初版一九二四年）であるが、パンクチュエーションや意味の確認のためにF・A・ポトル、C・H・ベネット編イェール大学版（一九六一年）を主として、その他の版も参照した。ポトル・ベネット版はボズウェルが旅を進めながら書き記した日記をそのままの姿で刊行したものであり、チャップマンの版とは違って、ボズウェルのその場での印象、感慨などがありのままに見て取れて大いに参考になった。また、その脚注も有益であった。

本書の著者ジェイムズ・ボズウェル (James Boswell) は、判事としてスコットランド法曹界の重鎮であったアレクサンダー・ボズウェル（アフレック卿）を父として一七四〇年十月二十九日エジンバラに生まれた。エジンバラ大学で法律を学び、グラスゴー大学にも学んだがその折にはアダム・スミスの講筵にも列している。一七六〇年初めてロンドンへ出、二度目に上京した一七六三年五月十六日かねてから著作を通して崇拝していたジョンソンに友人の紹介で会い、以後二人の交友はジョンソンの死（一七八四年）まで続いた。

一七六三年から三年におよんだヨーロッパ遊学——グランド・ツアー——ののちスコットランドの弁護士《アドボケト》資格を得て開業。グランド・ツアーの折の見聞記『コルシカ島事情』（一七六八年）は世間に好評をもって迎えられた。しかしその後も、エジンバラでの弁護士稼業のかたわら頻繁にロンドンに出てはジョンソンと会い、一七七三年には長年の夢であったジョンソンとのスコットランド奥地を巡る百一日におよぶ大旅行を敢行した。この旅の克明な記録こそが本書『ヘブリディーズ諸島旅日記』にほかならない。

その後もロンドンへの憧れを抱き続け度々の上京を繰り返していたボズウェルは、一七八六年ついにイングランドの弁護士《バリスター》となってロンドン定住を果した。しかし、事志と違って弁護士としての仕事はほとんどなく、これが逆に幸いして『ジョンソン伝』の執筆に時間をさくことができ、一七九一年五月十六日これを刊行した。ジョンソンとの出会いの日から正確に二十八年後のことであった。

この伝記は（少なくとも英語の）伝記として最高峰との評価はゆるがない傑作となったが、ボズウェル自身は政界進出の望みを捨てきれず、結局一七九五年五月十九日尿毒症のために異郷ロンドンの寓居で失意のままにこの世を去った。享年五十四。

一七七三年八月十四日から十一月二十二日までの旅の道連れであったジョンソンは、この「日記」

を度々ボズウェルに見せてもらってはそのつどボズウェルを誉め激励した。この日記はその意味ではジョンソンの「お墨付き」が付いたものであり、「ジョンソン博士とともに」にも二重の意味が込められているといえよう。本書はまた、ひとつの旅から生まれたジョンソン『スコットランド西方諸島の旅』の片割れでもあれば、伝記の最高峰ボズウェル『ジョンソン伝』の先駆けでもあるという二重性をも帯びており、その点でも英文学史上に特異な地位を有する紀行・伝記のゆるぎない古典である。ボズウェルは本書で確立した手法に自信を深め、それを『ジョンソン伝』において見事に結実させたのだ。

中央大学人文科学研究所翻訳叢書1『スコットランド西方諸島の旅』に引き続いての翻訳作業には、従来の四人（市川・江藤・芝垣・諏訪部）に新たな戦力として迎えた稲村善二氏を加えた五人が当たった。さらに、ボズウェルのペダントリーから本書に頻出するラテン語の邦訳には福島治氏の強力な支援を得ることができた。なお、当初訳業に加わっておられた松本啓氏が体調不良のため降板せざるをえないということもあった。訳稿を使わせていただいた松本氏にはあらためて感謝の意を表したい。

本書の刊行には多くの方々の援助、協力があったことは言うまでもないが、中央大学人文科学研究所と同出版部の方々には今回も本当にお世話になった。特に出版部の小川砂織さんには感謝の言葉もない。

最後に、ボズウェル『サミュエル・ジョンソン伝』の邦訳者であられる中野好之氏に深甚なる謝意を表したい。同訳書（全三巻、みすず書房）には翻訳を進める上で常に教えられることが多く、さらに同氏には原書の貴重な版を貸与してくださるという御厚意にもあずかった。ここに特記して感謝の印としたい。

二〇〇九年十一月

研究会チーム
「S・ジョンソン研究」
責任者　諏訪部仁

訳者紹介

諏訪部仁《すわべひとし》　研究員，中央大学教授

市川泰男《いちかわやすお》　研究員，中央大学教授

江藤秀一《えとうひでいち》　客員研究員，筑波大学教授

芝垣《しばがき》　茂《しげる》　客員研究員，東海大学教授

稲村善二《いなむらぜんじ》　客員研究員，群馬社会福祉大学教授

福島《ふくしま》　治《おさむ》　客員研究員，東京女子大学教授

ヘブリディーズ諸島旅日記

中央大学人文科学研究所　翻訳叢書 2

2010年 3 月 6 日　第 1 刷発行

編　　者　中央大学人文科学研究所
訳　　者　諏訪部仁　市川泰男
　　　　　江藤秀一　芝垣　茂
　　　　　稲村善二　福島　治
発 行 者　中 央 大 学 出 版 部
　　　　　代表者　玉 造 竹 彦

〒192-0393
東 京 都 八 王 子 市 東 中 野 742-1
発 行 所　中 央 大 学 出 版 部
電話　042(674)2351・FAX　042(674)2354
http://www2.chuo-u.ac.jp/up/

奥村印刷㈱

ISBN 978-4-8057-5401-6

索　　引

1．S. J. はサミュエル・ジョンソン，J. B. はジェイムズ・ボズウェルの略。
2．fl. は活動期，c. はおよそを表す。
3．生没年は一方が不明な場合は？－1755，1785－？のように表記する。
4．［　　］の数字は推測される人物が登場するページ。
5．Bt. は準男爵，Dr. は博士・医師，Prof. は教授，Rev. は尊師・牧師の略。
6．同一姓の項内の配列は，姓のあとに称号のある人名を先にした。
　例：アースキン博士，ジョン
　　　――――，サー・ジョン
　　　――――，レディー・アン
　　　――――，アーチボルト
7．五十音については，原則として長音を無視し，清音・濁音・半濁音の順に並べた。

人名・書名（Names of Persons and Books）

あ行

アイスキュロス（525－456 B. C.），ギリシアの悲劇詩人
Eschylus,『プロメテウス』　*401*

アウルス・ゲリウス（c. 123－c. 165 A. D.），古代ローマの著述家
Aulus Gellius　*254;*『夜話』　*505;*「アンドロクロスとライオン」　*505*

アキレス　ギリシア神話，トロイ戦争でのギリシア軍の英雄
Achilles　*72, 189*

アースキン博士，ジョン（1721－1803），スコットランドの聖職者
Erskine, Dr. John　*449*

――，サー・ジョン（c. 1673－1739），アルバ島の第3代準男爵
Erskine, Sir John, 3rd Bt., of Ulva　*331*

――，レディー・アン（1735－1802）
Erskine, Lady Anne, S. J. と J. B. との食事　*444*

――，アーチボルト，後のケリー第7代伯爵（1736－97）
Erskine, Hon. Archibald, later 7th Earl of Kellie，エジンバラで S. J. と会う　*444*

アナクレオン（c. 582－485 B. C.）ギリシアの抒情詩人
Anacreon　*433*

アフレック卿，アレクサンダー・ボズウェル（1707－82），スコットランドの判事，ジェイムズ・ボズウェルの父
Auchinleck, Lord Alexander Boswell　*79, 115, 126, 392, 431-41, 514;* 最初の妻　*431*

アリオスト，ルドヴィコ（1474－1533），イタリアの詩人
Ariosto, Ludovico　*428, 512*

『アルビンとメイの娘』，ジェローム・ストーン著
Albin and the Daughter of Mey, Jerome

Stone *178*
アルベルティー，レアンドロ（1479－1533）
Alberti, Leandro,『イタリア点描』 *352*
アレン，エドマンド（1726－84）
Allen, Edmund, 印刷業者 *333*
――，ラルフ（1694－1764），慈善家
Allen, Ralph *74*
アンタイオス，ギリシア神話
Antaeus *351*
アンダーソン，ジョン（1726－96），グラスゴー大学自然哲学教授
Anderson, John, グラスゴーでS. J.とJ. B.に会う *424-25*
アーガイル初代侯爵，アーチボルド（1607？－1661）
Argyle, 1st Marquis of, Archibald *411*
――第2代公爵，ジョン（1680－1743）
Argyle, 2nd Duke of, John *503*
――第3代公爵，アーチボルド（1682－1761）
Argyle, 3rd Duke of, Archibald *395*
――第4代公爵，ジョン・キャンベル将軍を見よ
Argyle, 4th Duke of, John Campbell
――第5代公爵，ジョン（1723－1806）
Argyle, 5th Duke of, John *355, 406-20, 513*
――第10代伯爵・初代公爵，アーチボルド（？－1703）
Argyle, 10th Earl and 1st Duke of, Archibald, スコットランド控訴裁判所の判事であった *505*
――公爵夫人（エリザベス・ガニング）（c. 1733－90）
Argyle, Duchess of (Elizabeth Gunning) *406-414, 418-19, 513*
アガメムノン ギリシア神話，トロイ戦争のギリシア軍総大将
Agamemnon *73, 189, 480*
アダムズ博士，尊師，ウィリアム（1706－89），オックスフォード大学ペンブルック・カレッジ長
Adams, William *307, 411, 497*
アディソン，ジョゼフ（1672－1719），随筆家・批評家
Addison, Joseph *91;* スウィフトとの比較 *33;*『カトー』 *76, 328, 509;* キリストについて *86;*『スペクテーター』 *134, 375;* ステラに愚かさを助長する策略を教える *267;*『イタリア各地雑感』 *352*
『アドベンチャラー』
Adventurer *261*
アーバスノット博士，ジョン（1667－1735），医師・才人
Arbuthnot, Dr. John *19, 33*
――，ロバート（1735－1803），エジンバラの銀行家
Arbuthnot, Robert, エジンバラでS. J.と会う *19, 22*
アバネシー尊師，ジョン（1680－1740），アイルランドの非国教徒
Abernethy, Rev. John *61*
アバディーン老伯爵（1679－1745）
Aberdeen, Earl of, アフレック卿が誉める *127*
アービン，アレクサンダー（1754－1844），ドラムの
Irvine, Mr. Alexander, of Drum *93*
『一ギニーの冒険』
Adventures of a Guinea, S. J.は作者を知らない *307*
『イングランド史』，デイヴィッド・ヒュームを見よ
History of England
ヴァレリウス・マクシムス，紀元1世紀前半のローマの歴史家
Valerius, Maximus *480*
ウィシャート博士，ウィリアム（？－1753），エジンバラ大学学長
Wishart, Dr. William,「悔悛を反対する」 *276;*『説教集』 *507*
ウィットビー博士，ダニエル（1638－1726），イングランドの聖職者
Whitby, Dr. Daniel,『新約聖書解説』 *309*
ウィリアム三世（1650－1702）

William III，あの悪党　*281*
ウィリアムズ，サー・チャールズ・ハンブリー（1708－59），諷刺家・外交官
Williams, Sir Charles Hambury　*300*
──，アンナ（1706－83），詩人
Williams, Miss Anna　*93*
ウィリス博士，トマス（1621－1675），解剖学者・医師
Willis, Dr. Thomas，『動物の霊魂』　*357*
ウィルクス，ロバート（1665？－1732），俳優
Wilks, Robert　*121*
ウィルクス，ジョン（1727－97），政治家・「自由」思想家
Wilkes, John　*196-97, 355, 388, 485, 511*
ウィルモット，ロチェスター伯爵を見よ
Wilmot
ウィンダム，ウィリアム（1750－1810），政治家
Windham, William　*495*
ウェイド将軍，ジョージ（1673－1748），ハイランドの道路建設で知られる
Wade, General George　*132, 502*
ウェルギリウス（70－19 B. C.），ローマの詩人
Virgil　*39, 46, 73, 260, 313, 327, 353, 387, 450, 491*；『牧歌』　*509*；『アイネイアス』　*515*；『農耕詩』　*516*
ウェズリー，ジョン（1703－91），メソディストの指導者
Wesley, Rev. John　*25*；「反論」　*89*；*485-86*
ウェブスター博士，尊師，アレクサンダー（1707－84），エジンバラ，トルブース教会の聖職者
Webster, Rev. Dr. Alexander　*40, 449, 453, 455*
ウォーカー氏，ロバート（1716－83），エジンバラ，高教会の聖職者
Walker, Rev. Mr. Robert　*449*
ウォートン尊師，トマス（1728－90），詩人・歴史家
Warton, Rev. Thomas　*495*
──博士，ジョゼフ（1722－1800），批評家
Warton, Rev. Dr. Joseph　*495*
ウォームズリー，ギルバート（1680－1751），リッチフィールド教会裁判所書記
Walmsley, Gilbert　*443*
ウォラー，エドモンド（1607－87），詩人
Waller, Edmund　*80, 240*；その子孫たち　*80*
ウォルポール，サー・ロバート，オーフォード初代伯爵（1676－1745），政治家・総理大臣
Walpole, Sir Robert, 1st Earl of Orford　*388, 508*
ウォーレン，リチャード（1731－97），医師，文学クラブの会員
Warren, Dr. Richard　*495*
ウォーバートン，ウィリアム（1698－1779），グロスターの主教
Warburton, William, Bishop of Gloucester　*74, 88, 120*；『恩寵の教義』　*89*
ウリエ大尉，ルイス（1717－79），フォート・オーガスタスの将校
Urie, Captain Lewis　*133*
ウルフ将軍，ジェイムズ（1727－59）
Wolfe, General James　*147*
ヴァス，ロッホランド（fl. 1773），高地人
Vass, Lauchland　*129, 143-44*
ヴァリエル（1644？－1710），ルイ14世の愛妾
Vallière　*39*
ヴェイン，アン（1705－36），プリンス・オブ・ウェールズ，フレデリックの愛妾
Vane, Anne　*38*
ヴェシー，アグモンデシャム（？－1785），文学クラブの会員
Vesey, Agmondesham　アイルランドの遺跡またはケルト学　*104*；*494*
ヴェロニカ，ヴェロニカ・ボズウェルを見よ
Veronica
ヴォルテール（1694－1778），フランスの哲学者，歴史家，批評家

Voltaire　*3, 174, 353, 451, 494;*『欧州史概説』　*214;*『一七四一年の戦史』　*304;*『万国史』　*353;*『ルイ十四世史』　*451*
『英国人名事典（ビオグラフィア・ブリタニカ）』，バーチによる初版と補遺（1747－66）
Biographia Britannia　*433*
エウリピデス（c. 485－406？B. C.），ギリシアの悲劇詩人
Euripides,『ヘクバ』　*73*
エセックス伯爵，ロバート・デベルー（1566－1601）
Essex, Earl of, Robert Devereux
265, 516; エリザベス女王の御世に伯爵のために作られた歌『古謡集』　*506*
エリオット卿，エドワード，初代男爵（1727－1804），政治家
Elliott, Lord Edward, 1st Baron　*495*
エリフィンストン司教，ウィリアム（1431－1514），アバディーンの
Eliphinston, Bishop William（大司教ではない）, of Aberdeen　*87*
エリザベス女王（1533－1603），イングランドとアイルランドの女王（1558－1603）
Elizabeth, Queen　*265, 506*
エリバンク卿，パトリック・マリー，第5代男爵（1703－78）
Elibank, Lord Patrick Murray, 5th Baron　*4, 7, 189-93, 349, 361, 442-44, 451-52;* ジョンソンの意見　*194, 444.*
エロル卿，ジェイムズ・ボイド，第15代伯爵（1726－78）
Errol, Lord James Boyd, 15th Earl of, S. J. と J. B. が訪ねる　*92-100;328*
――伯爵夫人，イザベラ（1742－1808）
Errol, Lady Isabella, Countess of, S. J. と J. B. を歓迎する　*93-100;126*
エグリントン第10代伯爵，アレクサンダー（1723－69）
Eglintoune, 10th Earl of, Alexander
430
――第11代伯爵，アーチボルト（1726－96）
Eglintoune, 11th Earl of, Archibald
150
――，レディー（1689－1780），エグリントン第9代伯爵夫人
Eglintoune, Lady　*429-31, 460*
『エジンバラ・アドヴァタイザー』
517
エドワード四世（1442－83），イングランド王（1461－70，1471－83）
Edward IV, King of England　*488*
エピクテトス（55？－135？），ギリシアのストア派の哲学者
Epictetus　*313*
オー・ケイン（1720－90）
O'Kane，アイルランドのハープ奏者
358-59
オウィディウス（43 B. C.－A. D. 17？），ローマの詩人
Ovid「返事無用」　*6;219;*『書簡詩』　*332;*『恋の歌』　*489*
オシアン，ジェイムズ・マクファーソンを見よ
Ossian
『オスカー』
Oscars　*469*
オソリー卿，ジョン・フィッツパトリック，アッパー第2代伯爵（1745－1818），文学クラブの会員
Ossory, Lord John Fitzpatrick, 2nd Earl of Upper　*495*
『オックスフォード英語辞典』
OED　*499*
オートン，サー・アドルファス（1720－80）
Oughton, Sir Adolphus, J. B. の家で S. J. に会う　*32-3;120, 304, 452, 501*
オートン，ジョブ（1717－83），非国教徒の牧師
Orton, Job,『ドッドリッジ言行録』
302
オハラ
O'Hara，アイルランド人　*292*
オーム，ロバート（1728－1801），インド史家
Orme, Robert　*516*

オーラリ伯爵
Orrery, Earl of　*261-63*
――初代伯爵，ロジャー・ボイル（1621－79）
Orrery, 1st Earl of, Roger Boyle　*261*
――第4代（第2代でなく）伯爵，チャールズ・ボイル（1674－1731）
Orrery, 4th Earl of, Charles Boyle，ベントリーの論敵　*261*; その息子ハミルトン・ボイル　*261*
――第5代（第3代でなく）伯爵，ジョン・ボイル（1707－62），パトリック・ディレーニー博士を見よ
Orrery, 5th Earl of, John Boyle　*261-63*;『スウィフト伝』　*261-62*
オリアリ神父，アーサー（1729－1802）アイルランドの聖職者・政治家
O'Leary, Father Arthur，ウェズリーについて　*486*
オンズロウ，アーサー（1691－1768）
Onslow, Arthur，下院議長　*454*
オグルソープ将軍，ジェイムズ・エドワード（1696－1785），ジョージア州の入植者
Oglethorpe, General James Edward　*309, 499*
オグデン博士，サミュエル（1716－78），聖職者
Ogden, Rev. Dr. Samuel　*19-27, 84, 317*,『説教集』　*27, 49, 60, 372, 402*
オード，財務裁判所主席判事（？－1778）
Orde, Lord Chief Baron　*18-9, 32*

か行

カー尊師，ジョージ（1704－76），エジンバラ，監督教会の主席牧師
Carre, Rev. Mr. George　*18*
カー，ジェイムズ（？－1781），スコットランド公文書館館長
Kerr, James　*29*
カウリー，アブラハム（1618－67），詩人
Cowley, Abraham　*384, 510*; ポープよりも凝縮している　*395*
カスティリョーネ（1478－1529），イタリアの作家
Castiglione，『廷臣論』　*308-09, 508*
カート，トマス（1686－1754），歴史家
Carte, Thomas，『オーモンド公爵伝』　*334*
カニンガム，サー・ジョン（？－1777）
Cuninghame, Sir John　*428*
――，アレクサンダー（c. 1655－1730），古典学者
Cuninghame, Alexander，ベントリーの好敵手　*428*
カミング，トム（？－1774），クウェーカー教徒，S. J. の友人
Cumming, Tom　*93, 96, 252*
カーライル，ジョン（？－1741），ライムキリンの
Carlisle, John, of Limekilins，アフレック卿の知り合い　*360*
カレン卿，ロバート（？－1810），スコットランドの判事
Cullen, Lord Robert，エジンバラで S. J. と会う　*32, 34*
――博士，ウィリアム（1710－90），医師
Cullen, Dr. William，エジンバラで S. J. と会う　*34-5*
『カレドニアン・マーキュリー』
Caledonian Mercury, The　*369, 517*
カンバーランド公爵，ウィリアム・オーガスタス（1721－65），ジョージ二世の三男
Cumberland, Duke of, William Augustus　*199, 210*
――，リチャード（1732－1811），劇作家
Cumberland, Richard，喜劇『当世風の恋人』　*184*
カダガン博士，ウィリアム（1711－97），医師
Cadogan, Dr. William，痛風について　*226-27*; *504*
ガストレル主教，博士，フランシス（1662－1725），チェスターの
Gastrell, Bishop, Dr. Francis, of Chester, S. J. に推奨される『キリスト教の慣例』　*369*
ガーデンストン卿，フランシス・ガーデン

(1721－93)，スコットランドの弁護士
Gardenston, Lord Francis Garden
69-70
ガーブ，ジョン，コル島のマクリーン族の初代領主
Garve, John，彼の骨 *374*
キケロ (106－43 B. C.)，古代ローマの哲学者・政治家・雄弁家
Cicero *230-31;*『終末について』 *510*
キース，ジェイムズ（？－1798）と夫人
Keith, James and Mrs. *125-28*
キッピス博士，アンドルー（1725－95)，非国教徒の聖職者・伝記作家
Kippis, Dr. Andrew *492*
『祈禱書』
504
キャメロン，ユーイン (fl. 1737)
Cameron, Ewen *335-36*
――，ダゴール，上記ユーイン・キャメロンの保護を懇願する1737年の手紙への署名者
Cameron, Dugall *336*
――，ドナルド，ロヒールの
Cameron, Donald, of Lochiel *336*
キャロライン王妃（1683－1737)，ジョージ二世の后
Queen Caroline *323*
キャンベル族
Campbells *331, 386*
――将軍，ジョン，アーガイル第4代公爵 (c. 1693－1770)
Campbell, General John, 4th Duke of Argyll *287*
――尊師，ジョン（？－1761)，ジェイムズ・キャンベルの兄
Campbell, Rev., John *428*
――大佐，ミュア，ラウドン伯爵（1726－86)
Campbell, Colonel Mure *502*
――博士，ジョン（1708－75)，多方面の作家
Campbell, Dr. John，『ブリタニアの解明』 *369;*『大ブリテン島の政治概観』 *370*
――博士，ジョージ（1719－96)，アバディーン大学マーシャル・カレッジ長，
Campbell, Rev. Dr. Principal George
87
――，サー・アーチボルド（1739－91)，インバニールの，軍人，マドラスの総督
Campbell, Sir Archibald *489*
――(fl. 1773)
Campbell，アーガイル公爵のタイリー島における土地差配人 *355*
――(fl. 1773)
Campbell，アーガイル公爵のマル島における領地仲介人 *381;389*
――，アーチボルド（1668－1744)
Campbell, Hon. Archibald *410-11*
――，エヴァン (fl. 1773)，マーチスン氏の使用人
Campbell, Evan *141*
――，ジェイムズ（？－1776)，トリーズバンクの
Capmbell, James, of Treesbank
428
『旧約聖書』「詩篇」
484, 511
『旧約聖書』「創世記」
492
キラロウ主教，トマス・バーナード博士 (1728－1806)
Kilaloe, Bishop of, Dr. Thomas Barnard *495*
キルマーノック第4代伯爵，ウィリアム・ボイド（1705－46)，ジャコバイトの将軍
Kilmarnock, 4th Earl of, William Boyd，1746年タワー・ヒルで斬首
100
キンカーディン第2代伯爵，アレクサンダー・ブルース（c. 1629－80）と伯爵夫人（ヴェロニカ）(1633－1701)，J. B. の曾祖父母
Kincardine, 2nd Earl of, Alexander Bruce, and Countess of (Veronica)
483
『禁酒論』
Treatise against Drunkenness *134*

ギフォード牧師，リチャード（1725－1807），詩人
Gifford, Rev. Richard,『黙想』の作者　*113*
ギャタカー，トマス（1574－1654），ピューリタン聖職者
Gataker, Thomas,『運命』と『キリスト教の合言葉』　*342*
ギャリック，デイヴィッド（1717－79），俳優・劇作家
Garrick, David　*35, 274, 305, 495, 506, 512-13*;『ハムレット』の演技　*26*; 弁論術　*104*; どんな役でもできる　*121-22*; おそまつな証人　*268-69*; 書簡の往復　*398-402*; フットとの比較　*449*
――夫人（c. 1724－1822）
Garrick, Mrs.　*399*
ギルモア，サー・ジョン（？－1671），スコットランドの判事
Gilmour, Sir John　*230*
ギルバート，サー・ジェフリー（1674－1726），判事
Gilbert, Sir Geoffrey,『証拠法』　*446*
ギボン，エドワード（1737－94），歴史家
Gibbon, Edward　*495*
クセノフォン（435？－354 B. C.），ギリシアの軍人・歴史家，ソクラテスの弟子
Xenophon　*480*
クーチュリン，ハイランドの古代の英雄
Cuchullin　*279*
クック教授，ジョン（fl. 1769－1815），セント・アンドルーズ大学倫理学教授
Cooke, Prof. John, S. J. と J. B. を食事でもてなす　*55*
――，トマス（1703－56），作家・翻訳家
Cooke, Thomas，ヘシオドスの翻訳者　*26*
クート，サー・アイア（1726－83），将軍
Coote, Sir Eyre，フォート・ジョージで S. J. と J. B. を歓迎する　*119-20, 124*
――(スザンナ・ハッチンソン)，レディー（？－1812）
Coote (Susanna Hutchinson), Lady，フォート・ジョージで S. J. と会う　*120-21*
クライブ夫人（1711－85），女優
Clive, Mrs., S. J. の高い評価　*122*
クラウサズ（1663－1750），スイスの神学者
Crousaz　*74*
クラウファード，ジョージ（？－1748），スコットランドの歴史家
Craufurd, George,『スコットランドの役人』　*163*
クラーク博士，サミュエル（1675－1729），聖職者
Clarke, Rev. Dr. Samuel　*323*
クランストン，デイヴィッド（fl. 1509－26），スコットランドの学者
Cranston, David　*466-67*
クランラナルド
Clanranald　*115, 163*
――のアラン
Clanranald, Allan of，シェリフムアで倒れる　*325*
『クリティカル・レヴュー』
Critical Review　*500*
クレイグ，ジェイムズ（1740－95）
Craig, James，建築家　*60*
クロスビー，アンドルー（1736－85），スコットランドの弁護士
Crosbie, Andrew,「イングランド人はスコットランド人よりすぐれた生き物」　*12*;*34-5*
クロムウェル，オリバー（1599－1658），護国卿（1653－58）
Cromwell, Oliver　*79, 218, 439*
『グラスゴー・ジャーナル』紙　*512*
グラント，サー・ジェイムズ（1714－86）
Grant, Sir James　*502*
――，アレクサンダー（1743－1828），牧師
Grant, Rev. Alexander，コーダーで S. J. と J. B. に会う　*115-16, 118*;*128*
グランジ卿，グランジのジェイムズ・アースキン（1679－1754），控訴裁判所判事

Grange, Lord, James Erskine of Grange *505*
グランジ（？－1745），レディー
Grange, Lady，セント・キルダ島への島流し *249, 505*
グレー，トマス（1716－71），詩人
Gray, Thomas *6, 329;*「イートン校を遠望するオード」 *502;*「ロング・ストーリー」 *509*
グレアム，ジョージ（1728－67），劇作家・イートン校の教師
Graham, Rev. George,『仮面劇テレマコス』 *92;*「大博士と小博士」 *92; 493*
グレインジャー，ジェイムズ（1723－76）
Granger, Rev. James,『列伝イングランド史』 *281*
「グレンクローのジョンストン族」
'Johnstons of Glencroe' *390*
グレンビル，ジョージ（1712－70），政治家
Grenville, George，グレンビルの新法 *448*
グレグ，アダム（fl. 1773－94），モントローズの商人
Gleg, Adam *66*
グレゴリー博士，ジェイムズ（1753－1821）
Gregory, Dr. James，エジンバラでS. J.と会う *37*
——，デイヴィッド（1661－1708）
Gregory, David,『幾何学』 *332*
グロティウス，ユゴー（1583－1645），オランダの政治家・法学者
Grotius, Hugo『キリストの贖罪について』 *85-6*
グロノビー
Gronovii，アフレック卿の親友 *433*
グローバー，リチャード（1712－85），詩人
Glover, Richard,『レオニダス』 *111*
ケイムズ卿，ヘンリー・ヒューム（1696－1782），スコットランドの判事・作家
Kames, Lord Henry Home *304, 422-23, 496*
ケイブ博士，ウィリアム（1637－1713），聖職者
Cave, Dr. William,『神父たちの生活』 *163*
ケイペル卿，アーサー，エセックス伯爵（1632－83）
Capel, Lord Arthur, Earl of Essex *516*
ケニコット博士，ベンジャミン（1718－83），聖書学者
Kennicot, Dr. Benjamin *30*
ケネディー家
Kennedy, the house of *430*
ケリー第6代伯爵，トマス・アレクサンダー・アースキン（1732－81）
Kelly, 6th Earl of , Thomas Alexander Erskine *444*
ケンリック博士，ウィリアム（1725？－79），多方面の作家
Kenrick, Dr. William *305-06*
ゲイ，ジョン（1685－1732），詩人・劇作家
Gay, John,『乞食オペラ』 *325*
「コウ，ルイス」チャールズ・エドワード王子の偽名の一つ
'Caw, Lewis' *212*
コクーン，サー・ジェイムズ（1714－86）
Colquhoun, Sir James *417, 421*
——，レディー・ヘレン（1717－91），同夫人
Colquhoun, Lady Helen *420*
コッカー，エドワード（1631－75），数学者
Cocker, Edward，コッカーの『算数』 *499*
コリアー，ジェレミー（1650－1726），宣誓拒否の聖職者
Collier, Jeremy,『教会史』 *163*
コル，マクリーンを見よ
Col
コール，ヘンリー（fl. 1784），マイター亭店長
Cole, Henry *138*
コルネイユ，ピエール（1606－84），フランスの劇作家

Corneille, Pierre　*353*
コールマン，ジョージ（1732－94），劇作家
Colman, George,「ラテン語教授」　*104*
コルヴィル，レディー・エリザベス，カルロス伯爵未亡人（1734－94）
Colvill, Lady Elisabeth, Dowager Countess of Culross　*444, 453*
コンダミン（ラ・コンダミーヌ）（1701－74），フランスの旅行家
Condamine（La condamine），『野生の少女の物語』　*105;267*
ゴーリー（fl. 1773）
Gory，モンボドー卿の黒人の下僕　*77-8*
ゴールドスミス，オリバー（1730？－74），詩人・劇作家・随筆家
Goldsmith, Oliver　*92, 310, 493, 495;* 詩と古代史　*104;* 一万人に一人　*136;* 逸話に乏しい　*280;* 攻撃に敏感　*307;* やみくもにしゃべりまくる　*309;*「ピストルの台尻」　*329;*「ゴールディ」　*350;*『旅人』　*394, 512;*『世界市民』　*508*
ゴードン一族
Gordon, the family of　*108*
――卿，アダム（1726？－1801），軍人
Gordon, Lord Adam　[*405*]
――教授，トマス（1714－97），アバディーン大学哲学教授
Gordon, Prof. Thomas　*79-80, 82, 87-8*
――陸軍大佐，ジョン（？－1781）
Gordon, Captain John　*98*
――，サー・アレクサンダー（c. 1720－82），アバディーン大学医学教授，
Gordon, Sir Alexander　*81-2, 87-8, 90*
――，アレクサンダー，ロックビル卿，（c. 1739－92），スコットランドの判事
Gordon, Hon. Alexander, Lord Rockville　*452, 455*

さ行

サイクロプス，ギリシア神話のひとつ目の巨人，鍛冶職人であったともいう
Cyclops　*501*
『サイラスの旅』（1727年，同年英語訳出版）シュヴァリエ・ラムジーを見よ
サシェヴェレル，ウィリアム（fl. 1702），マン島総督
Sacheverell, William,『マン島の歴史』（1702年）　*384*
サッポー（610？－580？B. C.），ギリシアの詩人
Sappho,　142.
S. ジョンソン著
By S. Johnson　*333*
サルスティウス（c. 86－35/34 B. C.），ローマの歴史家・政治家
Sallust　*117*
サーロ初代男爵，エドワード（1731－1806），大法官
Thurlow, 1st Baron, Edward　*513*
サンフォード，S. J. のアイルランドの友人
Sandford　*292*
サヴェジ，リチャード（1697？－1743），詩人・S. J. の友人
490
シェイクスピア，ウィリアム（1564－1616）
Shakespeare, William　*119, 125, 268-70, 318, 398, 480, 498, 506;*『マクベス』　*109-10, 488, 497-98, 512;*『ヘンリー四世』　*139;*『リア王』　*146, 501;*『ハムレット』　*122, 482, 494, 498, 501, 508, 517;*『ヘンリー四世二部』　*500;*『ヘンリー六世二部』　*508;*『オセロ』　*518*
シェリダン，トマス（1719－88），俳優，下記の父
Sheridan, Thomas　*262, 415*
――，リチャード・ブリンズリー（1751－1816），劇作家・政治家
Sheridan, Richard. Brinsley　*495*
シェンストン，ウィリアム（1714－63），

詩人
Shenstone, William,『愛の牧歌』
299;300, 395
シオボルト，ルイス（1688－1744），劇作家，シェイクスピア全集の編纂者
Theobald, Lewis *74*
シクストゥス五世（ローマ教皇）（1520－90，在位1585－90）
Sixtus Quintus *263*
シーフォース伯爵
Seaforth, Earl of，マクレイ族は配下である *141, 501*
「島のテオフィロス」，ウィリアム・マクラウドを見よ
'Theophilus Insulanus'
シャミア，アンソニー（1725－80），政務次官
Chamier, Anthony，「商業政策教授」
104, 495
シャープ大主教，博士，ジェイムズ（1613－79），セント・アンドルーズの
Sharp, Archbishop, Dr. James, of St. Andrews *52, 57;* その曾孫 *60*
ショー神学教授，アンドルー（fl. 1729－79）
Shaw, Prof., of Divinity, Andrew
55, 60, 63
ショーア，ジェーン（？－1526／7），エドワード四世の愛妾
Shore, Jane *39*
『新約聖書』「ヘブル人への書」
491
『新約聖書』「マルコ伝」
493
小ピット，ウィリアム（1759－1806），政治家
Pitt, William, the younger *41*
シンプソン（fl. 1773），船主
Simpson, Mr. *313-16, 318-19*
『自然の体系』（1770年），ドルバック男爵を見よ
Système de la Nature, by Baron d'Holbach
シドナム博士，トマス（1624－89），医師
Sydenham, Dr. Thomas *89*
シドニー，サー・フィリップ（1554－86），詩人
Sidney, Sir Philip *154*
シバー，コリー（1671－1757），劇作家・俳優
Cibber, Colley,「ピストルの台尻」
329; ジョンソンの詩 *399, 401, 464*
——夫人，スザンナ・マリア（1714－66），女優
Cibber, Mrs. Susannah Maria *122*
シプリー博士，ジョナサン（1714－88），セント・アサフの主教
Shipley, Dr. Jonathan, Bishop of St. Asaph *495*
ジェイムズ一世（1394－1437），スコットランド王
James I, King of Scotland *215*
——二世（1430－60），スコットランド王
James II, King of Scotland *215, 504*
——三世（1451－88），スコットランド王
James III, King of Scotland *215*
——四世（1473－1513），スコットランド王
James IV, King of Scotland *215, 436, 493, 514*
——五世（1512－42），スコットランド王
James V, King of Scotland *189*
——六世（1567－1625），スコットランド王（1603年イングランドのジェイムズ一世となる）
James VI, King of Scotland *473*
——二世（1633－1701），イングランド王（スコットランドではジェイムズ七世）
James II, King of England *196, 215, 217, 503*
ジェイムズ王
'James, King' *75*
ジェラード博士（1728－95），アバディーン大学神学教授
Gerrard, Dr. *87-9, 127*
『ジェントルマンズ・マガジン』誌
510
ジェーンズ（c. 1725－1804），博物学者
Janes，アーミデイルでS. J.とJ. B.に会う *150;169*

ジュリアン，ゴブラン（1686－1766）
Julien, Gobelins　*102*
ジョップ，ジェイムズ（1721－94），アバディーン市長
Jopp, James　*87, 493*
『ジョニー・アームストロングの最後のおやすみ』
Johnny Armstrong's Last Good-Night　*32*
ジョンストン，アーサー（1587－1641），スコットランドの詩人
Johnston, Arthur，『詩集』　*90*
ジョンソン博士，サミュエル（1709－1784），文学者
Johnson, Dr. Samuel, i, iii, iv，*3-14, 16-20, 22-141, 143-52, 156-57, 159, 160-66, 168-77, 179-180, 182-98, 217, 220-36, 238-42, 244-55, 258-74, 276-78, 280-83, 285-86, 289-96, 299-314, 318-35, 338-39, 341-64, 366-72, 374-82, 384-85, 387-400, 402-46, 448-65, 467-70, 472-76, 479-81, 482, 484-517*；『ロンドン』　*10, 130*；『スコットランド西方諸島の旅』　*3, 12, 19, 58, 63, 68, 129, 367, 396, 421, 434-35, 458, 465, 468, 470, 472, 476-77, 479, 489, 495, 500-01, 516-17*；『英国詩人伝』　*6, 60, 490, 510, 514*；『辞典』　*36, 87, 127, 396, 497-98*；『スチューデント』，「チェイネル伝」　*37*;.『人間の望みの空しさ』　*38, 106, 503*；『サヴェジ伝』　*59*；『ランブラー』　*124, 130, 245, 318, 353*；「スカイ島への頌詩」　*157*；『アイドラー』　*245, 508*；『ラセラス』　*296*；『プリンに寄せる瞑想』　*404-05*；「言行録」　*431*；「エドマンド・スミス伝」　*443*；『ポープ伝』　*491*；『教訓者』　*510*；『アイリーン』　*513*
ジョンソン（ジョンストン），チャールズ（1719？－1800？）
Johnson (Johnstone)，Charles，『一ギニーの冒険』　*307;508*
――，マイケル（1656－1731），S. J. の父
Johnson, Michael　*51*；妻　*252-53*
ジョンソン，ベン（1573？－1637），劇作家・詩人
Jonson, Ben　*461, 480, 516*
ジョーンズ，サー・ウィリアム（1746－94），東洋学者・法学者
Jones, Sir William,「オリエント学教授」　*104*
ジョージ一世（1660－1727），イングランド王（1714－27）・ハノーバー選帝侯（1698－1727）
George I, King of England　*281*
――二世（1683－1760），イングランド王・ハノーバー選帝侯（1727－60）
George II, King of England　*281, 399, 401, 404*；ジョージ王　*490*
――三世（1738－1820），イングランド王（1760－1820）・ハノーバー選帝侯（1760－1815）・ハノーバー王（1815－20）
George III, King of England　*498,* [*503*], *514*
スウィフト，ジョナサン（1667－1745）
Swift, Jonathan，レミュエル・ガリヴァー船長，メアリー・ガリヴァー　*137;261, 267*；アーバスノットやアディソンより劣っている　*33*；『桶物語』の作者であることを疑う　*33*；「スウィフト以上」　*228*
スウェーデン国王（1746－92）
Sweden, King of　*233*
スエノ，ノルウェー国王（？－1014）
Sueno, King of Norway　*325*
スキーン将軍，ロバート，スコットランド軍副司令官
Skene, General Robert　*501*
スコット，ウィリアム（1745－1836，ストーエル卿，「下院のスコット博士」）
Scott, William (Lord Stowell, 'Dr. Scott of the Commons')　*7, 12-3, 16, 22, 41, 495*
『スコットランド・マガジン』
Scots Magazine　*178, 296*
スコーブレクのニコルソン（fl. 1745），スカイ島
Niccolson of Scorbreck, Sky　*209*
スターン，ロレンス（1713－68），作家
Sterne, Laurence，説教集　*249*

『スチューデント』(1750－1)
Student, The *37*
ステア第2代伯爵，ジョン・ダルリンプル(1673－1747)
Stair, 2nd Earl of, John Dalrymple
427
スティーヴンズ，ジョージ(1736－1800)，シェイクスピアの編集者
Steevens, George *495*
スティーヴンソン博士，アレクサンダー(？－1791)，グラスゴー大学医学教授
Stevenson, Dr. Alexander *424*
ステラ(1681－1728)，スウィフトの愛人
Stella (Johnson, Esther)，アディソンから学ぶ *267*
ストラーン，ウィリアム(1715－85)，出版業者
Strahn, William *21,* [88]
ストリッケン卿，アレクサンダー・フレイザー(1699－1775)，スコットランドの判事
Strichen, Lord Alexander Fraser
102, 494
ストーン，ジェローム(1727－56)，詩人
Stone, Jerome，『アルビンとメイの娘』
179
スミス，アダム(1723－90)，経済学者
Smith, Adam *10, 21, 425, 482, 495, 512;*『国富論』 *484*
――，エドモンド(1672－1710)，詩人
Smith, Edmund *444*
――，ジョン，財務裁判所主席判事(1657－1726)
Smith, John *18*
スモレット兵站将校，ジェイムズ(？－1775)，小説家トバイアス・スモーレットの従兄弟
Smollet, Commissary James *421-22*
スモレット，トバイアス(1721－71)，医師，小説家
Smollet, Tobias *422-23*
スモレット夫人
Smollet, Mrs. *422*
スレイル，ヘンリー(1729？－81)，国会議員・ビール醸造主，S. J. の友人
Thrale, Henry *79, 127, 309*
――夫人，ヘスター・リンチ(後のピオッツィ夫人)(1741－1821)，S. J. の友人
Thrale, Mrs. Hester Lynch (afterwards Mrs. Piozzi) *128, 162, 308, 396;* ジョンソンの「心をとらえる」夫人 *4;* 夫人へのジョンソンの書簡 *104;* 夫人への頌詩 *161;* モンタギュー夫人についての論争 *269;* 茫然自失 *324;* スレイル家の歴史 *356*
スプーナー，ジョゼフ(？－1779)，牧師，モントローズの監督派牧師
Spooner, Rev. Mr. Joseph *66*
『スペクテーター』，ジョゼフ・アディソンを見よ
Spectator
スペンサー第2代伯爵，ジョージ・ジョン(1758－1834)
Spencer, 2nd Earl, George John *495*
スペンス，ジョゼフ(1699－1768)，逸話収集家・ポープの友人
Spence, Rev. Joseph, *361;* ポープの『逸話』 *480;*『ポープのオデュッセイア詩論』 *510*
聖コランバ(521？－597)，アイルランドの伝道師，スコットランドにキリスト教を伝えた
Columba, St.，宗教組織の創始者
384;385-86
聖ヴィンセント(？－304)，スペイン最初の殉教者
Vincent, St. *436*
聖パウロ(？－67？)，キリスト教最初期の伝道者
Paul, St. *55*
セネカ(4？B. C.－A. D. 65)，ローマのストア派の哲学者・政治家・劇作家
Seneca *334*
セルデン，ジョン(1584－1654)，法学者
Selden, John，『座談』 *353, 480*
『世俗の人』，ヘンリー・マッケンジーを見よ
The Man of the World
セドリィー，キャサリン(1657－1717)，

ジェイムズ二世の愛妾
Sedley, Catherine　*39*
ソクラテス（469－399 B. C.），ギリシアの哲学者
Socrates　*12*
ソムルスダイク，フランソワ（1725－93），J. B. の文通の友
Sommelsdyck, François　*483*
ソランダー博士，ダニエル・チャールズ（1736？－82）
Solander, Dr. Daniel Charles　*375*
ソールズベリー，レディー，ヘスター・ソールズベリー・コトン（？－1710），スレイル夫人の曾祖母
Salisbury, Lady, Hester Salusbury Cotton　*308*
ソビエスキー，ジョン（ジャン）三世（1624－96），ポーランド国王
Sobiesky, John (Jean) III, King of Poland　*215, 503*

た行

タイトラー，アレクサンダー・フレイザー，ウッドハウスリー卿（1747－1813）
Tytler, Alexander Fraser, Lord Woodhouselee，エッセイをS. J. に見てもらう　*461*
――，ウィリアム（1711－92），上記の父親
Tytler, William　*307, 444, 452, 455*
タイヤーズ，トマス（1726－87），作家
Tyers, Thomas　*66*
タウンゼンド第2代子爵，チャールズ（1674－1738），政治家
Townshend, 2nd Viscount, Charles
老タウンゼント卿　*410*
タキトゥス（55？－120？），ローマの歴史家・政治家
Tacitus，『ゲルマニア』「風習について」　*437*
タリスカー
Talisker　*187, 223, 229, 246, 274-75, 279, 282, 288*
タル，ジェスロ（1674－1741），農業作家
Tull, Jethro，『農業学』　*370*
ダイアー，サミュエル（1725－72），翻訳家
Dyer, Samuel，非常に優れた数学者　*104*
『伊達男の計略』，ジョージ・ファーカーを見よ
Beaux Stratagem　*131*
大プリニウス（23－79）
Pliny, the elder　*239*
ダニング，ジョン（アシュバートン初代男爵）（1731－83），弁護士，文学クラブの会員
Dunning, John（1st Baron Ashburton）　*495*
ダーユ，ジャン（1594－1670），フランスのプロテスタント神学者
Daillé, Jean，『元老院議会』　*332*
ダラス（リドック夫人），イザベラ，リドック牧師の妻，J. B. の従姉妹
Dallas, Miss（＝Mrs. Riddoch），Isabella　*82*；姪のスチュアート・ダラス　*82*
ダラム，ジェイムズ（1622－1658），教理契約聖職者
Durham, James，『「ガラテヤ人への手紙」注釈』　*440;514*
ダラム尊師，ウィリアム（1657－1735）
Derham, Rev. William，『身体神学』　*369*
ダリペ大尉，アイザック・オーガスタス（fl. 1755－75）
Darippe, Captain Issac Augustus, S. J. とJ. B. に会う　*133*
ダルリンプル大佐（fl. 1773），下記サー・デイヴィッドの弟
Dalrymple, Colonel　*458*
――，サー・ジョン（1726－1810），スコットランドの判事
Dalrymple, Sir John　［*406*］, *459, 461-63*；『大ブリテンおよびアイルランドの回顧録』　*459, 516*
――，サー・デイヴィッド（1726－92），スコットランドの判事，ヘイルズ卿を見よ

Dalrymple, Sir David
ダンカン王
497
ダン博士，ジョン（1573－1631），詩人・聖職者
Donne, Dr. John,「日々（クォティディアン）」という語の例証　*396*
ダン尊師，ジョン（c. 1724－92），アフレックの牧師
Dun, Rev. Mr. John　*438, 514*
ダンモア第4代伯爵，ジョン・マリー（1730－1809），軍人
Dunmore, 4th Earl of, John Murray
501
ダンバー博士，ジェイムズ（？－1798），アバディーン大学キングズ・カレッジ哲学教授
Dunbar, Prof. Dr. James　*88*
ダグラス公爵夫人，マーガレット（？－1774）
Douglas, Duchess of, Margaret, S. J. と会う　*32*
――初代男爵，アーチボルト・ジェイムズ・ダグラス（元はスチュワート）（1748－1827）
Douglas, Archibald James Edward Douglas (originally Stewart), 1st Baron　*413, 417, 512*
――，レディー・ルーシー（1751－80），上記ダグラス初代男爵夫人
Douglas, Lady Lucy　*413-14*
――，レディー・ジェイン（1698－1753）
Douglas, Lady Jane　*417*
――訴訟
Douglas *Cause*　*19, 412, 417*
チェイニー博士，ジョージ（1671－1743），医師
Cheyne, Dr. George,『イギリスの病気』　*157, 226*
チェインバーズ，サー・ウィリアム（1726－96）
Chambers, Sir William,「東洋の庭園論」　*196*
――，サー・ロバート（1737－1803）
Chambers, Sir Robert　*7, 12, 104*
チェインバーズへの『書簡』，ウィリアム・メイソンを見よ
Epistle to Chambers
チェスターフィールド卿，フィリップ・ドーマー・スタノップ，第4代伯爵（1694－1773）
Chesterfield, Lord, Philip Dormer Stanhope, 4th Earl of　*494, 499*
チャタム卿，ウィリアム・ピット，初代伯爵（1708－78）
Chatham, Lord, William Pitt, 1st Earl of　*150, 388*
チャーチル，ウィンストン
509
――，チャールズ（1731－64），諷刺家
Churchill, Charles　*40,*『夜』　*489*
『チャーマー（魅惑者）』
356, 507
チャムリィ夫人，メアリー（旧姓ウォフィントン）（c. 1729－1811）
Cholmondeley, Mrs. Mary (née Woffington)，ひどく活発な女性　*271*
チャールモント卿，ジェイムズ・コールフェイルド，初代伯爵（1728－99），政治家
Charlemont, Lord, James Caulfeild, 1st Earl of, statesman,「近代史の教授」
104
チャールズ一世（1600－49），イングランド王
Charles I, King of England　*215, 219, 439, 458, 466;* ゆるやかな譲歩 *388;*「日々」という語の例証　*396*
――二世（1630－85），イングランド王
Charles II, King of England, 弟についてのしゃれ　*39*
チャールズ・エドワード，王子（1720－88）
Charles Edward, Prince　*196-217, 294, 503*
テイト（fl. 1773），フォート・ジョージの牧師
Tait, Rev. Mr.，インバネスでの説教
125
テイト，アンドルー（？－1778），アバ

ディーンのイングランド教会のオルガン奏者
Tait, Mr. Andrew　*79*
ティロットソン大主教，博士，ジョン（1630－94)，カンタベリーの
Tillotson, Archbishop, Dr. John, of Canterbury　*63*
テオフラストス（327？－286？B. C.)，ギリシアの哲学者，「植物学の祖」
Theophrastus　*435*
ディック，サー・アレクサンダー（1703－85)，医師
Dick, Sir Alexander　*37, 452, 460*
――，ロンドンの伝令
Dick，マルコム・マクラウドはこの家に監禁された　*216*
ディレーニー博士，パトリック（1685？－1768)，牧師
Delany, Dr. Patrick,『感想』(正しくは『スウィフトについての意見』)
261
デーヴィス，トム（1712？－85)，俳優・書店主・作家
Davies, Tom,「ゴールディ」　*350*
デムスター，ジョージ（1732－1818)，スコットランドの国会議員・農学者
Dempster, George　*465-72*
デモステネス（384－322 B. C.)，古代ギリシア，アテネの将軍，ペロポネソス戦争で活躍
Demosthenes　*231*
デリック，サミュエル（1724－69)，作家
Derrick, Samuel　*111, 264*
デンマーク国王
Denmark, King of　*95*
『当世風の恋人』，リチャード・カンバーランドを見よ
Fashionable Lover
トスカナ大公
Tuscany, Grand Duke of（1639－1723)
497
『トルコのスパイ』
Turkish Spy　*389*
トムソン，ジェイムズ（1700－48)，詩人
Thompson, James　*60*
トラポー将軍，サイラス（？－1800)
Trapaud, General Cyrus　*133*
――司令官，アレクサンダー（1712－96)
Trapaud, Governor Alexander
132; 令嬢　*133;141*
――夫人，上記の妻
Trapaud, Mrs.　*133*
「トンプソン，ジェイムズ」チャールズ王子の仮名
'Thompson, James'　*214*
ドットリッジ博士，フィリップ（1702－51)，非国教会の聖職者
Dodridge, Dr. Philip,「英語で最もすばらしい寸鉄詩の一つの作者」　*302*
ドライデン，ジョン（1631－1700)，詩人
Dryden, John　*47, 81;*『グラナダの征服』　*262;* 伝記を書くための材料 *264;* 立派な作品以外はほとんど知られていない　*480*
ドラモンド，アレクサンダー（？－1769)，アレッポの領事
Drummond, Alexander,『旅行記』
369
――，ウィリアム（1585－1649)，詩人，ホーソンデンの
Drummond, William, of Hawthornden　*461, 516;*『糸杉の森』　*187;*『対話』　*480*
――，ウィリアム（1708？－74)，エジンバラの書店主
Drummond, William　*442, 453, 459*
――，ジョージ（1687－1766)，エジンバラ市長
Drummond, George, Lord Provost of Edinburgh，気高い心を持ったエジンバラ市民　*31*
ドルバック，ポール・シリー，男爵（1723－89)，フランス啓蒙期の唯物論者
d'Holbach, Paul Thiry, Baron,『自然の体系』　*36*
『ドン・キホーテ』(1部1606，2部1615)，セルバンテス（1547－1616）著
Don Quixote, Cervantes　*390, 392*

な行

ニコルソン，ジョン（fl. 1746），スコーブレックの
Niccolson, Mr. John, of Scorbreck *208*

ニコルソン，サー・ジョージ（fl. 1682），スコットランドの弁護士
Nicholson, Sir George *230*

ニュートン，サー・アイザック（1642－1727）
Newton, Sir Issac *24, 323, 488*

ニューマーシ大尉，ティモシー（？－1802）
Newmarsh, Captain Timothy *133*

ニズベット，博士，チャールズ（1736－1804），牧師，モントローズの
Nisbet, Rev. Mr. Dr. Charles, of Montrose *66*

――，サー・ジョン，ダールトン卿（1609？－87）法務長官
Nisbet, Sir John, Lord Dirleton *229*

ヌーゲント博士，クリストファー（？－1775），医師
Nugent, Dr. Christopher，医学教授 *104, 495*

ネアン大佐，ジョン（？－1782）
Nairne, Colonel John *61-2,*［*466*］, *516*

――，サー・ウィリアム，ダンシナン卿，ダンシナン第5代準男爵（1731？－1811），スコットランドの判事
Nairne, Sir William, Lord Dunsinan, 5th Bt. of Dunsinnan *26, 43-4, 49, 53, 443, 452, 456*

ネルソン，ロバート（1656－1715），臣従宣誓拒否者
Nelson, Robert *411*

ノース卿，フレデリック，ギルフォード第2代伯爵（1732－92），政治家
North, Lord Frederick, 2nd Earl of Guildford *271, 471*

ノックス，ジョン（1515？－72），スコットランドの宗教改革指導者・歴史家
Knox, John *52-4*

ノーマンド，サー・（サー・ノーマン・マクラウド）（1614？－1705），バーネラの
Normand, Sir, (Sir Norman Macleod), of Bernera *365*

は行

ハミルトン第6代公爵兼ブランドン第3代公爵（1724－58）
513

ハミルトン公爵夫人，アーガイル公爵夫人を見よ
Hamilton, Duchess of

――第8代公爵，ダグラス（1756－99）
Hamilton, 8th Duke of, Douglas *31*

――，サー・ウィリアム（1730－1803），外交官・考古学者
Hamilton, Sir William *495*

――，レディー・ベティ，ダービー伯爵夫人（1753－97）
Hamilton, Lady Betty, Countess of Derby，インヴェラリー城でJ. B.に会う *407, 412*

――，ウィリアム（1739－1821），サンドラムの
Hamilton, William, of Sundrum, S. J.と会う *26*

――，――（1704－54），スコットランドの詩人，バンゴーの
Hamilton, William, of Bangour *31*

ハモンド，ジェイムズ（1710－42），詩人
Hammond, James,『愛の悲歌』 *300*

ハリス，ジェイムズ（1709－80），政治家・作家，ソールズベリーの
Harris, James, of Salisbury,『ヘルメス』 *434*

ハリソン（fl. 1773），船長
Harrison, Mr. *189*

ハワード卿，エスクリックの
Howard, Lord, of Escrick *516*

ハンウェイ，ジョナス（1712－86），旅行家・慈善家
Hanway, Jonas *14*

ハーヴェイ尊師，ジェイムズ（1714－58），信心深い作家
Hervey, Rev. James,『冥想録』 *403*

ハドー教授，ジョージ（？－1780），セント・アンドルーズ大学ヘブライ語・東洋諸言語教授
Haddo, Prof. George, S. J. に会う　*55, 57*
ハード博士，リチャード（1720－1808），ウスターの主教
Hurd, Dr. Richard, Bishop of Worcester　*487*
バーク，エドモンド（1729－97），政治家・雄弁家
Burke, Edmund　*23-4, 70, 482, 484-86*；「一度もうまい冗談を言ったことがない」　*23, 230*；「特定の人たちに肩入れする」　［*25*］；政治学と修辞法　*103*；「語彙が豊か，引喩を多用」　*230-31*；「どこでも一番の男」　*301*；「有頂天」　*376*；ジョンソンとホメロスとウェルギリウスの論集　*491*
バーク，リチャード（1758－94），上記の息子
Burke, Richard　*495*
「バーク，ベティー」，チャールズ王子がフローラ・マクドナルドの侍女を装った時の仮名
'Bourke, Betty'　*199*
バクスター尊師，リチャード（1615－91），長老派教会の牧師
Baxter, Rev. Richard　*85*
――，ウィリアム（1650－1723），好古学者
Baxter, William，『アナクレオン』　*433*
バクルー第3代公爵，ヘンリー・スコット（1746－1812）
Buccleugh, 3rd Duke of, Henry Scott　*501*
バークレー，ジェイムズ（1747？－1770？）
Barkley, James，「オックスフォードのある若者」　［*306*］
バーチ博士，トマス（1705－66），伝記作家・歴史家
Birch, Rev. Dr. Thomas，「テムズ川のようだ」　*280*
バトラー主教，博士，ジョゼフ（1692－1752），ダラムの
Butler, Bishop, Dr. Joseph, of Durham，『宗教の類比』　*36, 488*
――，サミュエル（1613－80），詩人
Butler, Samuel，『遺稿集』　*48, 489*；『ヒューディブラス』　*246*
バーナード博士，トマス（1728－1806），キラロウ主教を見よ
Barnard, Dr. Thomas
バーニー博士，チャールズ（1726－1814），音楽家・作家
Burney, Dr. Charles，『音楽史』　*65*；*495*
バーネット博士，トマス（1635？－1715），チャーターハウスの校長
Burnet, Dr. Thomas，「理論家のバーネット」　*404*
――，ギルバート（1643－1715），ソールズベリーの主教，歴史家
Burnet, Gilbert, Bishop of Salisbury，『現代史』　*320, 332, 483*
バーネット，アーサー（1763－74），モンボドー卿の子息，モンボドー卿を見よ
Burnett, Arthur
バレティー，ジョゼフ（1719－89），文芸批評家・多方面の作家，ロンドンに永住
Baretti, Joseph，「ロンドンのかなり著名なイタリア人」　［*116*］
バンクス，サー・ジョゼフ（1743－1820），博物学者
Banks, Sir Joseph　*269, 495, 511*
バーンズ，ジョシュア（1654－1712），ギリシア学者・古物研究家
Barnes, Joshua　*433*
バンベリー，サー・トマス・チャールズ（1740－1821），国会議員
Bunbury, Sir Thomas Charles　*495*
バジェル，ユースタス（1686－1737），ジャーナリスト
Budgell, Eustace　*44*
バーデノック卿（バカン初代伯爵，アレクサンダー・スチュワート）（1343？－1405？）
Badenoch, Lord of,（Buchan, Alexan-

der Stewart, 1st Earl), エルギン大聖堂を焼く　*108, 496*
バーバー, フランシス（1745？－1801), S. J. の黒人の召使い
Barber, Francis　*42*
パウサニアス, 2世紀後半のギリシアの旅行家・地誌学者
Pausanias　*239*
パオリ将軍, パスクアーレ（1725－1807), コルシカ島の将軍
Paoli, General Pasquale　i
パーシー博士, トマス（1729－1811), ドロモアーの主教
Percy, Dr. Thomas, Bishop of Dromore, 実践神学と英国の遺跡を教える　*104;280*
「パートリッジ」『トム・ジョーンズ』の登場人物　*487*
パーネル, トマス（1679－1718), 詩人
Parnell, Thomas　*464*
パーマーストン卿, ヘンリー・テンプル, 第2代子爵（1739－1802), 国会議員・旅行家
Palmerston, Lord, Henry Temple, 2nd Viscount　*495*
パワーズコート卿, 第4代子爵（エドワード・ウィングフィールド）(1729－64)
Powerscourt, Lord, 4th Viscount (Edward Wingfield)　*278*
パルトニー, ウィリアム, バース伯爵（1684－1764), 政治家
Pulteney, William, Earl of Bath
387
ヒックス, ジョージ（1642－1715), 臣従宣誓拒否者
Hickes, George　*411*
ヒューム, ヘンリー, ケイムズ卿を見よ
Home, Henry
——, ジョン（1722－1808), 劇作家
Home, John　*443;*『アギス』 *504;*『ダグラス』　*415, 513*
ヒューム, デイヴィッド（1711－76), 哲学者・歴史家
Hume, David　*512;* ジョンソン, ボズウェル, アダム・スミスの意見 *20-1;* 奇跡について　*174;*「偶然にもトーリー党員」　*303-04;* ビーティーにやり込められる　*306-07;*『イングランド史』　*388;484*
ヒル教授（1750－1819), 博士, ジョージ, セント・アンドルーズ大学セント・メアリーズ・カレッジ長
Hill, Prof., Dr. George, Principal of St. Mary's College, of St. Andrews
55, 57
ビーティー博士, ジェイムズ（1735－1803), 詩人・哲学者
Beattie, Dr. James　*4-6, 20, 100, 306-07, 415, 482, 493*
ビートン枢機卿, デイヴィッド（1494－1546)
Beaton, Cardinal David　*55*
——(1738－1814), 教区牧師, スカイ島の
Beaton (Bethune), Rev. Mr., of Sky
225, 248
ビュフォン伯爵, ジョージ・ルイス・ルクレール（1707－88), 博物学者
Buffon, George Louis Leclere, comte de　会話力　*250, 505*
ピオッツィ, ヘスター・リンチ・スレイル夫人を見よ
Piozzi
ピット（1707－78), チャタム初代伯爵, ウィリアム・ピット（大ピット), 政治家, 首相（1766－68)
Pitt, Mr., 1st Earl of Chatham, William Pitt (the Elder Pitt)　*388*
ピトケアン, アーチボルト（1652－1713), 医師・詩人
Pitcairne, Archibald,『ラテン語詩』
48
ピョートル大帝（1672－1725), ロシア皇帝
Perter the Great　*273*
「ピンダー, ピーター」, ジョン・ウォルコット（1738－1819), 諷刺家
'Pinder, Peter', John Wolcot, 見下げはてた三文文士　[*518*]
ピンダロス（522？－440 B. C.), ギリシアの抒情詩人

Pindar　485
ファイフ第2代伯爵，ジェイムズ・ダフ（1729－1809）
Fife, 2nd Earl, James Duff　104
ファウルズ，サー・ジェイムズ（1714－91）
Foulis, Sir James　*151, 266*
――兄弟，アンドルー（1712－75）とロバート（1707－76），「グラスゴーのエルゼヴィア」
Foulis, Messieus, Andrew and Robert, 'the Elizevirs of Glasgow'　*425*
ファーカー，ジョージ（1678－1707），劇作家
Farquhar, George,『伊達男の計略』*131;499*
ファーン，ジョージ（fl. 1775）
Ferne, Mr. George, フォート・ジョージの弾薬庫管理官　*117-19*
ファーガソン博士，アダム（1723－1816），エジンバラ大学倫理学教授
Fergusson, Dr. Adam,『市民社会史論』*30;34*
――，ジェイムズ（1710－76），天文学者
Fergusson, James　*150*
フィップス船長，コンスタンチン・ジョン・フィップス・マルグレイブ，第2代男爵（1744－92）
Phipps, Captain Constantine John Phipps Mulgrave, 2nd Baron, 北極への航海　*259;*『北極への航海』　*505*
フィリップ二世，ロバート・ワトソン教授を見よ
Philip II　*49*
フィリップス，サー・ジョン（c. 1701－64）
Philips, Sir John　*308*
――，チャールズ・クローディアス（？－1732），音楽家
Philips, Charles Claudius　*399*
――，ジョン（1676－1709），詩人
Philips, John,『林檎酒』　*72*
フィールディング，ヘンリー（1707－54），小説家
Fielding, Henry,『トム・ジョーンズ』*26, 66, 490*
『フィンガル』，ジェイムズ・マクファーソン（1736－96）を見よ
Fingal
フィンドレイター第7代伯爵，ジェイムズ・オーグルヴィー，シーフィールド伯爵（1750－1811）
Findlater, 7th Earl of, James Ogilvy, Earl of Seafield, S. J. とJ. B. の訪問　*105-06*
『諷刺詩』ユウェナリスを見よ
フェアリー，アレクサンダー（？－1803），フェアリーの
Fairlie, Mr. Alexander, of Fairlie　*437*
フェヌロン（1651－1715），作家，カンブレー大司教
Fenelon, Archbishop of Cambrai,『テレマックの冒険』　*353*
フェル，ジョン（1735－97），会衆派の聖職者
Fell, John　*487*
フォークナー，アレクサンダー（1682－1745），メアリー・エロル伯爵夫人の夫
Falconer, Alexander,　98.
――，ジョージ（1699？－1775），ダブリンの書店主・印刷業者
Faulkner, George　*32, 127*
フォックス，チャールズ，ジェイムズ（1749－1806），政治家
Fox, Charles James　*495*
フォーダイス博士，ジョージ（1736－1802），医師
Fordyce, Dr. George　*495*
フォーブズ主教，博士，ジョン（1593－1648），アバディーン大学神学教授
Forbes, Bishop, Dr. John　*276*
――，サー・ウィリアム（1739－1806），ピットスライゴーの，銀行家・作家
Forbes, Sir William　*16-8, 22, 32, 36, 64, 279, 451, 478-79, 517*
――（？－1795），ロレンスカークの牧師
Forbes, Rev. Mr.　*69*
フック，ナザニエル（？－1763），作家
Hooke, Nathaniel,『ローマ史』

172, 183;『モールバラ公爵の生涯』
183;『弁明』 *182-83*
フット，サミュエル（1720－77），俳優・劇作家
Foote, Samuel *26, 127, 309, 449, 490;*『雄弁家』 *498*
フッド，ジェイムズ（fl. 1773），セント・アンドルーズのブリキ職人・フェンシング術指南
Hood, James *57-8*
フランクリン博士，ベンジャミン（1706－90），アメリカの印刷業者・作家・政治家
Franklin, Dr. Benjamin *485*
フリント教授，ジェイムズ（？－c. 1810），セント・アンドルーズ大学医学教授
Flint, Prof. James *55*
フリーポート，サー・アンドルー，ジョゼフ・アディソンを見よ
Freeport, Sir Andrew *375*
フレイザー医師（fl. 1773）
Fraser, Dr.，ストリッケンとリッチフィールドでS. J. に会う *103*
——，アレクサンダー（？－1794），ストリッケンの
Fraser, Mr. Alexander, of Strichen *102-03*
——，ウィリアム（1703－75），弁護士，バルナインの
Fraser, William, of Balnain *131*
——，ネス湖畔の老女
Fraser *131*
フレデリック大王，プロシアの王
Frederick the Great（1712－86） [*494*]
ブキャナン，ジョージ（1506－82），詩人・学者
Buchanan, George *48, 191, 247;*『雑録作品集』 *456*
ブース，バートン（1681－1733），俳優
Booth, Barton *121*
ブラウン博士，ウィリアム（1757－91），セント・アンドルーズ大学神学教授
Brown, Dr. William *55*
——，アレクサンダー（？－1801）
Brown, Alexander，弁護士図書室長「好人物ブラウン氏」 *29*
ブラックストーン，サー・ウィリアム（1723－80），オックスフォード大学法学教授
Blackstone, Sir William *218;*『イングランド法注解』 *504, 510-11*
ブラウン，アイザック・ホーキンズ（1705－60），詩人
Brown, Issac Hawkins,『霊魂の不滅について』 *159*
ブラックロック博士，トマス（1721－91），詩人
Blacklock, Dr. Thomas，盲目の吟唱詩人 *36-7, 453*
ブラントーム（c. 1540－1614），フランスの歴史家
Brantôme *45*
ブルース少佐，ジョン（fl. 1745－82）
Brewse, Major John *118-20*
ブルース夫人，セント・アンドルーズの老婆
Bruce, Mrs. *470*
——，ロバート（1274－1329），スコットランド国王
Bruce, Robert, King of Scotland *219, 483*
ブルックス夫人，ジェイムズ（？－1782），女優
Brooks, Mrs. James *163*
ブールハーフェ，ハーマン（1668－1738），オランダの医師
Boerhaave, Hermann *453*
ブールダール，ルイス（1632－1704），フランスの聖職者
Bourdaloue, Louis *353*
ブレア博士，ヒュー（1718－1800），聖職者・批評家
Blair, Rev. Dr. Hugh *30, 444, 452, 455-57;* 作文をする習慣 *59;*『オシアン』に関する質問 *267*
ブレイドウッド，トマス（1715－1806），聾啞者の教師
Braidwood, Thomas *459, 516*
ブロウディー領主（1744－1824），レ

ディー・マクラウドの親族
Brodie, Laird of　*225*
プライアー，マシュー（1664－1721），詩人
Prior, Matthew　*48*
プラウトゥス（250？－184？B. C.），古代ローマの喜劇作家
Plautus　*26*
プリチャード夫人，ハンナ（1711－68），女優
Pritchard, Mrs. Hannah　*122*
プリムローズ子爵夫人（？－1775），ヒュー第3代子爵の未亡人
Primrose, Viscountess　*216*
「プリンに寄せる冥想」，S. J. 作
Meditation on a Pudding　*404-05*
プリングル，サー・ジョン（1707－82），ジョージ三世の主治医
Pringle, Sir John　*92, 433, 440*
プリドー博士，ハンフリー（1648－1724），東洋学者
Prideaux, Dr. Humphrey，『関係』　*134*
プルタルコス（46？－120），ギリシアの伝記作家・歴史家
Plutarch　*480*
ヘイ卿，ジョージ（1767－98），ジェイムズ・エロル第15代伯爵の長男
Hay, Lord George　*100*
——，ウィリアム（1695－1755），作家
Hay, William，『マルティアリス』　*423*
——，ジョン（fl. 1773），高地人
Hay, John　*129, 136, 143-44*
ヘイルズ卿，サー・デイヴィッド・ダルリンプル（1726－92）
Hailes, Lord, Sir David Dalrymple　*28, 37-8, 45, 108, 280, 496*；『スコットランド史所見』，『スッコットランド年代記』　*27*；『控訴裁判所裁判官蔵書目録』　*229*；「不信心者の軽信性について」　*379*；*452, 457-58, 467*；『旅日記』についての手紙　*465*
ヘイルズ博士，スティーブン（1677－1761），生理学者
Hales, Dr. Stephen　*270*
ヘシオドス（fl. c. 700 B. C.），ギリシアの詩人
Hesiod　*26, 53*
ヘッセ伯爵領主，フィリップ一世（1504－67）
Hesse, Landgrave of, Philip I，ルターが2人の妻帯を認めた　*235*
ヘンダーランド卿（1736－95），マリー・アレクサンダー卿を見よ
Henderland, Lord
ヘンデル，ジョージ・フレデリック（1685－1759），ドイツ生まれのイギリスの作曲家
Handel, George Frederick　*9*
ベイカー，サー・リチャード（1568－1645）
Baker, Sir Richard，『イングランド王年代記』　*163*
ベイリオル，ジョン，スコットランド国王
Baliol, John, King of Scotland　*219*
ベーコン，フランシス，ヴェルラム男爵，セント・オールバンズ子爵（1561－1626）
Bacon, Francis, Baron Verulam, Viscount St. Albans，引用　*86, 255*；『ヘンリー七世史』　*239*；『キリスト教徒の敬虔の衰退』　*248*
——，ロジャー（1214？－1294？），哲学者
Bacon, Roger，オックスフォードの研究室　*31*
ベスバラ初代伯爵，ブラバゾン・ポンソンビー（1679－1758）
Besborough, 1st Earl of, Brabazon Ponsonby　*292*
ベッドフォード第5代公爵，フランシス・ラッセル（1765－1802）
Bedford, 5th Duke of, Francis Russell　*254*
ベール，ピエール（1647－1706），ドイツの哲学者
Bayle, Pierre　*323*；ベールの『辞典』　*483*
ベントリー，リチャード（1662－1742），

古典学者
Bentley, Richard　*182, 261, 428;*「悪く書かれるのは本人のせい」　*307;* ベントリー一族　*360*
ペイリー，ウィリアム（1743－1805），カーライルの大執事
Paley, Mr. William, Archdeacon of Carlisle,『道徳的・政治的哲学の諸原則』　*218*
ペナント，トマス（c. 1693－1742）
Pennant, Thomas,『スコットランドの旅』　*119;160, 241-42*
ペニングトン大佐，ジョン，後のマンカスター男爵（1737－1813）
Pennington, Colonel John, later Baron Muncaster　*121-22, 124*
ペンブルック第10代伯爵，ヘンリー・ハーバート（1734－94），軍人・行政長官
Pembroke, 10th Earl of, Henry Herbert　*9,*『馬を慣らし兵士に騎馬を教える方法』,『軍人らしい乗馬（エックステーション）』　*128-29*
ホーキンズ，サー・ジョン（1719－89），『ジョンソン伝』の作者・音楽学者
Hawkins, Sir John,『音楽史』　*65*
ホークスワース博士，ジョン（1715？－73），多方面の作家
Hawkesworth, Dr. John, クックの『南洋航海記』への序文　*317*
ホーソンデン，ウィリアム・ドラモンドを見よ
Hawthornden
ホメロス（紀元前9－8世紀頃），古代ギリシアの詩人
Homer　*72, 170, 428, 491*
ホラティウス（65－8 B. C.），古代ローマの詩人
Horace　*169, 318, 387, 428, 485, 490, 493, 502;*「分別は自分で見に付けるもの」　*438;*『頌詩』　*494, 502;*『書簡集』　*503, 509, 514；*『詩論』　*512；*『カルミナ』　*517*
ホール・ウェストリー（1711－76），非国教徒
Hall, Rev. Westley S. J. と J. B. に会う　*93*
ホワイト，バレンタイン（c. 1717－84），コーダーの土地差配人
White, Mr. Valentine　*117-18*
ホワイトフィールド，ジョージ（1714－70），カルバン派のメソジスト教徒の指導者
Whitefield, Rev. George　*24-5*
ホワイトヘッド，ポール（1710－74），諷刺家
Whitehead, Paul,『風習（マナーズ）』　*111*
ホーン博士，ジョージ（1730－92），ノリッジの主教
Horne, Dr. George　*483*
ホガース，ウィリアム（1697－1764），画家・版画家
Hogarth, William　*98, 196*
ホープ博士，ジョン（1725－86），エジンバラ大学植物学・薬物学教授
Hope, Dr. John, Prof.　*464*
――，サー・ウィリアム（fl. 1687－96），スコットランド人
Hope, Sir William,『スコットランド人はフェンシングが上手だ』　*58*
ボイル，チャールズ，オラリー第4代伯爵を見よ
Boyle, Charles
ボイド，チャールズ（1728－82），ジャコバイト
Boyd, Hon. Charles　*92-7, 99-102*
ボエシアス，ヘクター（1465？－1536），スコットランドの歴史家
Boethius, Hector　*163*
ボークレア，トッパム（1739－80），S. J. の友人
Beauclerk, Hon. Topham　*98, 233, 334,* ［*344*］*, 376, 495;* 口がなめらか　*70-1;* 自然史　*104;* モンタギュー夫人の著書を読むことができなかった　*269*
――，レディー・シドニー（？－1766），上記の母
Beauclerk, Lady Sydney　*334*
ボシュエ，ジャック・ベイニーン（1627－

1704），モーの司教
Bossuet, Jacques Bénigne, Bishop of Meaux　*353, 509*
ボズウェル博士，ジョン（1707－80），医師，J. B. の叔父
Boswell, Dr. John　*37, 360, 453*
——，トマス（？－1513），アフレック初代領主
Boswell, Thomas, 1st Laird of Auchinleck　*436;493*
——，ジェイムズ（1740－95），本書の著者・弁護士
Boswell, James, i, ii, iv, *3, 23, 25, 29, 45, 47, 50, 59, 68, 70-1, 73, 78, 90, 107-08, 111, 118, 124, 136, 138, 143, 145, 148, 157, 166, 189-90, 192, 224-226, 228, 230-31, 233, 238, 244, 250, 267-68, 270, 272, 277, 304, 306-07, 326, 330, 344-45, 349, 351, 353, 359-62, 375-76, 388, 399, 402, 407, 413, 460, 468, 472, 476, 479, 482, 491, 493-94, 496-97, 499, 503, 505, 509-10, 512, 515-16;*「博士の言行録」　*14;* ダルブレアとアフレックという二つの敬称　*110;*『旅日記』i, iii, iv, *290, 479, 481, 491, 511;*「スコットランド教会史」　*229;*「日誌」　*248-49, 309, 431, 446, 453, 472, 478-79, 487, 490, 511, 513;*『サミュエル・ジョンソン伝』　*354, 401, 492, 499, 511, 514;*『コルシカ島事情』　*482;*『ドランド』　*512*
——夫人，マーガレット（旧姓モントゴメリー）（？－1789），J. B. の妻
Boswell, Mrs. Margaret (née Montgomerie)　*14-15, 453, 471-72, 474*
——，ヴェロニカ（1773－95），J. B. の長女
Boswell, Veronica　*16, 482*
ボズヴィル，ダイアナ，（レディー・マクドナルド）（1748－89），サー・アレクサンダー・マクドナルドの妻
Bosville, Miss Diana,　(Lady Macdonald)　*149*
「ボブ王」，ロバート二世を見よ
King *Bob*　*430*
ポンソンビー，ベスバラ初代伯爵の子息
Ponsonby, Hon. Mr.　*292*
ポープ，アレクサンダー（1688－1744），詩人
Pope, Alexander　*77, 295, 361, 484, 503, 510, 518;* ポープとウォーバトン　*74;*『人間論』　*74, 492;*『髪の毛盗み』　*92;*『ホメロス』　*267, 491;* カウリーより凝縮されていない　*395;*『ホラティウスに倣いて』　*483, 514;*『愚物列伝』　*504;*『批評論』　*509*

ま行

マウントスチュアート子爵，ジョン・スチュアート，後のブート第4代伯爵にして初代侯爵（1744－1814）
Mountstuart, Viscount, John Stuart, later 4th Earl and 1st Marquis of Bute　*49*
マーカム博士，ウィリアム（1719－1807），ヨーク大主教
Markham, Dr. William, Archbishop of York　*486*
マカラン，ユーファム
Macallan, Eupham，狂信的な女性　*28*
マカーリー，ラクラン（1715－1818），アルバ島の
M'Quarrie, Lauchlan, of Ulva　*364－67*
マキノン，チャールズ（1753－96），第18代族長
M'Kinnon, Laird of, Charles, 18th Chief，ラーセイ島でS. J. に会う　*171;209, 211, 213;* その妻　*213*
——，ラクラン（1710？－89），コリハタハンの
M'Kinnon, Lachlan, of Coriichatachin, J. B. とS. J. の訪問　*160, 163-4, 167; 284-86, 289, 291, 294, 501;* 妻　*160, 165-66, 201, 502*
——，ジョン（1714？－？62）
M'Kinnon, John，チャールズ王子をかくまう　*211, 213;* その妻（マルコム・マクラウドの妹）　*212-13*
——，ジョン（1681－1756），マキノン

の，第17代族長
M‘Kinnon, John, of Mackinnon, 17th Chief *211-13*, 夫人のレディ・マキノン *213*
マクイーン（fl. 1773）アノッホの宿の主人
M‘Queen, *134-36, 139, 147, 196*
──牧師，ドナルド（c. 1716－85），スカイ島の
M‘Queen, Rev. Donald, of Sky *151, 166-68, 172-73, 176-77, 187, 189, 193, 195, 221, 232, 236-41, 244-45, 272-73, 282-83, 477*; 魔法について *170*; 第二の視覚 *169, 249*; オシアンについて *170, 263-64, 266-68*; 移民について *221*; 古代理論 *237-41, 245-46, 260-61*
──牧師，──(1718－87)，スニゾート教区の，上記の弟
M‘Queen, Rev. Donald, of Snizort *173, 245*
マクスウィーン（fl. 1773），コル島，グリシポルの
M‘Sweyn, of Grissipol, Col *324-25, 343*; 夫人 *325*; 息子ヒュー *325*;「父親を見習って育った」 *346*; その妻 *326, 345*
マクニル，ダゴール，ユーイン・キャメロンを見よ
M‘Connill, Dugall
マクファーソン博士，ジョン（1713－65），長老派教会の牧師
M‘Pherson, Dr. John,『スコットランドの古代遺物論』 *163, 222, 296*; ラテン語頌詩 *296*; マコーレーの『セント・キルダ島誌』の作者 *112*
──牧師，マーティン（1743－1812），スレートの
M‘Pherson, Rev. Martin, of Slate *164, 296, 298, 358*; その妻 *296*; 妹 *296*
──，ジェイムズ（1736－96），オシアンの詩の訳者（？）
M‘Pherson, James, オートン *33*;『オシアン』 *33, 112, 170, 267, 444, 469*; 原稿がない *89, 446*; マクイーン *171, 263-64, 266-68*:『フィンガル』 *89, 170, 264, 266, 444-46, 469, 515*; 最大の欺瞞 *264*; 試訳 *266-67*; ブレアー *268*; エリバンク卿 *444*;「パタゴニアの巨人たち」と同じく伝説上のもの *444*; 若いタイトラー氏［*445*］，他の意見：ボズウェル *447*; デムスター *472*
マクファーレン領主，ウォルター（？－1767），スコットランドの古物研究家，J. B. の旧友
Macfarlane, Laird of, Walter *502*
マクマーチン族
M‘Martins *335-36*
マクラウド家，スカイ島とラーセイ島の
Macleods, of Sky and Rasay *472-78*
マクラウド老領主，ノーマン（1706－72），マクラウド第19代族長
Macleod, old Laird of, Norman, of Macleod, 19th Chief *142*
──領主，ノーマン（1754－1801），マクラウド第20代族長
Macleod, Laird of, Norman, of Macleod, 20th Chief *151, 166, 171, 240, 253, 273-74*; 招待 *4*; *領主について* *184-85*; *ダンベガンでの歓迎，ウリニッシュへとタリスカーへの同行* *224-82*
──，レディー（未亡人），上記第20代族長ノーマン・マクラウドの母
Macleod, Lady, mother of Norman Macleod, 20th Chief, *ダンベガンでJ. B. とS. J. を歓迎する* *223-28*; *231-32, 242-43*
──医師，マードック（fl. 1773），ラーセイ島第8代領主マルコム・マクラウドの子息
Macleod, Dr. Murdoch, younger son of Malcolm Macleod, 8th Laird of Rasay，ラーセイ島の当主の弟 *171*; *176, 193, 202-05, 207, 209, 213, 475*
──教授，ロデリック（1727－1815），アバディーン大学キングズ・カレッジ長
Macleod, Professor Roderick, Princi-

pal of King's College, Aberdeen
88, 90, 275
――尊師，ニール（1729－80），マル島の牧師
Macleod, Rev. Neil, J. B. と S. J. を歓迎する　*387*
――大尉，ジョン（fl. 1773），バルメノッホの
Macleod, Captain, John, of Balmenoch，ラトキン山の山頂で会う　*143*
――大佐，ジョン（1718－1798），タリスカーの
Macleod, Colonel John, of Talisker
90, 171, 233, 241, 257, 273–82, 288；その妻　*282*
――，サー・ノーマド（c. 1614－1705），バーネラの
Macleod, Sir Normand, of Bernera
365
――，サー・ロデリック，ロリー・モア（？－1626），マクラウドの
Macleod, Sir Roderick, Rorie More, of Macleod　*224, 233, 239, 243, 250*；角　*228, 365*
――，アレクサンダー（1691？－1791），ウリニッシュの
Macleod, Alexander, of Ulinish，スカイ島の執行官代理　*184, 228, 259–74*
――，アレクサンダー（fl. 1754－73），フェルネレーの
Macleod, Alexander, of Fernely, S. J. と J. B. の訪問　*274*
――，ウィリアム（？－c. 1770），ハマーの
Macleod, William, of Hamer,「島のテオフィロス」　*246*
――，サンディー（アレクサンダー）（？－1784），ムイラベンサイド（マクルスリック）の，弁護士
Macleod, Sandie (Alexander), of Muiravenside (M'Cruslick)　*171–72, 174, 186–87, 217*
――，マルコム，ラーセイ島の（fl. 1745），第8代ラーセイ島領主，老領主
Macleod, Malcolm, of Rasay, 8th Larid of Rasay　*182, 202, 214*
――，マルコム（1711－？，1777には生存）
Macleod, Malcom　*167–93, 202–17, 476–77*
――，マグナス（c. 1719－？），クラガンの
Macleod, Magnus, of Claggan　*225*
――ルイス島の
Macleod of Lewis　*174, 473*
――，ロデリック（fl. 1773），ウリニッシュのアレクサンダー・マクラウドの子息
Macleod, Roderick, son of Alexander Macloed of Ulinish　*266*
――，ジョン・ブレック（1637－93），マクラウドの第16代族長
Macleod, John Breck, of Macleod, 16th Chief　*256*
――，ジョン（？－1786），ラーセイ島の第9代領主
Macleod, John, 9th Laird of Rasay
167, 171–94, 198–213, 472–78；娘フローラ（ミュア・キャンベル夫人）　*186, 502, 517*
――，夫人（？－1780），レディー・ラーセイ（上記夫人）
Macleod, Mrs, Lady Rasay　*171, 187, 475, 477*
――，ジョン（？－1790 or 91），ベイの
Macleod, John, of Bay　*225*
――，ドナルド（fl. 1773）
Macleod, Donald，最近までカンナ島に住んでいた　*160;289, 304*
マクリーン族，コル島の
Macleans,『マクリーン氏族の歴史』
356
――医師，アレクサンダー（実はヘクター）（？－1785？），トバーモリの医師
Maclean, Dr. Alexander (Dr, Hector Maclean)　*352–64*；その娘
357–62
――医師，――(fl. 1773)，マル島のもう一人の医師
Maclean, Dr. Alexander, J. B. と S. J.

との食事　*389*
――尊師，ヘクター（1696－1775），コル島とタイリー島の
Maclean, Rev. Hector, of Col and Tyr-yi (Tireye)　*322-24, 332, 347*
――大尉，ラクラン（fl. 1773），コル島の
Maclean, Captain Lauchlan　*319-20, 322, 346*; その妻　*320*
――，サー・アラン（c. 1710－83），ドゥアートの第6代準男爵，マクリーン族の族長
Maclean, Sir Allan, 6th Bt., of Duart, Chief of the Clan Maclean　*352, 364, 368-93, 424, 468, 502, 515*; 娘たち　*368, 372, 378*
――，サー・ヘクター（？－1750），ドゥアートの第5代準男爵
Maclean, Sir Hector, 5th Bt., of Duart，アフレック卿の親友　*339*; *369*
――，サー・ジョン（？－1719？），ドゥアートの第4代準男爵
Maclean, Sir John, 4th Bt., of Duart　*357*
――，アレクサンダー（1754？－1835），コル島の第14代領主，ドナルド・マクリーンの弟
Maclean, Alexander, 14th Laird of Col　*338*
――(fl. 1773)，マック島の
Maclean, of Muck，マック島の領主の甥　*246*
――，ジョン（1670？－1760？），マル島の吟唱詩人
Maclean, John, Mull bard　*357*
――，――(？－1785)，ロッホブイの第17代領主
Maclean, John, 17th Laird of Lochbuy, S. J. とJ. B. の訪問　*389-93*; その妻　*390-92*
――，ドナルド（？－1729），コル島の領主の父
Maclean, Donald, Laird of Col，「コルのドナルド・マクリーンの死を追悼する自然の歌」　*338*
――，――(？－1774)，ヤング・コル（コル島の若き領主）
Maclean, Donald, younger of Col，コルについて　*275, 468*; 探査旅行を計画　*279-80*; 先導者　*282-378*; 水先案内人として　*314-20*; カブの導入　*331*;「銅像を建てよう」　*374*;「尻尾のある人間がいるなら，それがコルだ」　*377*; 水死　*378-79*
――，――(？－1790)，コーネックの
Maclean, Donald, of Corneck　*331, 334, 341*
マクルスリック，サンディー・マクラウドを見よ
M'Cruslick　*185, 187*
マクレー族
Macraes　*134-35, 141-42, 501*
マクルーア船長（fl. 1773）
M'Lure, Captain，ボネッタ号の船長　*364*
マクロニッヒ族
Maclonichs　*335*
マクローリン，コリン（1698－1746），エジンバラ大学教授，数学者・博物学者
Maclaurin, Prof. Colin　*488*
――，ジョン（1734－96），スコットランドの判事
Maclaurin, John　*37, 39, 452*
マクドナルド中尉，ドナルド（fl. 1757－73）
Macdonald, Lieut. Donald　*150*
――，サー・アレクサンダー（サー・ジェイムズとサー・アレクサンダーの父）(1711－46)，スレートの第7代準男爵
Macdonald, Sir Alexander, 7th Bt., of Sleat　*182, 199, 288*
――，サー・アレクサンダー（サー・ジェイムズの兄）(c. 1745－95)，スレートの第9代準男爵，マクドナルド初代男爵
Macdonald, Sir Alexander, 9th Bt., of Sleat, 1st Baron Macdonald，招待　*4*; アーミデルでの歓迎　*148-60*; 無名の言及［*309, 312, 358, 435*］; 悪評　*166, 307, 409, 508, 510*
――，サー・ジェイムズ（サー・アレクサ

ンダーの兄）（1742－66），スレートの第8代準男爵
Macdonald, Sir James, 8th Bt., of Sleat　*149-56, 182, 193, 284, 325*
──，サー・ドナルド（？－1695），スレートの第3代準男爵
Macdonald, Sir Donald, 3rd Bt., of Sleat　*149*
──，レディー・（1748－89），サー・アレクサンダーの妻（元ヨークシャーのミス・ボズヴィル）
Macdonald, Lady, wife of Sir Alexander (formerly Miss Boswille of Yorkshire)　*149, 307-08, 501, 505*
──，レディー・フローラ（fl.1693），ジョン・ブレック・マクラウド夫人
Macdonald, Lady Flora　*256*
──，レディー・マーガレット（？－1799），サー・ジェイムズの母
Macdonald, Lady Margaret，エグリントン伯爵の娘　*156;199-200, 288*
──，アラン（1726－92），下記の弟，キングズバラの，フローラ・マクドナルドの夫
Macdonald, Allan, of Kingsburgh, husband of Flora Macdonald　*187, 194-96, 220, 223*
──，アレクサンダー（1689－1772），キングズバラの
Macdonald, Alexander, of Kingsburgh，第二の視覚　*165;199-201, 284, 286-88;* その妻　*202*
──，アンガス（fl. 1746），スコットハウスの
Macdonald, Angus, of Scothouse　*211*
──，クランラナルドの
Macdonald, of Clanranald　*163*
──，ヒュー（fl. 1773），船長
Macdonald, Hugh　*313, 315*
──，ヒュー（fl. 1773），コルの従者
Macdonald, Hugh　*315, 317*
──，フローラ（1722－90），アラン・マクドナルドの妻，ジャコバイトのヒロイン
Macdonald, Flora　*187, 195-201, 216-17, 287*
──，ジェイムズ（fl. 1773），サー・アレクサンダーの土地差配人
Macdonald, James　*307*
──，──(fl. 1773)，ノックカウの
Macdonald, James, of Knockow　*284-85*
──，ドナルド（fl. 1757－73）
Macdonald, Donald　*150*
──，──，（ドナルド・ロイ）（fl. 1746），ジャコバイト
Macdonald, Donald, (Donald Roy)　*202-04, 209*
マコーレー牧師，ジョン（1720－89），インヴェラリーの
M'Aulay, Rev. John, of Inveraray　*408;*「人間というものが分かっていない」　*414-15*
──牧師，ケネス（1723－79），上記の弟
M'Aulay, Rev. Kenneth　*113-17, 408;*『セント・キルダ島誌』は書いていない　*113;*「締まりのない頑固者」　*115;* 妻と息子　*113, 117, 497-98;* セント・キルダ島の風邪　*312*
マシヨン，ジャン・バティスト（1663－1742），フランスの聖職者
Massillon, Jean Baptiste,『詩篇論考』　*84;353*
マーチスン，ジョン（c. 1731－1811）
Murchison, Mr. John，グレネルグにおける領主マクラウドの土地差配人　*140;146*
マーチン，マーチン（？－1718）
Martin, Martin,『スコットランド西方諸島記』，批評・言及　*3, 175, 177, 181, 187, 504*
──，ジョージ（1635－1712）
Martin, George，シャープ大主教の秘書　*52*
マックフライアー，ドナルド（fl. 1773）
M'Friar, Donald，ポートリーの漕ぎ手　*203, 205*
マックレイルズ
M'Crails，ダンベガンの昔の所有者

256
マッケンジー，サー・ジョージ（1636－91），スコットランド王顧問弁護士・弁護士図書館の創設者
M'Kenzie, Sir George,『弁護士気質』 *229, 231*
――(fl, 1773)，スカイ島の第二の視覚を持つ人
M'Kenzie *164*
――，(fl. 1746)，アップルクロスの
M'Kenzie, of Applecross *208*
――，ヘンリー（1745－1831)，小説家・多方面の作家
M'Kenzie, Henry,『世俗の人』 *309*
――，ジョン（1745－85)
M'Kenzie, John，ポートリーの漕ぎ手 *203, 205-07*
マリー，サー・アレクサンダー（1687－1743)，スタノップ第3代準男爵
Murray, Sir Alexander, 3rd Bt., of Stanhope *331*
――，アレクサンダー（ヘンダーランド卿）(1736－95)，スコットランドの判事
Murray, Mr. Alexander (Lord Henderland)，ロンドンでS. J.と食事をする *40*
マルティアリス（40－103)，スペイン生まれのローマの諷刺詩人
Martial *423*
マールバラ公爵
509
マーレイ主席司祭，博士，リチャード（c. 1728－1802)，ファーンズの，クロンファートとウォーターフォードの主教
Marlay, Dean, Dr. Richard, of Ferns, Bishop of Clonfert and of Waterford *495*
マレット（マロック)，デイヴィッド（1705？－65)，詩人・多方面の作家
Mallet (Malloch), David *183*
マローン，エドモンド（1741－1812)，批評家・編集者
Malone, Edmond, i, *495;* シェイクスピア全集 ii;「当代最良の批評家の一人」[*491, 515*]
マンスフィールド初代伯爵，ウィリアム・マリー（1705－93)，判事
Mansfield, 1st Earl of, William Murray *18, 40, 91-2, 453*
マギニス族
M'Ginnises *385*
マギニス
M'Ginnis，アイオナ島でのJ. B.の案内役 *385*
「マグレガー博士」
M'Gregor, Dr.' *124*
ミクル，ウィリアム
『マルセイユの包囲』 *512*
ミューリソン博士，ジェイムズ（？－1779)，セント・アンドルーズ大学セント・メアリーズ・カレッジ長，
Murison, Dr. James, Principal of St. Mary's College, St. Andrews *55-6*
『ミューズの女神たちの国王歓迎』
"The Muses' Welcome to King James" *48, 73, 75*
ミラー，フィリップ（1691－1771)，庭師
Miller, Philip *72*
ミルトン，ジョン（1608－74)，詩人
Milton, John *10;*『失楽園』 *492*
メアリー（1542－87)，スコットランドの女王
Mary, Queen *29, 32, 46, 444*
メイソン，ウィリアム（1724－97)，詩人
Mason, William，チェインバーズへの『書簡』 *196-97*
メイジャー，ジョン（1469－1550)，歴史家
Major, John,『スコットランド人の振舞いについて』 *466*
メンジーズ（fl. 1773)，カルデアズの
Menzies, Mr., of Culdares, S. J.に会う *452*
メンデルスゾーン
510
モア，サー・トマス（1478－1535)，大法官，『ユートピア』(1516）の作者
More, Sir Thomas,『問答集』 *332*
モリエール，ジャン・バプティスト・ポークラン（1622－73)，フランスの劇作家

Molière, Jean Baptiste Poquelin, 守銭奴　*309;353*
モリソン，ケネス（fl. 1773），船長
Morison, Kenneth　*319*
モールバラ初代公爵，ジョン・チャーチル（1650－1722）
Marlborough, 1st Duke of, John Churchill　*183*
――公爵夫人，サラ（1660－1744）
Marlborough, Duchess of, Sara　*183*
――第4代公爵，ジョージ・スペンサー（1739－1817）
Marlborough, 4th Duke of, George Spencer　*343*
モレリー，ルイス（1643－80），フランスの作家
Moréri, Louis,『モレリーの辞典』　*353*
モレル博士，トマス（1703－84），古典学者
Morell, Dr. Thomas, 翻訳出版したアイスキュロスの劇　*401*
モンタギュー夫人，エリザベス（1720－1800），青鞜派の女性・女流作家
Montague, Mrs. Elizabeth,『シェイクスピア論』　*269*
モンテスキュー（1689－1755），フランスの作家
Montesquieu　*226*
モントローズ初代侯爵，ジェイムズ・グラハム（1612－50）
Montrose, 1st Marquis of, James Graham　*337-38*
モンマス公爵，ジェイムズ・スコット（1649－85）
Monmuoth, Duke of, James Scott　*409*
モンゴメリー大佐，アーチボルド（1726－96），エグリントン第11代伯爵を見よ
Montgomery, Colonel Archibald (Lord Eglintoune)
モンボドー卿，ジェイムズ・バーネット（1714－99），スコットランドの判事
Monboddo, Lord James Burnett　*35, 67-8, 490-91;* 人間には尻尾がある　*34, 105,*［*377*］*;* 著作権　*65;*『古代の形而上学』　*71;* 訪問　*71-7;* 息子アーサー・バーネット　*75;434;*『言語の起源』　*248;* 未開人を好む　*267, 272;* アフレック卿の記述　*432;* 会いにくる　*452;*「ジョンソンのエルゼビア版」　*490;491, 496*

や行

ヤング博士，エドワード（1683－1765），詩人
Young, Dr. Edward　*301-02;*『独創的な文章について』へのジョンソン評　*301;*『評判の愛』　*302;*『夜の想い』　*301, 396*
――，アーサー（1741－1820），農学者
Young, Arthur,『南諸州六週間の旅』　*332*
ユウェナリス（c. 60－c. 128），ローマの詩人，ローマ帝国の腐敗を諷刺
Juvenal, 憤慨して笑劇を書く　*309; 416;*『風刺詩』　*513*
『ユダヤ王列伝』
History of the Jewish Kings　*388*
ヨーク公爵，後のジェイムズ二世
York, Duke of, ドライデンは『グラナダの征服』をヨーク公爵に献呈した　*262*
「ヨハネ黙示録」
Revelation　*61*

ら行

ライプニッツ，ゴットフリート・ウィルヘルム（1646－1716），ドイツの哲学者
Leibnitz, Gottfried Wilhelm　*323*
ラウス博士，ロバート（1710－87），ロンドン主教
Lowth, Dr. Robert, Bishop of London　*75, 120*
ラウザー，サー・ジェイムズ（c. 1673－1755），ホワイトヘーヴン第4代準男爵
Lowther, Sir James, 4th Bt., of Whitehaven　*108, 496*
ラウド，ダンベガンのマクラウド族の元祖
Leod, the first of the MacLeods of

Dunvegan　256
ラウドン第4代伯爵，ジョン・キャンベル（1705－82），軍人
Loudoun, 4th Earl of, John Campbell　427；ご母堂（第3代ラウドン伯爵夫人）　514
ラシーヌ，ジャン（1639－99），フランスの劇作家
Racine, Jean　353
ラーセイ，レディー，マクラウド夫人を見よ
Rasay, Lady
ラッセル卿，ウィリアム（1639－83），政治家
Russel, Lord William　516
ラムジー，シュバリエ（1686－1743），作家・チャールズ・エドワード王子の家庭教師
Ramsay, Chevalier,『サイラスの旅』　134
ラングトン，ベネット（1737－1801），S. J. の友人
Langton, Bennet　[86], 235, 274, 334, 491, 510；五月柱　484；ギリシア語　104；「ランキー」　350；ジョンソンのスペンスについての意見　361
ラディマン，トマス（1674－1757），司書・文法学者
Ruddiman, Thomas　68
ラ＝ブリュエール（1645－96），フランスの随筆家
La Bruyère　435
リチャードソン，サミュエル（1689－1761），小説家
Richardson, Samuel,『クラリッサ』　301, 454
リーチマン博士，ウィリアム（1706－85），グラスゴー大学学長
Leechman, Dr. William　61,『祈禱観』　96；425
リッター，ジョゼフ，J. B. のボヘミア人従僕
Ritter, Joseph　42, 70, 77, 104, 129, 132-33, 137, 141, 144, 284, 312, 320, 322, 349, 363, 395, 417, 427
リッチオ，デイヴィッド（1533？－1566），イタリア人，スコットランドのメアリー女王の秘書
Rizzio, David　32
リトルトン卿，ジョージ，初代男爵（1709－73），政治家・作家
Lyttelton, Lord George, 1st Baron　152, 508-09
リード　トマス（1710－96），グラスゴー大学倫理学教授
Reid, Prof. Thomas　424-25
リドック牧師，ジェイムズ（？－1778），アバディーン監督教会の聖職者
Riddoch, Rev. Mr. James　82, 87, 90-1；夫人　82
ルイ十四世（1638－1715），フランス国王（1643－1715）
Louis XIV, King of France　488
ルカン初代伯爵，チャールズ・ビンガム（1739－99）
Lucan, 1st Earl of, Charles Bingham　495
ルカス博士，リチャード（1648－1715），ウェストミンスター大聖堂参事会員
Lucas, Dr. Richard,『幸福論』　332
ルミスデン，アンドルー（1720－1801），ジャコバイト
Lumisden, Andrew　208
ルター，マーティン（1483－1546），宗教改革者
Luther, Martin　235
『レオニダス』，リチャード・グローバーを見よ
Leonidas
レノルズ，サー・ジョシュア（1723－92），肖像画家，ロイヤル・アカデミー初代会長
Reynolds, Sir Joshua　233, 321；難攻不落　97；絵画と美学　104；ジョンソンの朗誦について　110；シェイクスピアについて　125；モンタギュー夫人について　269；ジョンソンの身振り，手まねについて　482；バークの地口について　484-85；
レン，サー・クリストファー（1632－

1723)，建築家
Wren, Sir Christopher　*273*
レズリー，ジョン（c. 1721－90)，アバディーン大学（キングズ・カレッジ)，ギリシア語教授
Leslie, Prof. John, of Greek, King's College, Aberdeen　*88*
ロス博士，ジョン（？－1814)，アバディーン大学（キングズ・カレッジ)，ヘブライ語教授
Ross, Dr. John, Prof. of Hebrew, King's College, Aberdeen　*88*
——（fl. 1746)，高地人，ジャコバイトの兵士
Ross, a Highlander　*211*
ロチェスター第2代伯爵，ジョン・ウィルモット（1647－80)，詩人，放蕩者
Rochester, 2nd Earl of, John Wilmot,『ホラティウスの模倣詩』　*42;503*
ロック，ジョン（1632－1704)，哲学者
Locke, John　*89, 493*
ロッホブイ領主，ジョン・マクリーンを見よ
Lochbuy, Laird of
——，レディー，マクリーン夫人，上記ロッホブイ領主の夫人，ジョン・マクリーンを見よ
Lochbuy, Lady, Mrs. Maclean，サー・アラン・マクリーンの姉
ロリー・モア，サー・ロデリック・マクラウドを見よ
Rorie More
ローダーデール，ジョン・メイトランド，初代公爵
Lauderdale, John Maitland, 1st Duke of　*320*
ロバット，サイモン・フレイザー卿（第11代男爵)（1667？－1747)，ジャコバイト
Lovat, Simon Lord Fraser (11th Baron)　*257-58, 455*
——，トマス卿（第10代男爵)（1636？－99)，上記の父
Lovat, Lord Thomas (10th Baron)　*257*
ロバートソン，ウィリアム（1740－1803)，カレンの，スコットランドの記録文書の共同副保管者
Robertson, William, of Cullen，カレンでS. J. とJ. B. に会う　*105-06*
——博士，ウィリアム（1721－93)，エジンバラ大学学長，歴史家
Robertson, Dr. William　*4, 21-32, 230, 443, 450-52, 456, 487;* 手紙でジョンソンにスコットランド訪問を促す　*4;* ジョンソンは説教を聞かない　*116;*「堅持すべき役割がある」　*426*
——博士，ジェイムズ（1714－95)，エジンバラ大学東洋諸言語教授・司書
Robertson, Dr. Prof. James　*30, 487*
ロバート二世，スコットランドの王
Robert II, King of Scotland　*429*
ロビンフッド，イングランドの伝説上の義賊
Robin Hood　*170, 446*

わ行

ワトソン博士，教授，ロバート（c. 1730－81)，セント・アンドルーズ大学長，歴史家
Watson, Dr. Prof. Robert，フィリップ二世についての歴史家　*49-62*
ワトソン，上記の娘
Watson, Miss　*49*
『ワールド』，エドワード・ムーア編集の定期刊行物（1753－6)
World, The　*37, 261*

地名（Places）

あ行

アイオナ島，イーコルムキル島を見よ
Iona
アイサ島
Isa *273, 321*
アイルランド
Ireland *11, 32, 103, 287, 292, 319, 384, 429, 494*
アーサーズ・シート
Arthur's seat *501*
アノッホ
Anoch *134-40, 195*
アフリカ
Africa *77*
アフレック
Auchinleck *45, 115, 398-99, 419, 431-42, 493*
アーミデル
Armidale（Armidel） *148-60, 307-14, 358*
アムステルダム
Amsterdam *483*
アメリカ
America *72, 75, 133, 135-36, 139, 142, 166, 195, 221, 223, 228, 310, 314, 339, 362, 365, 486-87, 499*
アラン島
Arran *94, 429*
アラビア
Arabia *120*
アルバ島
Ulva *365-69, 374, 379*
アーガイルシャー
Argyleshire *392, 398*
アジア
Asia *244*
アダーベリー
Adderbury *503*
アードナマーカン
Ardnamurchan *314, 336, 390*
アバディーン
Aberdeen *6, 62, 67, 78-91, 96, 113, 127, 147, 149, 163, 275, 326, 341, 354, 424, 426, 493*
アバーブロシック
Aberbrothick *63, 312*
イーコルムキル島（アイオナ島の旧名）
Icolmkill *115, 194, 247, 314, 351, 362, 365, 379-84, 387, 424*
イーストチープ
Eastcheap *270*
イタリア
Italy *11, 49, 52, 57, 210, 250, 463, 508*
インチ・キース島
Inch Keith *45-6*
インチケネス島
Inchkenneth *314, 352, 364, 368-78*
インナー・テンプル・レーン
Inner Temple Lane *319, 508*
インナメール
Innermaillie *335*
インヴィンヴァリー
Invinvalie *336*
インヴェラリー
Inveraray *115, 355-57, 395-96, 406-19*
インヴェリスクヴゥーリン
Inveriskvouilline *336*
イングランド
England *11, 19, 29, 32, 41-4, 51-5, 61, 73-4, 80, 83, 91-2, 97, 106, 108-09, 114, 125, 137, 149, 151, 195, 198, 215-16, 218, 224, 243, 251, 259, 263, 275-76, 292-93, 323-25, 340, 344, 366, 388-89, 393, 397-98, 426, 429, 434, 444, 453-55, 459, 464, 493, 514*
インド
India *101, 114, 226, 489*
インバネス
Inverness *82, 115, 124-29, 131, 137, 146, 332, 397, 399, 499*
ウィルトン
Wilton *9*

ウェルウィン
Wellwyn　*302*
ウェールズ
Wales　*127, 308*
ウスター
Worcester　*365*
ウッドストック
Woodstock　*509*
ウリニッシュ
Ulinish　*185, 245, 259-72, 379, 446*
ウルビノ
Urbino　*508*
ウルブリス
Ulubris　*438, 514*
ヴォータニシュ
Vaternish　*256*
エアー
Ayr　*124*
エアシャー
Ayrshire　*259, 408, 419, 427*
エッグ島
Egg　*247, 280, 314-15*
エロン
Ellon　*91*
エルギン
Elgin　*108-09, 496*
エジンバラ
Edinburgh　*5, 7, 12-4, 23, 28-30, 41, 43, 60, 73, 117, 147, 149, 189, 194, 243, 245, 304, 308, 326, 341, 366, 398-99, 402, 441-42, 444, 449-54, 461, 464, 471-72, 475-77, 479, 488, 496, 501-02, 505, 515, 517*
オークナシール
Auchnasheal　*141*
オスティグ
Ostig　*296-307*
オーストラリア
Australia　*499*
オーストリア
Austria　*256*
オックスフォード
Oxford　*31, 56, 80-1, 306, 411, 415*
オックスフォードシャー
Oxfordshire　*509*
オランダ
Holland　*11, 433, 453, 483*
オールド・ディア
Old Deer　*102*
オーバン
Oban　*393*

か行

カーコルディ
Kirkcaldy　*490*
カースルヒル
Castle-hill　*43, 444*
カナダ
Canada　*501*
カニンガム
Cuninghame　*429*
カムスクロス
Camuscross　*299*
カーライル市
496
カルタゴ
Carthagena　*443*
カルデアズ
Culdares　*452*
カレン
Cullen　*105*
カレドニア地方
Caledonian regions　*382, 500*
カロデン
Culloden　*139, 163, 198, 202, 207*
カンタベリー
Canterbury　*9*
カンナ島
Canna　*160, 314*
カンバーランドシャー
496
キャサリン・ストリート
Catherine-street　*252*
キャノンゲート
Canongate　*12*
キャメロン
Cameron　*421*
キャンベル・タウン
Campbell-town　*319, 345, 351*
キルマーノック
Kilmarnock　*99, 431*

キングホーン
Kinghorn　*47*
キングズバラ
Kingsburgh　*194-200, 204, 223*
クライド（湾）
Clyde　*189, 351*
クランストン
Cranston　*461*
クランラナルド
Clanranald　*115*
クリーフ
Crieff　*211*
クーリン
Cuillin　*260*
クーパー
Cupar（Cowpar）　*47*
クーパー庭園
Cuper's Gardens　*334*
グラスゴー
Glasgow　*44, 398, 406, 422-26*
グリシニッシュ
Grishinish　*220*
グリシポル
Grissipol　*324*
グリーノック
Greenock　*340*
グレート・ブリテン島
Great-Britain　*501*
グレネルグ
Glenelg　*115, 140, 144-48, 345*
グレンクロー
Glencroe　*390*
グレンシール
Glensheal　*140, 500*
グレンモリスン
Glenmorison（Glenmollison）　*134-36*
グレンギャリー
Glengary　*202*
グレンピアン
Glenpean　*335*
ケリーの丘
Kelly law　*261*
コーネック
Coneck　*341*
コリハタハン
Corrichatachin（Coriatachan）　*160-68, 200, 222, 284-99*
コル島
Col　*90, 280, 315, 317-49, 351, 358, 371, 504, 507*
コルシカ島
Corsica　*11, 260, 334, 506*
コンスタンティノープル
Constantinople　*43*
コーダ
Calder　*112-17, 408*
ゴードン城
Gordon Castle　*108*

さ行

サウス・ユイスト島
South Uist　*260*
サスケハナ
Susquehannah　*362*
サックビル・ストリート
Sackville-street　*495*
シェリフムア
Sherrif-muir　*325*
小アジア
Asia Minor　*246, 505*
将軍の小屋
General's Hut　*132*
ジェラード・ストリート
Gerrard-street　*495*
ジャージー島
Jersey　*501*
ジョージア
Georgia　*339*
スイス
Switzerland　*11, 29*
スカイ島
Sky　*65, 113, 115, 143-44, 148-51, 158, 162, 165, 171, 173, 176, 178, 181, 184, 187-88, 192-96, 200, 204, 208, 213-14, 220, 234-37, 246, 249, 255, 258-59, 261, 275, 279-80, 282-83, 289, 294, 296, 310-14, 325, 378, 393, 398*
スカルパ島
Scalpa　*168*

スキアウデン
Skianwden　*166*
スクーン
Scone　*261*
スコットランド
Scotland　*4-6, 10-2, 14, 18-9, 22, 28-33, 40, 44, 48-9, 51, 61-4, 69, 73-7, 82-3, 95, 106, 108-09, 114-15, 124-25, 127, 137, 141, 160, 179, 190, 194, 205, 215, 217-18, 276-78, 295-97, 350, 361, 384, 388-89, 391, 393, 397, 409, 417, 425, 430-31, 440, 442, 444, 447, 452-53, 459-61, 463-66, 469-70, 491, 495-98, 501, 503-05, 510, 512, 514*
スコットランド西方諸島
Western Islands of Scotland　*504*
スコンサー
Sconser　*187, 283*
スコーブレク
Scorbreck　*208*
スタファ島
Staffa　*380*
ストラス
Strath　*160, 208*
ストランド
Strand　*11, 29, 252*
ストリッケン
Strichen（Streichten）　*102-03*
ストレスアーン
Strethearne　*337*
ストロリマス
Strolimus　*284*
ストローン
Strone　*336*
スニゾート
Snizort　*173*
スリナム
Surinam　*411, 483*
スレート
Slate　*152, 160, 164, 187, 281-82, 358, 360*
スレーンズ城
Slains Castle（Slanes）　*92-102*
スペイン
Spain　*11*
セント・アンドルーズ
St. Andrews　*19, 43, 48-64, 103, 243, 466, 470*
セント・キルダ島
St. Kilda　*249-50, 253, 297, 311-12, 387, 505*
ソルボンヌ
Sorbonne　*466*

た行

タイリー島
Tyr-yi（Tireye）　*280, 322, 339, 355, 362, 504*
台湾
Formosa　*226*
タヒチ
Otaheite　*269, 377*
タリスカー
Talisker　*90, 272, 275-82, 318, 347, 440*
ターバット
Tarbat　*417*
ダムファムリン
Dunfermline　*458*
ダーリニシュ
Durinish　*256-57*
ダルブレア
Dalblair　*110*
ダンカン山
Dun Can　*175, 178-79*
ダントゥルム
Duntulm　*149*
ダニッヘン
Dunnichen　*472*
ダンディー
Dundee　*63*
ダンドナルド城
Dundonald　*429*
ダンバイ
Dunbui　*95*
ダンバートン
Dunbarton　*423*
ダンベガン
Dunvegan　*187, 194, 223-59, 289, 343, 358, 477*

ダブリン
Dublin *487, 494*
「地の果（トゥーレ）」
'Thule' *297*
ツイード川
Tweed *19, 288, 446*
テムズ川
Thames *362*
テーベ
Thebes *69*
デンマーク
Denmark *384*
デヴォンシャー
Devonshire *494*
トリーズバンク
Treesbank *428*
トルコ
Turkey *67*
トルコ帝国
Turkish empire *414*
トバーモリ
Tobermorie（Tobor Morar） *314, 350-52, 356, 380*
ドイツ
Germany *11, 217, 219, 308*
ドーヴァー・ストリート
Dover-street *495*

な行

ナポリ
Naples *43*
ナイツブリッジ
Knightsbridge *322*
尼僧島
Nun's Island *381*
日本
Japan *226, 450*
ニューカッスル
Newcastle *7, 82, 351, 355, 461, 464*
ニューヘイルズ
Newhailes *467*
ネアン
Nairn *112*
ネス湖
Lochness（Lough Ness） *129-30*
ノーサンバーランドシャー
514
ノーサンプトンシャー
Northamptonshire *333*
ノース・ベリックの丘
North-Berwick law *261*
ノイダート
Knoidart *149, 202, 214*
ノルウェー
Norway *167*
ノヴァヤ・ゼムリャ
Nova Zembla *450*

は行

ハイ・ストリート
High-street *13*
ハイランド（高地地方）
Highland *5, 140, 144, 150, 160, 162, 174, 212, 219, 241, 253, 267, 275, 290, 326, 331, 339-40, 343, 361-62, 367, 425, 427, 434-35, 499, 502, 504-05*
ハムステッド
Hampstead *243*
ハミルトン
Hamilton *442*
ハリス島
Harris *256, 473, 505*
ハンブルグ
Hamburgh *351*
ハンプトン
Hampton *401*
ハーグ
Hague *483*
バー
Barr *336*
バーネラ
Bernera *145*
バーネラ島
Bernera *280*
バラ島
Barra *260, 280, 296*
バルナイン
Balnain *131*
バルメリノ
Balmerino *466*

バンフ
Banff　*104*
パース
Perth　*99*
パリ
Paris　*13, 102, 250*
東インド諸島
East-Indies　*7, 120, 314, 319, 501*
ピーターヘッドウェル
Peterhead-well　*96*
ピッツリゴ
Pitsligo　*478*
ピットスライゴ
Pitsligo　*16*
ファイフシャー
Fifeshire　*62, 466*
フェルネー
Ferney　*3*
フェルネレー
Ferneley　*274*
フォカバーズ
Fochabers　*109*
フォース湾
Forth　*43-5*
フォート・オーガスタス
Fort Augustus　*115, 129, 132-34, 139, 141, 199, 398*
フォート・ジョージ
Fort George　*117-24*
フォールカーク
Falkirk　*392*
フォレス
Fores　*109, 111, 397*
フランス
France　*11-2, 94, 105, 214, 222, 243, 272, 278, 336, 352-53, 421*
フラッダ島
Fladda　*180*
フリート・ストリート
Fleet Street　*514*
フロデン
Flodden　*436*
ブラー・オブ・バカン
Buller of Buchan　*95*
ブラカデール
Bracadale　*244, 279*
ブラックシールズ
Blackshiels　*464*
ブランズウィック
Brunswick　*219*
ブリュッセル
Brussels　*466*
ブレカッハ湾
Breacacha (Brecacig) Bay　*326-28*
ブレナム
Blenheim　*343*
ブレントフォード
Brentford　*425*
ブロードフォード
Broadfoot (i. e. Broadford)　*160*
プリーシュウェル
Prieshwell　*280*
プリマス
Plymouth　*494*
ヘブリディーズ諸島
Hebrides　*3, 168, 214, 219, 221, 311, 316, 321, 326, 356, 381, 393, 398, 431, 447, 464, 479, 502*
ベイ
Bay　*237*
ベニス
Venice　*508*
ベリック
Berwick　*62, 454, 461*
ベンベキュラ島
Benbecula　*115*
北京
Pekin　*346*
ペティー
Petty　*338*
ホーソンデン
Hawthornden　*462*
ボローニャ
Bologna　*109*
ボヘミア
Bohemia　*77*
ボンベイ
Bombay　*489*
ポートウェリー
Portawherry　*387*

ポートリー
Portree *188-89, 193, 201-04, 214, 245, 279, 310*

ま行

マウント・エッジカム
Mount Edgecumbe *98*
マック島
Muck *246-47, 280*
マラトン
Marathon *383*
マル島
Mull *115, 194, 280, 313-14, 308, 321, 332, 345, 349-64, 379-81, 387-93*
マン島
Isle of Man *256*
マグストット
Mugstot *149, 199, 203, 287*
マゼラン海峡
Straits of Magellan *246*
マドラス
Madras *489*
モイ
Moy *390*
モイダート
Moidart *149*
モスクワ大公国
Muscovy *276*
モントローズ
Montrose *65, 67-8*
モンボドー
Monboddo *67-78*
モーバーン
Morvern (Morven) *315*

や行

ヨーク
York *82*
ヨーロッパ
Europe *14*

や行

ライデン
Leyden *433*
ラウドン
Loudoun *427*
ラーセイ島
Rasay *158, 163, 166-187, 202-04, 213, 217, 280, 309, 347, 370, 374, 472-78, 517*
ラム島
Rum *280*
ラトキン山
Rattakin (Ratiken) *143*
ランカスター
Lancaster *351*
リッチフィールド
Lichfield *51, 103, 252, 398, 443, 499*
リュディア
Lydia *239*
リンカーンシャー
Lincolnshire *235, 293, 322*
ルイス島
Lewis *174, 473*
ルカン
Lucan *494*
ルーカーズ
Leuchars *63*
ルガー川
Lugar *436*
レーテ
Leith *44*
ロシア
Russia *515*
ロスリン
Roslin *461-62*
ロスデュー
Rosedow *418-19*
ロッホブイ
Lochbuy *390-93*
ロッホブラカデール（ブラカデール湾）
Lochbracadale *228, 260, 279*
ロッホブルーム
Lochbroom *208*
ローナ島
Rona *171, 180*
ロヒアン
Lochiern *317*
ローマ
Rome *152, 154, 208, 433, 492, 501,*

514
ローモンド湖
Loch Lomond　*417, 420*
ロリー・モア滝
Rorie More　*243*
ローレンス・カーク
Laurence Kirk　*67-9*
ローン
Lorn　*115*
ロング・アイランド
Long Island　*198, 214, 280, 287*
ロンドン
London, ii, iv,　*4-6, 45, 62, 75-7, 81-2, 98, 111, 116, 149, 168, 216-17, 224, 233, 243, 249, 252, 270-71, 293, 322, 326, 345, 363, 399, 407, 425, 444, 452, 461, 468, 471, 476, 478, 483, 492, 507, 509, 513-14, 517-18*
ロンドンデリー
Londonderry　*364*